Sales Management

4th Edition

21世纪高等院校市场营销专业规划教材

销售管理

（第四版）

顾金兰 白丽 尚德萍／主编
吴妙娴 李萌萌 吴光双／副主编

东北财经大学出版社
Dongbei University of Finance & Economics Press
大连

图书在版编目（CIP）数据

销售管理/顾金兰，白丽，尚德萍主编．—4版．—大连：东北财经大学出版社，2022.12（2024.1重印）
（21世纪高等院校市场营销专业规划教材）
ISBN 978-7-5654-4641-2

Ⅰ．销…　Ⅱ．①顾…　②白…　③尚…　Ⅲ．销售管理-高等学校-教材　Ⅳ．F713.3

中国版本图书馆CIP数据核字（2022）第185403号

东北财经大学出版社出版
（大连市黑石礁尖山街217号　邮政编码　116025）
网　　址：http://www.dufep.cn
读者信箱：dufep@dufe.edu.cn
大连天骄彩色印刷有限公司印刷　东北财经大学出版社发行

幅面尺寸：185mm×260mm　　字数：489千字　　印张：20.5
2022年12月第4版　　2024年1月第2次印刷
责任编辑：蔡　丽　张爱华　　责任校对：包利华
封面设计：冀贵收　　版式设计：原　皓

定价：56.00元

教学支持　售后服务　联系电话：（0411）84710309

↘序言

进入21世纪，销售活动越来越被企业所重视，销售培训市场迅速发展，对销售管理的研究也在不断深入，各高校相继开设了销售管理课程，对既具有理论深度又具有实战价值的销售管理类教材的需求逐渐凸显。为满足市场需求，国内出版了众多版本的销售管理类教材。这些教材大致可以归结为三种类型，即“学院型”“实战型”“译著类”教材。

“学院型”教材的主要特点是结构层次清晰，内容系统、全面，基本概念、基本理论完整、准确，观点明确，但存在的问题非常突出，主要是：理论过多，偏深、偏难；某些章节内容与市场营销的其他课程存在过多的交叉和重复；对提高学生实际能力的实训、实践环节关注不够。

“实战型”教材虽然突出了实用性和实训性，案例丰富，特别是注重销售技能技巧的训练，但缺乏一定的系统性和应有的理论深度。

“译著类”教材的突出特点是把销售管理的重心视为对销售人员的管理，并以此为轴心构建教材体系内容，案例丰富，生动有趣，强调教学互动，但结构松散，数据、案例非本土化。

本书在借鉴、融合国内外同类教材的基础上，在思想观念、体系结构、编写形式和基本内容方面有所突破。

在思想观念上，本书以培养应用型市场销售管理人才为目标设计教材结构与内容，很好地把握了销售管理是建立在市场营销学、行为科学和现代管理理论基础之上的应用科学的特点，重点研究销售管理活动过程中的规律、理念和技能。

在体系结构上，本书发挥销售管理基本原理的统领作用，以销售管理的几个关键理论为基础，将销售规划管理、销售过程管理、销售对象管理以及销售人员管理都纳入理论体系之中，充分体现了理论的指导价值。

在编写形式上，本书凸显销售实训环节的训练。各章通过引例展开教学内容，有效地调动学习者的兴趣及参与销售管理活动的积极性，旨在强化销售管理体验，激活学生的创新思维。本书配有大量的销售管理视窗和实训项目练习，为学习者自主学习提供了必要条件，提高了学习者销售管理的实操能力。

在基本内容上，本书对销售管理的基本理论进行了整合与概括，避免相关学科间教学内容上的交叉与重复，强化了销售管理的学科性。

此外，作者在编写过程中注重将抽象的理论融于浅显易懂的文字中，使学习变得轻松、愉快。

综上所述，本书由于指导思想明确、体系结构合理、基本内容完整科学，尤其是贯穿全书的实训项目、习题以及丰富的典型案例等，实用性非常强，并且方便教师教学和学生自主学习。

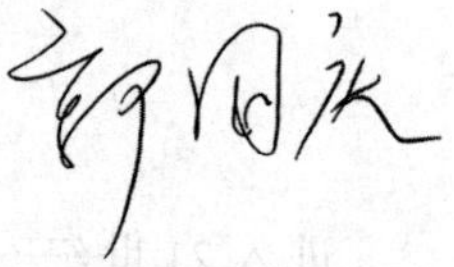

于中国人民大学

第四版前言

销售是企业实现利润目标的关键环节，企业通过生产、销售产品或服务造福社会，并通过销售取得收入和利润而生存与发展。在一定意义上说，企业竞争的胜负取决于销售竞争的成败，因此销售和销售管理日益得到企业与社会的高度重视。

销售管理是研究企业销售管理活动的规律及策略的学科，是一门建立在管理学、市场营销学、行为科学等学科基础上的应用学科，是企业营销实践的产物。销售管理作为市场营销管理的一门分支学科，近年来得到了较快的发展。目前，国内外高校一般将销售管理列为市场营销专业学生必修的核心课程，很多高校还将它列为市场营销管理专业硕士、博士以及工商管理硕士（MBA）的必修或选修课程。

本书在编写过程中，借鉴理论界的最新研究成果和企业营销实践，具有如下特点：

一、体系结构新颖

继承国内同类教材逻辑框架并有所创新：一方面，从销售管理职能的角度设计销售管理的研究内容，如建立销售组织、销售计划管理、销售过程管理等；另一方面，凸显销售管理基本原理的统领作用，如把企业营销实践中行之有效的销售方格理论、销售管理模式、客户开发技巧等理论和实践进行总结与升华，以此作为全书的总纲。

二、内容精练充实

在研究内容上不仅涵盖了销售经理从事销售管理活动所要掌握的基本理论、基本策略以及所应具备的基本素质和技能，而且避免与市场营销学、推销学、分销渠道管理等相关课程的重复和交叉。本书将销售管理的研究内容概括为几个组成部分，即在阐述销售管理基本原理的基础上，从销售经理的角度，以实现企业销售利润为目标，对销售管理涉及的销售规划管理、销售过程管理、销售对象管理、销售人员管理等进行了系统的阐述。

第1篇是“销售管理导论”，包括第1～2章。本篇主要阐述销售和销售管理的性质、销售管理研究的内容、销售经理的职责、销售管理的发展趋势以及销售管理的基本原理等内容。

第2篇是“销售规划管理”，包括第3～5章。销售经理的首要任务应该是对企业的销售活动做总体上的考虑，进行销售战略规划。这部分主要从销售组织设计及岗位管理、销售计划管理、销售区域管理等方面予以阐述。

第3篇是“销售过程管理”，即第6章。销售在很大程度上是由销售人员的销售活动完成的，从销售人员与客户接触和交往的时间顺序来看，一个完整的销售工作流程包括6个步骤：销售准备、访问客户、销售展示、处理顾客异议、促成交易和售后服务。

第4篇是“销售对象管理”，包括第7～8章。这里的销售对象是指客户，客户是企业核心资源的重要组成部分，客户管理是企业销售管理的核心内容。这部分主要论述客户管理、中间商管理。

第5篇是“销售人员管理”，包括第9～12章。销售人员是企业与客户之间的桥梁，优秀的销售人员能识别和解决客户的疑难问题，与客户建立良好的关系。这部分主要阐述销售人员的招聘与培训、激励、考评、薪酬制度以及对销售人员日常行为的控制管理等内容。

三、重视销售实训

本书充分借鉴企业销售管理实践，注重对学生实践能力的培养。在编写体例上，每章都有明确的学习目标、引导案例、习题以及便于学生理解教材内容的案例分析，各个章节的内容融文本、图表、典型案例于一体。此外，本书根据教学内容设计了丰富的实训项目以及扩展学生视野的“销售视窗”。

大庆师范学院顾金兰教授负责全书第一版的框架设计、统稿、修改与定稿，广东石油化工学院肖萍教授负责全书实训项目的设计与统稿。参加编写的人员分工情况为：顾金兰负责编写第1、2、11、12章，肖萍负责编写第3、4、5章，尚德萍负责编写第9、10章，邬德林负责编写第6章，刘楠负责编写第7、8章。此外，孙伟仁、朱微、徐珉钰等参与了本书的校对和教学课件的制作工作。

四、本书的历次修订工作简介

（一）第一次修订

本书自2013年出版第一版以来，受到许多授课教师和学生的关注与认可，他们也提出了一些非常好的修改建议。与此同时，互联网经济的快速发展不但使社会生活发生了前所未有的巨大变化，而且彻底颠覆了企业固有的经营理念和经营模式。此外，消费者的消费主体、消费理念、消费模式发生了巨大变化，其中最突出的社会现象是消费者代际的迅速更迭，即80后、90后已经逐渐取代50后、60后和70后成为社会消费的主体。在这样的社会背景下，我们在沿袭第一版框架结构的基础上对“互联网+”框架下的中国销售管理实践的新发展进行了更新与修改。

本书第二版的主要改进之处有：

1.推陈出新

本书第二版删除了第一版中比较陈旧的内容，吸纳了学术界的最新研究成果及企业营销实践，尤其是嵌入了互联网经济的新视角。每一章都增加了“销售新视点”等内容；同时，更新和重组了许多阅读资料，如增加了华为、阿里巴巴、海底捞等优秀企业的案例，从而使教材更具有前瞻性与实践性。

2.完善内容

本书第二版吸取了学术界及业界的丰硕成果，补充了销售管理的125模式、“倒漏斗”销售理论等内容，重新修改了销售漏斗理论、窜货管理等内容，弥补了第一版中基本训练部分自我测试题不全的问题；修改补充了基本训练中各题型的内容，从而使教材内容更加完整与充实，更方便教与学。

3.注重实训

在继承本书第一版突出销售实训、注重学生能力培养的基础上，第二版还特别增加了“互联网+”框架下的企业销售实训项目的设计与训练，从而有助于启发与拓展教学思路，重视研究企业转型发展中的新问题以及应对的新思路。

本书第二版由大庆师范学院顾金兰教授负责全书修订的框架设计和总纂定稿，广东工程职业技术学院肖萍教授负责全书实训项目的设计与统稿。参加编写的人员有顾金兰（第1、2、11、12章）、肖萍（第3、4、5章），以及大庆师范学院的尚德萍副教授（第9、10章）、邬德林副教授（第6章）、刘楠副教授（第7、8章）。

（二）第二次修订

《销售管理》出版第二版以来，国内外市场环境又发生了诸多变化。国际市场新的贸易保护主义思潮涌起，国家之间的贸易壁垒和摩擦进一步升级，国内的市场主体、消费结构、商业模式也在不断演化变革中，尤其是“互联网+”的实践、移动支付工具的普及、社交媒体的迅猛发展以及大数据、云计算和智能终端的广泛应用，为销售管理的理论研究与实践发展提供了新的契机与动力。

本书第三版在如下方面进行了修订：

1.充实完善内容

在保留本书第二版基本结构和内容的基础上，结合当前销售管理的热点，第三版补充修改了销售活动的基本特征、销售经理的职责及能力要求、销售管理的发展趋势等，重新编写了窜货管理和中间商管理的相关章节内容。

2.更新修订案例

在保留本书第二版经典案例的同时，顺应互联网经济以及消费者代际更迭的时代特征，第三版增加了许多反映90后甚至是00后消费观、择业观的案例。

3.规范语言细节

本书第三版对全书各章节的有关语句或措辞做了更精准的概括与修改。

4.补充教学资料

除保留原有主要参考文献外，本书第三版与时俱进地增加了有关新零售、新媒体营销以及网络资源等资料。

本书第三版由商丘工学院顾金兰教授负责全书的总体设计、统稿、修改与定稿，广东工程职业技术学院肖萍教授负责全书实训项目的设计与编写。参编人员的具体分工是：顾金兰以及商丘工学院史亚奇、陈晓亚、叶文菲负责第1、2、7、8、9、10、11、12章；肖萍负责第3、4、5章；大庆师范学院尚德萍负责第6章。

（三）第三次修订

第三次修订是基于当前国内外市场环境发生的巨大变化，尤其是国内市场出现的诸多变化，如用户需求多元化、商业主体多样化、消费群体年轻化、消费结构升级化等新的变化趋势。

本书第四版的主要特色是注重思政引领，融入党的二十大精神。党的二十大报告指出：“用社会主义核心价值观铸魂育人，完善思想政治工作体系，推进大中小学思想政治教育一体化建设。坚持依法治国和以德治国相结合，把社会主义核心价值观融入法治建设、融入社会发展、融入日常生活。”本书第四版在保留原有教材基本结构、基本内容的基础上删繁就简、推陈出新：更新了书中大部分案例，如着力增加中国元素的案例、新的销售理念及销售模式的案例；为便于师生随时自学自评，将章后的客观性试题设置为“即测即评”二维码形式；将部分“销售视窗”栏目设置为二维码形式。尤为重要的是，本书第四版在各个章节中融入课程思政元素，如对每个教学单元都进行了思政元素的内容设计与解析，栏目名称是“学思践悟”，结合党的二十大报告内容，引导学生深入社会实践，关注现实问题，使他们加强对专业知识的内化吸收与灵活应用，坚定中国特色社会主义道路自信、理论自信、制度自信、文化自信，努力践行习近平新时代中国特色社会主义思想进教材、进课堂、进学生头脑，达到价值塑造、知识传授、能力培养三位一体的育德树人之效。

本书第四版由广州商学院顾金兰教授负责全书的总体设计、统稿、修改与定稿，大庆师范学院尚德萍副教授负责全书实训项目的设计及编写；顾金兰和广州商学院吴妙娴负责课程思政栏目的设计及编写。参编人员的具体分工是：顾金兰负责第1、2、3章，吴妙娴负责第7、8章，广州商学院白丽负责第11、12章，广州商学院李萌萌负责第4、5章，广州商学院吴光双负责第9、10章，尚德萍负责第6章。

在本书的编写和修订过程中，我们参考和引用了大量文献，但由于不具备广泛且深入地查询馆藏资料的条件，以及电子数据资源的覆盖范围有限，在脚注和“主要参考文献”中没有列全资料来源，或者所列不是原创作者的作品，请相关作者谅解；若相关作者与我们联系，我们愿意为引用您的作品提供相应的报酬。在此，编者向所有的相关作者表示衷心的感谢。

本书的编写出版得到了国内同行、专家和东北财经大学出版社编辑的大力支持、指导和帮助，在此一并表示衷心的感谢！

本书适合于高等院校本科市场营销专业学生使用，也可以作为企业营销人员、销售经理的培训教材。

本书是广东省教学质量与教学改革工程项目“广州商学院菜鸟驿站实践教学基地建设研究”（2021ZLGC02）以及中国物流学会、教育部高等学校物流管理与工程类专业教学指导委员会项目“基于校内生产性实训基地的物流专业教学改革研究”（JZW2022140）的阶段性成果之一。

由于编者水平有限，书中难免有许多不足之处，敬请读者批评指正，提出宝贵意见。

编　者

2022年8月

（2024年1月更新）

↘目 录

第1篇　销售管理导论

[第1章]
销售管理概述

学习目标

◆ 重点掌握销售与销售管理的基本含义、销售管理的基本内容；理解销售经理的职责与能力要求；了解销售管理与营销管理的联系和区别以及销售管理的发展趋势。

引　例

销售经理的日常工作

李经理是英国牛津仪器公司（以下简称牛津仪器）中国区销售经理，牛津仪器是一家世界领先的高科技系统设备供应商。李经理从一线销售员做起，目前已经在销售经理这个职务上做了3年。他日常的工作内容非常丰富且富有挑战性，下面就是他作为一名销售经理的工作情景。

早上，李经理到达办公室后的第一件事是查看一下电话留言和电子邮件；紧接着是阅览本部门当月至今为止的销售业绩完成情况，查看各个销售代表当月销售订单计划完成情况。

然后，他会联系或者会见销售代表。通过与销售代表沟通，他可以知晓他们的工作进度以及遇到的问题，从而为他们提供必要的支持与帮助。当然，他也可能用这个时间参加公司的各种相关工作会议。

作为中国大区的销售经理，他还要了解渠道代理商的销售任务完成情况，了解他们遇到的困难及问题所在，并提供必要的销售政策方面的支持，如价格策略的管理与支撑；了解各个地域销售策略的执行情况，严禁代理商跨区销售，损害其他代理商利益。

此外，他要阅读各种报告，主持相关工作会议，并制订下一步的工作计划，如进行销售预测、预算，补充培训新生力量等。

午餐时间到了，他经常要和销售代表与客户共进午餐。他一般每周都有几次机会和销售代表一起邀请客户共进午餐，目的是增进与客户的关系，增加了解，以便将来更好地为客户提供满意的服务。

短暂的午休后，李经理一般要和销售代表一起拜访客户，了解客户售前、售后的需求，了解客户对公司产品功能、价格、销售渠道等方面的反馈。

回到办公室后，他要打电话给领导，汇报当月销售预测及目标完成情况，并针对市场存在的某些问题提出改进建议。

资料来源　本书第一作者顾金兰编写。

销售管理是现代企业最重要的管理内容之一。对于大多数企业而言，销售不仅是市场营销组合中最关键的要素，也是企业与消费者建立直接联系的要素。销售人员尤其是销售经理要全面理解销售活动的本质和基本流程，熟悉所在岗位需要承担的职责，同时要科学地处理好营销与销售的关系。随着市场经济的发展，现代企业的销售活动已经发生了新的变化，销售活动不仅是销售人员的个人行为，而且是从市场营销战略的视野出发，通过精心组织、安排，将分散的个人销售活动变成有效的团队销售活动才能完成的活动。因此，培养一大批优秀的销售人才，加强对企业销售活动的管理，已成为现代企业销售管理的重要内容。

1.1　销售概述

1.1.1　销售的含义①

销售是指企业将生产与经营的产品或服务出售给消费者（顾客）的活动过程，是买卖双方在一定社会经济环境中达成的一种契约或协议。对生产企业来讲，销售活动大多发生在与中间商的交易过程中；对经销商或零售商来讲，销售是向最终消费者出售产品或服务的过程。

对于销售，人们有不同的理解，要正确地把握销售的内涵，需要弄清以下几个问题：

1.销售是战略问题还是战术问题

在企业内部，不同岗位的人对销售有着不同的理解。对于基层销售人员而言，销售是战术问题，销售的目的是如何尽可能多地出售产品，提高销售量和销售额，并尽量提高一次性回款率；对于中层经理人员而言，销售既是战略问题，又是战术问题，销售的目的是如何提高产品的市场占有率，守住既有市场，开拓新市场；对于高层决策人员而言，销售是战略问题，目的在于通过销售实现企业的价值，并获得利润和信誉，树立企业品牌形象。

2.销售不同于交换

交换是一种以满足基本需求为动机的物与物（后来衍化为物与货币）的交易行为，而企业销售则是出于一种发展动机，企业通过销售产品或服务来获得利润，并通过积累利润和缴纳税金来发展自己并造福社会。交换是为了满足需求，而销售不仅是为了满足需求，

① 文大强．零售经营实务［M］．上海：复旦大学出版社，2005：187-189.

而且创造需求，创造价值，求得发展。

3.销售不等于推销

推销主要是通过人员推销的方式，说服顾客购买某种产品或服务，并满足其需求的一种活动。推销采取的是一种“推”的策略，顾客在交易过程中一般处于被动地位。而销售不仅包括“推”的策略，而且包括“拉”的策略，即通过广告、营业推广等促销手段，吸引消费者主动上门求购产品或服务。

4.销售不同于营销

营销活动贯穿于企业所有的经营活动，而销售只是营销的一个环节。美国著名营销学家菲利普·科特勒曾把营销定义为：“个人和集体通过创造、交换产品与价值，从而满足个人或集体的需要与欲望的一种社会和管理过程。”因此，企业在实际的操作中，应当注意区分，不能以销售活动取代营销活动，也不可在重视营销战略时忽视了销售活动。

综上所述，销售是企业为了实现销售目标而进行的经营活动。在这一活动过程中，企业既可以采取人员推销等“推”的方法，也可以采取广告、营业推广等“拉”的方法，目的在于寻找买主，创造市场需求，实现企业价值。

1.1.2 销售活动的基本特征①

与其他活动相比，销售活动具有几个主要特征。了解这些特征，不仅有助于理解销售活动的内涵，而且有助于更好地掌握销售活动的基本规律。

1.销售的核心是说服

销售是指一切以说服销售对象接受某种观点或采取某种行动为主要特征的活动过程。说服是销售的重要手段，也是销售的核心，销售就是让顾客接受你的观点、产品或服务的过程，说服顾客的最终目的是使顾客购买产品或服务。

2.销售活动的互利性

销售活动的实现应该达到买卖双方双赢的局面，销售人员既卖出了商品，顾客在获取商品的过程中也满足了自己的需求。因此，优秀的销售人员在考虑完成销售任务的同时，要考虑顾客的购买目的和购买动机，并能在适当的时机以适当的方式做一些妥协，使交易在相互妥协中达成，从而使销售活动获得成功。销售活动的互利性决定了销售人员要盈利，顾客要获得商品的使用价值及附加价值。

3.销售活动的三要素

销售活动必不可少的三个要素是销售人员、销售对象和销售商品。销售人员是主动向顾客销售商品的销售主体，是企业与顾客之间的桥梁和纽带，其行为决定着销售过程的最终结果。销售对象主要包括消费者、中间商、生产者三种身份的顾客。此外，各种非营利组织，如政府机关、学校、社团等，也属于销售对象。销售商品包括各种有形商品和无形商品，是被销售对象接受的标的物。

销售人员、销售对象、销售商品三者之间既相互依赖又相互制约，共同构成销售活动过程和销售管理的统一体，缺一不可。销售既是一个销售客体转移的过程，又是主客互动的过程。

---

① 欧阳小珍．销售管理［M］．武汉：武汉大学出版社，2003：4.

1.1.3 销售在企业中的作用①

在市场经济条件下，市场竞争越来越激烈，“酒香不怕巷子深”这句老话已经不再适用。英国著名管理学家罗杰·福尔克说过：“一个企业，如果它的产品或服务不能销售出去，那么即便它的管理工作是世界上最优秀的，对于企业的前途和命运来说也毫无意义。”销售对于企业来说，有着十分重要的作用。

1.销售是企业实现价值和获取利润的主要途径

在市场经济条件下，任何人的劳动成果都是在市场交换中以价格的形式获得承认和实现的，企业为社会所创造的价值也只有通过商品交换才能最终实现。如果销售失败，企业就无法实现商品与货币的交换，企业创造的价值就得不到社会的承认，企业的投入和耗费就得不到补偿，更谈不上获得利润。因此，销售是企业实现价值和获取利润的主要途径，只有销售成功，企业创造的价值才能得以实现，企业的生存与发展才有可能。

2.销售是企业与顾客沟通联系的渠道

销售的本质是沟通。通过与现实的和潜在的顾客取得联系，销售人员将所要销售商品的特点、种类、功能、价格和所在地等信息以及生产和销售该商品企业的有关信息传递给顾客，顾客把自己的需求、购买力等反馈给销售人员，通过买卖双方信息的沟通实现商品的销售和顾客需求的满足。在销售活动中，销售人员向顾客提供各种服务，保持与顾客良好的人际关系，加强与顾客的联系，可以使企业建立、维护和发展与顾客的关系，使企业有一个稳定的市场环境，为企业的生存和发展提供坚实的市场基础。

3.销售是增强企业市场竞争力的主要体现

市场是企业竞争力强弱的评判者，企业之间的竞争表现在市场上产品销售之间的竞争。缺乏有力的销售措施，缺乏有效的企业销售策略，缺乏一支强有力的销售队伍，是许多企业陷入困境的主要原因。一支高素质的销售队伍是企业竞争力的主要组成部分，是企业立于不败之地的必备条件。

1.2 销售管理的研究内容

销售视窗 1-1

1.2.1 销售管理的内涵②

对于销售管理的含义，在国外得到广泛认同的是美国销售管理专家查尔斯·M.富特雷尔（Charles M. Futrell）的定义，即销售管理就是通过计划、人员配备、培训、领导以及对组织资源的控制，以一种高效的方式完成组织的销售目标的管理。

① 胡旺盛．销售管理［M］．合肥：合肥工业大学出版社，2007：4．
② 文大强．零售经营实务［M］．上海：复旦大学出版社，2005：191-192．

狭义的销售管理专指以销售人员为中心的管理。市场发育比较好、企业营销职能部门划分较细的西方国家学者持这种观点。他们在谈到销售管理时一般是指对销售人员的管理。广义的销售管理是对企业所有销售活动的综合管理，我国学者大多持这种观点。这是因为我国市场经济发育不完善，企业营销活动划分不尽详细，销售活动包括的范围较广。在我国的一些企业中，销售管理涉及人员管理、营业推广、分销渠道管理等诸多活动。因此，销售管理是对企业销售活动进行计划、组织、领导和控制，以达到实现企业价值的过程。

1.2.2　销售管理的内容与流程

国内外学者对销售管理所包括的内容理解不同。菲利普·科特勒认为，销售管理涉及三个方面的内容：一是销售队伍的设计，它研究的是公司在设计销售队伍时应做什么决策的问题；二是销售队伍的管理，它涉及公司应该怎样招聘、培训、指导、激励和评价其销售队伍；三是销售队伍的有效改进，它涉及怎样改进销售人员在推销、谈判和建立关系上的技能。

美国学者威廉·J.斯坦顿认为，销售管理的内容主要包括销售战略规划、销售队伍建设、销售绩效评估。

我国学者基本上同意菲利普·科特勒和威廉·J.斯坦顿的观点，但结合销售及销售管理的实际情况，认为销售管理包括的内容因管理者把握销售管理工作的角度不同其表述而有所区别。如果管理者是从销售活动的程序和相关内容的角度来进行销售管理，那么销售管理的内容则如图1-1所示。

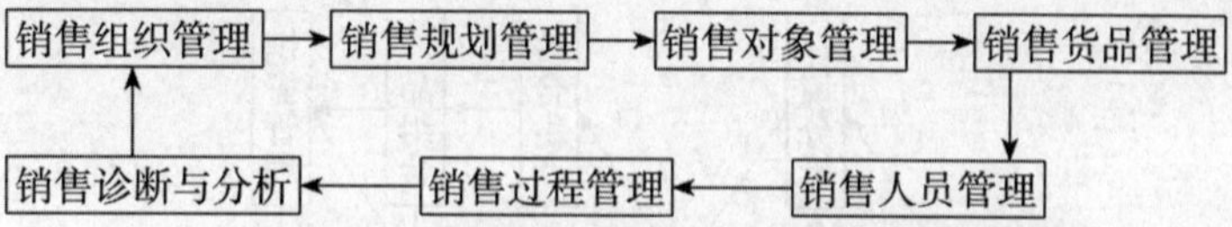

图1-1　销售管理内容：销售活动的程序和相关内容

如果管理者是从管理职能的角度来进行销售管理，那么销售管理的主要内容包括销售规划管理、建立销售组织、销售指导与协调、销售诊断与分析控制。

上述国内外学者对销售管理内容与程序的研究成果是值得借鉴和肯定的，也就是说，销售管理是对企业所有销售活动的管理，不仅包括对企业的销售规划、销售过程、销售人员、销售产品等的管理与控制，还包括对企业促销活动、分销活动等的有效管理。销售管理作为一门学科，与市场营销学、推销学等学科有着密切的联系。为避免学科间研究内容的重复与交叉，本教材关于销售管理的内容主要包括以下四个部分：第一部分即销售规划管理，包括建立销售组织、制订销售计划、销售区域管理等；第二部分即销售过程管理，包括销售准备、访问客户、销售展示、处理顾客异议、促成交易等；第三部分即销售对象管理，包括客户管理和中间商管理等；第四部分即销售人员管理，包括销售人员招聘与培训、销售人员有效激励、销售人员绩效考评与薪酬、销售管理控制等。

此外，根据企业销售管理的实际，为了便于销售经理实际操作，熊银解教授将销售管理的内容概括为“一个中心，两个重点，五个日常管理”，即“125模式”。“一个中心”是指销售管理的中心是围绕销售额增加来进行管理。“两个重点”是指销售管理要对销售人员和客户进行重点管理。"五个日常管理"是指目标管理、行为管理、信息管理、时间管理和考核管理。五个日常管理就是要对销售活动、销售人员的每一个人、每一件事情、每一天进行管理。

1.2.3 销售管理与营销管理

1.市场营销的内涵

市场营销（marketing）是指企业围绕市场而开展的经济活动。美国市场营销协会在1985年把市场营销解释为："市场营销是为创造达到个人和机构目标的交换，而规划和实施理念、产品和服务的构思、定价、促销和分销的过程。"美国著名市场营销学教授菲利普·科特勒在1991年定义市场营销为："市场营销是个人和集体通过创造、提供出售，并同别人自由交换产品和价值，以获得其所需所欲之物的一种社会和管理过程。"

因此，可以把市场营销理解为一种动态的管理过程。在市场经济条件下，企业要在激烈的市场竞争中求得生存和发展，必须深入细致地调查、分析市场需求和营销环境的变化，根据营销战略规划与营销目标的要求，结合企业内部资源条件，制定和实施以产品、定价、分销、促销为主要内容的营销组合，力求更好地满足消费者和用户经常变化的需求。①

2.营销管理与销售管理的关系

营销管理是一个内涵比销售管理更广的概念。现代企业的市场营销活动包括市场营销调研、细分市场、确定目标市场、产品开发、定价、分销、促销以及售后服务等诸多环节，销售活动仅是市场营销活动的一部分（如图1-2所示）。

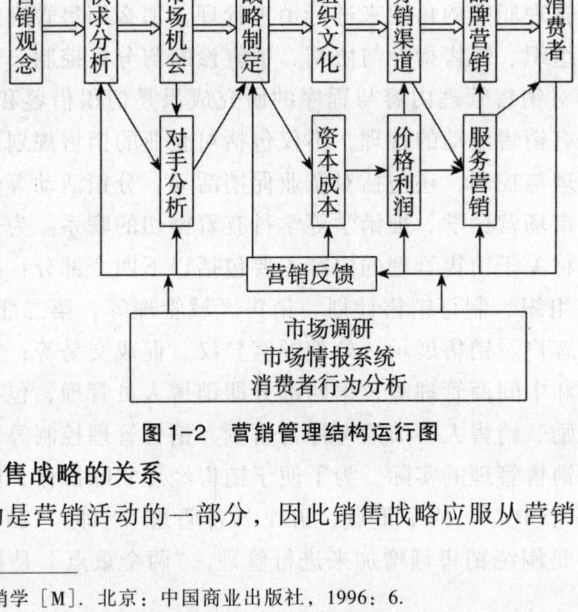

图1-2 营销管理结构运行图

3.营销战略与销售战略的关系

企业的销售活动是营销活动的一部分，因此销售战略应服从营销战略。企业在制定销

① 吴健安. 实用推销学［M］. 北京：中国商业出版社，1996：6.

售战略前应首先制定营销战略。营销战略是指企业为实现其经营目标，对一定时期内市场营销发展的总体设想与规划。菲利普·科特勒认为，其主要内容由三部分构成：目标市场战略、营销组合和营销费用预算。销售战略是指企业为谋求竞争优势，在市场分析的基础上，对企业的销售观念、销售计划、销售目标和销售策略等做出的长远的、系统的和全面的谋划。

企业销售战略针对销售活动而制定，有一定的独立性，但企业销售战略毕竟是企业营销战略的一个有机组成部分，因而企业销售战略的制定以及实施，必须在企业营销战略的指导下进行。一方面，销售战略要能体现营销战略的核心价值、战略目标以及基本使命，必须使之成为销售管理工作所遵循的基本准则；另一方面，企业销售部门只有将企业总体营销战略中的基本要点具体化，从而制定出销售的具体战略目标与步骤，才能有助于企业营销战略目标的实现。①

1.3 销售人员职业生涯

1.3.1 销售职业的特征

销售对某些人而言是很有发展前途的职业，对某些人而言却是个不明智的选择。有位著名的企业家曾经这样说："如果你爱一个人就让他做销售吧！如果你恨一个人也让他做销售吧！"这是由销售职业的特征决定的。

1.销售领域竞争激烈，工作具有挑战性

对于一个寻求安逸、舒适的人来说，销售并不是理想的职业选择。销售工作在某种意义上说，充满机遇与挑战。一方面，销售人员工作的强度与艰辛是常人难以忍受的。他们要走千山万水、进千家万户、讲千言万语、品千辛万苦。另一方面，销售人员的工作是丰富多彩、富有价值与成就感的。他们每天面对多变的世界，顾客在变、产品在变、服务在变、竞争对手在变……多变的世界为销售人员提供了许多自由和展示创造力的机会，需要他们不断学习，不断迎接新的挑战。

2.销售工作自由，独立性强

销售人员常常可以独立行动，独立行动与决策的自由通常被认为是销售职业的优势。选择销售职业的大学生们往往看中的就是销售工作的决策自由，工资只是第二位的。当然，这种独立性也有一定的问题，如连续出差、远离亲人、没有办公室等。因此，销售人员的独立性日益受到销售经理的关注，销售经理开始更加强调出差计划、强调销售效率、强调感情沟通等。

3.销售工作晋升机会多，但需要从基层做起

销售人员的晋升机会多是销售职业特征的重要体现。在高度竞争的市场环境下，成功地决策与满足顾客需求，其效果是非常容易评估的。只要有科学的评价标准和规范的评估体系，销售人员的成绩比其他职业的人员更容易显现。由此，销售人员的成绩很容易得到企业的肯定，职位晋升就是一种肯定方式。格力电器董事长董明珠女士就是从业务员做

① 李晏墅，高朴．销售管理启示录［M］．南京：南京师范大学出版社，1999：15.

起，她凭借其卓越的销售业绩和领导才能成为具有广泛影响力的著名企业家。“数字之河”电子商务公司的CEO尔·朗宁也是推销员出身。他说：“凡是好的CEO都必须懂得销售，在我生活的所有方面都经常面临推销。在我早期的销售经历中，我学会了坚持和接受拒绝，这造就了我与别人的差异。”

4.销售工作收入高，薪酬公平

销售人员的薪酬制度最大的特点就是佣金、奖金与销售绩效直接挂钩，主要采用定量管理的方式。销售工作虽然非常辛苦，但只要业绩突出就能获得可观的薪酬回报。

5.销售工作好找，择业面较宽

在市场经济条件下，社会各行各业需要大量的不同层次的销售管理者和销售业务人员，社会为销售人员提供了广阔的生存与发展空间。此外，某些行业的销售岗位进入门槛低，对销售业务人员的学历、工作经验等要求不高，经过短期培训即可上岗工作。

1.3.2 销售职位的类型①

销售活动大多发生在产品分销过程中。不同的产品都有各自的分销渠道，在分销渠道的各环节，都会有销售行为存在。销售人员可代表渠道中的任何非终极成员向下游环节成员销售。销售人员所处位置不同，销售的方式也随之不同。这样，会出现不同的销售职位类型。

虽然销售职位有很多具体的类型，但根据销售的产品种类和销售人员所在的企业类型，可将大多数销售人员分为零售业销售人员、批发业销售人员和制造商销售代表。

1.零售业销售人员

零售业销售人员将产品或服务销售给顾客用于个人消费等非商业用途。三种常见的以零售方式推销的销售人员是：

（1）店内售货员。例如，在面包店、银行、餐饮店、旅馆、音像店、旅行社、服装店、电器商店、花店、家具店等零售组织中，接待每一位来店顾客并提供相应的产品或服务的人是店内售货员，他们也被称为顾客接待员。不同类型商店的店内售货员面临的销售挑战不同。自助式超级商店的售货员所做的实际推销工作很少，甚至没有进行说服性的推销。有些零售店的售货员则需要具备高水平的推销能力，如高级服装、音响、家具、汽车等高档消费品的售货员就要求有相当推销能力的人担任。

（2）直销人员。直销人员所属的企业一般是没有固定位置的商店。直销人员需要外出销售，通常在顾客家中对那些将产品用于个人消费的顾客进行面对面销售。一家公司可以只有一个销售人员，也可以有300多万个销售人员，如安利公司。

（3）电话及网络销售人员。他们主要在自己家或办公室通过电话、互联网向顾客兜售产品或服务，如各种社区团购、电商平台、直播带货等销售人员。

2.批发业销售人员

通常情况下，批发商从制造商和其他批发商手中购买产品，然后卖给其他公司或组织。从事批发业务的公司或组织被称为批发商。由于批发商在所售产品、目标市场或经营方式方面彼此差别很大，很难对其进行分类。批发业销售人员往往要销售多家企业生产的

---

① 胡旺盛. 销售管理［M］. 合肥：合肥工业大学出版社，2007：4-6.

产品，要了解所销售的每一件产品。他们不仅要向客户介绍所销售的产品，还必须为客户提供诸如库存、运输和销售管理等服务，这些都是相当不容易的事。可以说，批发业销售人员是生产企业销售人员的接力者和延伸者。

3.制造商销售代表

制造商销售代表为生产产品的企业服务。制造商销售代表的职位类别包含从送奶工、送面包工直到高技术工业产品的专业销售人员。为制造商工作的销售人员可以向其他制造商、批发商、零售商或直接向消费者推销产品，制造商销售代表主要有以下几种类型：

（1）销售代表。销售代表拜访大量已经建立关系的顾客，如食品、纺织和服装行业的顾客。销售代表负责接订单。

（2）细节销售人员。细节销售人员集中精力负责搞好促销活动和介绍新产品而不直接拿订单。例如，药品的细节销售人员设法劝说间接顾客——医生，在开处方时指定使用某品牌产品。实际的销售最终是通过批发商完成或者由配药的药剂师和医院完成的。

（3）销售工程师。销售工程师销售产品，需要具有专门技术知识及讨论产品技术问题的能力，以及确定、分析和解决顾客问题的专门知识。这种类型的销售在石油、化工、机械和重工业设备制造等行业比较常见，这是由产品的技术特点决定的。

（4）服务销售人员。服务销售人员不同于上述销售人员，他们必须把无形的或非物质产品的利益推销出去，如金融、广告或计算机维修服务等。从本质上看，服务和产品一样，也有技术性和非技术性之分。

一般而言，销售无形产品比销售有形产品要难。销售有形产品时，销售人员能向顾客展示有形的产品，示范其使用方法，并对其进行戏剧性介绍；而销售无形产品时，销售人员就不能这样做。潜在顾客经常很难理解无形产品。人们无法触摸到、闻到、看到、听到或尝到无形产品，这就使得无形产品的推销更具挑战性。

1.3.3　销售人员的职业成长①

销售人员有着广阔的发展前景，可以从普通的销售人员晋升为销售经理、营销副总，直至总裁等。

销售人员的职业生涯一般从销售培训生开始。在经过一段时间的培训之后，销售人员可以负责某一地区的销售工作，也就走上了通往销售经理的道路。经过若干年的磨炼之后，销售人员开始进入更高层次的职位——大客户销售员，获得比较高的社会地位和经济收入。这时，销售人员有两种选择：有的销售人员选择满足现状，把销售作为自己的终生职业；有的销售人员选择进入管理层，从片区销售经理，到地区销售经理，到大区销售经理，再到全国销售总监，以至营销副总、总裁等（如图1-3所示）。

今天，更多的企业不仅希望雇用具有销售才能的销售人员，更希望雇用具有销售管理潜能的销售人员。

片区销售经理，一般负责管理某一地区3～10个销售人员；地区销售经理，一般负责

---

① 张启杰，田玉来．销售管理实务［M］．北京：中国电力出版社，2009：2-3.

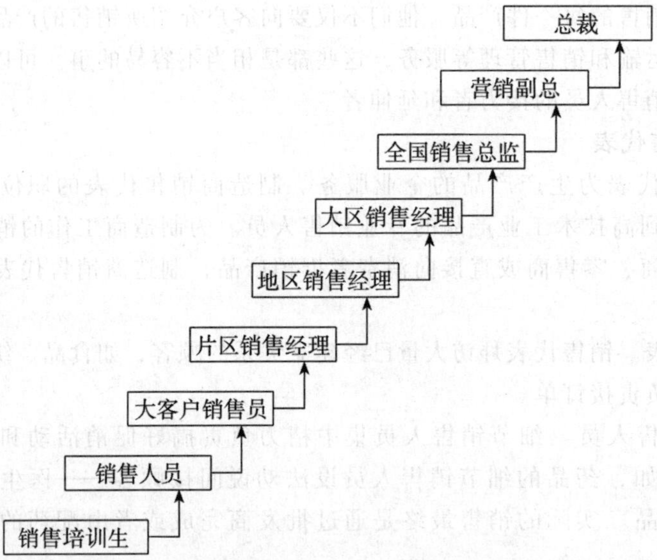

图1-3　销售人员的职业发展道路

资料来源　熊银解. 销售管理［M］. 北京：高等教育出版社，2005.

3～5个片区销售的管理；大区销售经理，一般负责3～5个地区销售的管理。尽管没有销售经验的人也有可能担任销售管理职务，但这种情况一般很少见。对于高层管理人员来说，他们一般会认为有销售经验的人员担任更高层次的销售管理职位会更具有说服力。从一个普通的销售人员起步，进入销售管理这一领域，一个人可能会得到更多的利益和更多的信息，如公司销售人员对销售所持有的态度，顾客对公司、产品及销售人员所持有的态度，公司竞争对手的情况等。

与大公司的销售人员相比，小公司的销售人员晋升的速度可能会更快，因为小公司发展的速度比大公司快；与处于成熟期的公司相比，处于成长期的公司销售人员晋升的机会可能会更多，因为随着公司的发展和市场的扩张，销售人员会有更多的晋升机会。

1.3.4　优秀销售人员应具备的基本素质①

实践表明，凡是能够出色地完成销售任务的销售人员，必须具备一定的条件或较高的素质。关于优秀销售人员的任职条件，不同的人有不同的说法。结合我国的实际情况，一个优秀的销售人员应具备如下基本素质：

1.销售人员应具备的品德素质

（1）诚信。以诚待人、以信取人历来是商家赢得顾客信赖的法宝。销售人员讲求诚信，既能反映其品质的闪光点，又能树立企业的良好形象。乔·吉拉德说："诚实是推销之本。"因此销售人员的一言一行、一举一动都在勾画自己在顾客心中的形象。讲诚信必须恪守讲真话、做实事、负责任的行为标准。

（2）责任心。责任心决定了一个人处世的态度，只有有责任心的销售人员才能在其销售工作中尽心尽力，为销售任务的达成全力以赴。对于企业来讲，当企业将一个市场、一个任务交给一个销售人员时，也意味着将这个市场的命运交给了他，与此同时将他的客户

① 郑广华，范应仁. 市场营销学［M］. 徐州：中国矿业大学出版社，2001：178-181.

的发展和他个人的发展机会交给了他。一个有责任心的销售人员会千方百计努力去完成工作任务，而一个没有责任心的销售人员则会得过且过，最终将职业生涯断送在自己手中。

（3）进取心。销售人员在销售过程中会遇见各种各样的拒绝。这时必须有坚韧不拔的毅力和强烈的进取精神，真正做到“胜不骄，败不馁”。只有这样，才能到达胜利的彼岸。

（4）爱心。态度是决定一个人做事能否成功的基本要素。一个销售人员必须抱着一颗真诚的爱心，诚恳地对待客户、对待同事，只有这样，别人才会尊重你，把你当作朋友。销售人员是企业形象、企业素质的体现，是连接企业与社会、与消费者、与经销商等的枢纽，因此销售人员的态度直接影响着企业的产品销量。

（5）恒心。任何市场的开发和销售工作的进展不可能一蹴而就，正如人们常说的“罗马不是一天建成的”道理一样。在工作中销售人员常会碰到各种各样的问题，如市场销售货款回转速度慢、铺货率低、销售难上量、客户不听从指挥等问题。有的销售人员就会产生急躁心理，怨天尤人，不去反思和琢磨其中的原因，结果是不仅不能达到目的，反而越弄越糟；有的销售人员则会耐住性子，认真分析问题的原因，找出症结，并重新调整方法和工作方式，最终取得成功。

（6）自信心。自信就是自我感觉良好，能够接受拒绝，不把拒绝当成是对个人的否定，而把拒绝当成生活的一部分。自信对于销售人员至关重要。当所有该说、该做的都已经完成时，销售就成为一个与拒绝做斗争的游戏。

（7）热爱产品。销售人员要相信并热爱自己的产品，应逐步培养对公司产品的兴趣。作为一种职业要求和实现销售目标的需要，销售人员应当自觉地、有意识地逐步培养自己对本企业产品的兴趣，力求喜爱和相信所销售的产品。当一个销售人员热爱自己的产品，坚信它是世界上最好的产品时，这种信念将使他在整个销售过程中充满活力和热情，于是他敢于竭力劝说客户，从而在销售中无坚不摧。

（8）热爱销售工作。要想成为一个成功的销售人员，首先要热爱销售工作，这是成功销售的第一秘诀。成功的销售人员必须是热爱销售工作并从中发现乐趣的人。

（9）热爱顾客。顾客是企业价值的根本体现，没有顾客，企业的发展就成了无源之水、无本之木。从另一个角度讲，是顾客成就了销售人员的业绩和价值。热爱顾客，就要对顾客的价值进行深刻的认识。但顾客的素质千差万别，销售人员首先要具有与不同的顾客打交道的能力，要学会体贴与宽容，不管发生什么不愉快的事，都要以满腔的热情帮助顾客解决实际困难和问题，努力实现顾客满意。

2.销售人员应具备的能力

（1）敏锐的观察能力。销售人员的观察能力是指通过顾客的外部表现去了解顾客购买心理的能力。人是社会人，他的任何行为都与其内心活动有联系，反映着内心活动的一个侧面。市场上的顾客也一样。销售人员可以通过观察顾客的行为来发现反映顾客内心活动的许多信息，如兴趣、偏好、欲望等，以决定采用何种销售方式来说服顾客，使其产生购买行为。因此，观察能力就成为销售人员应具备的了解顾客购买动机的重要能力。

（2）较强的应变能力。应变能力是指人们在遇到意外情况时，能够沉着冷静、灵活机动、审时度势地应付变化，并能达到既定目标的能力。通常情况下，多数人不可能在毫无思想准备的情况下，对意想不到、突如其来的变故做出恰如其分的反应。因此，应变能力的提高只有通过销售人员在平时的销售实践中总结应变经验与教训，找出符合自己特点的应变经验与规律来实现。

（3）良好的沟通说服能力。能言善辩是一个合格销售人员的重要条件之一。在销售过程中，为了达到销售产品的目的，销售人员要回答顾客的各种提问，向顾客介绍、宣传本企业的产品，要与顾客洽谈业务，乃至达成交易后向顾客表示谢意等，这些都需要用语言来恰当表达。销售人员必须善于用语言去启发顾客，说服顾客。

（4）较强的社交能力。社交能力是人们为了某种目的而运用语言或非语言的方式相互交换信息、实现人际交往的能力。从某种意义上说，销售人员是企业的“外交家”，需要与各种类型的顾客打交道。这就要求销售人员具备与各种各样的顾客交往的能力，即具备善于与顾客建立联系、沟通并赢得信任，以及处理各种矛盾的能力，能在各种场合应付自如、圆满周到。为此，在产品销售过程中，应注意以下几点：

①待人要热情、诚恳，行为要大方、得体；

②能够站在顾客的角度考虑和处理问题，体谅顾客的难处；

③有一定的自制力，当顾客抱怨时，能够控制自己的情绪，能够沉着、冷静地处理意想不到的问题；

④有一定的主见，但不刚愎自用。

（5）良好的心理承受能力。销售人员具有良好的心理素质，才能够面对挫折不气馁。每一个客户都有不同的背景，也有不同的性格、处世方法，销售人员在受到打击时要保持平静的心态，多分析客户，不断调整自己的心态，改进工作方法，使自己能够面对一切责难；只有这样，才能够克服困难。

（6）较强的学习能力。现代社会发展日新月异，市场环境不断变化，社会也在不断进步。一个战斗在一线的销售人员，必须不断进行充电，学习新的营销思想和营销方法，学习如何面对新形势下的销售。

3.销售人员应具备的基本知识

（1）产品知识。销售人员应该掌握基本的产品知识，了解产品性能、用途、用法、特点、价格，维修、管理程序，生命周期以及竞争产品（包括替代品及同行业的产品）等。

（2）企业知识。销售人员要熟悉企业的发展历史及在同行业中的地位，企业的规模、经营方针和规章制度，以及企业的销售政策、定价策略、交货方式、付款条件、服务项目等。

（3）市场知识。销售人员要了解和掌握市场营销学基本原理，掌握市场调查和预测的原理、原则与方法，善于把握国内外市场需求的变化和发展趋势等。

（4）消费者知识。销售人员要懂得一些社会学、心理学、行为科学知识，尤其要善于分析现实顾客和潜在顾客的需求情况，了解顾客的心理特征、习惯偏好，针对不同类型的顾客给予不同类型的服务，针对有些顾客拒绝购买的心理障碍，采用不同的销售对策。

（5）销售实务知识。销售工作不是专门的理论研究工作，而是一门操作性很强的实务性工作，只有掌握了一定的销售洽谈技巧、结算、签订合同等实务知识，才能很好地开展产品销售工作。

（6）法律知识。每当销售人员做成一笔买卖，从法律上讲，买卖双方同时享有一定的权利并承担相应的义务，即双方当事人产生了法律关系。因此，销售人员应了解：经济行为是否具有法律效力的原则界限；签订合同的基本原则，合同签订、变更和解除的法定程序；合同违约责任及其认定；代理与担保；发生纠纷时仲裁和诉讼程序等。

（7）社会知识。销售人员应了解市场所在地区的经济地理知识和社会风土人情等多方面的知识，这些知识越丰富，越有利于销售。

销售新视点 1-1

传统销售职位及数字营销职位

1.仍受欢迎的传统职位：销售

在市场高度开放的时代，销售队伍的生命力决定了企业的生命力，是企业的"刚性需求"。由于企业面临激烈的竞争压力、数字化变革、技术革新以及市场的不确定性，销售人员更需具备快速学习的能力和适应能力，提升数字化技能，不断挖掘新业务机会并了解客户不断变化的需求。领英数据显示，23%的在招职位面向学生开放。

2.自带数字化基因的职位：社交媒体/数字营销

传统职位受到数字化不同程度的影响，但与站在数字化风口、拥有数字化基因的职位不同，数字化转型下的传统职位，更多地呈现出了"专业技能+数字技能"的复合型特征，且对专业技能的依赖度依然很高。

随着互联网应用的普及，社交媒体和数字营销已经发展到了新高度，并已成为企业与目标受众沟通的主流渠道之一。在该趋势影响下，社交媒体和数字营销领域释放了大量的职位需求。领英数据显示，从事该行业在职数相较去年同期增长38%；女性占比60%；在该领域年轻人依然是主要活跃群体，26%的在招职位作为校招形式对外开放。

资料来源 领英. 2021年中国新兴职位趋势报告［R］. 2021.

1.3.5 如何成为一个合格的销售经理①

成功的销售经理大多是从成功的销售人员开始的。从一个普通的销售人员起步进入销售管理领域，要求其必须具备经理人的思维，勇敢地接受挑战，学会适应新的环境和新的岗位，并在实践中不断学习，这样才能成为一个合格的销售经理。

1.从销售人员到销售经理的转变

一个合格的销售经理不仅需要具备一定的销售管理技能，还需要在观念、目标等方面有一定的改变。

（1）观念的变化。普通销售人员只需要把主要精力集中在自己的本职工作上，其目标是如何做好现有的工作，如制订访问计划、访问客户、推销洽谈、送货服务、催款等。而对一个销售经理来说，他必须在自己的头脑中建立一个整体性的概念，认识到计划和决策对组织目标、组织利益的影响，更多地关注组织利益而不是自身利益。此外，一个优秀的销售经理要与时俱进，密切关注互联网经济时代销售管理发展的新观念，熟悉"互联网+"框架下新的商业模式，带领团队迎接新挑战。

（2）目标的变化。销售经理应该考虑的主要问题是如何实现组织的目标，如组织的销售目标、利润目标、成本费用目标、市场目标等。而普通的销售人员只需考虑自己的销售定额和销售任务的完成，拿到自己的薪酬和奖励。

（3）责任的变化。销售经理除了需要完成一般性的行政管理工作外，需要对自己的下

① 崔明. 销售管理［M］. 上海：格致出版社，2009：41-45.

属加以管理，并为他们的工作创造条件，提供必要的资源。销售经理更多的工作是引导和协调他人的销售活动以实现本部门的销售目标。而普通销售人员的责任主要就是完成组织分配的销售定额，加强与客户的联系。

（4）技能要求的变化。对于销售经理来说，掌握销售技能和拥有销售经验非常重要，但更需要其拥有良好的计划、沟通、培训、指导和激励他人的能力。而对普通销售人员的技能要求则主要是较强的销售能力与沟通能力。

销售经理的工作是非常复杂的，其技能也应是多样的。三种最基本的技能是决策技能、人际关系技能、销售技能。

2.销售经理的职责

销售经理为完成本部门的销售目标，依据公司的整体营销规划，全面负责本部门的管理。因此，无论是高层销售经理，还是基层一线销售经理，都要履行如下职责：

（1）制定销售战略。销售战略涉及销售目标、销售计划、销售策略和政策等，具体包括：进行市场分析和销售预测；确定销售目标；制订销售计划；确定销售配额和销售预算等。

（2）管理销售人员。销售人员的管理是销售经理的重要职责，包括：设计销售组织模式；销售人员的招募与选聘；销售人员的培训与使用；设计销售人员的薪酬方案和激励措施等。

（3）控制销售活动。销售管控是销售经理的一项重要工作，具体包括：划分销售区域；销售人员业绩的考核评估；销售渠道与客户管理；回收货款，防止呆账；销售效益的分析与评估；制定各种规章制度等。

3.销售经理需具备的工作能力①

作为销售经理，由于处于不同层级，对其工作能力的要求亦有所不同，但某些共同的能力是必需的。

（1）行政管理能力，主要包括：客户档案资料的管理；订单、合同等销售文件的处理；销售人员的出差、工作报告的批阅；客户查询及售前咨询、售后服务、仓储、运输的安排等。

（2）人事管理能力，主要包括：销售人员的招募与选聘；工作培训；区域划分及人员安排等。

（3）领导协调能力，主要包括：指导销售人员做好工作的能力；协调销售人员之间的工作关系；协调部门之间的关系；与上级的沟通以及与下属的联络等。

此外，销售经理要具备与客户沟通的能力和技巧、有效地开展市场营销工作的能力以及与财务有关的规划能力等。

1.4 销售管理的发展趋势②

21世纪是以数字化、虚拟化、网络化为主导的互联网经济进一步发展的时代，互联网思维正浸染着社会生活的所有领域，更对传统的销售观念与模式带来前所未有的冲击。优秀的现代企业正在积极拥抱互联网经济，千方百计寻找新的商业契机，主动融入“互联

① 韦文. 销售管理［M］. 北京：华夏出版社，2004：55-57.
② 张启杰，田玉来. 销售管理实务［M］. 北京：中国电力出版社，2009：13-15.

网+”的商业模式。

面对复杂多变的市场环境，一些企业的销售组织通过对销售管理的调整来应对种种挑战，使得企业的销售管理呈现出这样的变化趋势：从交易推销到关系推销；从个人推销到团队推销；从传统渠道推销到O2O相结合的新零售销售模式；从管理销售到领导销售。

1.4.1　从交易推销到关系推销

销售人员不再强调短期内一次性的产品销售，而是强调能通过解决顾客问题、提供机遇并为顾客增加价值等发展与顾客的长期合作关系，他们正在从关注现有的顾客转向关注为企业的明天创造价值的顾客，传统的交易推销正逐渐被关系推销所取代。

关系推销的目的不仅是单纯地实现销售或交易，还需要在考虑现有的顾客的同时把将来可能与之达成交易的顾客作为目标，向目标顾客表明其有能力通过优质的服务更好地满足其需求，在双方能够相互负责的情况下，建立一种长期的合作关系，互利互惠，实现双赢。交易推销与关系推销的比较见表1-1。

表1-1　**交易推销与关系推销的比较**

比较方面	交易推销	关系推销
关注点	关注单次销售	关注顾客本身
推销导向	产品特征	产品利益
顾客关系持久性	短期	长期
服务的重要性	不太强调为顾客服务	高度强调为顾客服务
顾客参与度	有限的顾客参与	高度的顾客参与
顾客联系度	适度的顾客联系	高度的顾客联系
质量的重要性	质量是产品的首要问题	质量是所有方面都要考虑的问题

关系推销的形成有两种情况：一种情况是一些销售组织积极主动地与顾客建立一种关系推销方式，保持与顾客的长期关系。因为它们认识到，企业的成功主要取决于长期的顾客关系，帮助顾客解决问题是发展长期顾客关系的最好方法，长期的顾客关系必将带来企业长期市场的成功。另一种情况是在产品售出后，销售人员主动与顾客联系，询问其对产品或服务是否满意，是否还有其他的需求。如果顾客不满意，企业会千方百计采取措施，保证让顾客满意。

1.4.2　从个人推销到团队推销

“单枪匹马”“超级明星”式的销售人员的重要性在许多公司的销售组织中的地位正在下降，特别是当公司工作的重点从仅仅销售产品转向解决顾客问题时。在很多情况下，一个人不会拥有判断和解决顾客问题所需要的全部知识与技能，此时就需要某种类型的团队开展工作。

一个销售团队由一个销售经理领导，团队的成员可能来自企业的销售部门、市场营销部门和企业内其他职能部门。根据团队成员不同的协作方式，可将销售团队分为两种类型：以顾客为中心的销售团队和以交易为中心的销售团队（见表1-2）。

表1-2 **销售团队的协作类型**

以顾客为中心的销售团队	以交易为中心的销售团队
1.重视顾客	1.重视交易
2.顾客的工作需要决定团队成员的数量	2.交易的规模决定团队成员的数量
3.一个顾客一个团队，成员相对稳定	3.一次交易一个团队，成员流动性大
4.顾客的特点决定团队的特点	4.销售机会决定团队的特点
5.团队的使命是服从顾客的需要	5.团队的使命是抓住销售机会

以顾客为中心的销售团队，是一个为特定的顾客组成的正规的销售团队，团队成员可能来自企业的所有职能部门，销售团队接受决策层的授权，全权负责某一特定项目，直到任务完成。以交易为中心的销售团队，是一种非正规的销售团队，团队成员可能来自企业的任一职能部门，并且可能参与销售过程的任一阶段，销售人员的责任是合理安排销售组织的资源，使其满足顾客的需求。

1.4.3 从传统渠道推销到O2O相结合的新零售销售模式

传统企业更多的是通过线下渠道进行产品的销售与服务，企业更多地关注各级各类市场主体及渠道的管理。随着电子商务的广泛应用，以淘宝、京东为代表的电商平台刷新了传统的销售模式，创造了诸如“双11”“6·18”等电商销售奇迹。

近几年，以阿里巴巴、小米和京东为代表的线上电商又纷纷转向线下开起了实体店铺。马云预言：“未来的一二十年没有电子商务这一说，只有新零售。也就是说，线上、线下和物流必须结合在一起，才能诞生真正的新零售。”雷军几乎同时或更早发声：“希望用互联网思维做线上、线下融合的新零售业态。”很快，京东也迅速跟进，提出了“第四次零售革命的概念”。一时间，依旧被传统零售占据着80%～90%的广大线下市场，自然成为电商的进军目标。截至2021年年底，盒马鲜生全国门店数量近300家。号称只做线上的雷军也开始大举进军线下实体店，据时代财经报道，小米线下零售店从2020年年末的3 200余家增到10 200家。

此外，由于市场环境的变化尤其受新冠肺炎疫情的影响，社区团购、电商平台、直播带货、品牌自播等新的销售模式不断涌现。这些新的销售模式的出现必然推动销售管理理念与销售战略的调整和转变。

1.4.4 从管理销售到领导销售

许多公司的销售组织都是一个官僚式的、等级制的金字塔结构，各级别销售经理直接监督下一级，同时对上一级管理层直接负责，以此来实现管理控制。销售管理者作为“老板”管理着销售人员，销售人员要向他们汇报，对他们负责。他们要对销售人员实施程度不同的管理控制，以使销售人员实现预期的销售目标。

这种方式在非常稳定的市场环境下可以很好地发挥作用，但是许多销售组织认为这种方式在一个迅速变化的环境下使得销售管理者和销售人员很难负起责任。于是，开始寻求销售组织的改革，目标是尽量使销售组织的层级结构“扁平化”。扁平化的销售组织授予销售人员在现场进行更多决策的权力，这就改变了销售管理者的角色和他们与销售人员的关系。对于一个销售管理者来说，基本的趋势是“领导得多而管理得少”。

学思践悟

飞鹤乳业用诚信守护中国宝宝“奶瓶”

黑龙江飞鹤乳业有限公司（简称飞鹤乳业）始建于1962年，是中国最早的奶粉企业之一。公司董事长冷友斌是这样定义企业诚信的：我们每一罐奶粉出厂都带着承诺，带着诚信，带着宝宝的未来，带着民族和家庭的希望。

党的二十大报告指出：“提高全社会文明程度。”“弘扬诚信文化，健全诚信建设长效机制。”

把做好奶源作为践行诚信的第一步。为守护中国宝宝的“奶瓶”，要用好奶源来保证奶粉品质。企业贷款建立了万头奶牛牧场，严格把控奶牛的饲养、挤奶、清洁、防疫等环节，实现了“把奶源安全牢牢掌握在自己手中”的目标，收获了消费者对企业产品质量的信任。

把提升奶粉质量作为践行诚信的安全保障。企业依托地理生态优势，用十余年时间潜心打造集牧草种植、饲料加工、专属牧场奶牛养殖、现代化乳品加工于一体的产业集群，并要求上下游合作企业通过相关质量保证资质认证。企业先后成立质量部、技术研发部等部门，建立多个工厂实验室，对原材料、加工、包装、贮存直至销售等过程设立411道检测项目，不断提高奶粉质量，实现了企业59年“零安全事故”。企业推出“双屏互动可视化全产业链”技术，拉近与消费者之间的距离，让消费者随时随地看到原生态环境、农场牧草种植、牧场奶牛养殖与鲜奶采集、智能工厂等，自觉接受消费者监督。

把找准奶粉定位作为践行诚信的企业责任。企业致力于研究最符合中国母乳核心营养成分的结构比例，不断强化产品研发能力，建立中国首家乳品工程院士工作站，与哈佛大学等国外高校构建科研平台，组建自己的技术研发团队，建立了中国母乳数据库，探索更适合中国宝宝体质的个性化营养解决方案。企业产品凭借优异品质，牢牢站稳国内高端奶粉市场。

资料来源　商务部市场建设司. 2021年全国“诚信兴商十大案例”[EB/OL].（2021-10-09）[2022-06-24]. https://www.creditchina.gov.cn/chengxinzhuti/xinwenjiaodian/202110/t20211008_245897.html.

【思政元素解析】诚信是企业生存发展之本，严格把控产品质量、为社会提供优质产品是企业践行诚信经商的首要关键环节，而科技创新及新技术的运用是提升产品品质的根本保障。

基本训练

第1章即测即评

- **简答题**

1.简述销售管理的主要内容。

2.简述销售职业的基本特征。

3.分析销售管理与营销管理的联系和区别。

4.销售经理的职责有哪些？

5.如何理解销售管理的发展趋势？

- **自我测试题**

我适合做销售吗？①

无论是从薪酬角度还是从职业发展角度考虑，销售都是一个吸引人的职业。它能给从业者提供广阔的发展空间，但有的从业者经常对自己缺乏信心。下面我们就做一个测试，以下15个问题，请做出自己的选择：A.经常如此；B.有时如此；C.几乎从未如此。

（1）你真心喜欢你周围的人吗？

（2）必要时，你会主动与人握手吗？

（3）与人谈话时，你会投以亲切的眼神吗？

（4）表达意见时，你会采用简单、清晰的方式吗？

（5）你能适时地表现幽默感吗？

（6）你能向对方举出3种以上理由，来说服对方接受你的观点吗？

（7）你的穿着是否整洁、得体，适合你所处的环境？

（8）你给人一种生活充实、成功的印象吗？

（9）遇到不如意的事时，你不容易沮丧吗？

（10）你能准确地解释关于你所主张的某一个观点吗？

（11）与人有约，你能准时赴约吗？

（12）若有人请你为其服务，你相信这也是接近对方的一次机会吗？

（13）你擅长制作各种报告、数据图表及统计资料吗？

（14）你希望从人际接触中获得即刻的回报吗？

（15）你认为推销工作应该有固定的工作时间吗？

得分计算：从1到14题，回答“经常如此”得6分，回答“有时如此”得4分，回答“几乎从未如此”得2分；第15题，回答“经常如此”得2分，回答“有时如此”得4分，回答“几乎从未如此”得6分。

---

① 张启杰，田玉来．销售管理实务［M］．北京：中国电力出版社，2009：13-14.

得分在74~90分之间：恭喜你，你是个天生的推销员。你喜欢与人接近，知道如何与人相处，推销东西时也非常诚恳、踏实；你所推销的任何产品或服务几乎都很有价值，因为你的强劲推销能力，甚至可以把梳子卖给和尚；对于推销这个工作，你会觉得很刺激，很少有疲倦感。

得分在51~73分之间：这个分数算是中等，表示你拥有这方面的潜力，只要经过努力及训练，你仍可能成为一个杰出的推销员。不过最重要的是，你是否具有推销的热忱，因为其他方面的弱点都是可以克服的。

得分在30~50分之间：奉劝你最好不要从事推销的工作，因为你会很不快乐。你可以考虑其他无须如此积极进取、与人接触频繁、非常繁忙的工作，这并不是你本身具有不足或什么毛病，而是推销工作根本不适合你。

• **案例分析题**

如何成功地完成从销售人员到销售主管的角色转换

夏主管是一个刚刚被提升的销售主管，手下有3个销售代表。刚到任时，他总结了自己的一些成功经验，如区域管理、销售技巧、及时跟单等。他利用自己的成功经验，不断地为同事解决工作中的难题，终于赢得同事的叹服，成为地区中的攻坚能手。

夏主管认为，客户对做市场来说是最重要的，特别是主要客户，更是公司的资产，也更需要主管来把握。因此他大部分时间都在抓主要客户，发展良好的客户关系。随着时间的流逝，夏主管也知道了主管的工作就是管理，要建立管理系统。管理就是通过各种管理办法，让销售代表完成计划。当然夏主管还留了一手，万一手下的3个销售代表完不成计划，他自信依靠自己良好的客户关系，依然能保证完成区域的总计划。

夏主管要求销售代表严格完成公司规定的日报表、客户资料表、每周工作计划表、费用明细表等，要笔迹工整、内容翔实，以便公司查看。这些表他每周收一次，仔细查看每个销售代表填写得是否符合要求；不合要求的，退回重写。有一次，他按照销售代表甲的每日拜访计划，早上8：20就在A医院门口等甲，一直等到10：00还未遇见。一打电话，甲才匆匆赶过来，说明因临时有事，已安排在下午拜访A医院。夏主管严格要求甲今后一定要按照计划执行；否则，计划就是空的，如果临时计划有变更，一定要通知他。

夏主管认为管理者要有鉴别他人的能力，比如与销售代表一起去拜访，一次就能搞清楚销售代表的工作能力，找出销售代表的问题，要其改正。夏主管也认为现在的销售代表更精明了，要很快发现其问题越来越难，但他认为这更有助于提高自己的能力。工作一段时间后，夏主管发现，他尽了很多力，可他的区域成绩一般，人员虽然多了，但5个销售代表中有4个是新的。经咨询上级，他才认识到发展与保留人员也是他的工作。于是夏主管开始筛选人才，分析谁具有潜力。经过长时间的严格考查，夏主管公正地认为销售代表乙很好，能严格要求自己并按时完成上司要求的所有任务，业绩也行，肯定能成为一个以身作则的管理人。于是夏主管亲自找到乙，告诉他公司对人才的重视，期望他能留在公司并发展自己。其目的是让乙更努力地工作，更出色地完成计划。乙也的确更勤奋。同时夏主管发现销售代表丙水平有限，比其他销售代表低一档水平，但完成指标尚可，决定让市场和时间来淘汰他。

夏主管身为主管满一年了。这一年，他尽力去完成上级交给的任务，年终，业绩尚可，但是有两个新销售代表提出辞职，虽然他们满口感谢与钦佩夏主管。后来，夏主管的上级换了一个新人，来到他的区域指导工作，给他的评价为C级。这意味着他得重新上岗，夏主管非常茫然。

资料来源 万晓，左莉，李卫．销售管理［M］．北京：清华大学出版社，北京交通大学出版社，2009：31-32.

问题：

1.夏主管为什么没有能顺利完成角色的转换？

2.夏主管的前任领导有没有责任？为什么？

• 实训题

实训项目：销售管理者访谈。

实训目标：

1.结合实际，加深对销售管理的感性认识与理解。

2.初步认知销售管理者应具备的素质与能力。

实训内容与要求：

1.以小组为单位分别走访某一传统企业和互联网企业的销售部门，并对销售经理进行访谈，了解其职业经历、目前工作职责和胜任工作所（应）具备的素质与能力。

2.在调查访问之前，每组需根据课程所学知识经过讨论制定调查访问的提纲，包括调研的主要问题与具体安排。

3.调研之后以小组为单位写出调研报告，内容包括：

（1）被调研企业的基本情况，包括企业性质、经营项目与规模。

（2）销售部经理工作职能、胜任该工作所必需的管理技能以及所采用的管理方法等情况。

（3）访谈中哪些是你们印象最深刻的管理职责和管理素质？

（4）分析“互联网+”与传统企业的融合对销售经理在观念、职责以及管理沟通等方面带来的冲击及应对措施。

[第2章]

销售管理基本原理

学习目标

◆ 重点掌握销售方格理论，效率型、效能型销售模式及管理风格；掌握销售漏斗理论；了解销售方格与客户方格的关系。

引 例

外松内紧，A公司大客户销售成绩斐然

A公司起家打天下的产品，是它的商用打印机和终端机（终端机是金融行业专用的一种设备，营业员所操作的专用电脑就是终端机），目前仍然是公司持久创利的产品。

把成百上千台打印机和终端机卖给“工 农 建 中 交”等几大银行，每次销售都会获得几十万甚至上千万元的订单，这是典型的效能型销售模式，A公司已成为国内应用效能型销售模式的佼佼者。

那么这支销售队伍是如何通过管理控制打造出来的？其销售队伍管理和文化都有哪些特点？

首先，公司非常强调每个销售代表的主观能动性，鼓励每个销售代表自己想办法解决面临的客户问题，包括如何约见客户、如何有效地对客户进行产品展示、如何建立与客户的信任关系等，都强调要自己开动脑筋。经理可以给你做拜访示范，可以帮你出主意，但最终去做的还是你自己，在公司的文化当中，很少有手把手教做业务的氛围。

其次，鼓励大家多往外跑，少在办公室停留，多到客户那里去。公司很少关注销售代表是否按时上下班，而是倡导大家在业务紧的时候，一定要能顶上劲，不能掉链子。至于在平时，更多的是鼓励大家自己调配时间，自己调配项目的推进步调，自己调配与关键客户的接触进程。

A公司对销售队伍的考核周期也比较长，最少的也有半年。在这期间，每个分公司的销售主任都会给新销售代表充分的锻炼机会，不怕他们失败，甚至鼓励他们说：“没关系，搞不好有我。”

效能型销售代表一上战场就必须委以重任，因此选人非常重要。公司每一批销售代表都要从社会或学校里精挑细选，并且在分到各销售分公司之前，还要进行系统的集训，通过集训过程进一步观察和选择，以保证新人的质量。

对销售队伍管控最严的是客户订单意向的管理。某个银行一旦有了采购的意向，销售经理和整个团队马上就会警觉起来，那时就会看到销售部灯火通明。挑灯夜战的既有销售人员，也有技术支持人员，甚至财务、物流等部门的同事都在并肩战斗。

资料来源 秦毅．如何系统规划销售组织与业务——打造金牌销售团队Ⅰ［M］．北京：北京大学出版社，2003：45-46.

尽管销售活动复杂多变，但通过梳理销售活动三要素及其关系，依然可以发现其中蕴含的某些规律性特征。如站在销售管理者的角度审视销售活动的基本要素之销售的主客体是如何对待销售活动的；因销售主体与销售商品关系的复杂性需要销售管理者采取不同的销售模式和管理风格；虽然销售实战中的销售技巧与销售方法灵活多变，但常规性的途径与策略依然行之有效。

2.1 销售方格理论①

美国行为科学家罗伯特·布莱克（Robert R. Blake）和简·蒙顿（Jane S. Mouton）研究了销售人员与客户之间的人际关系和买卖关系，提出了销售方格理论。这是销售学基础理论研究的重大突破之一。

销售人员在销售过程中，要与各种类型的客户打交道，在接触过程中，彼此会给对方留下印象，都会对对方有一定的认识而形成各自独特的心理活动与态度。销售方格理论可以帮助销售人员更清楚地认识自己的销售心态，看到自己在销售工作中存在的问题，进一步提高自己的销售能力；销售方格理论还有助于销售人员更深入地了解自己的销售对象，弄清销售对象的心理状态，恰当地处理与销售对象之间的关系，提高销售工作效率。

销售方格理论从销售人员态度、客户态度以及两种态度之间的联系3个方面具体说明具有什么态度的人才能成为优秀的销售人员。

2.1.1 销售方格

销售方格从销售人员的角度来研究销售活动中的心理态度。销售人员在销售活动中有两个具体目标：一是尽力说服客户购买，完成销售任务；二是尽力迎合客户的心理活动，与客户建立良好的人际关系。每个销售人员对这两个目标的侧重是不同的，其表现在方格表上称为销售方格，如图2-1所示，布莱克和蒙顿把销售人员的态度分为5种基本类型。

1.无所谓型（如图2-1方格中（1，1）所示）

具有该种心态的销售人员既不关心客户的需求，也不关心销售任务，而是抱着“要买就买，不买拉倒”的心态，毫无敬业精神。这种类型的销售人员没有明确的工作责任心，缺乏成就感，对客户的需求视而不见，对企业的销售工作也毫不在意。该类型的销售人员

① 李桂荣．现代推销学［M］．广州：中山大学出版社，1993：42-49.

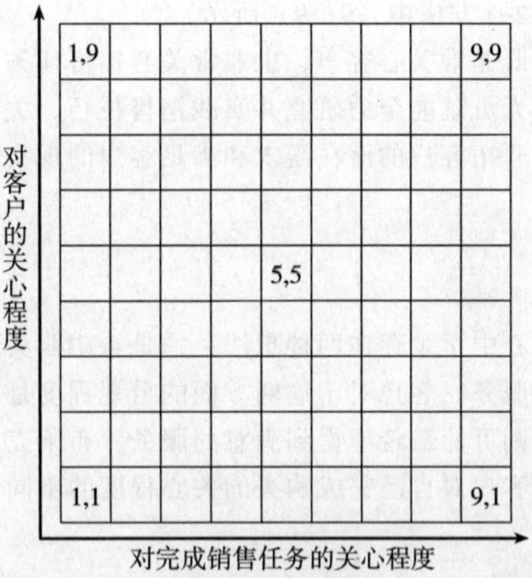

图2-1　销售方格

主要是由于本身没有进取精神，也可能是销售人员所在的企业没有严格的管理制度造成的。

2.迁就客户型（如图2-1方格中（1，9）所示）

具有这种心态的销售人员非常重视与客户之间良好的人际关系，对客户能以诚相待，极易成为客户的参谋甚至朋友，但他忘了销售活动并不是单纯的人际交往，而应力求取得实实在在的销售成果。这种类型的销售人员不关心或羞于与客户谈货币与商品的交换，坚持买卖不成仁义在。抱这种心态虽能建立起良好的客户关系，却很难完成销售目标，因此这不是良好的销售心态。

3.强力推销型（如图2-1方格中（9，1）所示）

这种销售心态与迁就客户型的恰恰相反，销售人员只关心完成销售任务和达成交易，而不关心客户的实际需求和购买心理，忽视与客户保持良好的人际关系，具体表现为千方百计地说服客户购买，甚至不惜向客户施加压力，或者欺骗客户。这种类型的销售人员虽然一时可以把商品销售出去，给企业带来暂时的利益，但由于给客户造成很大的心理压力，甚至形成坏印象而引起客户反感，破坏了其所代表的企业及所销售商品的声誉和形象，最终损害了企业的长远利益。因此销售人员的这种心态是不可取的。

4.销售技巧型（如图2-1方格中（5，5）所示）

这种类型的销售人员既比较关心销售任务，也比较关心与客户的人际关系，但他往往只注意客户的购买心理，而不考虑客户的实际需求，具体表现为该类型销售人员既不愿丢掉生意，也不愿丢掉客户，讲究和气生财。因此，他努力学习销售技巧，总结各种现场销售经验，以便在销售中加以应用。所以，这类销售人员往往具有较好的销售业绩，口碑也不错，被认为是踏实肯干、经验丰富、老练成熟、成绩优秀的销售人员。但是这类销售人员常常费尽心机，说服某些客户购买了一些他们实际上不需要的商品。所以，从长远角度考虑，他损害了客户的长远利益。虽然他是一个好的销售人员，但一般很难创新，很难有大的突破。

5.解决问题型（如图2-1方格中（9，9）所示）

这种类型的销售人员既非常关心客户，也非常关心销售任务，是一种最理想的销售心态。具有这种心态的销售人员既能全力研究并实践销售技巧，关注销售任务，又能最大限度地解决客户困难，注重开拓客户的潜在需求和满足客户的现实需求，能实现二者间的结合并保持良好的人际关系。

2.1.2 客户方格

客户在购买商品时，心中至少存在两种想法：一是希望购买到满意的商品；二是希望得到销售人员热情周到的服务。客户对于这两方面的重视程度是不同的。有的客户高度重视商品本身，而有的客户则可能最希望得到满意的服务。布莱克和蒙顿两位教授依据客户对销售人员的关心程度和客户对自己完成购买的关心程度的不同，建立了客户方格（如图2-2所示）。

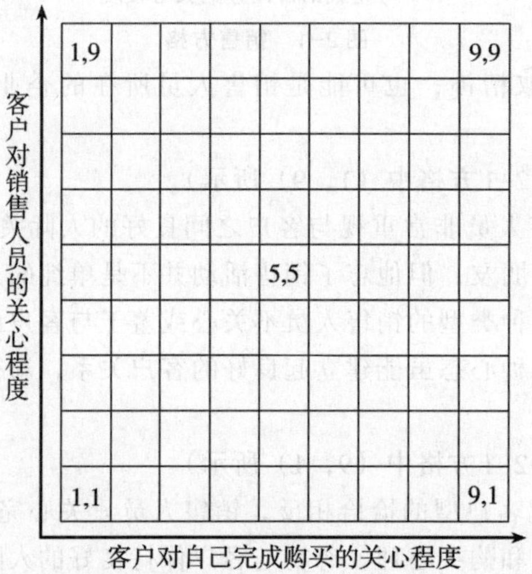

图2-2 客户方格

客户方格中显示了由于客户对销售人员的关心程度和对自己完成购买的关心程度的不同而形成的不同的心理状态。其中横坐标表示客户对自己完成购买的关心程度，纵坐标则表示客户对销售人员的关心程度。坐标值越大，表示关心程度越高。在这里，侧重分析5种典型的客户心态。

1.漠不关心型（如图2-2方格中（1，1）所示）

这类客户既不关心销售人员，也不关心购买商品本身，往往只是受人之托购买，而且不愿意承担责任。他对销售人员的态度是避而远之或敷衍了事。

2.软心肠型（如图2-2方格中（1，9）所示）

这类客户非常重视与销售人员良好的人际关系，不大关心购买商品本身。如果销售人员为了实现销售成果，表现得热情周到，这种客户往往会感到盛情难却，即便对销售的商品一时不很需要，也有可能购买。这种客户比较容易被说服。

3.防卫型（如图2-2方格中（9，1）所示）

这种心态与软心肠型的恰恰相反。持这种心态的客户极端重视销售的商品本身，对商品百般挑剔。他并不相信销售人员，任凭销售人员如何解释，他都只相信自己的判断，对销售人员的防卫心特别重。这种客户非常固执，一旦他不认同销售的商品，一般就很难被说服。

4.干练型（如图2-2方格中（5，5）所示）

这种客户既比较重视销售的商品本身，又比较重视销售人员对待他的态度和服务。他往往凭借自己的知识来判断商品，在决策前经过深思熟虑，也愿意听取销售人员的介绍。这种客户既十分理智，又很重感情，在做出购买决策时，既考虑商品的实用性，又考虑人际关系的因素。

5.寻求答案型（如图2-2方格中（9，9）所示）

持这种心态的客户非常注重销售人员和商品的完美结合。他既非常关心购买的商品，又能与销售人员保持很好的关系并与之合作。他非常明确自己的购买数量和购买标准，又愿意接受销售人员的帮助，并主动与之合作，一般不会提出无理的要求。

2.1.3　销售方格与客户方格的关系

在现实的销售过程中，销售人员的心态与客户的心态在大多数情况下都不能实现最佳匹配，而双方心态的有效组合是实现销售成功的重要条件。布莱克和蒙顿教授设计了一个简明的有效组合表（见表2-1），初步揭示出销售人员和客户两种心态的组合与销售能否顺利完成的关系及基本规律。表中“+”表示可完成销售任务；“-”表示无法完成销售任务；“0”则表示无法确定，既有可能顺利成交，也有可能成交失败。

表2-1　销售有效组合表①

销售方格 \ 客户方格	（1，1）	（1，9）	（5，5）	（9，1）	（9，9）
（1，1）	-	-	0	0	+
（1，9）	-	+	+	+	+
（5，5）	-	0	+	+	+
（9，1）	-	-	0	0	+
（9，9）	-	0	0	0	+

由于受到外部和内部种种条件的影响，表2-1中所列的种种组合的心态是极其复杂且多变的，并没有绝对精确的划分，而且销售与购买心态不仅简单地受关心对方与关心商品这两方面因素的影响，因此销售方格理论只是大体上概括出了两种心态的组合，还应结合实践不断充实和完善。

2.2　销售模式与管理风格

销售模式并不是指企业的分销模式，企业的分销模式一般而言有传统分销模式和现代

① 李先国，周伟．营销实务与案例分析［M］．北京：中国商业出版社，2003：53.

分销模式之分。传统分销模式如自主销售、代理销售，以及直销、批发与零售等诸多形式；现代分销模式如联合销售、交叉销售、网络销售等销售形式。

销售模式也并非指一般意义上的销售技巧。销售技巧是销售人员在销售活动中根据企业产品的特点以及对客户购买活动各阶段心理变化的洞察所采取的程序化、标准化的销售策略或方法，如AIDA销售法、FABE销售法、SPIN销售法等。

这里的销售模式特指企业的销售人员在销售活动中根据自己所在行业、所销售的产品特点以及客户特征等对其销售方式进行分类并加以管理控制的过程。实战派销售专家秦毅（2004）根据销售过程的特点对销售模式进行了分类，提出了以“效率”为导向的销售模式和以“效能”为导向的销售模式，即效率效能分类法。

效率和效能的说法，是借用了管理学中的两个名词，效率的原意是速度快且动作精准；效能的原意是达到了所期望的结果。秦毅认为不同的销售模式拥有不同的核心特征，因此销售团队的管理方式也应匹配或采取不同的管理风格。

2.2.1 效率型销售模式

以效率为导向的销售，其销售过程相对比较简单，每个订单的数额小但签订订单的频次较高，目标客户数量大且分散，像食品、化妆品、个人寿险、手机、家用电器等产品的销售，都属于效率型销售，总体看来有4个特点：

（1）最终采购方一般为个人或家庭用户。

（2）无论是组织采购还是个人或家庭采购，其决策过程非常快，并且基本上是纯粹的个人决策，最多也就是家庭或组织的主要成员进行一些简单的协商。

（3）价值相对较低，一般来讲，对个人、家庭或组织都是可重复购买的产品（如手机、家电），有的甚至是重复购买率很高的产品（如食品、化妆品）。

（4）销售过程相对简单，以柜台销售或一对一的销售模式为主，通常属于纯粹的销售过程，不需要公司其他部门太多的支持。

2.2.2 效能型销售模式

这种模式的销售过程环节比较多，拜访的复杂程度也比较高，比如工业用品、各类解决方案、大型设备等的销售过程，总体来看也有4个特点：

（1）采购方一般为政府、企业或是社会组织，很少是个人或家庭。即便是个人或家庭用品，也是昂贵的耐用品。

（2）客户决策过程比较复杂，并且并非纯粹的个人决策，许多都需要内部酝酿和招标才能最终确定购买。

（3）产品的价值都相对较高，对采购方都十分重要，绝非低值易耗或可随意采购的产品。

（4）一个订单，无论大小，其销售过程都比较复杂，销售周期都比较长，对售前、售中和售后的要求都较高，往往需要公司两个甚至更多的部门与销售部门密切配合，才能得到客户的最终认可，从而实现销售。

具有以上大部分特点的销售过程，一般把它们称为以效能为导向的销售。

效能型销售模式与效率型销售模式的比较见表2-2。

表2-2　效能型与效率型销售模式的比较

项　目	效能型销售模式	效率型销售模式
产品本身价值	高	相对低
采购对象	大多为政府、企业、社会组织	大多为个人或家庭
客户群	数量少、集中	数量大、分散
客户决策	分散、内部要磋商、招标	相对集中、简单地货比三家
销售周期	长、环节多	相对短、客户决策快
销售过程	复杂，要求公司其他部门高度配合	相对简单，销售环节独立，对其他部门的配合要求不太高
客户参与程度	参与程度高，甚至直接参与产品的设计和制造	客户只有在厂商现有产品型号中进行选择的权利
订单金额和数量	每一订单的金额大，但是订单的数量少	每一订单的金额小，但是订单的数量多

2.2.3　不同销售模式对管理风格的要求

效率与效能的分类方式，对销售团队日常管理的指导作用非常大。因为对销售团队的任何管理，目的都是更好地提高销售业绩，满足客户的消费需求，因此如果所设计的管理模式，或者在实际中所采用的管理风格，不适合销售过程的固有特点，那么轻者是对销售团队的桎梏，重者甚至会对销售活动起反作用。效率与效能是截然不同的两种销售模式风格，而不同风格的销售模式自然要求匹配或对应不同的销售管理方式。

1.效率型销售模式对管理风格的要求

（1）注重控制整体过程。在管理控制效率型销售团队时，需要控制全部的销售过程。比如针对柜台导购销售，就要控制导购员的每一个销售动作，从如何与来柜台前的客户打招呼、如何询问客户的个人情况、如何探询客户的需求背景、如何有效地进行产品展示、如何有效处理客户异议，到最后如何推动客户购买、如何帮助客户包装、如何祝福客户等环节，都要进行标准化的分析，然后在实际工作中强化控制。

（2）注重销售细节的固化。效率型销售模式要求销售人员尽量把每一个销售动作固化，例如，柜台导购员在探询客户的需求时，需要将所提问的五大类、8种方式和十几种常用问句都牢记在心（通过系统严格的训练完全可以达到），最终要达到的目的是：在面对客户时，基本不需要现场再组织语言。

对于效率型销售模式，为什么销售人员需要将每一个业务推广细节都熟记在心呢？这是由效率型销售模式的特点决定的。由于效率型销售模式的客户数量非常大，好的效率型销售人员都要靠完成足够数量的订单才可以达标。比如，在柜台销售过程中，如果销售过程中的细节固化得不够，推销语言没有进入到售货员的潜意识，每次面对客户时还需要调动过多的脑力去思考、去判断，现场再去组织语言，那么以一个售货员一天站柜台6个小时计算，不出两个小时，这个售货员就已经身心疲惫，根本不可能以良好以上的水平再去面对另外4个小时的柜台时间里所接触的客户，也就很难保持较高的业绩水平。

（3）营造团队的积极氛围。所谓营造团队的积极氛围，是指利用各种场合，利用各种团队游戏来强化大家进取心的一系列管理动作。

效率型销售团队需要通过各种办法塑造积极的团队氛围。其目的只有一个，就是要使大家的精神始终保持亢奋的状态，因为销售人员在这种亢奋的状态下，才会漠视挫折，才能从容应对一天里大量的、重复性的销售活动。

（4）注重内部竞争意识。注重内部竞争意识包括3个方面：

一是强调末位淘汰制。比如，这个月做得不好，就要警告了；如果下个月还是做得不好，那就只有走人。

二是强调业绩竞赛。就算销售人员数量并不多，也要分成两个小组，因为那样才可以相互展开竞赛——不仅组与组之间展开竞赛，每个人跟自己、这个月跟上个月、今年与往年等，都要比一比。

三是重奖超额和销售模范。超出平均的业绩，要享受超额的奖励水平；还要设置各种销售奖，比如月度销售冠军、季度销售冠军、年度销售冠军等，每项冠军都有不同的令人羡慕的奖励，以此来激励销售团队中的每一个成员向这些销售模范学习。

2.效能型销售模式对管理风格的要求

（1）注重控制销售过程中的关键点。管理控制效能型销售模式的第一个侧重点，就是注重控制销售过程中的关键点。以效能为导向的销售模式，其销售过程往往比较长，也比较复杂，控制销售的全过程不太现实，所以应该把重点放到控制关键点上。比如大型设备、工业用品或解决方案的销售，只要控制了解客户背景、有效地展示和引导客户、建立与客户的私人和公司级的信任、签订订单、服务跟进中的关键点即可，而没有必要去控制诸如每次见客户应当怎么样开场、应当怎样与客户寒暄、应当怎样给客户递名片等细节。

（2）注重发掘销售代表的个性和创造力。具体一些，就是效能型销售模式的销售代表，如果他有一些个人想法、有一些小毛病，只要不影响大局，销售经理应该抱宽容的态度；销售经理在与效能型销售团队成员沟通时也是一样的，要有平等的心态，这样才能使团队成员有创造力。如果用各种条条框框将手下的销售代表完全限制住了，那么有创造力的销售代表要么待不住，要么被管成了麻木盲从的状态——“干脆你怎么说，我就怎么办”，这样的销售代表是很难做好效能型销售工作的。

（3）注重整体配合。这就是要注重销售团队的整体配合。即使一个人就能拿下一个单子，也要避免让他孤军作战，必要的时候技术支持人员或其他部门的销售支持人员和销售经理一定要出面给予支持，共同参与一个项目。这样才便于管理控制项目的进程及售后工作，才能完美地拿下一个项目。

（4）注重长期稳定的管理方式。在这一点上，有两点需要注意：首先，效能型销售团队的考核周期要相对比较长，绝不能像效率型销售团队那样，一个月就下结论。对一个效能型销售团队，考核周期一般要求在半年或半年以上。其次，底薪设计相对要比较高，以使销售人员有一种稳定和长远发展的感觉。如果“考核周期和底薪比例”这两点控制不好的话，就很容易引起效能型销售人员的短期行为，欲速则不达。

2.2.4 两种销售模式的共同特点

效率效能分类法是一种对销售模式的初步分类方式，也就是说，即便是在同一类销售模式中，也不是绝对一致和僵死的。比如，IBM的大型设备和Oracle的大型数据库的销售，虽然都是典型的效能型销售，但它们的销售步骤和客户采购细节肯定会有许多不同之处，管理风格也肯定会有许多不同之处。

效率型销售模式与效能型销售模式虽然有很多区别，在对团队的管理控制方向上也有不同的侧重点，但是效率型销售模式与效能型销售模式在许多方面还是相通的。

1.最终目标一致

效率型销售模式与效能型销售模式的第一个共同点，就是两者的最终目标都是一致的，都是为了促成销售业绩的最大化，或者说是要实现客户的完美采购。

2.目的都是要营造最接近成功的团队状态

效率型销售模式与效能型销售模式的管理控制目的，都是要达到最接近目标的理想状态。以效率为导向的销售模式要求销售人员每天有效地重复做销售动作，因为“群体有效地重复正确动作”，则这个团队状态离成功的目标最近。而以效能为导向的销售模式要求销售人员每天都要创新，创造自己与公司的产品和客户需求的对接点，并使这个对接点离成功的目标最近。因此，效率与效能两种模式的管理控制要达到的团队状态，都是最接近成功目标的理性状态。

3.都尽力追求自成体系的成熟风格

成熟的管理风格有两种：一个是“形整”；另一个是“神聚”。所谓形整，指的是整个销售部门，从人到桌面、到行为、到递名片、到其他各种动作等都非常整齐。这种风格往往是以效率为导向的销售模式所追求的。所谓神聚，则是指销售部办公室有些零乱，销售人员看上去各行其是，好像缺乏章法，但其实每个人都很有创造力，每个人脑子里想的都是如何把客户搞定，最终实现销售目标。以效能为导向的销售模式更加适合这种风格。

4.效率与效能，你中有我，我中有你

就某一个具体的产品销售而言，很难找到一个纯粹效率或效能的模式，只是以某种模式为主而已。比如，个人寿险的销售，虽然是典型的效率型，但在面对“个人大客户”的时候，客户的决策时间会很长，决策过程也会出现反复。也就是说，在以效率为主的销售模式中，也存在效能的因素。同样，大型设备和配套工业用品的销售，一般属于效能型，但面对一些中小客户的时候，哪个业务员跑得勤，哪个业务员拜访的次数多，其取得理想业绩的概率就高，这正是效率型销售模式的特点。

因此，效率与效能不能被纯粹地割裂，也不存在一种纯粹的效率型或效能型的销售模式，对于某一种产品来讲，只是以某种销售模式为主而已。

2.3　销售漏斗理论与客户开发

2.3.1　销售漏斗理论概述①

1.销售漏斗的含义

销售漏斗是对销售活动进度的形象比喻，是直观地反映销售人员销售效率的管理模

① 克罗夫特．新商机的赢家［M］．王树清，译．汕头：汕头大学出版社，2003：98-99.

型。也就是说，从潜在客户到最终的成单客户，销售活动要经历一个类似于漏斗的筛选过程（如图2-3所示）。比如，对某一产品的销售而言，如果我们把所有的客户都视为该产品的潜在客户，那么当我们向这些潜在客户推销产品的时候，总会因为某种原因而导致销售行为不成功，而对于那些成功购买的客户，他们就经历了这样一个类似于漏斗的筛选过程。

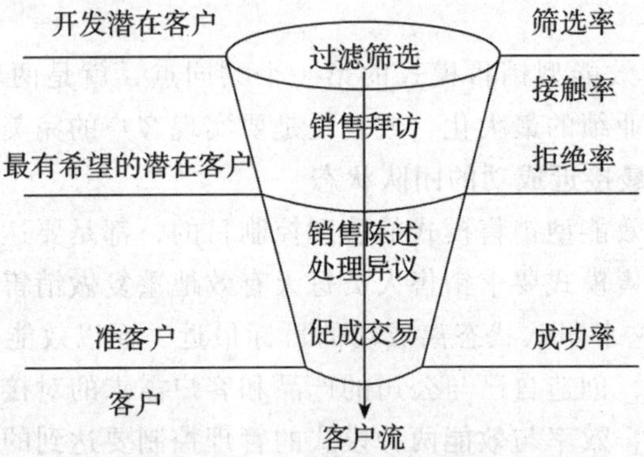

图2-3 销售漏斗示意图

资料来源 欧阳小珍. 销售管理［M］. 武汉：武汉大学出版社，2003：57.

2.销售漏斗与新客户开发

销售的最有效原则是积极开发新客户，同时整理信用较差的客户并适时淘汰。任何行业的销售都必须持续不断地开拓新市场，若不能持续开拓新市场，每年可能失去30%~40%的客户。

由图2-3可以看出，潜在客户徘徊在漏斗的顶端，等待销售人员将他们推到下一层。因此，销售人员要采取必要步骤将尽可能多的潜在客户变成最有希望的潜在客户。在漏斗中第一层的潜在客户（那些对销售人员提供的东西感兴趣的人）经过销售人员的努力拜访，就会接近做出购买承诺，就会往漏斗里流入。漏斗变得越来越窄，反映出这样一个事实，即很大一部分潜在客户被分离出去，有一定的筛选率。

最有希望的潜在客户经过销售人员的大量接触后，一些潜在客户变成了准客户。销售人员应采取必要步骤如销售陈述、处理异议、促成交易等，将这些准客户移下或移出漏斗，使准客户变成了真正的客户。漏斗也变得越来越窄，同样表示有一些准客户从漏斗中被分离出去，客户与准客户的比值为成功率。通过销售人员的持续努力，走出漏斗的最终客户可变成长期的支持者或合作伙伴。

3.销售漏斗的作用

有效利用销售漏斗理论能够使销售人员及时发现销售机会，了解自己的销售进展；销售主管通过对销售漏斗各阶段进行分析，准确评估销售团队的销售能力，发现销售过程中的障碍和瓶颈，及时跟进和指导销售工作。同时，建立销售漏斗管理模型，能够有效防范客户资源的流失。客户资源是企业的宝贵财富，不是销售人员的“个人财产”。当某个销售人员提出离职申请时，销售主管就要及时检查核对该员工的销售漏斗情况，及时接管其名下的所有客户资源，并与接替人员一道联系相关客户，及时做好与客户的对接工作。

2.3.2　“倒漏斗”销售理论[①]

1.“倒漏斗”销售理论提出的背景

互联网时代，人们的消费行为发生了巨大变化，买方市场和卖方市场之间的距离变得越来越近。企业要生存发展必须有稳定的客户资源，然而新的客户资源总是有限的，并且企业要从竞争对手处获得新客户资源并非易事。因此，企业要充分利用已有客户资源让准客户成为现有客户，让现有客户升级为高级客户，让忠诚客户用口碑宣传来帮你销售。如此一来，订单就会从销售漏斗的大开口源源不断流出。

“倒漏斗”销售理论的意义在于如何基于企业现有的客户进行延展销售，挖掘现有客户的新需求，增加每位现有客户单位销售额；或者是如何通过现有客户群寻找到相关的潜在目标客户群。

2.“倒漏斗”销售理论的含义

“倒漏斗”销售理论是对传统销售漏斗理论的反向运用。国内青年学者童佳、刘小刚提出销售漏斗逆向思维的观点，认为“销售漏斗逆向思维是将销售漏斗倒置，并将整个倒置的过程与营销行为相结合进行思考。它并不是对销售漏斗原理的颠覆，而是从销售漏斗理论的另一个方面来思考营销问题”。

约瑟夫·贾菲（Joseph Jaffe）提出：过去的销售漏斗是从大开口倒入金钱，希望能有满意顾客从小开口流出。“倒漏斗”销售是通过维系顾客、带动对话、营造口碑、促使推荐，从漏斗的小开口投入，让现有顾客更满意，从而使业绩从漏斗的大开口源源不断流出。

3.“倒漏斗”销售理论的运用

“倒漏斗”销售模式在国外已经被许多企业所运用，最典型的是苹果公司、可口可乐公司。苹果公司对现有客户的要求不再是期望这些客户再购买另一台苹果电脑或者手机，而是期望这些客户能够依靠他们对苹果产品的理解去影响他们的前辈们关注并购买苹果产品，从而实现产品的交叉销售。交叉销售是一种发现客户多种需求并满足其多种需求的营销方式。例如，一个购买了车辆保险的客户，也可能是意外健康险产品的购买者。

企业可以通过对现有客户需求调查的结果，开发出能满足这些客户需求的产品，进行延展销售（上游销售）。上游销售可以被理解为追加销售，是指向现有客户销售某一特定产品或服务的升级品、附加品，或者其他用以加强其原有功能或用途的产品或者服务。

企业也可以把现有客户当成自己的“编外”促销员，充分发挥他们的销售潜能，通过他们的口口相传，扩大公司产品和品牌的知名度与美誉度，把其他渠道中更多的潜在新客户吸引过来。与本公司业务员的口碑营销相比，客户的口碑营销效果更好，成本低、见效快。

综上所述，“倒漏斗”销售理论的基本观念就是，企业集中全力在维系顾客、顾客体

① ［1］JAFFE J. Flip the funnel：how to use existing customers to gain new ones［M］. New Jersey：John Wiley & Sons Inc.，2010.［2］童佳，刘小刚. 销售漏斗原理的逆向思考［J］. 中国市场，2012（40）：5-6.

验、顾客关系、建立以顾客为导向的口碑网络效应之上，就可以让业务和顾客群成长。

销售新视点 2-1

Uber模式及其背后的强大逻辑

作为全球打车软件的鼻祖，Uber（优步）在全球范围内开启了一个新的商业模式。尽管这种商业模式饱受争议，而且Uber在中国乃至亚洲市场的表现不尽如人意，先后被中国的滴滴出行和东南亚的Grab收购，但Uber的运营模式不仅对消费者来说是雪中送炭，而且为企业、行业、政府乃至全社会带来新的生机。

1.什么是Uber模式？

Uber模式的本质，是“供应+”与“需求+”之跨时空、无缝、实时链接，从而实现了供需的高效对接，创造出新价值。

首先，观察目前Uber的各行业、各品类，可以发现几个规律：最成功的都发生在“供应+”领域，也就是过剩产能与产品。车辆、房屋（Airbnb）等率先成为被Uber整合的资源。

其次，Uber要成功，还得有一个“需求+”，也就是未被满足的、刚性的需求，如果是高频的，那就更容易成功，这也是打车比Airbnb更成功的原因。

2.Uber模式的行业逻辑是什么？

Uber模式的行业逻辑是优化资源配置效率。也就是说，不管如何新，如果没有提高资源配置效率，也就不是成功的模式。

当前的Uber行业运用，集中在C端（消费者）市场，因为C端市场的“需求+”更迫切。中国人的消费需求被急速放大，可是提供服务的企业还停留在短缺时代。出租车就是典型的管制时代产物，所以被一击而溃。

“Uber+”的C端化的本质是降低了三大成本即渠道成本、传播成本和组织成本。简言之，交易成本大幅降低，而且明显与电脑1.0（淘宝时代）、2.0（微信代表）有显著不同，是新的分布式生态体，会引发新一轮互联网革命。

3.Uber逻辑可以延伸到一切行业

未来的“互联网+”可能就是“Uber+”，比如UberEats，就是Uber与餐饮的结合。每一个行业都需要一个Uber，不是因为Uber的模式，而是因为Uber的逻辑。

刘春雄指出：现在的“互联网+”要么造新平台，要么借助已经成名的平台。这一轮“互联网+”，实际上是造平台的运动。Uber逻辑就是对互联网平台的革命，它几乎可以向所有领域延伸。延伸的关键点：一是找到供需的最小单元，去除一切中间化；二是自动化链接、智能化链接；三是帮消费者找到最优解。

资料来源 史贤龙.“Uber+”是新一轮互联网革命的原点［J］.销售与市场（评论版），2015（10）：53-55.

思考：

1.如何理解Uber的商业模式？它对传统的互联网企业有何冲击？为什么？

2.Uber模式是对传统销售漏斗理论的颠覆吗？为什么？

学思践悟

品牌向善正当时

一、品牌向善要从关注营销技术向关注营销伦理转变

在新零售、新营销的带动下，互联网、人工智能及物联网等技术在重构产业关系及客户关系、提高营销效率等方面起到了重要作用，但在一定程度上使得人本因素被技术因素弱化，品牌更加追求极致化的技术，以期在竞争中取得优势。

从长远来看，我们正处于技术高速发展的时代，自动驾驶、载人航天等技术日新月异，元宇宙方兴未艾。在现实世界，我们受制于肉体及物质的羁绊，在行为上还会有所节制，但作为对现实世界虚拟化、数字化的元宇宙，将不只是作为现实世界的镜像，甚至会在一定程度上对内容生产、经济系统、用户体验以及现实世界内容等进行大规模改造，反过来影响现实世界人类的认知和行为。

如果缺乏社会道德及营销伦理的指引，品牌的技术创新和应用将比其他任何时候更会对个体乃至群体产生伤害。所以，品牌向善就是要回归人本，将价值观及道德观融入营销活动中，让品牌的技术创新和营销活动在营销伦理指导下进行。

二、品牌向善要从追求商业估值向追求用户价值转变

许多品牌在价值主张模糊、尚未实现盈利的情况下，商业估值已经高达成百上千亿元，品牌更加关注流量收益。在不关注用户价值的情况下，又何谈品牌的未来？

未来，品牌与技术的关联将更加紧密，品牌的存在更加依赖其在某个技术领域的领先或主导地位。所以，品牌不仅要创造出受欢迎的产品和服务，进行产品和服务推广，更有义务对产品和服务背后的技术进行普及教育，让用户及社会真正认识到产品和服务背后的价值及缺陷。绝不能借助自身主导地位隐瞒信息、欺骗用户，比如产品迭代更新、关键技术价值、垃圾焚烧发电中的邻避效应等。

同样，用户价值应该基于真正的用户满意，品牌不应该利用人性中的趋利避害诱导用户。用户价值应该是综合性的、正向的，是物质与精神并重的价值最大化。

三、品牌向善需要品牌行为与社会价值取向保持一致

善在不同的时代有不同的内涵和外延，品牌的善应该与社会价值取向保持一致，不断迭代更新。在制造为王的时代，质量就是品牌的善；在供给过剩的时代，多样选择就是品牌的善。未来，共同富裕和低碳环保就是重要的社会价值取向。

扶贫助农不再只是品牌的社会责任，更需要品牌在业务层面与之紧密结合起来，在扶贫助农过程中创造价值、实现价值。比如，永辉超市通过发展订单农业，打造数字化供应链，构建“源头直采+区域直采+自有品牌”模式，发挥渠道优势为贫困地区的优质农产品提供稳定、可靠、优质的销售出路，也成就了其品牌“生鲜之王”的美誉。

短期来看，低碳环保可能要增加产品和服务成本，但从长远及综合价值来看，这样做更有利于社会的可持续发展，品牌需要积极参与到低碳生产活动中，并承受前期相对较高的成本投入。比如，广汽集团发布“GLASS绿净计划”，着力构建从研发到生产、从购买到使用的全链条绿色低碳新生态。

党的二十大报告指出，要“坚持把社会效益放在首位、社会效益和经济效益相统一”。

品牌向善就是要能够抵制由于技术或模式在短期内带来的利益和诱惑，以原则处事，坚持不趋利、不悖理，深化品牌关系，进而实现品牌与用户之间基于社会价值取向的共同进步。

资料来源　马法洲．品牌向善正当时［EB/OL］．（2022-03-16）［2022-06-24］．https://baijiahao.baidu.com/s?id=1727422061025142721&wfr=spider&for=pc.

【思政元素解析】企业在发展过程中，一方面要顺应环境的变化，紧跟时代跳动的脉搏，与时俱进地采用新技术、新营销模式等，实现经济效益的最大化；另一方面要树立善意营销的经营理念，让品牌向善落地生根、造福社会，实现社会效益的最大化。

基本训练

第2章即测即评

• 简答题

1.简述销售方格理论的主要内容。

2.简述效率型销售模式的基本特征及对管理风格的要求。

3.简述效能型销售模式的基本特征及对管理风格的要求。

4.分析销售漏斗理论的基本内容及作用。

• 自我测试题

为了帮助销售人员了解自己的心态，布莱克和蒙顿两位教授合编了一份销售方格试题（见表2-3），供每一个销售人员进行自我测验。

表2-3　**销售方格试题**[①]

每题有A～E 5句陈述语句，先将6道题略看一遍然后逐题回答，将每题的5句陈述语句加以排列，将你认为最适合你的陈述语句给5分，其次的给4分，以此类推，对不适合你的陈述语句给1分。
第一题 A.我接受客户的决定。 B.我十分重视维持与客户之间的良好关系。 C.我善于寻求一种对客我双方均有益的结果。 D.我在任何困难的情况下都要找出一个结果来。 E.我希望在双方相互了解和同意的基础上获得结果。 第二题 A.我能够接受客户的全部意见和各种态度，并且避免提出反对意见。 B.我乐于接受客户的各种意见和态度，更善于表达自己的意见和态度。 C.当客户的意见和态度与我的意见和态度发生分歧时，我就采取折中办法。 D.我总是坚持自己的意见与态度。 E.我愿意听取别人不同的意见和态度，可我有自己独立的见解，但是当别人的意见更为完善时，能改变自己原来的立场。

① 李先国，周伟．营销实务与案例分析［M］．北京：中国商业出版社，2003：54.

续表

第三题 A.我认为多一事不如少一事。 B.我支持和鼓励别人做他们所想做的事情。 C.我善于提出积极的合理化建议，以利于事情的顺利进展。 D.我了解自己的真实追求，并且要求别人接受我的追求。 E.我把全部精力倾注在我正从事的事业之中，也热情关心别人的事业。 第四题 A.当冲突发生的时候，我总是保持中立，并且尽量避免惹是生非。 B.我总是千方百计地避免发生冲突，万一发生冲突，我也会设法去消除冲突。 C.当冲突发生的时候，我会尽力保持镇定，不抱成见，并且设法找出一个公平合理的解决办法。 D.当冲突发生的时候，我会设法击败对方，赢得胜利。 E.当冲突发生的时候，我会设法找出冲突的根源，并且有条不紊地寻求解决办法，消除冲突。 第五题 A.为了保持中立，我很少被人激怒。 B.为了避免个人情绪的干扰，我常常以温和友好的方法和态度来对待别人。 C.在情绪紧张时，我就不知所措，无法避免更进一步的压力。 D.当情绪不佳时，我会尽力保护自己，抗拒外来的压力。 E.当情绪不佳时，我会设法将它隐藏起来。 第六题 A.我的幽默感常常让人觉得莫名其妙。 B.我的幽默感主要是为了维持良好的人际关系，希望利用自己的幽默感来冲淡严肃的氛围。 C.我希望我的幽默感具有一定的说服力，可以让别人接受我的意见。 D.我的幽默感很难被别人觉察到。 E.我的幽默感显而易见，别人很容易觉察到，即使在高度压力下，我仍然能够保持自己的幽默感。

答完上述试题后，将6个A、6个B、6个C、6个D及6个E的得分分别相加。若A得分最高表示较接近（1，1）型；B得分最高表示较接近（1，9）型；C得分最高表示较接近（5，5）型；D得分最高表示较接近（9，1）型；E得分最高表示较接近（9，9）型。

• **案例分析题**

陈经理的成功

S公司是某名牌电脑在北方区的一级代理商。S公司有两个核心的销售部门，分别把“家用”和“商用”两种不同类别的电脑销售给个人用户和企业用户。

其中，销售一部主要负责家用电脑的销售工作，主要通过街边的门市和发展二级代理商两种模式进行销售。S公司在北京有4个自营门市和6个代理门市，通过这些门市，直接把电脑销售给个人用户。另外，S公司发展了覆盖整个华北地区的14家二级代理商，通过他们，覆盖河北、山西、天津等地的市场。

2000年年末，S公司聘请了一位陈先生任销售一部的销售经理。这位陈经理以前从事过个人寿险的营销工作，在从事保险营销的时候，陈经理无论是个人业绩还是后期所带领的团队业绩都非常出色。上任S公司销售一部经理后，他就把保险营销那套管理模式带过来了，针对销售队伍采取了以下严格管理措施：

第一，强调早晚例会。不管什么原因，早晚的例会业务员一定要出席。早会一般由陈经理宣布一天的工作要点，强调各方面的问题，然后每个人汇报自己今天一天的工作安排。

第二，严格计件提奖。也就是如果超指标则有超指标奖励。

第三，强化绩效管理，强制末位淘汰。用陈经理的话叫作“第一个月红灯，第二个月走人”。也就是说，如果你是一个销售代表，第一个月没有完成任务，就要亮红灯，陈经理肯定会找你单独谈话，督促改进，想尽办法把业绩追回来；第二个月如果你还是没有完成任务，那你就只能走人；如果某月大家都完成了销售指标，也要排出个三六九等，比如某个销售代表连续两个月排名最末，即便是能完成销售业绩，最终也要走人。

第四，超额有重奖。针对超额完成销售任务的情况，陈经理定了一些奖励标准。完成基本的销售任务，拿到底薪和基本的奖金。如果超额完成销售任务，在50%以内的，计提常规销售奖金；如果超额部分超过了50%，可以拿到超额奖金，提奖额是平时的3倍。

陈经理过来一年多的时间，S公司家用电脑销售部的业绩非常出色——在所有该品牌电脑北方区8个一级代理商中，S公司家用电脑的出货量是最大的，陈经理也越来越受到S公司领导的器重。

资料来源　秦毅. 如何系统规划销售组织与业务——打造金牌销售团队Ⅰ［M］. 北京：北京大学出版社，2003：29-30.

问题：

1. 分析陈经理成功的原因。

2. 根据所学知识结合本案例谈谈对你的启示。

- **实训题**

实训项目：不同销售模式分析。

实训目标：

1. 增强对销售模式的感性认识。

2. 培养对销售模式的判断分析能力。

实训内容与要求：

1. 以小组为单位各找一个传统的企业和互联网企业的真实、典型的效率型销售与效能型销售的产品。

2. 参考本章内容将表2-4填写完整、具体。

表2-4　**效能型销售模式与效率型销售模式**

项　目	效能型销售模式	效率型销售模式
产品名称		
产品本身单位价值		
采购对象		
客户群		
客户决策		
销售周期		
销售过程		
客户参与程度		
平均订单金额		

第2篇 销售规划管理

[第3章]
销售组织管理

学习目标

◆ 了解销售组织的基本原理以及销售组织在营销中的作用；熟悉销售组织类型；掌握销售组织内部岗位设置及职责。

引　例

研华科技由产品型公司向服务型公司的第三次转型

研华科技公司（以下简称研华）成立于1983年，横跨南、北半球，足迹遍布欧洲、美洲、亚洲等21个国家和地区，产品应用领域覆盖工业、医疗、娱乐、零售和交通等领域。

研华自创立以来共经历了3次重大战略转型：（1）1983—1987年，研华从软件代工转型到制造工业计算机硬件产品。（2）1987—2010年，研华从本土企业向全球化企业转型，沿着中国—美国—欧洲的市场路径走向全球。（3）2010年至今。随着物联网时代的到来，工业计算机领域竞争者增多，面对客户定制化服务及整体解决方案诉求的市场需求变化，研华开始从产品型公司向服务型公司转型。

2010年，研华提出“智能地球推手”的企业愿景。为了达成这一愿景、促进从产品型公司向服务型公司的转型，研华经历了两个阶段。

第一阶段：提出Sector 1.0计划。为激活企业内部创新活力、推动各事业部在利基市场的成长动能，研华引入阿米巴经营理念，鼓励每个产品部作为独立事业单元，捕捉外部市场机会、快速成长。2013年，为了让前台（区域销售部）与后台（产品事业部）更好协同，研华学习IBM模式，提出集群式发展，即Sector 1.0计划，将原来七大产品事业部按照产品属性划分为工业自动化、嵌入式、智能服务、设计和制造服务四大产品集群。不过问题很快出现。后台有7个事业部，前台不可能有7组销售团队去对应7个事业部的产品。况且销售要区分大客户、线上销售、传统渠道不同的销售方式，每个地区至少要有21组销售团队。这样的要求在很多区域或中小规模国家均无法达到。

第二阶段：由Sector 1.0升级为Sector 2.0。除了Sector 1.0暴露出的产品与销售区域无法协同的问题外，研华分权、自主成长的组织惯例也造成产品线分散、产品过度重叠的问题。2015年第一季度，研华由Sector 1.0升级为Sector 2.0，将七大产品事业部按产业/市场属性重新集结成三大市场集群。Sector 2.0的目标为：瞄准产业、深耕资源；贯穿产品与销售环节，让整个组织更有效率。

简言之，升级后的Sector 2.0旨在三大市场集群的主导下进行全球一体化管理，成为服务型公司。转型后的研华营业收入逐年上升，从2015年的90亿元人民币上升到2019年的129亿元人民币；利润率也从2015年的15.6%上升到2019年的23.7%。

资料来源　欧阳桃花，董梦杭，龚克．转型过程中组织惯例二重性的管理研究——基于研华科技的案例研究［J］．财经问题研究，2022（10）：112-113．

建立完善的销售组织是确保销售业务高效运作的前提。销售部门的组织建设与管理是企业销售管理的重要内容。随着市场环境、企业规模、客户需求、业务流程以及销售模式的变化，销售组织的结构也要随之做出调整。

3.1　销售组织概述

销售组织就是企业为了实现销售目标而将具有销售能力的销售人员、产品、资金、设备、信息等各种要素进行整合而构成的有机体。①

3.1.1　销售组织设计的原则②

根据销售管理的需要和销售组织的目标特征，在设计销售组织时，要遵循下列原则：

1.顾客导向的原则

在设计销售组织时，管理者必须首先关注市场，考虑满足顾客需求、为顾客服务。以此为基础，建立起一支面向市场的销售队伍。

2.精简与高效的原则

精简与高效是手段和目的的关系，提高效率是组织设计的目的，而要提高组织的运行效率，又必须精简机构。具体来说，精简与高效包含3层含义：

一是组织应具备较高素质的人和合理的人才结构，使人力资源得到合理而又充分的利用；

二是要因职设人而不是因人设职，组织中不能有游手好闲之人；

三是组织结构应有利于形成群体的合力，减少内耗。

3.管理幅度合理的原则

管理幅度就是领导直接管理的下属人数。管理幅度的大小，取决于下属人员工作的性质，以及上级人员和下属人员的工作能力。正常情况下，管理幅度应尽量小一些，一般为

① 张启杰，田玉来．销售管理实务［M］．北京：中国电力出版社，2009：57.
② 张启杰，田玉来．销售管理实务［M］．北京：中国电力出版社，2009：49-50.

8～12人。随着企业组织的变革，出现了组织结构扁平化的趋势，即要求管理层次少而管理幅度大。

4.稳定而有弹性的原则

组织应当保持员工队伍的相对稳定，这对增强组织的凝聚力、提高员工的士气是必要的，这就像每一棵树都要有牢固的根系。同时，组织要有一定的弹性，以保证不会被强风折断。组织的弹性，就短期而言，是指因经济的波动性或业务的季节性而保持员工队伍的流动性。

3.1.2　销售部在营销中与市场部的关系

目前，企业最典型的营销组织体系模式是由市场部与销售部组成，市场部和销售部同样都以产品为出发点，但前者面向最终顾客，面向大众和公共关系，解决消费者愿不愿意“买”的问题；后者更多地面向经销商和渠道，解决它们愿不愿意“卖”的问题（如图3-1所示）。

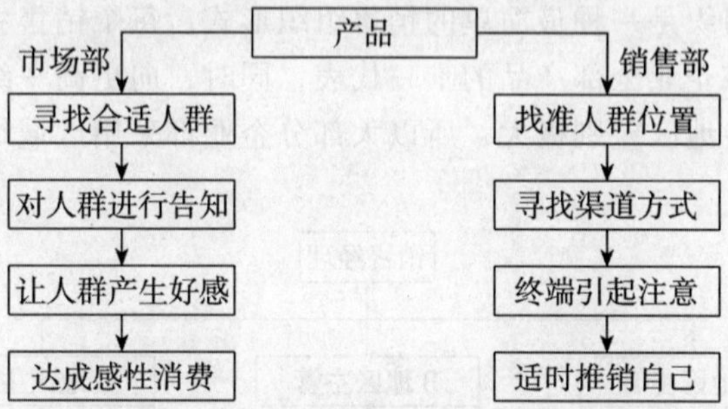

图3-1　市场部与销售部的工作配合方式

资料来源　刘永炬．销售部［M］．北京：京华出版社，2005：10.

销售部直接与市场和消费者相联系，可以为市场分析及定位提供依据；通过一系列的销售活动可以配合营销策略组合的开展；通过销售成果检验营销规划；与其他营销管理部门拟定竞争性营销策略，制定新的营销规划。①

市场部是启发消费者需求的，是解决让消费者知道企业的产品并且喜欢的问题，工作侧重利用信息载体启发和影响消费者的需求；销售部是满足消费者的需求，是解决让消费者能买得到产品的问题，工作侧重利用渠道载体把产品从企业顺畅且方便地送到消费者面前。市场部提供的各项市场资源是销售部门完成业绩的重要保障。②

需要注意的是，市场营销人员和销售人员是两种不同的群体，尽管许多市场营销人员来自销售人员，但不应将两者混淆，并不是所有销售人员都能成为市场营销人员。事实上，这两种职业之间有着根本的不同。从专业性而言，市场营销人员的任务是确定市场机会，制定市场营销策略并计划组织新产品的进入，使销售活动达到预期目标；而销售人员则是负责实施新产品进入和销售活动。在这一过程中常出现两个问题：如果市场营销人员没有征求销售人员对于市场机会和整个计划的看法与见解，那么在实施过程中可能会导致事与愿违；如果在实施后市场营销人员没有收集销售人员对于此次行动计划实施的反馈信

① 刘永炬，申炤宏，刘维忠．销售经理实战指引［M］．北京：企业管理出版社，1999：3-4.
② 刘永炬．销售部［M］．北京：京华出版社，2005：9.

息，那么也很难对整个计划进行有效控制。[①]

3.2 销售部门的组织形式

销售部门组织形式的选择要受到企业规模、所属行业、人力资源、财务、产品特性、消费者及竞争对手等因素的影响。企业应根据自身的实力及企业发展规划，精心“排兵布阵”、量力而为，用最少的管理成本获得最大的经济效益。

3.2.1 常用的销售组织形式[②]

销售组织设计的最终成果体现为一个符合企业实际情况的销售组织机构。常用的销售组织形式可以划分为区域结构型销售组织、产品结构型销售组织、客户结构型销售组织和职能结构型销售组织4种。[③]

1.区域结构型销售组织

区域结构型销售组织是一种最简单的销售组织形式，每个销售主管被指派负责一个区域，作为该区域经销该企业全部产品的唯一代表，同时，向更高一级的销售经理负责。在我国，因地域辽阔，各地区差别极大，所以大部分企业都采用区域结构型销售组织，如图3-2所示。

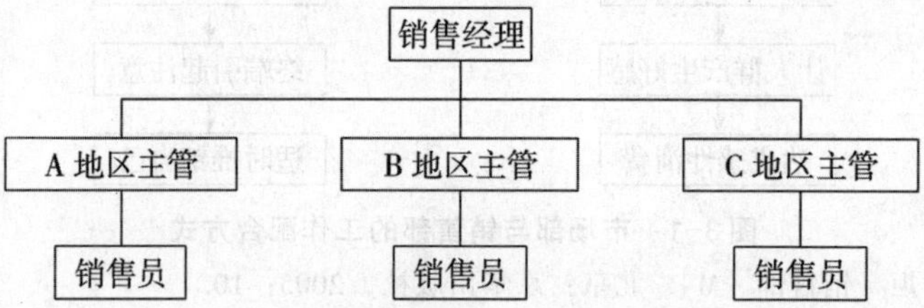

图3-2 区域结构型销售组织形式

区域结构型销售组织形式具有以下特点：

（1）优点：

① 销售人员责任明确。一个区域只设一个销售主管，他必须对由于个人销售努力不同而带来的区域销售业绩的好坏负责。

② 区域责任能够促使销售主管与当地商界和个人加强联系。这种联系有助于提高销售主管的销售业绩。

③ 每个销售人员只在一定的区域内集中地开展销售活动，差旅费开支相对较少。

（2）缺点：销售活动通常缺乏专业化。区域主管除了管理销售队伍外，必须负责广告、销售促进、营销调研等活动。销售人员必须是一个通才而不是专才，如果企业的产品线较宽，客户之间存在较大差异，销售人员就会遇到困难。

（3）适用企业特征：企业所经营的产品单一或相似；产品性能不太复杂；面对的客户数量众多或客户分布的地域广阔、分散。销售组织按地区分布，组织之间要统一管理，并

---

① [1] 唐德才，钱敏，等．营销创新——知识经济条件下的市场营销［M］．南京：东南大学出版社，2002：524．[2] 宋力刚．现代企业成功管理文库［M］．北京：中国统计出版社，2001：338．

② 刘志敏．推销与广告［M］．北京：中国经济出版社，1994：181-183．

③ 崔明．销售管理［M］．上海：格致出版社，上海人民出版社，2009：27-29．

明确下放权限。对分布在各处的销售点的称呼，通常都是与地区的各级划分相对应的，如销售部、销售点、经销处、办事处等，要明确这种上下级组织关系。明确下放权限的关键是在销售、回款、利润指标的完成等基本职能范围方面给予独立权限，彼此要相互确认具体的活动范围。

2.产品结构型销售组织

由于产品种类的增多致使产品管理日益复杂，许多企业都用产品线来建立销售队伍结构，如图3-3所示。特别是当产品技术复杂、产品之间联系少或数量众多时，按产品专门化组成销售队伍就较合适。产品结构型销售组织是指在企业内部建立产品经理的组织制度。美国宝洁公司于1927年首创品牌经理制。当时，新推出的“佳美”牌香皂销售不好，于是企业任命了一位年轻的经理专门负责这一产品的销售工作，这位年轻的经理后来成为宝洁的CEO。因为他的巨大成功，宝洁立即增设了其他产品经理。自此以后，许多企业，尤其是食品、化妆品和化学药品等行业的企业都建立了产品结构型销售组织。例如通用食品公司，在其所属邮购部就采用了产品结构型销售组织——有负责管理麦粉、猫狗食品和饮料的独立产品经理。在麦粉产品群中，有管理营养麦粉、儿童香甜麦粉、家庭食用麦粉和混合麦粉的独立产品经理。营养麦粉产品经理再管理若干个品牌经理。

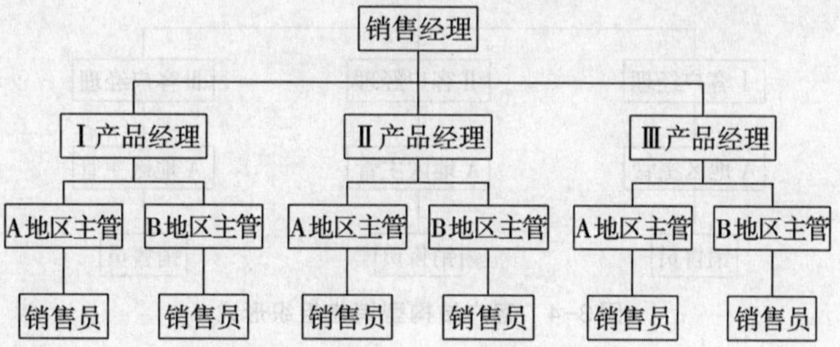

图3-3　产品结构型销售组织形式

产品结构型销售组织形式有以下特点：

（1）优点：

① 各个产品项目都有专人负责，那些较小的产品也不会被忽视。

② 专人负责某个产品项目，使得该产品营销组合的各个要素更加协调。产品经理也更加贴近市场，对市场反应更为迅速。

③ 容易实施销售计划，实行着眼于追求利润的产品管理，也易于进行生产与销售之间的调整。

④ 能够使销售人员成为某一产品或产品线的销售专家。

⑤ 销售人员能够更好地满足客户日益复杂化和专业化的需求。

⑥ 便于控制和监督对某一产品的营销。

（2）缺点：

① 缺乏整体观念。各产品经理相互独立，经常为了保护各自产品的利益而发生摩擦。

② 部门冲突。产品销售经理们未必能获得足够的权威，以保证他们能有效地履行职责。这就要求他们得靠劝说的方法取得广告部门、销售部门、生产部门和其他部门的配合与支持。

③ 地域重叠，造成工作重复、成本高。容易出现多个销售人员服务同一客户的情况。例如，Campbell是一家食品零售业的供应商，它原来的销售组织模式是按产品来划分的，结果是一家零售店往往被该企业的销售人员多次访问，这样费用很高。

（3）适用企业特征：一般来说，企业服务的客户分属不同行业，行业间差异大；产品打入市场较晚或在市场的处境不佳；特别是当产品技术复杂、产品间毫无关联或产品类别很多时，按产品专门化组织销售队伍就显得非常适用。例如，柯达公司利用不同的销售人员来分别推销其胶卷产品和工业用产品。胶卷产品销售人员推销繁多的简单产品，而工业用产品销售人员推销需要技术的复杂产品。

3.客户结构型销售组织

企业常常按照客户类型来组建销售队伍。由于客户需求不同，销售人员所需要掌握的知识也不同，企业按客户类型来规划销售组织模式，便于销售人员集中精力服务各种类型的客户，从而成为服务于某类客户的专家，如图3-4所示。例如，美国国际商用机器公司就在纽约为金融界和经纪人客户分别设立了单独的销售处，在底特律为通用汽车设立了一个销售处，在附近的迪邦又为福特汽车设立了一个销售处。

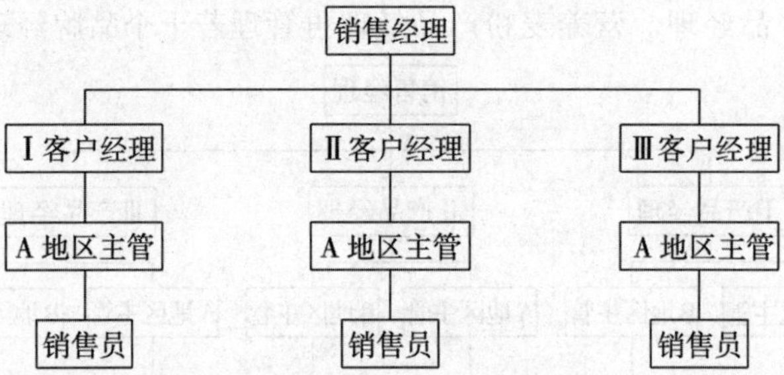

图3-4 客户结构型销售组织形式

客户结构型销售组织形式有以下特点：

（1）优点：

① 专人负责重要客户，能更好地为客户服务和满足客户的需求。

② 有利于建立与客户的紧密联系，培养战略合作伙伴关系。

③ 易于开展信息收集活动，为新产品开发提供思路。

④ 可以减少销售渠道的摩擦，易于加强销售的深度和广度。

（2）缺点：

① 销售人员需要熟悉所有产品，培训费用高。

② 销售区域重叠，造成工作重复，销售费用高。

③ 销售人员的负担加重，离职带来负面影响。

④ 产品政策和市场政策受销售对象的牵制。

（3）适用企业特征：企业的产品在市场上处于强有力的地位；产品的销售量集中在一些采购量大的主要客户上，客户的经营网点分散，但采购集中，如连锁超市；在产品的处理和采用方面有较强的关联性，能够进行关联性销售。近年来客户结构型销售组织越来越多，这与客户导向营销哲学是一致的。已经成功地采用这一销售组织形式的企业有施乐、IBM、惠普、通用食品和通用电气等。

在运用客户结构型销售组织时要注意以下几点：

① 要看清整个市场、整个行业、整个企业的潮流和动向。

② 避免销售人员只专一项，其他方面不闻不问。

③ 避免产生只偏向销售对象的销售活动。

4.职能结构型销售组织

职能结构型销售组织是指按照不同职能所组建的销售组织，如销售业务部、宣传推广部、售后服务部等。销售人员不可能擅长所有的销售活动，但有可能是某一类销售活动的专家，基于这种思路，有些企业采用职能型组织模式。但是，这种组织模式管理费用比较高，所以经济实力小的企业不宜采用；规模较大的企业由于销售队伍庞大、职能协调困难，较多采用这种模式，如图3-5所示。

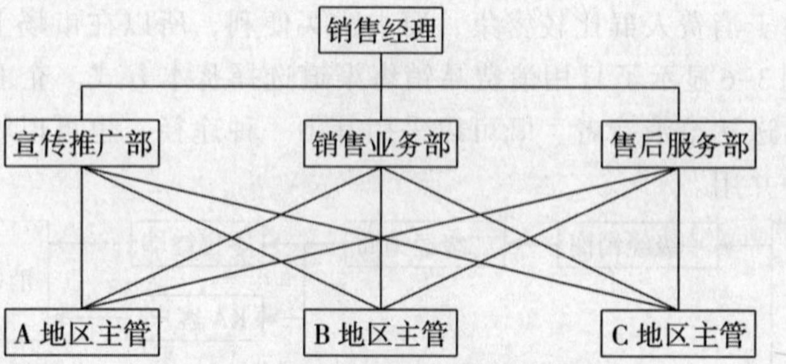

图3-5　职能结构型销售组织形式

职能结构型销售组织形式有以下特点：

（1）优点：

① 分工明确，资源配置更加清晰，有利于培养销售专家。

② 销售人员的个人力量可以得到充分发挥。

（2）缺点：

① 特殊功能需要更多的销售人员，导致成本增加。

② 客户可能会感到困惑。

③ 需要一个复杂的管理系统，如果各职能之间失调，就会发生混乱。

④ 责任不明确，销售活动缺少灵活性，各部门衔接协调有困难。

（3）适用企业特征：一般情况下，当企业规模比较大时，需要将销售所需的各种职能专门化并需要辅助经营者和管理者；企业的销售分公司、经销处、办事处等广泛分散在各地区，并且销售点较多；企业所经营的产品需要大量的售后服务工作，而售前、售中和售后服务工作所需要的工作技能又有所不同；销售工作可以按销售内容进行分解；销售人员的素质水平高，可以根据各种销售职能指示完成指标。例如，利乐公司的销售组织包括市场开发部、工程技术部、市场支持部、设备保养部、设备维修部、零件供应部、包材供应部。

为了使不同职能的销售组织有效地发挥作用，应注意以下几点：

① 各职能之间要设定明确的职能范围，密切相互间的联系和协调。

② 指令系统一元化，避免因繁多的指令而造成不必要的混乱。

③ 销售组织的运行要有灵活性，避免迟缓和不适宜的情况出现。

企业采用哪种类型的销售组织形式必须视企业特性、客户服务、企业的产品及市场组合等而定。上述4种模式的销售组织各有利弊，企业可根据实际情况选择一种适合自己的销售组织形式，也可以是4种形式的综合。

随着市场的发展和技术进步，企业的销售组织形式还在发生新的变化。

3.2.2 不同渠道模式的销售组织形式①

不同产品在市场上的销售方式是不一样的，产品销售所采取的销售渠道模式同样存在区别，而且在利用和选择渠道的类别与长短上也有所不同。比如，一个快速流转产品由于其产品的消费属于多次重复性购买，消费者需要就近和方便购买，企业就应选择可以加快流转的扁平化渠道结构，同时这便于资金的流转和物流的顺畅，而这样的销售组织形式也需要根据其对应的渠道模式进行设计。

1. 日用消费品销售渠道的销售组织基本结构

日用消费品由于消费人群比较密集，要求购买便利，所以在市场上需要有相对密集的网点可供选择。图3-6显示了日用消费品销售渠道选择基本方式。企业产品可以通过三种途径将日用消费品送达给消费者，既可以采用其中一种途径，也可以将其中两种进行组合使用，还可以三种并用。

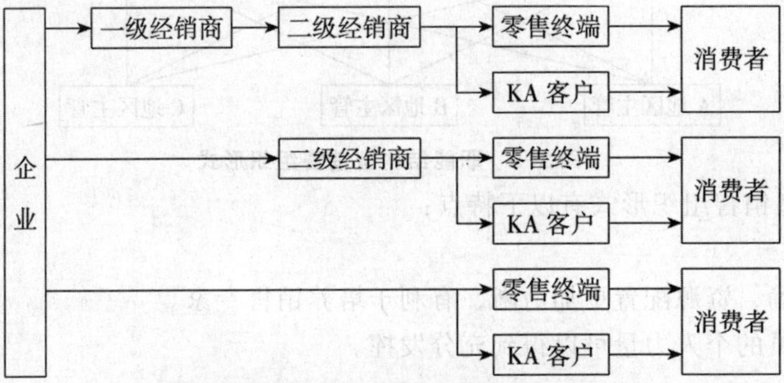

图3-6 日用消费品销售渠道选择基本方式

企业的销售组织形式要根据企业针对目标客户所选择的渠道模式和该产品所处的市场阶段进行构建（如图3-7、图3-8和图3-9所示）。

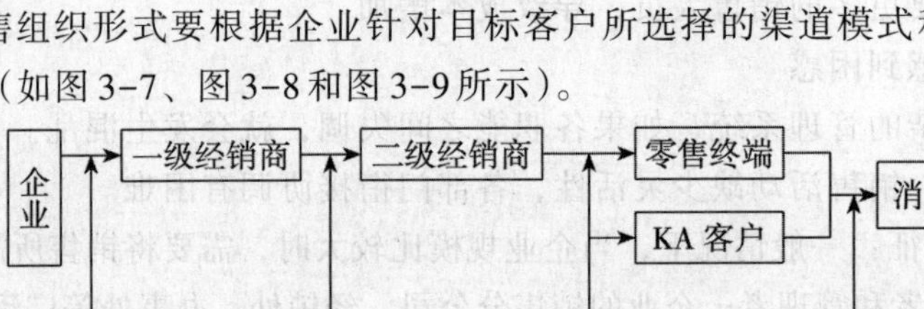

图3-7 日用消费品第一种渠道应配备的销售组织

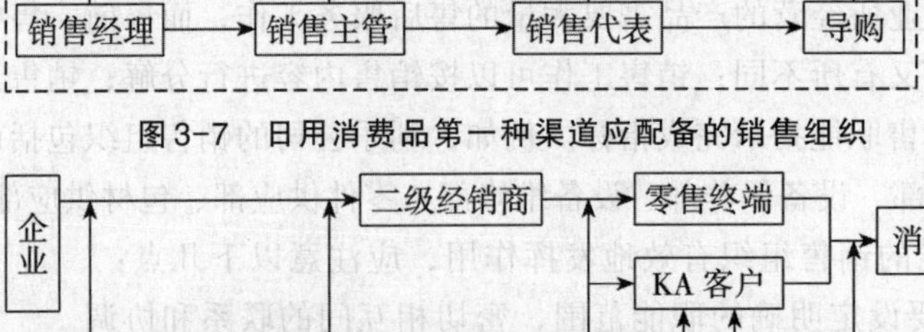

图3-8 日用消费品第二种渠道应配备的销售组织

① 刘永炬. 销售部［M］. 北京：京华出版社，2005：11-14.

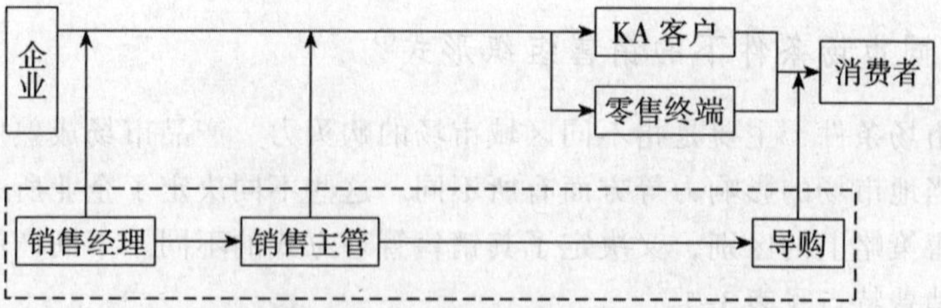

图3-9 日用消费品第三种渠道应配备的销售组织

2.工业产品销售渠道的销售组织基本结构

图3-10显示了工业产品销售渠道选择基本方式。不同类别的工业产品面对客户的距离是有区别的，关键是看该产品在市场上的客户密集度，客户越密集越需要经销商的协助，客户密集度低的可采用直接面对客户进行销售的方式。

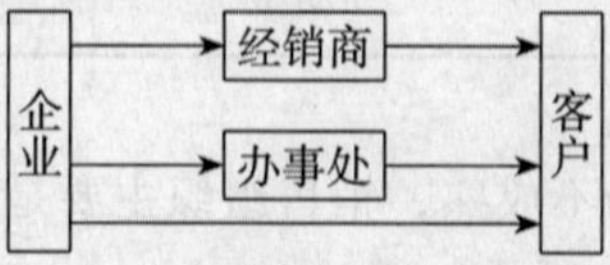

图3-10 工业产品销售渠道选择基本方式

针对图3-10中的三种渠道，销售组织既可以选择其中一种也可以选择其中两种或者三种来进行设计，以完成企业的销售（如图3-11、图3-12和图3-13所示）。

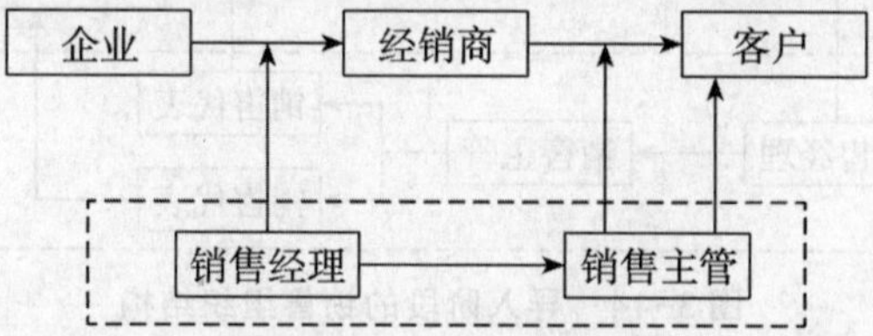

图3-11 工业产品第一种渠道应配备的销售组织

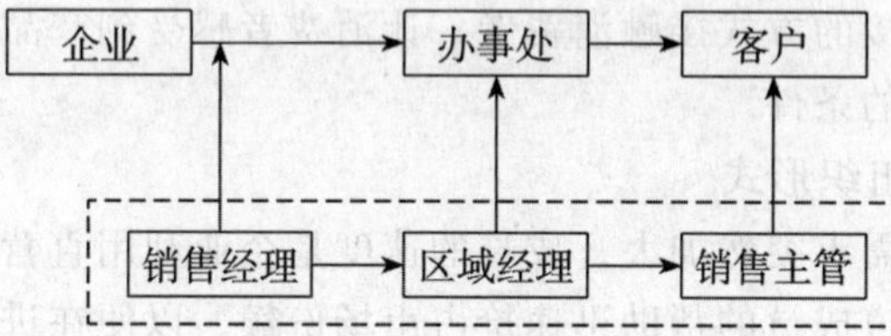

图3-12 工业产品第二种渠道应配备的销售组织

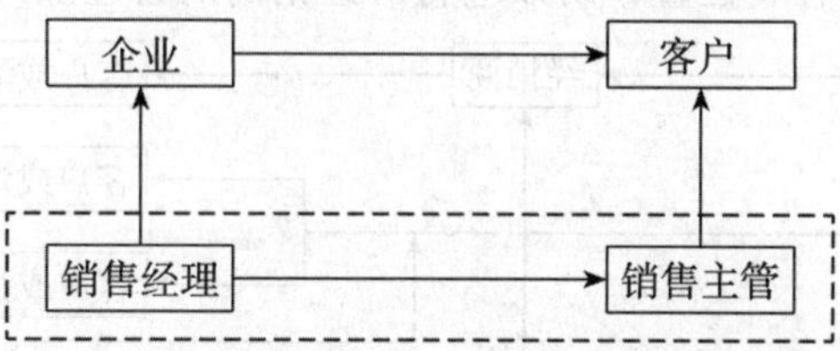

图3-13 工业产品第三种渠道应配备的销售组织

这里要说明的是，销售部的组织结构完全是为了达成工作方便的需要，不是一个模板式的固化模式，不同渠道的方式对应不同的销售管理控制方式。因为销售组织是把产品有效地送达消费者面前的基础，所以设计销售组织结构的时候，首先要注意销售渠道模式的选择，这种渠道模式取决于产品阶段、产品类别等诸多因素。

3.2.3 不同市场条件下的销售组织形式①

所谓不同市场条件，主要是指不同区域市场的购买力、产品市场成熟度和产品普及状况以及产品在当地市场的影响力等方面有所不同。这些不同决定了企业所采取的销售策略的区别，而销售策略上的区别，又决定了其销售管理方式的不同。不同产品生命周期下的产品普及率和消费特点见表3-1。

表3-1 **不同产品生命周期下的产品普及率和消费特点**

产品生命周期	导入期	成长期	成熟期	衰退期
产品普及率	5%左右	10%~50%	50%以上	55%以上
消费特点	尝试型	冲动型	习惯型	选择型

1.导入阶段的销售组织形式

在产品导入阶段，由于市场不成熟，销售组织主要是完成让市场接受产品的任务。其渠道方式以直营为主（如图3-14所示）。

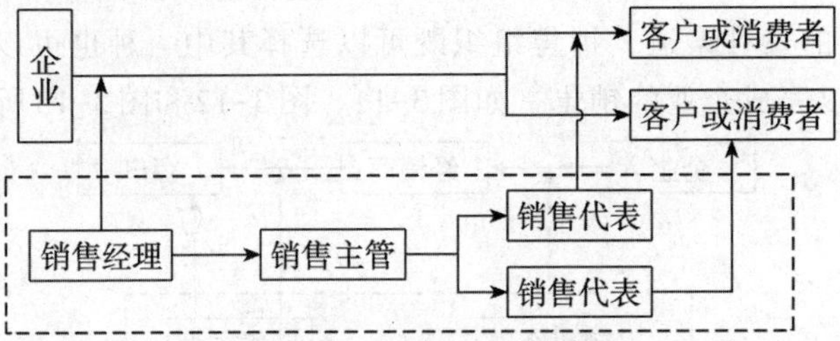

图3-14 导入阶段的销售组织结构

在导入阶段，市场需求不大，没有渠道成员愿意和企业一起承担培育市场的风险，企业这时候需要利用更直接的方式接触消费者，让消费者感受到产品的利益，所以销售部门的组织结构要符合此时的条件。

2.成长阶段的销售组织形式

在成长阶段，市场需求突然加大，成长的速度是企业利用直营手段无法满足的。这个时候，企业需要利用渠道成员的帮助迅速抢占市场份额，以便在进入成熟期之前，在规模上得到扩大，占领市场的有利位置，所以应将对经销商的管理加入进来（如图3-15所示）。

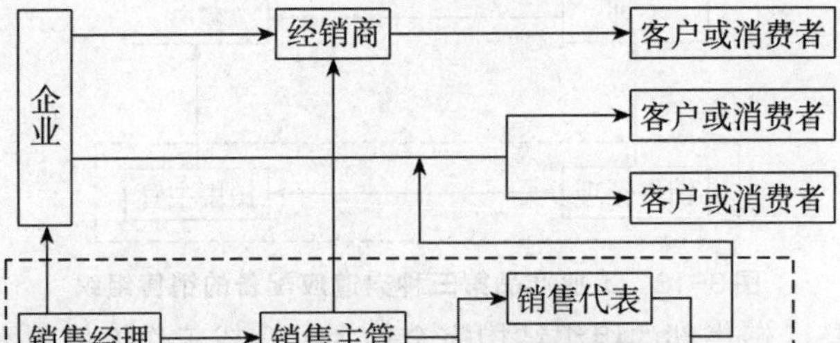

图3-15 成长阶段的销售组织结构

① 刘永炬．销售部［M］．北京：京华出版社，2005：14-17.

3.成熟阶段的销售组织形式

在成熟阶段，市场份额的归属已经非常明显，市场的空间也不是很多。企业需要将已经抢占的份额保护好，没有抢占的份额也要利用产品细分市场增加企业在市场中的销售量。所以，企业要完善销售组织的各个部分，进行阶梯建设。有对经销商的管理，也有维护形象的直营管理，还有对终端的管理，几种管理职责要相互配合，实现稳固市场、赢取销量的目的（如图3-16所示）。

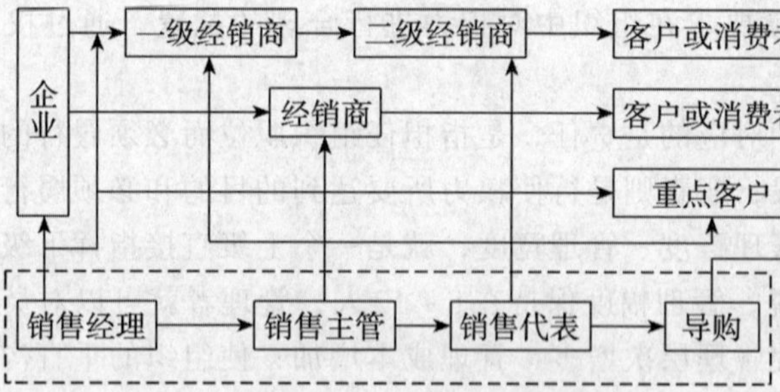

图3-16　成熟阶段的销售组织结构

4.衰退阶段的销售组织形式

在衰退阶段，企业产品的销售量大幅度下降，利润大幅度减少，此时市场已有更新产品上市，原有的产品已过时、老化、陈旧，产品价格降幅也很大，企业产品进入微利时期，甚至无利，所以企业应该采取更加密集的分销方式，尽快将产品出手，组织结构可参考成熟阶段的销售组织。

完成了销售组织设计的框架或主体之后，需要在组织结构设计的基础上，对组织关系与组织规范进行设计与完善，即进行岗位设置及明确每个岗位的职责。

3.3　销售部门内部岗位设计及职责

销售部门内部岗位设计应该明确谁去做什么、谁要对什么结果负责，并且消除由于分工含混不清造成的执行中的障碍，还要提供能够反映和支持组织目标的决策与沟通网络。销售部门内部岗位设置受企业产品特性、人力资源、财务、市场阶段、渠道策略方式、消费者及竞争对手等因素的影响。企业应根据自身实力及企业发展规划，量力而行，精心设计，用最小的管理成本获得最大的收益。

3.3.1　销售部门内部岗位设计①

1.销售部门内部岗位设计的内容

（1）目标。组织设计应有自己的奋斗目标，目标可以使组织成为一个有机的整体。企业的总目标经过分解落实到组织的每一个部门、每一个层次以后，组织就构成了一个受目标体系牵引的有机整体，这样各个部门的活动就会形成在总目标指引下的协调一致的行动。

（2）分工。各部门及每个人都有自己的任务，组织要实现目标，就必然存在一个分工和协作的问题。就像金刚石和石墨一样，这两种物质之间存在内在的联系，都是由碳原子

① 张震．销售学全书（下册）[M]．北京：中国对外经济贸易出版社，1999：78-79.

构成的，但是它们的外在特性大相径庭，金刚石是自然界中很坚硬的物质，而石墨非常柔软。这种区别是因为它们的结构不同，也就是它们的元素之间的排列方式不同造成的。因此在销售组织中，同样的一班人来做同样的事情，仅仅由于他们之间的分工和协作关系的不同，产生的效能便会有巨大的差别。

（3）权力。组织内必须有最高权威。如果把组织比作一台大机器的话，那么组织结构是这台机器的构造。要使机器运作起来，必须给以动力。要使组织这台机器运作起来，就需要靠权力来推动。这就要求在组织中对权力进行合理的配置，通过权力实现统一的指挥、命令、步调和规范。

（4）责任。与权力相对应的是责任，是指担任组织职位而必须履行的责任。职权是履行职责的必要条件与手段；职责则是行使权力所要达到的目的和必须履行的义务。

（5）管理幅度又称管理跨度、管理宽度，就是一个上级直接指挥下级的数目。管理幅度应有效合理，一般来说，管理幅度保持在8～12人，管理者就可以对员工实行严密的控制。管理幅度过窄，会使管理层次增多，管理成本增加；使组织的垂直沟通更加复杂，减缓决策速度，并使高层管理人员趋于孤立；易造成对下属监督过严，妨碍下属的独立性。管理跨度过宽则会导致管理者精力有限造成管理疏漏。

2.销售部门内部岗位设计要遵循的原则

（1）任务和目标原则：任务围绕目标来定。

（2）分工协作原则：分工明确，合作协调。

（3）责任对等原则：明确责任，合理授权。

（4）灵活高效原则：适应环境，追求高效。

销售视窗3-1

3.3.2 销售部门内部岗位职责①

销售部门的职责是保证产品顺利到达终端并完成销售任务，而销售部门每一名成员的职责与其所在组织中的位置密切相关。销售部门内部岗位职责体现于销售部门的岗位说明书。

1.岗位说明书

岗位说明书要详细描述企业某个具体岗位的职责、权限、任职资格及沟通隶属关系等。标准的岗位说明书主要有两个部分：

（1）岗位概要：包括工作部门、工作头衔、工作地点、岗位目标、任职资格以及沟通隶属关系等。

（2）工作说明：比较详细地描述工作的主要职责、工作任务、受监督程度、行为规范和工作条件等。

岗位说明书要根据公司的具体情况制定，编制时要简洁明晰、通俗易懂、内容具体，避免形式化。岗位说明书制定之后，要在一定的时间内，根据公司的实际发展状况进行一

① 黄坤. 区域经理实战手册［M］. 北京：企业管理出版社，2003.

定程度的修正和补充，而且岗位说明书的基本格式也要因不同的情况而异。

2.销售部门内部岗位职责实例

下面我们以H公司为例，通过岗位说明书了解销售部门内部岗位职责。H公司销售部组织结构如图3-17所示。

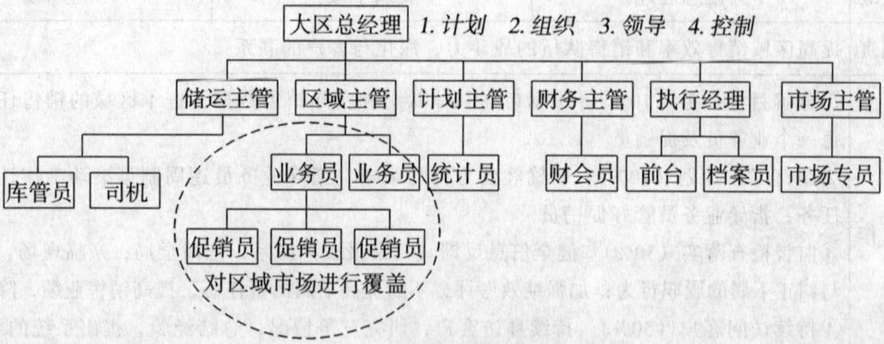

图3-17 H公司销售部组织结构

（1）大区总经理职责见表3-2。

表3-2 **大区总经理职责**

职位名称	大区总经理	所属部门	销售部
直属上级	营销总经理	直属下级	执行经理、区域主管、财务主管、市场主管、储运主管、计划主管
主要职责	执行公司各项政策，完成公司下达的区域销售任务，对区域实施计划、组织、领导和控制管理		
主要工作	①领导工作（30%）。制定系统的战略方针，明确各部门的目标与努力方向；纠正各部门的偏差，激励要职、要员，努力实现目标 ②管理工作（30%）。选拔优秀人才充实一线，不断提高分销能力；促进并协调各部门、各流程（信息、计划、物流、财务、人事与行政等）工作，为提高分销效率做贡献；按争夺市场份额的要求调整各项政策（价格与渠道） ③客户工作（40%）。巡访主要客户，总结成功的营销模式与方法；及时解决客户投诉，规范工作行为		

（2）执行经理职责见表3-3。

表3-3 **执行经理职责**

职位名称	执行经理	所属部门	销售部
直属上级	大区总经理	直属下级	前台、档案员
主要职责	协助大区总经理制定并执行各项决议，协助大区总经理做出经营计划并完成该计划		
主要工作	①落实责任区域（20%）。研究竞争格局（SWOT），对销售数据进行分析；对渠道进行规划与整理，落实责任区域与目标任务 ②全面监督检查（40%）。检查区域目标任务完成情况，监督区域主管的工作状态与结果；寻求提高运行效率的对策方案 ③总体考核评价（40%）。对区域主管及业务员、促销员等进行综合考核，并制订奖惩（薪酬与晋级）方案		

（3）区域主管职责见表3-4。

表3-4 区域主管职责

职位名称	区域主管	所属部门	销售部
直属上级	大区总经理	直属下级	业务员
主要职责	提高区域销售效率和销售队伍的战斗力，深化与客户的联系		
主要工作	①分解目标任务（10%）。根据市场具体状况和实际销售数据，把本区域的销售任务分解到每一个业务员及促销员 ②制订工作计划（10%）。明确经营方针与策略，指导业务员逐周制订滚动工作计划，落实任务；指导业务员管好促销员 ③监督检查落实（30%）。健全信息反馈（日常报表）体系，把握全局；亲临现场，及时检查与纠正下属的履职行为；加强绩效考评，不断提高下属的责任心，提高销售业绩，降低费用 ④持续访问客户（50%）。持续拜访客户，研究竞争情况，总结经验，提出系统的对策建议，定期做出书面报告		

（4）计划主管职责见表3-5。

表3-5 计划主管职责

职位名称	计划主管	所属部门	销售部
直属上级	大区总经理	直属下级	统计员
主要职责	管理市场信息，控制物流及产销期量标准，减少环节存货，防止断货		
主要工作	①经营统计（40%）。全面掌握与系统分析营销系统内“进销存”数据，实时把握销售趋势、环节存货以及生产进度；确定销售修正指数 ②资源配置（40%）。制订年、季、月度产销衔接计划，制订月度滚动销售计划与要货计划；根据市场需求趋势与实际销售状态，修正计划或调度销售资源，及时响应市场；避免供货上的多或不足现象 ③分析偏差（20%）。对各区域计划进行审定，监督执行，分析与研究出现偏差的原因，调整产销期量标准；提供价格政策的建议方案		

（5）财务主管职责见表3-6。

表3-6 财务主管职责

职位名称	财务主管	所属部门	销售部
直属上级	大区总经理	直属下级	财会员
主要职责	及时、准确、完整地反映财务状况，对应收款及费用进行实时监控		
主要工作	①维护账目体系（50%）。接受公司财务部的管辖，建立完整的账目体系，及时、准确、完整地反映财务状况；建立有序的财会队伍，确保财产的安全性，确保财务状态的稳健性与合法性 ②健全预算体系（40%）。根据销售计划，制订应收款计划与费用计划；编制资产负债表、利润表与现金流量表；实时监督检查各部门费用开支情况，以及应收款与现金流量状态；预防并预警偏差出现 ③定期财务分析（10%）。依据财务数据，对经营状态进行分析；定期向上级主管提供分析报告，辅助领导决策，保证资金流的合理性		

（6）市场主管职责见表3-7。

表3-7　**市场主管职责**

职位名称	市场主管	所属部门	销售部
直属上级	大区总经理	直属下级	市场专员
主要职责	提高促销效率，维护与提升品牌价值		
主要工作	①调查研究（30%）。在营销系统的数据资料基础上，对竞争状况进行调查研究；不断总结内部营销和外部营销的成功经验，制订宣传促销方案 ②渠道促销（50%）。在严格控制费用的基础上，积极组织公司内外的资源与力量，开展渠道促销活动，提高分销效率 ③投诉处理（10%）。定期对主要顾客进行巡回访问，开展顾客满意度调查，并及时处理顾客的投诉 ④提升品牌（10%）。维护企业形象，推广新产品；制定对策，防止假冒伪劣产品以及恶性事件的出现，减免由此造成的损失		

（7）储运主管职责见表3-8。

表3-8　**储运主管职责**

职位名称	储运主管	所属部门	销售部
直属上级	大区总经理	直属下级	库管员、司机
主要职责	确保储运环节物流的安全、准确、及时与经济		
主要工作	①仓储运转（30%）。依靠规范的作业管理流程，确保货物的储运安全准确、顺畅高效；加强预警管理，减免偷盗与灾害损失 ②出入库管理（40%）。严格货物出入库手续与台账登记工作；账物相符、责任到人；定期盘库，及时堵塞漏洞，防止货物误置、破损、批号老化与丢失 ③改善物流（30%）。把握"进销存"数据，研究物流规律，强化物流规划，改进物流作业，减少环节存货，扩大配送功能；为提高营销系统的运行效率做贡献		

（8）业务员职责见表3-9。

表3-9　**业务员职责**

职位名称	业务员	所属部门	销售部
直属上级	区域主管	直属下级	促销员
主要职责	深化与顾客的关系，激励与约束下属实现销售目标		
主要工作	①渠道管理（60%）。按工作计划，不断提高访问客户的数量与质量；在深化客情关系基础上，提高客户平均销售收入，提高市场占有率与销售效率 ②信息反馈（20%）。以规定的报表形式，采集、整理与传递一手市场信息；以书面形式，定期报告市场竞争状况，包括需求趋势、价格走势、品种结构、竞争者动向以及可能的对策等 ③队伍管理（20%）。组建强有力的分销团队，不断总结经验、纠正偏差，提高分销力与促销力		

（9）促销员职责见表3-10。

表3-10 促销员职责

职位名称	促销员	所属部门	销售部
直属上级	业务员	直属下级	零售终端
主要职责	维护终端渠道，提高销售业绩，反馈市场信息		
主要工作	①理货（60%）。按指定路线到指定销售现场整理商品陈列，包括环境布置、POP张贴、清洁服务、检查终端库存、订货、补货与现场促销等 ②沟通（20%）。与经销商（分销商）沟通联络，催讨回款；分发广告宣传品（礼品），介绍产品，改善客情关系；解决或处理交易中问题；提供经营指导与管理咨询 ③反馈（20%）。填写统一的表格（日报表、周报表与月报表），向上级及时反馈现场的一手信息，并提供对策建议		

销售新视点3-1

从机械化组织转变为生态化组织

传统工业化时代，几乎所有的公司组织都是科层制或官僚化的，大家就像螺丝钉和齿轮，被严丝合缝地整合进一部运转的机器。

如果在一个确定的市场环境下，这部机器将会无往不胜。但是互联网打破了这种确定性，销售从产品本身转向了维护客户关系本人，而这些要求企业与客户的深度互动和随机应变才能完成，机械化组织只能解决既定问题，无法应对当下的变化，于是在互联网程度较深的领域，新兴的组织形态出现了。在这类组织中，每一个小团队或者员工都是独立的个体，对外部环境自行做出最优判断，不断地改变自身适应环境，最终整个系统在渐进式的进化中，去应对不确定性的外部影响。这种类似于自然界生态系统的组织形态，我们叫它生态化组织。当机械化组织的一个零部件出现问题的时候，往往导致整个机器停止运转，但生态化组织中每个个体都是一个自组织，能够有充分的资源去及时响应外界的变化要求。

资料来源 康迪．这个世界有点不一样了？是你与其他蚂蚁的关系变了［J］．成功营销，2015（8）：24-27.

思考：

1.生态化组织产生的社会背景是什么？适应什么样的企业类型？

2.一个销售经理如何在生态化组织中履行自己的职责？

学思践悟

哈啰：让最后一公里更低碳

转眼间，哈啰单车走上街头已有5年，其全国累计注册用户数量也即将达到5亿人。哈啰单车的出现，不仅增加了人们出行的选择，便利了人们的生活，更促进了共享经济的发展与完善。

5年间，哈啰单车让共享出行有机融入城市公共交通服务生态，积极开展产品“全生命周期”管理。截至2020年年底，全国用户通过骑行哈啰共享两轮车累计减少碳排放66.7万吨，在蚂蚁森林领取了61 357吨能量，相当于种了约343万棵梭梭树。

党的二十大报告指出，要“发展绿色低碳产业，健全资源环境要素市场化配置体系，加快节能降碳先进技术研发和推广应用，倡导绿色消费，推动形成绿色低碳的生产方式和生活方式”。哈啰单车在生态伙伴大会上向近400家生态伙伴发起“绿色质造公约”，倡导践行“生态优先、绿色质造”。凭借着对精确到每个部件的车辆进行全生命周期的追踪管理，哈啰单车实现生产—投放—运营—报废—回收全流程在线化、数字化和精细化。

面对每一公里都低碳的哈啰单车让你心动了吗？蚂蚁森林的几百万棵梭梭树中，是否有你的一棵呢？

资料来源　叶丹. 让“最后一公里”出行更低碳［N］. 南方日报（产业周刊），2021-08-27.

【思政元素解析】企业与消费者都要积极响应政府关于“碳达峰、碳中和”的战略目标，坚持绿色发展观，运用科技创新成果，开展多种形式的绿色低碳行动，为全社会践行绿色低碳生产和生活方式做贡献。

基本训练

第3章即测即评

- **简答题**

1. 简述销售组织的类型及应用。
2. 分析销售部与市场部的区别和联系。
3. 不同市场条件下的销售组织结构有什么特点？

- **自我测试题**

3分钟自我测试①

1. 做题之前先通读全部资料。
2. 将你的“名字”写在本页的右上角。
3. 将第二句中的“名字”这个词圈起来。
4. 在本页的左上角画五个小方格。
5. 大声叫你自己的名字。
6. 在本页的第二个标题下再写一遍你的名字。
7. 在第一个标题后写上“是”“是”“是”。
8. 把第五个句子圈起来。
9. 在本页的右下角写个“X”。
10. 如果你喜欢这项测试就说“是”，不喜欢就说“不”。
11. 如果在测试中，你的成绩达到这个点，就大声叫一下自己的姓名。

---

①　史伟栋.“赢销”是怎样炼成的［M］. 北京：企业管理出版社，2010：94-95.

12.在本页右边的空白处，写上一个66×7的算式。

13.在第四个句子中的“本页”这个词周围画个方框。

14.如果你认为自己已仔细地按要求做了，就叫一声“我做到了”。

15.用你正常讲话的声音从10数到1。

16.站起来，转一圈，然后坐下。

17.大声说出“我快做完了，我是按要求做的”。

18.如果你是第一个做到这题时就说“我是执行要求的优胜者”。

19.既然你已按第一句的要求，认真读完了全篇内容，然后只需做好第二句的要求就算完成任务。

20.完成任务后请不要出声，静候结束。

问题：

1.为什么有些人能在3分钟之内就完成全部试题？

2.为什么有些人甚至更快？让同学们说一下自己的习惯做法。

3.那些能在3分钟之内完成的同学，你们的感受怎样？

4.迅速直接地进入任务本身，是不是最好的方法？

• 案例分析题

小米重返层级制

作为一家互联网科技公司，小米一度以扁平制为荣。此番调整，小米用意何在？层级制真管用吗？

专家、学者以及富有经验的创新者往往相信，取消层级结构会带来好处：确保每一个想法都得到聆听，并且打破对创新的束缚。

实际上，越来越多的研究表明，良好的层级制也可以帮助团队成为更优秀的创新者和学习者。

我们也看到，倘若团队固执地坚持扁平化，又会发生什么：这样的团队往往变得涣散、混乱而低效，因为只顾追求绝对的平等，却未能让更有专业能力的团队成员去解决冲突，并在团队的学习和创新中扮演领导角色。

层级——群体成员在权力和地位方面的明显差异，几乎可以在每一个人类群体中找到，从操场上的孩子们到董事会中的高管们都是如此。

根据情况不同，层级可能是正式设定的，也可能是自然形成的。虽然等级观念可能有悖民主，但它确实发挥了有益的作用。

妥善部署的层级结构，是帮助一个团队积极参与学习和创新并从中得到最大收获的关键要素。

层级制有助于团队创新。即使在有严重分歧会威胁团队的发展，甚至可能导致其分崩离析的情况下，层级制也能保持团队朝着同一个方向前进。

具体来说，我们发现，层级制通过履行三项关键职能即划定解决方案的边界、统一思想和建立有序流程，帮助团队产生新灵感、发现新思路，并且遴选出新创意。

资料来源　桑纳，邦德森．层级制对创新有害吗？[J]．徐广彤，译．商业评论，2018（C3）：130-135.

问题：销售组织层级化的优劣势分别是什么？如何才能有效防范层级制带给组织的

风险？

● **实训题**

实训项目：模拟组建某一日化洗涤用品公司的销售组织，画出组织结构图且明确各岗位的职责。

实训目标：

1.培养组织结构的初步设计能力。

2.进一步加深对岗位的理解。

实训内容与要求：

运用所学知识，根据所设定的公司产品特点与业务需要，研究设置组织机构，画出组织结构图，并说明：

1.销售组织建立的是何种组织结构形式？

2.销售组织设置哪些机构或部门？

3.各个部门或岗位的职责描述。

[第4章]
销售计划管理

学习目标

◆ 重点掌握销售计划制订的步骤，销售计划的类型；掌握销售预测的定性和定量分析方法，销售目标制定的步骤，销售计划的撰写；了解销售预测、计划和销售预算的关系。

引　例

某饮料公司的销售目标

销售目标的制定是一门学问，因为它关系到销售人员的绩效考核和职位升迁，所以需要销售部门认真研究和谨慎对待。目标定得太低，易于达成，往往会使销售人员缺乏挑战精神，容易让销售人员丧失斗志和激情，从而不思进取、安于现状；目标定得太高，“踮起脚尖，甚至蹦一下都够不着”，则是“鞭打快牛”，容易“揠苗助长”，引发后患，不利于企业和市场深入、持久发展，因此制定符合市场实际的、科学的销售目标尤其重要。

某饮料公司4月份在湖北省实现销售收入300万元，5月份，该公司考虑随着气温进一步升高，饮料市场全面进入旺季，同时，为了达到缩减相应销售费用的目的，经过权衡，销售目标就定到了500万元。此销售目标一经公布和分解，整个销售中、基层人员一片哗然，因为他们心里都明白，上个月之所以完成了300万元的销售量，其实都是通过良好的客情关系、“苦口婆心”地劝说压货甚至不惜动用公司促销、返利等资源才完成的。由于湖北省是该饮料公司的老市场，市场增长空间已不是很大，因此这些“拔高”的销售任务无法往下派发。由于销售高层一再坚持，这多出的200万元销售量就硬性地层层分解下去。可是，半个月过去了，令人想不到的是，该公司销售量才完成了100多万元。这时，公司高层急忙派人下去调查，反馈的结果是，过高的销售任务让销售人员和经销商“喘不过气来”，他们自认为再努力也完不成，于是消极怠工，得过且过，个别区域甚至出现与公司对抗的过激现象，整个销售团队丧失了应有的战斗力。加上5月中旬以后，阴雨连绵，该饮料公司在湖北省的5月份销售目标彻底落空了。

案例中该饮料公司之所以销售目标没有达成，与该公司销售高层过分想当然、不切实际地制定销售目标息息相关。因此，销售目标的科学制定，事关营销全局，既能“加压”又能“驱动”的销售目标才是好的销售目标。

资料来源　崔自三. 影响销售目标达成的五大因素［EB/OL］.（2005-07-15）［2022-02-16］. http://www.emkt.com.cn/article/218/21848.html.

销售计划是企业各项计划的基础。制订一个富有挑战性而又切实可行的销售计划对于企业经营目标的实现具有至关重要的作用。销售计划有广义与狭义之分。广义销售计划是指销售管理者制订计划、执行计划和检查计划执行情况的全过程（如图4-1所示）；狭义销售计划是指管理者对将要开展的某项销售活动所做的谋划和具体安排。

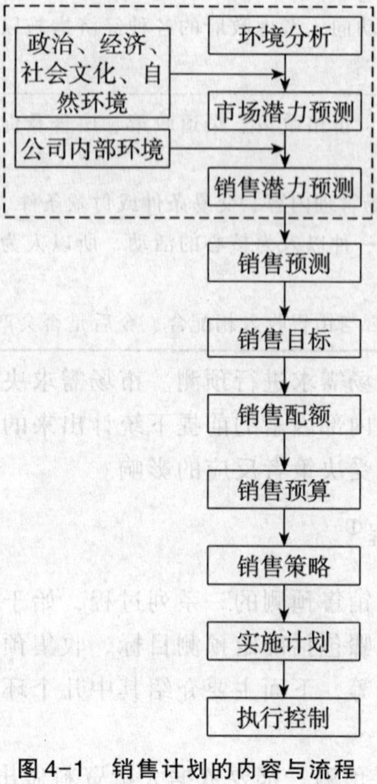

图4-1　销售计划的内容与流程

4.1　销售预测

“凡事预则立，不预则废。”在销售计划管理中，销售预测是制订计划的基础和关键。销售预测即销售估算，是指对未来特定时间内整个产品或特定产品销量的估算。销售预测是公司进行各项决策的基础。[①]

4.1.1　销售预测应考虑的因素[②]

销售预测主要以过去的销售实绩为核心，但在做销售预测之前，必须考虑内外部环境的各种因素，主要包括市场需求的动向、经济的变动、同业竞争的动向、政府和消费者团

① 徐阳生，齐存田，刘春泉. 微观经济诊断学［M］. 北京：中国财政经济出版社，2005：117.
② 黄坤. 区域经理实战手册［M］. 北京：企业管理出版社，2003：101-102.

体的动向等，同时要考虑公司的营销策略、销售政策、业务员、生产状况等（见表4-1）。

表4-1 **销售预测应考虑的因素**

因素	内容
外部因素	1.市场需求的动向（如流行趋势、爱好变化、生活形态变化、人口流动等）。市场需求决定销售潜力，常用的需求预测方法有市场调查法、市场试验法、消费者论断法等 2.经济的变动（如区域加工业的发展、区域经济增长率等）。销售收入受经济变动的影响 3.同业竞争的动向。企业必须掌握竞争对手在市场上的所有活动。例如：产品的组合价格如何？促销与服务体系如何？切忌依赖业界资料，最好亲自观察加以确认或在销售活动中把握 4.政府、消费者团体的动向。考虑政府的各种经济措施以及站在消费者立场所产生的各种问题
内部因素	1.营销策略。产品政策、价格政策、渠道政策、广告及促销政策等的变更对销售额产生的影响 2.销售政策。如变更市场管理内容、交易条件或付款条件、销售方法等对销售额产生的影响 3.业务员。销售活动是一种以人为核心的活动，所以人为因素对于销售额的实现具有深远影响 4.生产状况。考虑其能否与销售收入相配合，今后是否会产生问题等

通常情况下，应首先对市场需求进行预测。市场需求决定着销售潜力，而销售预测值又是在给定的营销策略和其他内部因素的前提下统计出来的，销售预测的精度或准确性通常会受预测本身的影响，也会受决策者反应的影响。

4.1.2 销售预测的流程①

销售预测的流程是指进行销售预测的一系列过程，始于销售预测目标的确定，止于销售预测报告的完成。其具体步骤包括确定预测目标、收集预测资料、初步分析判断、分析销售预测误差、完成预测报告等，下面主要介绍其中几个环节。

1.收集预测资料

无论是定性预测还是定量预测，都要依据大量资料做出分析判断。没有充分的资料，就无法进行符合客观实际的分析、判断及推理，也就不可能做出科学的销售预测。因此，在预测计划的指导下，调查和收集内容广泛的有关资料是销售预测的基础性工作。销售预测的资料可分为历史性资料和现实性资料。②

（1）历史性资料，即关于事物过去发展变化的资料，说明事物的过去。这类资料主要是各种有关社会的、经济的统计资料，比如：国内生产总值及内部构成资料；积累和消费的分配资料；生活费支出及其投向构成资料；居民人均收入资料；企业生产成本、经营费用、管理费用等资料；企业销售额、销售量、税收、利润资料；企业库存、损耗、流动资金周转速度资料等。

（2）现实性资料，即反映事物发展变化现状的资料。销售预测中收集的现实性资料主要有三种：

① 崔明．销售管理［M］．上海：格致出版社，上海人民出版社，2009：52-53.
② 韩光军．销售管理手册［M］．北京：经济管理出版社，2001：61-63.

① 预测期内有关人口构成及其变动情况，居民人均收入及社会购买力、集团购买力变化情况，企业所在地区的生产力布局、价格水平、科研能力以及新产品开发能力等有关资料。

② 消费者的意见反馈。它往往反映市场需求的变化趋势。

③ 实际调查资料。比如，通过问卷形式收集到的有关产品品牌市场占有率、品牌形象、品牌美誉度等资料。实际调查资料的获取比较困难，但它的客观性、真实性较高，是销售预测必不可少的资料。

收集的资料一般比较零乱，要将其整理成系统、完整的资料，通常采用下列方法：

① 比例测算，即按某种商品占总体的比例测算其数量。例如，根据某种商品占社会商品零售总额的比例测算某种商品的销售量。

② 抽样测算，即运用抽样调查资料测算整个市场的某种数据。

③ 适用面测算，即根据某种商品的适用范围测算某个数据。比如，根据空调的历史销售量及适用范围，测算全社会达到饱和的程度。

2.初步分析判断

分析判断是指对调查和收集到的资料进行综合分析，经过判断、推理，由感性认识上升到理性认识，从而预测出市场未来的发展变化趋势。销售预测工作的成果主要是在分析判断过程中形成的，因此分析判断是销售预测的关键环节。

分析判断的主要内容有：

（1）分析市场供求之间的变动关系。市场供求关系受多种因素的影响，任何一种因素发生变化，都会使供求力量发生变化，影响原有市场均衡。这些因素主要包括：

① 市场需求的变化以及国家经济政策的变动趋势。国家经济政策的变动直接通过市场反映出来，影响企业的经营活动，如国家鼓励电信事业的发展，会使通信器材市场趋于繁荣。

② 居民生活水平提高、收入增加对市场需求的影响。这种影响包括两层内容：其一，由于收入增加，对商品总量的需求增加；其二，由于收入增加，对市场商品内部结构以及质量、文化附加值的需求发生变化。

③ 进出口贸易对国内市场需求状况的影响。在资源稀缺的条件下，进出口商品的增加或减少都会直接影响国内市场的商品需求。这种影响是通过价格变动反映出来的。

④ 相关产品的成本、价格、款式、花色、技术含量、工艺水平以及竞争状况对市场需求的影响。相关产品在一定意义上是竞争类产品，如果一方发生变化，另一方会很快承受由此带来的影响。

⑤ 互补产品的变化对市场需求的影响。互补产品如汽车与轮胎、计算机与打印机等。如果汽车的销售量增加，轮胎的销售量也必然会上升。

（2）分析预测期内的产销关系。预测期内的产销关系及变化状况，是影响预测期内供求变化的关键因素。这方面的分析主要有：

① 市场需求情况分析，即分析预测期内市场需求商品的数量、结构、档次、规格、时间、地区分布等。

② 社会生产能力分析。这主要是从市场供给的角度分析预测期内社会生产规模、生产能力的提高程度、工艺水平的提高程度等。具体一点，还可以分析生产某类商品的机器

设备数量、开工时间、更新状况等。

③ 原材料供给状况分析。原材料供给的好坏直接影响市场商品的供给。原材料供给通常采用合同的形式。大企业与其主要商品原材料供应商通常建立常年稳定的供求关系，以减少生产的波动性。

(3) 分析当前消费者的消费心理、偏好、兴趣及其变化趋势。在以市场为导向的销售活动中，消费者的偏好、兴趣是企业生产的指示器。消费者的偏好与兴趣是经过相当长时间培育而成的，短期内不易改变。了解了消费者的偏好与兴趣，就可以了解他们的货币投向，从而帮助企业对未来做出正确的决策。

3.分析销售预测误差

销售预测的精度或准确性通常会受预测本身的影响，也受决策者反应的影响。预测依据的是历史性和现实性资料及对将来的假设。如果将来会有创新并会改变假设及周围环境，预测就会无法准确估计未来目标。因此，运用预测模型得到的预测值是否与实际值相一致，就需要预测人员对预测误差进行分析评价，以确保预测的精确性。

4.完成预测报告

根据预测结果编写预测报告，并送交有关部门作为管理决策的参考依据。报告应简明扼要。

预测结果需要通过实践来检验。要及时对销售预测进行检查和评价，建立反馈制度。要定期收集检验情况，总结经验，不断提高预测水平。

4.1.3 销售预测的方法

销售预测的方法有多种，可通过统计方法，也可凭直觉或经验预测。至于何者为佳，则无固定标准可循。有一点需特别留意，就是不要拘泥于某一种销售预测方法，而应视实际情况加以预测。常用的销售预测方法有以下几种：

1.定性分析方法[①]

(1) 根据经营负责人意见的预测法。此法是依据区域主管的经验与直觉，通过一个人或所有参与者的平均意见求出销售预测值的方法。此方法不需要经过精确的设计即可简单迅速地进行预测。所以，当预测资料不足而预测者的经验相当丰富的时候，这是一种最适宜的方法。

这种方法是以个人的经验为基础，不如统计数字令人信服，当无法依循时间序列分析预测未来时，这种预测方法确实可以凭借个人丰富的经验和敏锐的直觉弥补统计资料不足的遗憾。

(2) 根据业务员意见的预测法。业务员直接接触顾客，对商品是否畅销、滞销比较了解，对商品花色、品种、规格、式样的需求等都比较了解，所以可以通过听取业务员的意见来推测市场需求。

这种方法是这样进行的：先让每个参与预测的业务员对下一年度的销售额最高值、最可能的值、最低值分别进行预测，算出一个概率值，然后根据不同人员的概率值求出平均预测值（见表4-2）。

---

① 黄坤. 区域经理实战手册［M］. 2版. 北京：企业管理出版社，2006：120-121.

表4-2 **根据业务员意见的预测法举例** 金额单位：万元

业务员	预测项目	销量	出现概率	销量×出现概率
甲	最高销量	1 000	0.3	300
	最可能的销量	800	0.5	400
	最低销量	500	0.2	100
	期望值			800
乙	最高销量	1 000	0.2	200
	最可能的销量	700	0.5	350
	最低销量	400	0.3	120
	期望值			670
丙	最高销量	900	0.2	180
	最可能的销量	600	0.6	360
	最低销量	400	0.2	80
	期望值			620

如果公司对3个业务员意见的信赖程度是一样的，那么对销售额的平均预测值是：

（800+670+620）÷3=696.7（万元）

这种预测方法的特点是：

①简单明了，容易进行。

②业务员经常接触顾客，对顾客的购买意向有比较深刻的了解，对市场比其他人有更敏锐的洞察力，因此预测结果可靠性大，预测风险较小。

③适用范围广。无论是大型企业还是中小型企业，是工业品经营还是副食品经营，都可以应用。

④对商品销量、销售额、花色品种、规格等都可以进行预测，能比较切合实际地反映需求。

⑤业务员直接参与预测，会对下达的销售配额有较大的信心去完成。运用这种方法，也可以按产品、区域、顾客等来划分各种销售预测值。

但是，在一般情况下，根据业务员意见的预测必须经过进一步修正才能利用，这是因为：

②业务员可能对宏观经济形势、区域总体规划缺乏了解。

②业务员受知识、兴趣或能力的影响，其判断有时会有某种偏差，如有时受情绪的影响，也可能估计过于乐观或过于悲观。

③有些业务员为了能超额完成下年度的销售配额指标、获得奖励或晋升机会，可能会故意压低预测数字。

这种方法虽然有一些不足之处，但还是被企业经常运用，因为业务员过高或过低的预测偏差可能会相互抵消，预测总值仍可能会比较理想。此外，有些预测偏差可以预先识别并及时得到纠正。

（3）根据顾客意见的预测法。这种方法是通过征询顾客的潜在需求或未来购买商品计划的情况，了解顾客购买商品的活动、变化及特征等，然后在收集顾客意见的基础上分析市场变化、预测未来的市场需求。运用这种方法可以采用多种形式进行。比如，可以在销售现场直接询问顾客的商品需求情况，了解他们准备购买商品的数量、时间，某类商品需求占总需求的比重等问题；也可以利用电话询问进行分类、总结，再按照典型情况推算整个市场未来的需求趋势；还可以采取直接访问的方式，到居民区或用户单位询问他们对商品的需求、近期购买计划、购买商品的数量和规格等。

调查哪些用户和消费者要依调查对象数量而定，如果调查对象数量较小，可以采用发征询意见表的方式全部调查；如果调查对象数量较大，可以采用随机抽样或选取典型的方式进行调查。这种方法常用于生产资料商品、中高档耐用消费品的销售预测。调查时应注意取得被调查者的合作，要创造条件消除被调查者的疑虑，使其能够比较真实地反映商品需求情况。

（4）根据专家意见的预测法。营销者有时可求助于企业外部的专家预测未来需求，这些专家包括分销商、供应商、营销咨询顾问及贸易协会成员等。例如，汽车制造公司可定期要求它的分销商们对汽车市场的短期需求做出预测；也有不少企业向一些著名的经济预测专业公司购买关于宏观经济趋势和行业发展的情报。专门从事市场调查预测的公司，较一般厂商掌握更多有价值的情报资料，雇用较多的预测专家，因此它们对市场需求的发展能提供更全面的信息。

2.定量预测方法

（1）时间序列分析法。许多企业是根据过去的销售实绩，来预测未来销售发展趋势的。在分析销售实绩时，通常将销售实绩按照年、月的次序进行排列，以观察其变化轨迹。所谓时间序列分析法，就是采用此种方法，分析销量随时间变化的动向，从而预测未来销量的一种方法。其具体途径是：首先通过统计分析方法，证明企业历年的销售数据确实具有连续性的因果关系，然后才可用作预测未来销售发展趋势的依据。比如，某种产品历年销售量（Y）的时间序列，可按趋势、周期、季节和偶然事件4个主要因素进行分析。时间序列分析法就是根据上述4个因素分析原始销售量的时间数列，再结合这些因素预测未来的销售。

① 趋势，即人口、资金构成和技术等因素发展变化的基本情况。这可从过去销售曲线的变化规律中推测出来，也可看作过去销售曲线的自然延伸。

② 周期，即经济周期波动的影响，剔除周期性的影响，对中期预测相当重要。

③ 季节，指一年中销售变化的周期固有模式，如与日、周、月或季节相关的规律性变动。这种变动往往是与气候、假日、交易习惯，甚至顾客上下班时间相联系的。季节性因素常作为短期销售预测的一种依据。

④ 偶然事件，包括暴风雪、火灾及其他偶然性的灾害、动乱等。

这些因素都是可能遇到而又无法预测的。根据历史资料进行销售预测时，应剔除这些偶然因素的影响，以求得较规范的销售行为模式。

【例4-1】某电视机商行今年售出12 000台新产品，现预测明年10月份的销售量。已知长期趋势是每年销售量递增5%，因此明年的总销售量估计为12 600台（12 000×1.05）。但由于经济环境的波动，预计明年的销售量只能达到正常情况下的90%，即11 340台（12 600×90%）。如果每月的销售量相等，那么月平均销售量应是945台（11 340÷12）。然而，10月份通常是销售量高于平均值的月份，季节指数为1.3。因此，预计明年10月份的销售量可能达到1 229台（945×1.3）。此外，预期不会发生偶然事件，如颁布新法规、发生社会动乱等，所以对明年10月份销售量的最好预测是1 229台。[①]

（2）相关分析法。如同事物变化时，彼此之间都存在直接或间接的因果关系，销量亦随某种变量的变化而变化。例如，人口数量一旦增加，零售额必然提高；汽车数量一旦增加，轮胎的销量也会随之增加。相关分析法正是通过统计方法寻求销量与影响销量的某个变量之间的关系，并以此预测未来的方法。

一般而言，此法多用于行业需求量的预测，也可用于业内销量的预测。

在企业对市场缺乏影响力的情况下，必须以时间序列分析法为主要方法来进行预测。如果想要得知整个（大小企业）业界需求量的预测值，最好并用时间序列分析法与相关分析法。

销售部门在以上科学的销售预测的基础上，将提出下一个计划期的销售目标。[②]

4.2 销售目标管理[③]

在销售计划管理中，销售目标的制定非常重要。科学适当的销售目标能够指导销售行为、激励销售人员、降低销售成本、增加企业利润、提高管理效率。正因为如此，销售目标管理成为销售经理管理控制销售活动的有效手段。

4.2.1 销售目标的内容

销售目标是在企业总目标和营销目标的基础上确定的，销售目标又可以按地区、人员、时间段等来分成各个子目标，在设定这些目标时，必须结合企业的销售策略。

1.企业各层次目标体系

销售目标是在企业总目标和营销目标的基础上确定的，它与企业各层次目标的关系如图4-2所示。

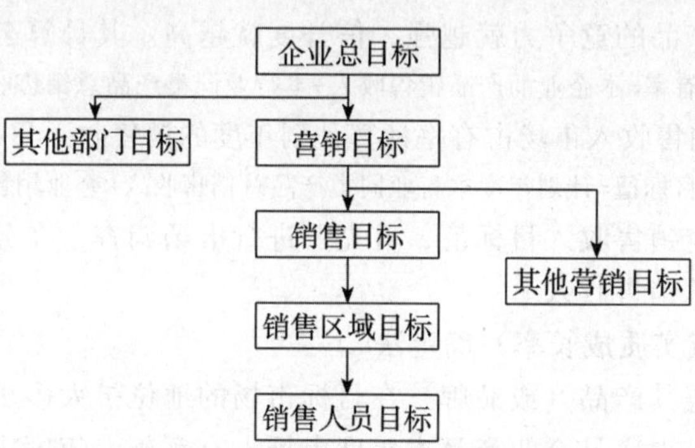

图4-2 企业各层次目标体系

可见，销售目标的制定要结合企业的营销战略、行业特点、竞争对手的状况及企业的现状等；同时销售目标的实现是实现企业目标的前提和基础。

---

① 安予苏．市场营销［M］．郑州：大象出版社，2008：61.
② 郝雨风，何贯中．医药营销100战［M］．北京：中国经济出版社，2007：88.
③ 张平淡．销售管理［M］．2版．北京：企业管理出版社，2002：196-201.

2.企业销售目标的构成要素

（1）销售额目标，包括部门、地区销售额，销售产品数量和市场份额等。

（2）销售费用目标，包括旅行费、运输费用和招待费用等。

（3）利润目标，包括每一个销售人员所创造的利润、区域利润和产品利润等。

（4）销售活动目标，包括访问新顾客数、营业推广活动、访问客户总数、商务洽谈等。

销售目标又可以按地区、人员、时间等分解成各个子目标。在设定这些目标时，必须结合企业的销售策略，在此基础上调整产品结构及确定销售额，使目标具有可行性、挑战性和激励性。

4.2.2 销售目标的制定方法

销售目标的制定要尽可能量化，因为定量的目标标准明确、易于掌握，实施中也便于控制，考评成果有明确的依据。因此，销售目标的确定方法要尽量科学，具体有以下7种方法。

1.销售成长率确定法

销售成长率是指计划年度的销售额与上年度销售额的比率，说明了企业产品销售的发展情况。其计算公式如下：

销售成长率=计划年度的销售额÷上年度销售额×100%

如果比率大于100%，说明企业产品计划销售情况好于上年，销售规模扩大了，销售额增加了；比率小于100%，说明企业产品计划销售额有所下降，如果不是受策略性调整的影响，那么企业的经营存在问题。

然后，利用销售成长率来计算计划年度的销售收入目标值，计算公式如下：

计划年度的销售收入目标值=上年度的销售实绩×销售成长率

2.市场占有率确定法

市场占有率是指企业经营的某产品的市场销售收入占市场本行业同类产品总销售收入的百分比。市场占有率也是分析企业产品竞争能力强弱和信誉度高低的一项重要指标。市场占有率越高，企业产品的竞争力就越强，信誉度就越高。其计算公式如下：

企业销售收入市场占有率=本企业的产品销售收入÷本行业同类产品总销售收入×100%

然后，根据企业销售收入市场占有率计算计划年度的销售收入目标值，计算公式如下：

计划年度的销售收入目标值=计划年度本行业同类产品总销售收入×企业销售收入市场占有率

利用该方法来确定销售收入目标值，首先要进行市场调查，在分析研究的基础上预测整个行业同类产品的总销售收入。

3.市场扩大率（或实质成长率）确定法

这是根据企业希望其产品（或品牌）在目标市场的地位扩大多少来决定销售收入目标值的一种方法。市场扩大率是企业产品本年度市场占有率与上年度市场占有率之比。其计算公式如下：

市场扩大率=本年度市场占有率÷上年度市场占有率×100%

实质成长率是本年度企业成长率与本年度业界成长率之比。其计算公式如下：

实质成长率=本年度企业成长率÷本年度业界成长率×100%

市场扩大率（或实质成长率）大于100%，表明产品的市场地位上升；市场扩大率（或实质成长率）小于100%，表明产品的市场地位下降了。

然后，根据市场扩大率（或实质成长率）计算计划年度的销售收入目标值，公式如下：

计划年度的销售收入目标值=上年度的销售收入×市场扩大率（或实质成长率）

【例4-2】市场扩大率和实质成长率计算举例见表4-3。

表4-3　　计算举例

项　目	去年	今年	成长率（扩大率）
企业实绩	100万元	150万元	150%
业界实绩	1 000万元	1 200万元	120%
市场占有率	10%	12.5%	125%

市场扩大率=12.5%÷10%×100%=125%

实质成长率=150%÷120%×100%=125%

4.损益平衡点确定法

当销售收入等于销售成本时，就达到了损益平衡。与损益平衡状态相对应的销售收入公式推导如下：

销售收入=成本+利润

销售收入=变动成本+固定成本+利润

销售收入=变动成本+固定成本（损益平衡时）

变动成本随着销售收入（或销售数量）的增减而变动，故可通过变动成本率来计算每单位销售收入的增减率：

变动成本率=变动成本÷销售收入×100%

固定成本=销售收入-变动成本率×销售收入

接着，我们推导出下列损益平衡点公式：

损益平衡点上的销售收入（X）=固定成本÷（1-变动成本率）

【例4-3】某企业决定生产一批产品。基建与机器设备投资等总固定成本为380 000元，单位产品售价为26元，单位变动成本为18元，其损益平衡点是：

损益平衡点上的销售收入（X）=380 000÷（1-18÷26）=1 235 000（元）

5.经费倒推确定法

有关企业的一切营业费用、纯利等均源自销售毛利，可以说经费和销售收入的关系甚为密切，因而有必要介绍一种足以抵偿各种费用的销售收入法。

销售收入目标值=（投入的销售费用+预期纯利润）÷（1-销售毛利率-变动成本率）

销售毛利率=销售毛利÷销售收入×100%

变动成本率=变动成本÷销售收入×100%

毛利率一般根据企业上年或同行业数据计算，而变动成本率可根据历史资料计算。

6.消费者购买力确定法

这种方法比较适合零售商选用，是企业通过估计营业范围内的消费者购买力来预测销售额的一种方法。首先，设定一个营业范围或者购买半径，调查该范围内的人口数、户数、收入所得额及消费支出额；接着调查该范围内的商店数及平均购买力。比如，日本电视最初进入中国市场时就是用消费者购买力来测算中国家电市场的规模。

7.基数确定法

（1）根据人均销售收入求解。这是以销售效率或经营效率为基数来求销售收入目标值的一种方法。

销售收入目标值=每人平均销售收入×销售人员人数

在这里，以过去趋势做单纯的预测或以下年度增长率为基准来预测也是可以的。

（2）根据人均毛利求解。这是以每人平均毛利额为基数来求销售收入目标值的一种方法。

销售收入目标值=每人平均毛利额×销售人员人数÷毛利率

4.3 销售配额

销售配额是销售经理分配给销售人员在一定时期内完成的销售任务，是销售人员努力要实现的销售目标，销售目标要通过销售配额来实现。销售配额是销售经理工作的最有力措施之一，有助于销售经理规划每个计划期的销售量和利润。①

4.3.1 制定销售配额需要考虑的因素②

销售经理设置销售配额时必须预测业务员区域的销售量。很多公司设置销售配额时往往基于过去的经验，还有一些经理简单地套用公司预测的销售量，以其为基数。如果公司预测的结果是提高6%的销售量，则对每一个销售人员都分配6%的销售量增长。这种方法虽然简单、费用低、易管理、易理解，但是它忽略了地域状况及销售人员的能力差别。有的新建区域尽管销售量小，但其销售量增长率要比一些已成熟的销售区域的销售量增长率大得多，因此新的销售区域提高6%的销售量是很容易完成的，而成熟区域要提高6%的销售量是很困难的。

在制定销售配额时一定要考虑区域的销售潜力。销售潜力可以反映公司销售额的成长机会，但销售潜力的预测费用高、时间长并且具有主观性，因此还应综合考虑其他因素（见表4-4）。

表4-4 **制定销售配额要考虑的因素**

区域内总的市场状况	公司战略目标	该地区过去的业绩	市场涵盖的质量
区域产品的历史	公司目标	业务员及区域收支分析	各个产品的促销时间
区域购买力指数	公司政策	销售量	产品和产品组合收入分析
每个区域前50名客户的收支分析	销售预测	公司以前的销售量	各个产品的广告
区域特点	活动目标	业务员以前的销售量	竞争者
消费者特点		销售潜力	销售报告

4.3.2 销售配额的类型③

企业的销售配额通常有销售量配额、销售利润配额、销售活动配额、专业进步配额（见表4-5）和综合配额。

① 张震. 销售学全书（下册）[M]. 北京：中国对外经济贸易出版社，1999：157.
② 张震. 销售学全书（下册）[M]. 北京：中国对外经济贸易出版社，1999：32-33.
③ 张震. 销售学全书（下册）[M]. 北京：中国对外经济贸易出版社，1999：160-168.

表4-5　配额基本类型

销售量配额	销售利润配额	销售活动配额	专业进步配额
1.金额 2.数量 3.消费者类型 4.消费者规模 5.每种产品销售量 6.顾客平均销量	1.销售总费用 2.区域（部门）销售费用 3.总毛利 4.按消费者划分的毛利 5.按产品划分的毛利 6.净利润	1.访问次数 2.新顾客数量 3.新准顾客数量 4.市场调研 5.参加会议 6.展示安排 7.服务电话 8.收集情报 9.汇报 10.消费者抱怨处理	1.销售技巧 2.销售态度 3.销售准备 4.销售计划 5.产品知识 6.消费者知识 7.竞争知识 8.销售培训

1.销售量配额

销售量配额是销售经理要求销售人员在未来一定时期内必须完成的产品销售量。销售量配额是企业最常用的一种配额形式，通常以销售量预测为基础，兼顾市场潜力对销售量的影响。设置销售量配额时，一定要预测销售区域内某类产品的销售量，这样配额标准才能客观地反映销售区域的实际潜力。

销售经理在设置销售量配额时，通常需要考虑以下因素：

（1）销售区域的市场总潜力。

（2）销售区域的竞争状况及竞争者的市场地位。

（3）本品牌产品的市场地位。

（4）本品牌产品的市场占有率。

（5）该销售区域顾客的总体质量。

（6）本企业在该销售区域取得的销售业绩及发展趋势。

通过对以上因素的综合分析，销售经理要具体设置出销售区域的销售量配额，并将该配额层层分解落实到区域内的各个销售组织和销售人员。

【例4-4】某企业在某区域市场的销售量配额为2 000个产品，实际销售量为1 930个产品（见表4-6）。

表4-6　某企业在某区域的销售量配额　单位：个

销售量配额	实际销售量	客户类型配额	产品类型配额	产品实际销量
甲销售员 配额900	900	重要客户 配额500	300（A产品）	300
			200（B产品）	200
		一般客户 配额400	250（A产品）	250
			150（B产品）	150
乙销售员 配额400	330	重要客户 配额250	150（A产品）	150
			100（B产品）	30
		一般客户 配额150	100（A产品）	100
			50（B产品）	50

续表

销售量配额	实际销售量	客户类型配额	产品类型配额	产品实际销量
丙销售员 配额700	700	重要客户 配额400	250（A产品） 150（B产品）	250 150
		一般客户 配额300	200（A产品） 100（B产品）	200 100

从表4-6中可以看出，乙销售员没有完成针对重要客户的B产品的销售量配额，差额为70个产品。销售经理发现这一问题后就要调查具体原因：是销售人员工作努力不够，还是该市场的竞争对手增加了？是该区域市场上的客户兴趣发生了变化，还是产品价格、质量或售后服务方面的原因？……一旦查明原因就要采取改进措施，促使乙销售员完成配额。

2.销售利润配额

销售活动往往重视销售量而忽略了利润，设置销售利润配额的目的就是避免这种情况。公司用销售利润配额可以控制销售费用，而销售费用控制得好坏，可以使同一行业的公司利润率相差很大。同时，销售利润配额与销售量配额一起使用可以使销售人员明白销售收入与利润率都是公司关注的目标。有时，销售人员乐于把精力花在易销售的产品和熟悉的顾客身上，而这些产品和顾客往往利润率都很低，但是所花的费用与那些销售困难的产品或陌生的顾客是一样的。销售利润配额可以激励销售人员访问更有效益的顾客，销售更有效益的产品。

（1）毛利配额。如果公司的产品种类多而实现的利润又不同，可以采用毛利配额。毛利配额有助于说明销售任务的完成状况。

设置毛利配额可以使销售人员集中精力提高毛利，然而毛利是很难控制的。因为销售人员不负责产品定价，无法控制生产成本，也就无法完全对销售毛利负责。一些公司的做法是对销售人员公开生产费用信息，并用一定手段让销售人员随时了解费用状况。

（2）利润配额。很多销售经理认为利润配额是体现销售目标的最好形式，它与管理的基本目标直接联系。但是利润配额有一些缺点，如销售人员无法控制影响利润的因素，也就无法完全对自己的业绩负责。因此，完全以利润来评价销售人员的工作也有失公平。

（3）销售费用配额。销售费用配额是指销售人员销售一定数量的产品所需的最高费用额，通常用占销售量的百分比表示。销售费用配额与销售量配额一起使用，其目的是控制销售人员的费用，增加销售利润。

如果一个销售人员某月的费用开支超过销售费用配额，而他的销售额同比例地高于销售配额，销售经理显然应该给予奖励而不是处罚或指责。

许多企业将销售费用配额、销售量配额与销售人员的薪金密切挂钩，并通过一定的经济手段来鼓励销售人员节约开支。例如，将节约的费用配额按一定比例以津贴的形式返给销售人员。

3.销售活动配额

销售活动配额是用来指导销售人员其他销售活动的指标，主要包括：

（1）宣传企业及产品的活动次数。

（2）产品演示活动次数。

（3）吸引新顾客并鼓励其成交次数。

（4）提供消费者服务、帮助和建议次数。

（5）拜访潜在顾客次数。

（6）培养新的销售人员次数。

（7）投标次数。

（8）参加销售会议次数。

销售活动配额使销售经理便于控制销售人员的时间使用，即在不同销售活动中的工作分配。无论对公司还是对销售人员，这些活动的效果不会立即反映出来，但是如果市场有足够的开发潜力，这些活动就必须不断开展。当然，销售活动配额要与其他销售配额同时使用并配以一定的津贴奖励，才能有效提高销售人员的工作积极性。

4.专业进步配额

专业进步配额的确定主要是为了提高销售人员的素质和销售能力，在经营活动中主要反映在销售人员的销售技巧、专业知识和熟练程度等方面。这些配额不易量化，只能作为定性指标，也就很难设定和考核，一般用一些不可替代的相关指标，如与消费者的关系等。

5.综合配额

综合配额是对销售量配额、销售利润配额、销售活动配额等综合而得出的配额，在销售经理讨论销售人员的业绩时，可以全面地反映销售工作的状况。

综合配额的设置需要用到权重的概念，权重是对活动重要性的一种量化。使用综合配额时，每一个配额都要依照其重要性赋予一定的权数。表4-7举例说明如何设定权数的大小。

表4-7　**某销售人员综合配额的计算**　金额单位：元

项目	权数	配额	实际完成额	完成比例	权数×完成比例
产品销售量	0.50	50 000	55 000	110%	0.55
销售毛利	0.20	20 000	18 000	90%	0.18
新客户数量	0.20	30个	25个	83%	0.17
服务、培训	0.10	60次	70次	117%	0.12
综合配额	1.00				1.02

根据表4-7中所得的综合配额值，销售经理就可以对销售人员的工作绩效进行横向比较和考核，以作为其实施奖惩的依据。

4.3.3　分配销售配额的方法[①]

1.根据月份分配

这种方法是将年度目标销售额按一年12个月进行分摊的方法。当然，如果同时把销

① 崔明．销售管理［M］．上海：格致出版社，上海人民出版社，2009：77.

售人员所在地区、产品特征和月份结合起来，效果会更好（举例见表4-8）。

表4-8 **月份目标销售配额** 单位：万元

产品 \ 目标值 \ 月份	1	2	3	4	5	6	7	8	9	10	11	12	合计
产品甲	18	12	10	10	10	10	10	10	10	14	16	30	160
产品乙	8	2	0	0	0	0	0	0	2	2	4	16	34
产品丙	2	2	2	0	0	0	0	0	0	2	2	4	14
合计	28	16	12	10	10	10	10	10	12	18	22	50	208

2.根据地区分配

这种方法是根据业务员所在地区的大小和顾客购买能力来分配目标销售额的方法。其分配基准可根据市场占有率、市场销售百分比、市场指数以及个别估计等来确定（举例见表4-9）。

表4-9 **地区目标销售配额** 单位：万元

产品 \ 目标值 \ 地区	内销			外销	合计
	北京	上海	天津		
产品甲	200	100	100	128	528
产品乙	70	60	20	100	250
产品丙	20	20	10	60	110
合计	290	180	130	288	888

3.根据产品分配

这种方法是根据业务员推销产品的不同来分配目标销售额的方法。决定哪种产品将达成多少销售收入，其分配基准参照市场占有率、市场扩大率、销售成长率、毛利贡献率、销售预测等进行（举例见表4-10）。

表4-10 **产品目标销售配额** 金额单位：万元

产品 \ 目标值 \ 项目	2020年		2021年		金额增长幅度
	数量	金额	数量	金额	
甲产品系列	750	225	888	266	18%
乙产品系列	420	126	525	157	25%
丙产品系列	90	27	99	30	11%
合计	1 260	378	1 512	453	20%

4.根据客户分配

这种方法是根据业务员所面对的客户的特点和数量的多少来分配目标销售额的方法（举例见表4-11）。

表4-11　**客户目标销售配额**

项目／产品	（　）月					
	A顾客		B顾客		C顾客	
	目标额	实际完成额	目标额	实际完成额	目标额	实际完成额
甲产品系列						
乙产品系列						
丙产品系列						
合计						

5.根据业务员分配

这种方法是根据业务员的能力大小来分配目标销售额的方法，可以根据客户需求量、业务员过去实绩、业务员能力等进行分配（举例见表4-12）。

表4-12　**业务员目标销售配额**

项目／产品		（　）区	（　）区	（　）区	（　）区	合　计
		业务员A	业务员B	业务员C	业务员D	
产品甲	配额					
	挑战					
产品乙	配额					
	挑战					
产品丙	配额					
	挑战					

4.4　销售预算

销售预算是企业对开展企业产品销售活动费用的匡算，是企业进行产品销售活动对投入资金的使用计划。它规定了计划期内开展销售活动所需的费用总额、使用范围和使用方法。它不仅是销售计划的重要组成部分，也是确保销售活动按计划顺利开展的基础。[①]

4.4.1　销售预算的作用[②]

“兵马未动，粮草先行。”因此，一定要有足够的资金来完成销售活动。销售经理必须充分利用资源，同相关部门进行沟通，获取有价值的建议，有效地把资源用在目标达成上。销售预算是计划的工具，也是实际工作的控制基准。销售预算主要有以下作用：

（1）销售预算使销售机会、销售目标、销售定额等清晰化和集中化。

（2）销售预算可计划出为达到目标所需投入的合理费用。

（3）销售预算有助于促使各职能部门协调合作。

① 韩光军，等. 销售管理手册［M］. 北京：经济管理出版社，2001：100.
② 蒋国萍，徐艟，兰洪元. 市场营销学［M］. 成都：电子科技大学出版社，2003：266.

（4）销售预算有助于保持销售额、销售成本与计划结果之间的平衡。

（5）销售预算提供了一个评估结果的工具。

（6）销售预算通过集中于有利可图的产品、市场区域、顾客和潜在顾客等而使收益最大化。

4.4.2 销售预算的内容

一般而言，销售预算的内容见表4-13。

表4-13 销售预算的内容

费用项目	内容	金额
销售人员费用	工资、提成、津贴	
	差旅费，包括住宿、餐饮、交通、杂费（娱乐、干洗等）	
销售管理费用	销售经理的工资、提成、津贴	
	销售经理的差旅费，包括住宿、餐饮、交通、交际费等	
其他人员费用	培训师薪金	
	被培训者薪金	
其他销售费用	销售会议费用	
	销售促进费用	
	销售展示费用	
	目录和价格清单费用	
	招聘费用	
	销售人员离职费用	
通信费用	邮寄费	
	电话费	
	上网费	

资料来源 吴洪刚，邹伟强．职业销售经理培训［M］．广州：广东经济出版社，2005：88.

4.4.3 销售预算管理

1.销售预算的步骤①

（1）确定公司销售和利润目标。通常，公司的销售和利润目标是由最高管理层确定的，最高管理层对公司所有利益相关者负责。为了吸引投资和获得贷款，公司必须保持足够的投资回报；否则，公司的成长机会和生存将受到威胁。公司营销总监和销售经理的责

① ［1］蒋国萍，徐艟，兰洪元．市场营销学［M］．成都：电子科技大学出版社，2003：264.［2］吴洪刚，邹伟强．职业销售经理培训［M］．广州：广东经济出版社，2005：89-90.

任就是创造能达到公司最高管理层确定的目标销售额，但这样做必须考虑成本。

（2）销售预测。销售预测包括地区销售预测、产品销售预测和销售人员销售预测三部分。一旦公司销售和利润目标已经确定，预测者就必须确定是否能够实现这个目标。如果总体销售和利润目标与预测不一致，就需要重新调整公司销售和利润目标，或公司营销体系需要变革。

（3）确定销售工作范围。为了达到既定的销售目标，就需要确定潜在顾客及其需求，设计产品、生产产品和为产品定价，通过各种方式与顾客接触、沟通，招聘、培训销售人员等。另外，必须拥有具有销售管理潜能的人才。

（4）确定固定成本与变动成本。在一定销售额范围内，不随销售产品数量增减而变化的成本被称为固定成本，而随着销售产品数量增减而同步变化的成本被称为变动成本。主要的固定成本包括销售经理和销售人员的工资，销售办公费用，培训师的工资，被培训销售人员的工资，例行的销售展示费用、保险，一些固定的税收、交通费用、娱乐费用及折旧等。变动成本通常包括提成和奖金、邮寄费、运输费、部分税收（增值税）、广告和销售促进费等。

（5）进行本量利分析。区域销售经理被分配了年度销售和利润目标后，就必须保持对达到目标过程的控制。本量利分析法是一种有效的控制方法。

当公司的价格、成本、销售量处于盈亏平衡点（BEP）时，销售收入刚好弥补所有的成本费用，公司处于零利润的状态。这只是一个理论上存在的状态，很少有公司刚好处于这个点上。但有些公司接近这种状态，也可以被认为是处于盈亏平衡点，以便于分析和管理。

当固定成本下降，而价格和变动成本不变时，例如，一个销售人员离开公司，这时，固定成本下降，盈亏平衡点下降，如果销售量不变，那么利润会增加。

当固定成本上升，而价格和变动成本不变时，例如，销售经理决定将两个销售区域分割为四个，需要增加两个销售人员，这时，固定成本上升，盈亏平衡点上升，如果销售量不变，那么利润会减少。

当变动成本下降，而价格和固定成本不变时，例如，销售经理决定削减交通费用，让销售人员更多地使用电话，这时，变动成本下降，盈亏平衡点下降，如果销售量没有变化，那么利润会增加。

当变动成本上升，而价格和固定成本不变时，例如，销售人员的交通费用增加，这时，变动成本上升，盈亏平衡点上升，如果销售量没有变化，那么利润会减少。

（6）提交最后预算给公司最高管理层。本量利分析之后，销售经理要确定为达到最高管理层确定的销售和利润目标所必需的成本费用，同时，了解各种变量的变化对利润的影响。

（7）用销售预算来控制销售工作。从一定意义上讲，本量利分析是一个预测工具，因为它预示了成本费用变化对盈亏平衡点和利润的影响。这种方法同样可以用作评估和控制工具。当实际偏差发生时，销售经理也可以根据不同变量对目标影响的重要性来分析偏差发生的原因，进行有针对性的调控。

2.确定销售预算的方法[①]

销售经理在确定销售预算时，采用何种方法应根据公司的历史、产品的特点、营销组合的方式和市场的开发程度等多方面因素。各公司采用的预算方法各种各样，这里介绍几种常用的方法，销售经理可根据实际情况加以选择。

（1）最大费用法。这种方法是在公司总费用中减去其他部门的费用，余下的全部作为销售预算。这种方法的缺点在于费用偏差太大，在不同的计划年度里，销售预算也不同，不利于销售经理稳步地开展工作。

（2）销售百分比法。用这种方法确定销售预算时，最常用的做法是用上年的费用与销售百分比，结合预算年度的预测销售量来确定销售预算。另外一种做法是把最近几年的费用与销售百分比进行加权平均，其结果作为预算年度的销售预算。这种方法往往忽视了公司的长期目标，不利于开拓新的市场，适合销售市场比较成熟的公司。同时，这种方法不利于公司吸纳新的销售人才，从长远来看，吸引有发展潜力的销售人才对公司的长期发展是必不可少的，但这种方法促使销售经理只注重短期目标，而忽视对公司具有长期意义的销售人才的培养。

（3）同等竞争法。这种方法是以行业内主要竞争对手的销售费用为基础来制定的。同意用这种方法的销售经理都认为销售成果取决于竞争实力。使用这种方法必须对行业及竞争对手有充分的了解，做到这点需要及时得到大量的行业及竞争对手的资料，但通常情况下，得到的资料反映以往年度的市场及竞争状况。用这种方法分配销售预算，有时不能达到同等竞争的目的。

（4）边际收益法。这里的边际收益是指每增加一个销售人员所获得的收益。由于销售潜力是有限的，随着销售人员的增加，其收益会越来越少，而每个销售人员的费用是大致不变的，因此就存在一个临界点，如果超过这个点，再增加销售人员，费用反而比收益要大。边际收益法要求销售人员的边际收益大于零。边际收益法也有一个很大的缺点：在销售水平、竞争状况和市场其他因素变化的情况下，确定销售人员的边际收益是很困难的。

（5）任务目标法。这是一种非常有用的方法，可以有效地分配达成目标的任务。

【例 4-5】假设公司计划实现销售额 14 000 万元时的销售费用是 500 万元。其中，若销售水平对总任务的贡献率为 64%，由销售人员实现的销售额=14 000×64%=8 960（万元），那么，销售费用÷销售人员实现的销售额×100%=500÷8 960×100%=5.6%；如果广告费用为 200 万元，广告对总任务的贡献率为 25.6%，由广告实现的销售额=14 000×25.6%=3 584（万元），那么，广告费用÷广告实现的销售额×100%=200÷3 584×100%=5.6%。

由计算可知，两种活动对任务的贡献是一致的。如果广告实现的销售额低，即广告费用÷广告实现的销售额>销售费用÷销售人员实现的销售额，公司可以考虑减少广告费，增加销售人员费用。

这种方法需要充足的数据，因而管理工作量较大，但由于它直观易懂，所以很多公司使用这种方法。

（6）投入产出法。这种方法是对任务目标法的改进。任务目标法是一定时间内费用与

① 刘志超. 现代推销学［M］. 广州：广东高等教育出版社，2004：242-245.

销售量的比较，但有时有些费用投入后，其效果在当期显示不出来，无法真实反映费用与销售量的比率。投入产出法不强调时间性，而是强调投入与产出的实际关系，因此在一定程度上克服了任务目标法的缺点。

3.预算控制[①]

预算是管理控制活动中广泛运用的一种方法，是用数字形式编制的未来一定时期的计划。利用预算，管理者可以准确衡量部门生产经营情况和效益好坏，有利于管理者对各部门工作进行评价和控制。这里对预算控制做一个简单的介绍。

预算控制在很大程度上就是财务控制，具有全面控制的约束力。预算就是将公司各种管理活动贯穿在表格形式中，通过预算报表反映公司经营状况，便于管理者及时了解销售量、成本、利润、资金利用率、投资回报率等各种指标变化情况。

在预算控制中，有两种比较典型的方法：

（1）费用专控目标体系。这是由公司单项费用指标和随机费用指标组成的目标体系，专项控制主要内容有单位成本、材料燃料消耗、水电消耗、差旅费、医药费、大修理费、生产生活设施维修费、易耗品购置费、储备资金周转天数等。这些专项控制费用量大、面广、随机性强，在预算中很难进行有效控制，因此需要采用专控目标体系方法进行控制，强化管理。

（2）定额管理。定额是公司及员工从事生产活动时，在人力、物力、财力利用方面应遵守的标准。定额管理是为了以尽可能少的消耗，完成尽可能多的工作量，提高工作效率，从而提高公司经济效益；是对整个公司各项工作、各个生产岗位的定员进行核实，重新编制定员，使工作人员与工作任务相适应。在此基础上，公司可以健全完善各工种劳动定额，各种物资消耗劳动定额，各种资金、费用、劳务结算定额。

最好的销售预算包括两部分：第一部分是满足按月进行的营销花费；第二部分是帮助应付预料不到的销售需求的备用预算。例如，可能有一个新市场出现，或者有竞争对手退出，或者有新的竞争对手出现等，怎样回应这些机遇和挑战都受到销售预算的影响。[②]

4.5　销售计划概述和编制

销售计划是指企业根据历史销售记录和已有的销售合同，综合考虑企业的发展和现实的市场情况而制定销售指标（数量或金额），企业以此指导相应的生产计划、采购计划、资金筹集计划以及其他计划的安排和实施。[③]

销售视窗4-1

① 解统兴. 企业行为预算管理（预测版）[M]. 北京：中国商业出版社，2001：599-600.
② 赵凡禹，林墨叙. 销售经理实用全书 [M]. 上海：立信会计出版社，2011：264.
③ 中国石油天然气集团公司职业技能鉴定指导中心. 加油站操作员（销售专用）[M]. 东营：中国石油大学出版社，2008：414-415.

4.5.1 销售计划概述

1.销售计划的分类

销售计划按照时间可分为周销售计划、月度销售计划、季度销售计划、年度销售计划等；销售计划按范围大小可分为企业总体销售计划、分公司（部门）销售计划、个人销售计划等；销售计划按市场区域可分为整体销售计划、区域销售计划，区域一般按大区或省区、地市、县市、乡镇等行政区域来划分，也可以根据公司的实际销售范围和统计区域来划分；销售计划根据企业的不同可分为生产企业销售计划、流通企业销售计划、零售企业销售计划等。各类企业由于经营性质和销售产品的不同，其市场销售计划的制订方法和模式也完全不一样。①

2.销售计划的制订依据

企业要根据实际情况制订相关的销售计划。凭空想象、闭门造车、不切实际的销售计划，不但于销售无益，还会对销售活动和生产活动带来负面影响。企业通常需要依据以下基本资料制订销售计划：

（1）公司目标数据资料。公司通过本期的成长率，确认下一期成长方向的目标销售额。

（2）公司过去业绩数据资料。通过调查过去市场及顾客的动向，对实际业绩进行归纳总结，由此可推测下一期的顾客及商品销售情况。

（3）依据顾客以往购买情况的资料，预测顾客在下一期的购买情况。

4.5.2 销售计划的编制②

1.月别销售计划的编制

(1) 收集过去3年间月别销售实绩，将各年度月别销售额进行仔细的了解。

(2) 将过去3年的月别销售实绩进行合计加总。

（3）得到过去3年间的月别销售比重。以3年间每个月合计的销售比重总额为100%计，将每个月的3年合计实绩除以全部3年合计实绩即可得月别销售比重，将计算所得按月填入表中。根据每月销售情况的不同，可看出因季节因素的变动而影响该月销售额的情况。然后，将过去3年间月别销售比重运用在最后确定的全公司销售总额中即可得到每个月的销售额计划了（举例见表4-14）。

表4-14 **月别销售计划表**

月别	2019年实绩（万元）	2020年实绩（万元）	2021年实绩（万元）	3年月别实绩合计（万元）	3年月别构成比（%）	修正月别构成比（%）	利用构成比的计划（万元）
1	1 685	1 540	1 800	5 025	7.5	7.7	1 848
2	1 575	1 435	1 680	4 690	7.0	7.3	1 752
3	2 196	1 899	2 136	6 231	9.3	9.0	2 160

① 鲍观明，楼天阳. 现代企业经营管理理论与实务［M］. 杭州：浙江工商大学出版社，2012：310.
② 陈黎明. 经理人必备管理制度［M］. 北京：石油工业出版社，2000：45-46.

续表

月别	2019年实绩（万元）	2020年实绩（万元）	2021年实绩（万元）	3年月别实绩合计（万元）	3年月别构成比（%）	修正月别构成比（%）	利用构成比的计划（万元）
4	1 922	1 857	2 184	5 963	8.9	9.0	2 160
5	1 422	1 731	1 872	5 025	7.5	7.7	1 848
6	1 996	1 941	2 160	6 097	9.1	9.0	2 160
7	2 148	1 899	2 184	6 231	9.3	9.2	2 208
8	1 489	1 540	1 728	4 757	7.1	7.3	1 752
9	1 420	1 604	1 800	4 824	7.2	7.5	1 800
10	2 084	1 772	2 040	5 896	8.8	8.5	2 040
11	1 859	1 772	2 064	5 695	8.5	8.5	2 040
12	2 104	2 110	2 352	6 566	9.8	9.3	2 232
合计	21 900	21 100	24 000	67 000	100.0	100.0	24 000

2.商品别销售计划的编制

（1）取得商品别销售比重。将去年同类的商品别销售比重找出，了解销售较好的商品别及利润率较高的商品别，以此计算今年商品别销售比重。

（2）调整销售比重。参考商品销售政策、利害关系人的意见及商品需求预测等项目来修正今年的商品别销售比重。

（3）用修正过的商品别销售比重来拟订今年商品别计划销售额（举例见表4-15）。

表4-15　**商品别销售计划表**

商品别		去年实绩		今年计划	
		销售额（万元）	构成比（%）	销售额（万元）	构成比（%）
畅销商品别					
	小计				
高利润率商品别					
	小计				
其他商品别					
	小计				
合　计					

3.部门别、客户别销售计划的编制

（1）通过对去年部门别、客户别的销售比重予以分析研究，取得今年部门别、客户别的商品销售比重。

（2）用修正后的销售比重获得今年客户别、部门别的计划销售额（举例见表4-16）。

表4-16 部门别、客户别销售计划表

<table>
<tr><th rowspan="2">部门别</th><th rowspan="2" colspan="2">客户别</th><th colspan="2">去年实绩</th><th colspan="2">今年计划</th></tr>
<tr><th>销售额（万元）</th><th>构成比（%）</th><th>销售额（万元）</th><th>构成比（%）</th></tr>
<tr><td rowspan="8">XX营业部</td><td rowspan="3">A级</td><td></td><td></td><td></td><td></td><td></td></tr>
<tr><td></td><td></td><td></td><td></td><td></td></tr>
<tr><td></td><td></td><td></td><td></td><td></td></tr>
<tr><td rowspan="3">B级</td><td></td><td></td><td></td><td></td><td></td></tr>
<tr><td></td><td></td><td></td><td></td><td></td></tr>
<tr><td></td><td></td><td></td><td></td><td></td></tr>
<tr><td colspan="2">C级</td><td></td><td></td><td></td><td></td></tr>
<tr><td colspan="2">其他客户别</td><td></td><td></td><td></td><td></td></tr>
<tr><td rowspan="3">YY营业部</td><td></td><td></td><td></td><td></td><td></td><td></td></tr>
<tr><td></td><td></td><td></td><td></td><td></td><td></td></tr>
<tr><td></td><td></td><td></td><td></td><td></td><td></td></tr>
<tr><td rowspan="3">其他部门别</td><td></td><td></td><td></td><td></td><td></td><td></td></tr>
<tr><td></td><td></td><td></td><td></td><td></td><td></td></tr>
<tr><td></td><td></td><td></td><td></td><td></td><td></td></tr>
<tr><td>合计</td><td colspan="2"></td><td></td><td></td><td></td><td></td></tr>
</table>

4.销售费用计划的编制

（1）在企业年度计划利润表里有销售费用，可列出表4-17中销售费用的年度合计额。其中，第一项是销售变动费用，第二项是销售固定费用。参考过去实绩资料，可以列出各项费用的年度计划金额。

（2）各月别销售变动费用计划的拟制。根据已经编制的月别销售计划和年度计划金额中的各个变动费用金额，计算各月别的销售变动费用计划金额。

（3）各月别销售固定费用计划的拟制。把年度销售计划金额中的各个固定费用金额予以简单平均，计算出各月别的销售固定费用计划金额。

表4-17　　**销售费用计划表**

项目			1月		2月		…	12月		合计	
			金额	构成比	金额	构成比	…	金额	构成比	金额	构成比
销售变动费用	包装费										
	手续费										
	燃料费										
	促销费										
	其他										
	小计										
销售固定费用	销售人员费用	薪金									
		奖金									
		福利									
		小计									
	其他销售固定费用	差旅费									
		交际费									
		通信费									
		小计									
总计											

5.促销计划的编制

促销计划可以从以下4个方面进行编制：

（1）与商品相关的促销计划，如商品的质量管理，商品的新鲜、卫生及安全性，专利权，样本促销，展示会促销，商品特卖会等。

（2）与促销方法相关的促销计划，如确定销售点、销售赠品及奖金的支付、招待促销会、节日在人口聚集处促销、代理店及特约店的促销、建立连锁店、销售退货制度、分期付款促销等。

（3）与销售人员相关的促销计划，如业绩奖赏、行动管理及教育强化、销售竞赛、团队合作的销售等。

（4）与广告宣传相关的促销计划，如POP（销售点展示），宣传单随报夹入，模特展示，目录、海报宣传，报纸、杂志广告等（举例见表4-18）。

表4-18　**促销计划表**

月份	节假日/纪念日	年内主要宣传促销活动					相关部门负责人	费用预算	预期效果
		宣传主题	商品推介	现场促销	渠道关系	媒体宣传			
1									
2									
3									
4									
⋮									
12									
合计									

6.销售账款回收计划的编制

（1）与销售计划并行的销售账款回收计划，应配合月别销售总额计划来设计回款计划，所以过去的收款实绩等资料可作为分析参考之用。此外，收款政策对计划亦有影响。

（2）客户账款积欠天数缩短是有必要的，表4-19对于提高客户账款回收率是很有帮助的。

表4-19　**销售账款回收计划表**

月份	计划销售额	回款计划				赊销款余额	回收率	不良回收率
					现金	90日以内票据	90日以上票据	合计
1								
2								
3								
4								
⋮								
12								
合计								

下面的公式对于客户账款积欠天数的缩短更具意义：

客户账款积欠天数=（客户赊款余额+本公司收受票据余额）÷日平均销售总额

销售新视点4-1

大数据在各领域应用之销量预测

用户的历史购物行为等大数据可以精准地预测销量，为电商的供应链和库存等提供参考。通过分析海量的大数据，可以进一步了解用户需求，甚至可以在用户没有下单的情况下就精准预测其想购买的商品，为用户带来更好的体验。例如，通过分析用户浏览和购物行为等大数据，可以预测出配送站周边的iPhone X的需求量，提前把商品运输到配送站。这样，在用户真正下单以后，配送员就不用等待从总部发起的物流，而是直接在配送站提取手机配送给用户，这样会更加省时、高效。

销量预测在电商的销售、市场运营等环节中无处不在。它会影响企业每一次营销或者市场运营等活动的成本投入，甚至会影响企业的整体战略及规划。销量预测主要是根据历史销量情况，结合未来一段时间内可能存在的影响因素，并结合消费者的购买决策行为，构建消费者决策行为预测过程模型，估计商品的销售情况；它还可以预测包括消费者购买决策内容偏好、消费方式以及消费时间等。这样，基于消费者的喜好和销量预估等情况，市场营销人员就可以根据预测结果制定营销活动及方案，确保决策的科学性。

目前对于销量预测，机器学习和大数据分析起到的作用越来越大，使用神经网络、决策树、线性回归等算法，不断调整参数和优化，直到达到一个比较理想的效果。在机器学习销量预测的时候，首先，需要选取历史数据，并对数据进行一定规则的清洗，把一些促销等活动的数据消除掉以免影响分析结果；其次，对历史数据用机器做一个完整的认识和学习；最后，通过模型对数据的学习，提取相关特征，就可以得到一批训练样本。

随着机器学习的不断发展，相信未来的销量预测会越来越准确，购物这件事可能会慢慢从先购买再配送的方式，变成先配送再购买的情况，用户购物也会逐渐由主动变得被动。

资料来源　一个数据人的自留地. 大数据在各领域应用之销量预测［EB/OL］.（2019-08-19）［2022-04-11］. https://zhuanlan.zhihu.com/p/78853503.

思考：分析企业运用大数据进行销售预测的前提及意义。

学思践悟

法库：陶瓷等产业绿色低碳高质量发展的新举措

2022年9月9日，位于辽宁法库经济开发区的沈阳五洲陶瓷科技发展有限公司1号车间内，东北地区首条4.04米宽体窑炉正高效运行。公司负责人林航说："相同的长度，宽体窑炉产能高出传统窑炉2～3倍，而电耗下降约20%，燃气能耗下降18%以上。"

党的二十大报告指出："加快发展方式绿色转型。推动经济社会发展绿色化、低碳化是实现高质量发展的关键环节。加快推动产业结构、能源结构、交通运输结构等调整优化。实施全面节约战略，推进各类资源节约集约利用，加快构建废弃物循环利用体系。"节本、降耗、增效，一条条生产线的升级是近年来法库陶瓷产业绿色转型的缩影，也是法库坚持绿色发展理念，锚定“打造东北地区一二三产业融合发展示范县、辽宁省生态宜居和绿色产业发展先行县，成为绿色能源发展的示范县”目标，以三产融合延展绿色低碳产业链条，推动经济高质量发展和乡村振兴的具体实践。

“绿色化”转型不仅体现在陶瓷产业上，近年来，法库结合自身产业特点，持续壮大绿色农业、打造绿色工业、发展绿色服务业，推进全面建成小康社会与乡村振兴无缝衔接。

目前，法库先后有龙源风电和大唐风电两家风电企业投入运行，总装机容量达58.21万千瓦。龙源法库八虎山项目装机容量为15万千瓦，中国电建法库项目装机容量为15万千瓦，华润法库项目装机容量为35万千瓦，这3个项目正快速推进。

当前，随着绿色低碳产业链条的延伸，产业结构、能源结构的不断优化，法库逐步构建起绿色低碳循环发展的生产生活体系，绿色渐成这里高质量发展的底色。

资料来源　陶阳．法库：陶瓷等产业绿色低碳高质量发展的新举措［N］．辽宁日报，2022-09-19.

【思政元素解析】全球气候变化和人类活动的关系已成为当今国际焦点问题，关系到各个国家的切身利益与经济发展，应对气候变化已刻不容缓。中国积极实施应对气候变化国家战略，大力推进构建清洁低碳能源体系，加快产业结构转型升级，构建绿色交通运输体系，完善低碳发展政策体系等。辽宁省法库县实施的一系列绿色低碳发展举措正是落实国家相关政策的具体体现，也是产业结构优化、降低企业生产运作成本的创新实践。

基本训练

第4章即测即评

- **简答题**

1.简析销售计划的基本内容。

2.销售预测的定性预测方法有哪些？比较分析其优缺点。

3.销售目标的确定方法有哪些？

4.销售配额的类型有哪些？

5.销售预算编制流程分为几个步骤？

- **自我测试题**

你是一个做事有计划的人吗？①

提示：对下列的每一个问题只需回答是与否。

1.我的个人目标能以文字的形式清楚地说明。

2.多数情况下我整天都是乱哄哄的和杂乱无章的。

3.我一直都用台历或约会簿作为辅助工具。

① 钟金霞，谭谊，黄慧．管理学基础［M］．长沙：湖南大学出版社，2007：67.

4.我很少仓促地做出决策，总是仔细研究了问题之后再行动。

5.我利用“速办”或“缓办”卷宗对要办的事情进行分类。

6.我习惯于对所有的计划设定开始日期和结束日期。

7.我经常征求别人的意见和建议。

8.我想所有的问题都应当立刻得到解决 。

说明：

优秀的做事有计划人员的答案：2和8答案为“否”，其余为“是”。

- **案例分析题**

联合利华的中国销售目标

联合利华从1986年“回归上海”时起，深耕中国市场的强烈意愿就再也没有消减过。公司先后建立起10多家合资企业，销售旁氏、力士、夏士莲、奥妙、金纺、立顿、和路雪等近20个品牌产品，涉及家庭个人护理用品、食品饮料、冰淇淋等众多领域。

为了完善其在中国市场的整体布局，提升自己在北亚区的生产能力，联合利华动作频频。从2012年3月启动总占地约53公顷的天津工业园项目，到2013年9月正式奠基的总占地约27公顷的（四川）全球生产基地，联合利华立足华东、华北和西部，从而辐射整个中国市场。

不仅如此，联合利华还通过增加品类的方式来推动其在中国市场的发展。2013年7月，联合利华在中国市场推出联合利华净水宝之后，2014年7月，联合利华又宣布旗下抗菌日化产品卫宝系列正式登陆中国市场，该系列已经在欧美等地深耕多年。

在中国，联合利华始终将可持续发展的理念融入其经营发展中。

在推出联合利华净水宝之后，2014年3月，联合利华高价收购了沁园集团55%股份，而沁园集团正是专业研发和生产净水器产品的科技公司。

据了解，自2011年起，联合利华饮食策划在全国各地举办了8场面对面的食品安全专业培训，已有千余位来自全国餐饮百强、大型连锁企业的厨师和管理人员参与了培训。由联合利华饮食策划与中国食品安全报社共同主办的2014年度餐饮食品安全优秀案例征集活动受到了业内高度关注，12个餐饮企业所提报的案例荣获优秀案例称号。

2012年联合利华全球全年销售额约500亿欧元，在中国市场的全年销售额约20亿欧元，并且保持着两位数的年增长率，高于全球年平均增长率。

对于在中国市场的销售目标，联合利华CEO保罗·波尔曼在其2013年的“中国行”期间曾做出这样的承诺：到2020年，联合利华在中国的销售规模要从目前20亿欧元的水平一跃发展至50亿欧元。

为实现这一目标，联合利华将采取“推出创新的新产品、新品类，加强品牌建设，更贴近消费者，更好地为消费者服务等方式”。

资料来源 李致鸿．联合利华：2020年中国销售目标50亿欧元［N］．中国企业报，2014-12-22（24）．

问题：

1.联合利华中国销售目标制定的依据是什么？

2.联合利华实现其销售目标的措施有哪些？对我国企业有何启示？

• 实训题

实训项目：马上要进入饮料销售旺季，要求学生以小组为单位走访调研当地某一饮料企业并为其制订销售计划，目的是提高品牌知名度，增加消费者与产品的接触率，促进消费者购买。

实训目标：

1. 掌握制订销售计划的方法。
2. 掌握销售计划应该包括的内容。

实训内容与要求：

根据以下提纲制订销售计划：

1. 制订某饮料企业销售计划的目标。
2. 当前营销及销售状况分析。
3. 机会和问题分析。
4. 制订销售计划。

[第5章]

销售区域管理

学习目标

◆ 重点掌握铺货与窜货管理的内容；掌握销售区域设计的方法；掌握销售终端管理的技巧与方法；了解销售区域管理的重要性。

引　例

杰出的销售员应该派往何处?

美国佛斯帕西公司是一家机电设备制造公司，最近一段时间以来面临着销售额下降和严重的现金流问题。

盖都是佛斯帕西公司的销售经理，在公司的年度销售会议上，盖都提出了他的改变公司现状的计划。

按照盖都的计划，公司的优秀销售员都要从他们所负责的销售额高的地区调往目前销售额低的地区。他解释说这意味着经验丰富的销售员能够在销售额低的地区集中精力打开销路，增加销售额；而经验不足的销售员可以不费力气地在销售额高的地区开展工作。

盖都的计划遭到了公司新老销售员的一致反对。一些资深销售员认为，自己花了好几年的时间才在所负责的区域打开局面，现在要把这个区域交给新手，然后到一个新的地区重新开始，这样很不公平。一些年轻的销售员则认为，把自己调离未开发地区的建议使自己感到非常泄气，似乎公司正在把他们看成失败者。尤其是盖都提出，在新区域开发新客户并不会得到额外奖金，同时今后销售提成奖金的发放将与应收账款的回收联系在一起时，销售员们更是觉得难以容忍。会议在一片争吵中不欢而散。

盖都把当天会议的情况及时向总经理里昂做了汇报，他们准备商讨问题的解决方案，以便在第二天的会议上向销售员们推出，希望能够得到销售员们的认可，并进一步鼓舞士气。

资料来源　麦肯思特营销顾问公司. 区域市场开发与管理［M］. 北京：经济科学出版社，2005：176.

公司销售目标主要是通过划分销售区域及实现区域目标的方式来完成的，因为建立销售区域能确保潜在市场的适当覆盖，改善顾客关系，降低销售成本，同时能够有效控制和评价销售队伍，提高销售人员的士气和效率，提升经营效果。

5.1 销售区域设计与管理

销售区域也称区域市场或销售辖区，是指在一段给定的时间内，分配给一个销售员、一个销售分支机构或者一个分销商的一群现实及潜在顾客的总和。销售区域可以有地理界线，也可以没有地理界线，主要是由地理状况、中间商规模和市场需求潜力等因素决定的。①

因为各地区之间地理、文化、政治、语言、风俗、宗教等不同，所以消费者群（或称顾客群）表现出很大的差异性。为此，企业必须正视各地区的差异性，实事求是、因地制宜，有针对性地制定符合区域化特点的经营战略和行销推广策略。②

5.1.1 销售区域的分类

销售区域不是一个地理概念，并非单纯按照地理界线来分派销售任务。一般来说，销售区域的划分主要有以下几种方法：

1.按地区划分③

以距离企业所在地的远近，可将销售区域划分为本地市场、周边市场和外地市场。在我国，依据地区一般可将销售区域划分为东北市场（黑、吉、辽、内蒙古）、华北市场（京、津、鲁、冀、晋）、华东市场（苏、浙、皖、沪）、华南市场（粤、琼、闽、桂）、中南市场（湘、鄂、赣、豫）、西南市场（云、贵、川、渝）、西北市场（陕、甘、宁、青、藏、新）等。

依据我国经济的特点，可将销售区域划分为城市市场和农村市场。城市市场又可分为一级城市市场（特大城市）、二级城市市场（其他省会城市）、三级城市市场（市级城市）、四级城市市场（县、乡城镇）。

对销售代表而言，可以根据地区界线、邮政编码、道路、河流等范围来划分不同销售区域。

2.按产品划分

这是指企业将销售区域按产品分成若干类，由销售人员负责销售其中的一种或几种产品。例如，食品企业按照方便面、茶饮料、纯净水等来划分。

3.按顾客划分

这是指企业将其目标市场按顾客的类型进行划分，由不同的销售人员向不同类型的顾客进行产品销售，分类的标准包括顾客消费的产品类别、顾客规模、分销途径等。

4.综合划分销售区域

在现实生活中，企业往往采用多种方式来划分销售区域。例如，银行在各地区设分行与支行是按照地区划分，而各分行与支行内部仍按照顾客类型来划分。综合划分销售区域是对上述划分方法的综合运用。

---

① 李先国．营销师国家职业资格培训教程·高级营销员·国家职业资格四级［M］．北京：中央广播电视大学出版社，2006：21-22.

② 李克芳，刘蓓蕾．营销渠道管理［M］．北京：现代教育出版社，2010：30.

③ 崔明．销售管理［M］．上海：格致出版社，2009：91-92.

5.1.2　销售区域的设计①

销售区域无论范围广或狭、规模大或小，一旦确定，就应树立“整体一盘棋”的战略思想，从全局出发，合理布局，确定可持续开发战略。销售区域的设计常用的四种方法如下：

1.市场分级

将某一区域市场分成若干相互关联的亚区域市场，每个亚区域市场再分成若干相互呼应的子区域市场，各子区域市场可以相互连接成线，目的是梳理市场脉络、突出重点、抓住关键、带动全局。例如，华东市场可分为三大亚区域市场：

(1) 长江三角洲亚区域市场（呈扇形分布）：镇江—常州—无锡—苏州（铁路沿线）；扬州—靖江—张家港—南通（公路沿线）。

(2) 杭嘉湖亚区域市场（呈三角形分布）：杭州—嘉兴—湖州（公路沿线）。

(3) 长江下游亚区域市场（呈条带形布局）：安庆—铜陵—芜湖—马鞍山（长江干流沿岸）。

2.点面呼应

各亚区域市场的布点尽量以某个城市群（带）中某一中心城市为中心，以物流一日内可达客户的距离为半径进行点面整合，使之形成辐射状、同心圆形、扇形或三角形等市场格局。例如，湖北市场的亚区域市场可以荆州为中心，北连荆门，南接湘北，东抵潜江、仙桃，西至宜昌，形成辐射状市场格局，或形成宜昌、荆州、荆门与仙桃、天门、潜江西东一大一小呼应的两个三角形格局。

3.点线呼应

以亚区域市场内或亚区域市场之间的铁路干线、公路干线、水运干线为主线，将交通枢纽城市贯穿成线，形成纵横交织的网络格局。例如，中原市场可以郑州为中心，以京广线、陇海线为纵横坐标轴，北连新乡、安阳，南抵许昌、漯河、信阳，西起洛阳、西安，东至开封、徐州，形成“十字形”连通的市场格局。

4.制作销售地图

地图在人们的日常生活中是离不开的工具。地图的种类也很多，如交通地图、旅游地图，在军事上有军事地图，而在我们从事的经济活动中，销售地图也是必不可少的。在市场营销中，作为营销实战，可能没有谁没用过地图，因为销售地图可以最直观地反映出市场的动态，可以反映出市场的问题，可以帮助我们制定销售策略等。

(1) 销售地图的内容。

销售地图是指用多种符号和标记等来表达产品的客户分布、产品的销售量、竞争者的据点分布、交通不便点、重点地区的设定、访问路线、市场占有率等情况的地图。

如何设计出一份有效的销售地图呢？我们按区域划分，用点、线、面表示。

① 点状标记。我们通常在销售地图中用点来表示地点，如产品进入上海市场，那么我们在上海的位置上画一个点。产品进入哪个市场，我们就在哪里画点，这样我们一看便知产品进入了哪些城市、哪些城市有待开发。

---

① 王唤明，齐美东. 区域市场营销［M］. 合肥：合肥工业大学出版社，2006：8-10.

② 线状标记。在地图上用线来表示的东西很多，如公路、铁路、河流以及各区域的界线等。而在销售地图中，我们通常用线来表示城市间的距离，这样可以更好地安排物流，更好地让各区域的资源共享，让各个市场更加紧密地配合和联系。

③ 面状标记。在销售地图上，各个区域用不同颜色的几何图形来表示区域市场的情况，比如产品销售500箱用蓝色填充、1 000箱用黄色填充、10 000箱用红色填充等，这样一看便知各区域的销售情况，可更好地调节市场资源。

（2）销售地图中点、线的设计。

① 设点非常重要，一般来说，设点都有一个基本原理：确定第一个点后，另外的点要和第一点相连，最后呈三角形。为什么要呈三角形呢？因为三角形是由三条线段顺次首尾相连而组成的一个闭合的平面图形。任何一个多边形都可分解成三角形，三角形最大的意义就是稳定性。在生活中三角形的应用比比皆是，如在建筑、交通工具、服装设计等领域。在区域市场设点，呈三角形能对市场的占领有稳定的作用。

② 线是依据等边三角形的基本原理来画的。画线时要注意，第一个点设好后，其他两个点的选择要与其之间的线段长短一样，保证基本上是一个等边三角形。我们假设与第二个点距离为100千米，与第三个点距离为800千米，这样的三角形就不太合适。我们会发现两个城市之间距离太近或太远，都不利于产品进入市场：距离太近城市之间产品会相互挤压，而距离太远又孤立无援，所以我们应尽量画出线段长短差不多的城市。总之，我们通过对销售地图的设计，用简单的标记和颜色表示市场信息，使销售活动视觉化，便于对销售区域的管理与控制。

5.1.3 责任辖区的规划和管理

责任辖区是指分配给各销售人员具体负责的销售区域。规划并管理责任辖区是区域主管的一项重要工作，通过责任辖区的管理实现区域覆盖计划。

1.规划业务员的责任辖区[①]

（1）划分每个业务员的责任辖区。

某区域市场预计有5个业务员，如何给他们分配责任辖区呢？必须考虑业务员的工作内容（何种工作）与工作负担能力（巡回辖区面积、经销商数量等）。5个业务员的业务多半是负责商品介绍与促销、承接订单、销售服务、信息反馈等。由于牵涉无数次经销商拜访工作，每个业务员在开展工作时，必须对销售路线加以管理。

为达到有效经营的目的，区域主管必须对责任辖区、业务员数目、业务员的销售路线三者进行协调。由于业务员的绩效通常与拜访客户（经销商）成正比关系，所以在规划业务员责任辖区大小时，要考虑客户（经销商）数量、客户（经销商）分布的密度、拜访次数、每个业务员当天出勤时间等因素。例如，每人每天拜访6家经销商，每月拜访180家经销商。若经销商数量多，而业务员数量不足，势必无法深耕市场。

除拜访客户（经销商）效率外，另一重要考虑因素是配送效率。配送是实体运输，配送周期与配送距离的相关性很高。例如，30千米是半天的配送范围，那么60千米得花费一天的时间来处理。如果业务员责任辖区加大、工作量增加，区域主管就必须调整业务量

---

① 王唤明，齐美东．区域市场营销［M］．合肥：合肥工业大学出版社，2006：16-17.

和业务员的数量。

在中国台湾餐饮业，另有一套责任辖区管理，被称为“个人式餐桌制度”，就是划分服务人员的服务区域，将整个餐厅的餐桌数目（例如20个餐桌）加以分割（例如5块），每个服务人员负责一块。从客人进门、倒茶水、点菜、送菜到结账，完全属于区域范围内的责任。客人抱怨或餐桌业绩不好，全由区域服务人员负责。相对而言，若业绩达到目标，每月可提取业绩奖金。

（2）规划业务员责任辖区的销售路线。

责任辖区划分到人后，业务员必须有效经营和管理自己辖区内的客户（经销商），视客户（经销商）的重要程度、任务的不同，分别按销售路线进行拜访。所谓销售路线，是指每天或每月对区域内的客户（经销商），按照一定的路线进行巡回拜访，以便完成每天或每月所定的销售目标。

销售路线设计要求：

① 以销售地图的方式，圈出责任辖区，将客户（经销商）按地址逐一标明。

② 整理区域内客户（经销商）的资料，确定拜访顺序和拜访周期。

③ 每条销售路线的设计以辖区业务员能够照顾到为原则，业务员依据销售路线逐一拜访客户（经销商），确保不会发生遗漏。

④ 业务员的责任辖区和销售路线的分配不是一成不变的，而应根据市场变化和公司营销战略变化适时调整。

2.管理责任辖区[①]

（1）绘制责任辖区地图。业务员在一幅大地图上，用色笔绘制出业务员本身的责任辖区；再将辖区内的客户逐一按实际位置加以标示，其中包括竞争对手的客户（可用黄色标示）和本企业客户（可用红色标示）。根据该地图就可以估算出本企业在此辖区内的竞争地位并制定市场营销战略。

（2）利用责任辖区地图检核销售战略。区域主管、业务员可以经常使用责任辖区地图检核销售战略与行动，比如可以对以下方面分别进行检核：

① 经销商的分布是否适当？

② 特约经销商的服务范围有多大？

③ 从市场占有率来看，本企业在哪些地区势力强、哪些地区势力弱？

④ 哪些地区有发展潜力？

⑤ 是否有进一步增加经销商数量的必要性？

⑥ 相应地区业务员的业绩如何？

⑦ 配送路线状况如何？

⑧ 是否考虑降低物流成本？

（3）销售路线行走要求包括：

① 一定要在指定的地图区域内行走，不可跨区；

② 完成一条路线后再进行下一条，不得任意穿插路线；

③ 沿途每遇到一条街或巷时，均须入内调查；

---

① 欧阳中锋．营业管理指南［M］．呼和浩特：内蒙古人民出版社，2000：360-362.

④ 在彻底完成一条街或巷后必须从原入口处出来（靠右行走），回到原主线上继续行走；

⑤ 如遇到再次分岔，同理以分岔处为入口，调查完该分岔街或巷后再回到分岔入口处，然后沿着分岔处的线上继续调查；

⑥ 当走进任何一条街或巷时，必须注意此街或巷到何处终止，若与地图所标示位置不同，则对地图予以更正；

⑦ 每到一个路口或交叉口，在进、出或拐弯前都必须确认是否按计划路线行走。

5.2 铺货与窜货管理

5.2.1 铺货管理

1.铺货的概念

铺货是厂家配合经销商进行的一种市场作业，是由厂家销售人员与经销商的业务人员按既定的路线逐一拜访经销商的下游客户，并向客户详加解说，使客户同意进货的过程。简言之，铺货就是将产品“铺进”市场的各个角落（主要是指零售店）。①

常见的铺货活动有：厂家销售人员与经销商的业务人员协同拜访目标区域内的批发商、零售店，并主动、积极地向其介绍厂家（或经销商）的有关情况和产品特色；张贴广告、销售产品、赠送促销品、调查竞争对手的情况等。②

2.铺货的意义③

（1）铺货就是将厂家的产品由上游经销商迅速推向下游批发商、零售店，使产品的流通及销售速度加快，充分发挥“推式战略”的功能。

（2）对新产品而言，铺货即抢滩登陆。一旦铺进零售店，该零售店就有可能长期向经销商进货。

（3）铺货能迅速将新产品铺进市场的每一角落，便于消费者购买。

（4）铺货能创造新产品的行情价。

（5）铺货使新产品得以陈列、面市，有助于提高产品的知名度，而且成本较低。

（6）通过铺货作业可掌控经销商，使其经营本厂家的产品。

（7）铺货即“挤货”，批发商、零售店在用有限的资金购买本厂家产品的同时，会减少对竞争产品的进货。

（8）铺货就是将本厂家产品以“统一价格”卖给“限定区域”的批发商、零售店，由于在进行铺货作业时有厂家销售人员的监督，所以铺货不会造成“市场价格混乱”和“窜货”现象出现，有助于维持市场秩序。

3.实施铺货必须遵循的三个原则④

（1）“费用自负，毛利归它”，即铺货中的各项费用（包括过路费、过桥费、油费、停车费、午餐费、茶水费等）可以由厂家来承担，销售中所产生的毛利差额（即铺市价和供

① 何足奇．白酒经销商手册——中国第一本专为经销商而作的实战指南［M］．广州：广东经济出版社，2003：196.
② 居长志，郭湘如．分销渠道设计与管理［M］．北京：中国经济出版社，2008：124.
③ 王成．私营公司销售管理与控制精要［M］．北京：中国致公出版社，2001：163-164.
④ 熊超群．如何挤占市场份额［M］．北京：企业管理出版社，2005：49-50.

应经销商价的差额）全部归经销商。

（2）“钱账归它，风险归它”，即货款由经销商收取，赊销也须由经销商同意，“收款单”由经销商保管，铺货后所产生的货款风险由经销商承担。

（3）“价位统一，配比一致”，即销售人员执行统一的铺货价格，保持二级批发商供应价、三级批发商供应价、大中型零售商店供应价、小型零售店供应价之间的价差，以及促销配比率（促销品与产品的数量比例）的一致性。

4.铺货前的准备①

（1）掌握目标区域内的批零市场的特征，包括产品批零差价、付款方式、消费趋势等方面的信息。

（2）与区域内的经销商（一般是地区总经销）恳谈，与其协商铺货的产品品种、规格、数量、价格以及渠道。

（3）确定促销品，包括选择哪些（类）产品作为促销品，促销品的规格、数量以及促销配比率。

（4）制订区域整体市场和局部市场的铺货计划与货源调度计划，货源可考虑从经销商仓库调度或从企业仓库装货或两者相结合。

（5）销售人员的选拔、培训和辅导是影响铺货成败的一个重要方面。企业应挑选那些有丰富的市场运作经验、较强的市场开拓能力、推销技能全面的人才去推进各区域市场的铺货工作。在实施铺货行动之前，还需要预先设计一些表格，如铺货一览表、市场调查跟踪表等，表的主要内容包括：客户名称、地址、负责人姓名、电话、商业性质；第一次进货时间、注意事项、品种、规格、数量等；第二次拜访（含电话拜访）的时间及注意事项等；第二次进货时间、注意事项、品种、规格、数量等；第三次进货时间、注意事项、品种、规格、数量等。

5.铺货的中期实施②

（1）销售人员要抓住有利时机开展产品销售、促销品赠送、广告张贴等活动。

（2）销售人员应充分发挥自己的推销才能来说服客户经销自己的产品。

（3）销售人员应及时准确填写铺货一览表。

在实施铺货时，有三个重点需要把握：

（1）销售人员应学会如何应对客户的拒绝。销售人员经常会遭遇客户的拒绝，如“不需要，我们已经有同类产品”“价格高，不好卖”等。针对这些可能的拒绝，销售人员需要事先想好应对之策，并善于把促销品作为有效的武器来争取客户的同意。

（2）铺货率并非越高越好，而要根据产品档次、性质来选择合适的零售店。铺货既要注重广度，也要注重深度；选点应分布均匀，尽可能地方便消费者就近购物。

（3）要处理好铺货率与铺货量的关系。对单个零售店的铺货量并非越高越好。如果铺货量过大，产品可能积压，给经销商造成产品滞销的印象，反而会影响产品销售。

6.铺货的后期服务③

（1）销售人员就本区域市场铺货的实施情况撰写书面总结。

---

① 熊超群．如何挤占市场份额［M］．北京：企业管理出版社，2005：57.
② 全洪臣．市场调研原理与应用［M］．大连：东北财经大学出版社，2008：64-65.
③ 熊超群，潘其俊．终端促销策划实务［M］．广州：广东经济出版社，2003：46-47.

（2）销售人员根据铺货一览表，安排好电话访问和内容，安排好人员的第二次拜访和第二次供货，以及第三次拜访和第三次供货等，认真填好市场调查跟踪表。

（3）针对铺货效果较差的区域，重新审定铺货思路和方法，确定该区域是“补铺”“重铺”还是采取其他手段。

（4）切实、及时地履行商业承诺，妥善处理商业纠纷。

5.2.2 窜货管理

销售视窗5-1

窜货就是产品跨区销售，也叫倒货、冲货。它是分销网络中企业的分支机构或中间商受到利益的驱动，跨区域销售产品的行为。它往往导致市场秩序混乱，使生产企业、经销商和消费者的关系恶化。[①]

1.窜货的主要表现形式[②]

（1）同一市场的窜货。企业的营销渠道系统一般都是按制造商—总经销商—二级经销商—批发商—零售商—消费者来组建的，呈金字塔状。这种渠道系统的组建，就为同一市场中的窜货提供了可能。

在同一市场上，二级经销商是主要的肇事者。窜货的具体表现形式有产品的单向倒货、产品的互倒以及产品的外流。假如在某市场的总经销商下有甲、乙两名二级经销商，甲经销商有次一级的A批发商，乙经销商有次一级的B批发商，那么产品的单向倒货是指甲将货倒给乙的下家B，或者乙将货倒给甲的下家A；产品的互倒就是指甲将货物倒给乙的下家B，反过来乙将货物倒给甲的下家A；产品的外流就是指甲或乙或甲乙同时将货倒出该市场，让产品在其他市场流通。

（2）不同市场之间的窜货。在不同的市场上只要有利润的存在，就会有窜货发生的可能。参与不同市场窜货的主体是同级别的总经销商和同一家公司的不同分公司或业务员。同级别的总经销商之间可能会窜货，同一家公司的不同分公司或业务员也可能会在不同的市场之间相互窜货。假如在某地区的两个市场上有总经销商甲和乙，甲、乙之下又各有次一级的经销商A、B。这时窜货的形式主要表现在：

① 由一地的总经销商向另一地的次一级的经销商倒货，如甲将货倒给B，产品又经B分销到B的下家，从而使产品在乙的市场流通；或者产品反方向由乙地流向甲地市场。

② 互倒，如甲将货倒给B，乙将货倒给A，互倒的产品又经A、B分销，分别在甲、乙两地市场流通。

③ 不同市场总经销之间互相倒货，如甲将货倒给乙，或乙将货倒给甲。此外，分公司或业务员之间相互窜货常表现为甲地分公司或业务员将货倒向乙地市场等。

（3）交叉市场之间的窜货。由于经销商区域重叠，往往会出现经销商之间以低价冲货

---

① 邹树彬．分销渠道管理［M］．广州：广东经济出版社，2000：235.
② 赵一安．赢在终端［M］．北京：中国纺织出版社，2005：101-102.

争抢地盘和客户的现象。

（4）企业销售总部的窜货。企业由于管理监控不严，总部销售人员受利益驱动，违反区域配额政策，使区域供货平衡失控，造成市场格局不合理。另外，包括经销商为减少损失或获取不正当利润发生的窜货。经销商为降低损失，回收部分成本，采取低价倾销过期或即将过期的产品；更为恶劣的窜货现象是经销商将假冒伪劣产品与正品混同销售，以占领市场份额，获取不正当利润。[①]

2.窜货的危害[②]

窜货状况恶化后，经销商、代理商甚至是销售人员会失去对本企业品牌的信心。如果一个销售体系中的销售队伍没有斗志，市场的丢失、经销商与企业的分道扬镳就是迟早的事。窜货的危害还表现在：

首先，窜货势必导致被窜地区价格混乱，影响经销商的利益和销售信心。价格要素是最敏感的营销要素，价格是市场的命脉。以低价为特征的窜货势必使被窜市场的产品价格下降，破坏该地区的价格体系，引发价格战，致使被窜地区经销商利润受损，由此产生对厂家的不满，失去销售信心。

其次，混乱的价格和充斥市场的假冒伪劣产品会吞食消费者对品牌的信心。消费者对品牌的信心来自良好的品牌形象和规范的价格体系。以低价为特征的跨区域窜货必然会引起该地区的价格混乱，为假冒伪劣者提供了空间。同时，由于混乱的价格，消费者担心买到假冒伪劣产品而对该品牌不敢问津，进而影响消费者的消费信心和品牌忠诚。

最后，窜货导致价格混乱和渠道受阻，严重威胁品牌的无形资产和企业的正常经营。在品牌消费时代，消费者对产品购买的前提是对品牌的信任。由于窜货导致的价格混乱会损害品牌形象，影响品牌的美誉度和企业形象。

3.窜货的成因[③]

窜货的原因多种多样，但“利”字贯穿了窜货的全过程。营销渠道中各个成员作为独立的经营实体，为了追求各自的个体利益，往往置渠道的利益于不顾，不择手段地跨区销售产品，从而导致窜货的发生。窜货的成因主要有：

（1）价格体系混乱。价格体系的不完善是造成经销商跨区销售的原因之一。利润永远是渠道成员所追求的目标，只要有利可图，就会见利而趋。企业在产品定价上分多个级别，如总经销价、总代理价、一级批发价、二级批发价、零售价等。如果上级跨下级直接做终端，则其中的阶梯价格折扣便成为相当丰厚的利润，这个价格体系所产生的空间差异就非常大，形成了让其他经销商跨区销售的基础。另外，一些企业在区域销售规模较小或开发新市场时，往往有一些特惠的产品价格出现，对于享受这些特惠政策的市场区域，一旦管理不善，那些趋利而动的经销商就有可能到处窜货。

（2）产品包装的统一化、质量以及销售情况等方面形成的差异，也为窜货提供了契机。

①产品包装。企业对相同的产品采取统一的包装设计为窜货提供了便利，即使发生了窜货，也无从区分窜货产品，加大了窜货管理的难度。

---

① 胡旺盛．销售管理［M］．合肥：合肥工业大学出版社，2007：73.
② 甘光伟．数码防伪技术［M］．北京：中国标准出版社，2002：157.
③ 周梅华．市场营销学教程［M］．4版．徐州：中国矿业大学出版社，2009：243-244.

② 抛售处理品和滞销品。一些企业由于售后服务跟不上，造成货物积压而又不予退货，让经销商自行处理。经销商为了减少损失，会将积压的、过期的甚至变质的产品，拿到畅销的市场上出售，或者将区域市场内的滞销产品向其他区域市场窜货。还有不少经销商往往用畅销产品降价所形成的巨大销售力来带动不畅销产品或利润高的产品的销售，从而形成窜货。

③ 竞争产品的冲击。竞争产品侵入市场，企业如果没有有效的回应措施，会使经销商经营难度增加，为维持其销售量，经销商在本区域市场降价的同时，向其他区域窜货。另外，出于竞争，竞争品牌有时会收买二级批发商将其产品以极低的价格倒向市场。

（3）企业分销策略失误。

① 经销商之间距离过近，经销区域重叠，造成窜货。经销商之间为争夺更大的市场、取得更多的利益进行交叉倒货。

② 企业推广费运用不当。企业在启动新市场时，让经销商掌握新产品的推广费，变相采取低价位或优惠价格政策，形成价格空间，也会导致窜货。

（4）激励措施失之偏颇。企业对经销商往往采用年终返利、高额回扣、经销权以及特殊奖励等激励措施，但所采用的种种激励措施一般都会以经销商完成一定销售额为基准，经销商完成的百分比越高，则获得奖励越多，带来的利润也就越多。为完成既定的销售量，获得高额奖励，许多经销商往往不顾一切地提高销售量，包括向其他区域市场“攻城抢份额”甚至倒贴差价，赔本销售，于是形成了经销商之间的窜货。

（5）经销商选择不当。许多企业因利益驱使而不顾市场规范，只要愿拿钱来买货，就可以成为当地的经销商，致使“一女嫁二夫甚至多夫”的现象比比皆是。这样，企业根本无法控制经销商，也就无法控制市场，企业的短期行为必然导致产品的跨区销售。企业对经销商资格审查不严，使一些不合格的经销商参与进来。这些经销商只要能赚钱，很多违反约定的事都敢做，跨区销售也就不在话下。

（6）渠道管理混乱。有些企业为了片面追求销量，盲目给经销商增加销售目标，迫使经销商铤而走险跨区销售。另外，有些企业渠道管理存在漏洞，对于窜货现象重视不够，信息反馈不及时，不能及时发现，待知道时已无法控制，或是处理不严，更有甚者姑息纵容。

（7）销售人员受到利益驱使鼓动经销商违规。销售人员的收入始终与销售业绩挂钩，有的销售人员为了让自己能多赚，不顾企业销售政策，鼓动经销商违规操作，向其他区域发货。

4.窜货现象的控制[①]

为解决存在于企业销售中的顽症——窜货，可以从原因着手，采取相应的措施，有效地遏制窜货现象。具体措施包括：

（1）完善价格策略。企业的价格策略要有利于防止窜货。企业在制定价格政策时，可将销售网络内的经销商分为总经销商、二级批发商、三级零售商等，分别制定总经销价、出厂价、批发价、团体批发价和零售价等；在确保销售网络中各个层次、各个环节的经销商都能获得相应利润的前提下，根据经销商的出货对象，规定严格的价格，控制好每一层

---

① ［1］李本辉，邓德胜．营销策划学［M］．北京：中国经济出版社，2008：172-173．［2］李先国．分销［M］．北京：企业管理出版社，2003：400-402．

级的利润空间，以防止经销商跨越其中的某些环节进行窜货活动。此外，价格政策要有一定的灵活性，要有调整的空间，否则对今后的市场运作不利。同时，企业要严格监控价格体系的执行情况，并制定对违反价格政策现象的处理办法，使经销商不至于因价格差异而窜货。

（2）完善产品策略。在不同的区域市场上，相同的产品采取不同的外包装形式，通过产品的差别化包装来实现产品区隔，可以在一定程度上控制窜货。

① 实行产品代码制。给每一个销售区域出售的产品编制一个唯一编码，印在产品内外包装上。

② 通过文字标示，在每种产品外包装上印刷“专供某某地区销售”的字样。

③ 利用条形码。对销往不同地区的产品外包装上印刷不同的条形码。

产品包装差异化能准确地监控产品的去向，使得经销商在窜货上有所顾忌，不敢贸然行动。即使发生了窜货，也可以追踪产品的来龙去脉，为企业处理窜货事件提供真凭实据。另外，要允许退货，与经销商共担风险。为防止经销商在处理滞销、积压产品而发生的窜货乱价行为，企业建立与经销商共担风险的制度，允许在一定程度、一定条件下退货。

（3）完善分销、促销策略。实行专营权政策。在区域专营权的制定上，关键是法律手续的完备与否。企业在制定专营权政策时，要对跨区域销售做出明确的规定，并使其具有法律效力，从而产生法律约束力。

企业制定的促销策略应当考虑合理的促销目标、合适的促销力度和频率、严格的兑奖措施和市场监控，确保整个促销策略是在受控之中进行的，不会出现失控现象。

（4）完善返利政策。厂家在制定返利政策时，要多用过程返利，少用销量返利。如果以销量作为唯一的返利标准，销量越大返利的比例越高，无形中诱导了经销商依靠数量求利，从而导致经销商窜货、杀价等不规范运作。厂家应根据过程管理的需要综合评定返利标准，比如奖励范围可以包括铺货率、售点生动化、安全库存和守约付款等。过程返利既可以提高经销商的利润，从而扩大销售，又能促使经销商规范运作，还可以培育一个健康的市场，保证未来的利润目标。另外，企业可以考虑将不冲货、不乱价作为年终返利的必要条件，鼓励经销商遵守规则，共同维护价格体系和市场秩序，实现共赢。

（5）完善销售队伍建设，提高经销商、业务员素质。

① 选择好经销商。在制定、调整和执行招商策略时要避免窜货主体出现或增加。要合理制定标准并详细考察经销商的资信和职业操守，除了从经销商的规模、销售体系、发展历史考察外，要考察经销商的职业操守和财务状况等，防止有窜货记录的经销商混入销售渠道。对于新经销商，企业不太了解情况时，一定做到款到发货。宁可牺牲部分市场，也不能赊销产品，防止某些职业操守差的经销商挟持货款进行窜货。

② 提高业务员素质。严格执行业务员招聘、甄选和培训制度，制定人才成长的各项政策，确保人尽其才。另外，实施业务人员综合指标考核制度，对其业绩考核不再使用单一销量指标，而要考核综合指标，如市场维护、价格体系、品牌推广等，可以避免业务员为一己私利，帮助经销商窜货。

（6）加强渠道管理，签订不窜货协议。制造商与各经销商、代理商等之间需要通过签订不窜货合同条款等来约束其市场行为。在合同中要明确加入“禁止跨区销售”的条款及违反此条款的惩处措施，或要求经销商、代理商等缴纳市场保证金，将其销售活动严格限制在自己的市场区域内。另外，由于相当多的企业对业务员的奖励政策是按量提成，从而导致本公司业务员迁就纵容经销商等的窜货。因此，在企业内部与业务员也要签订不窜货协议，加大处罚力度，并且应当鼓励经销商、代理商等之间以及业务员之间相互监督。

(7) 建立严格的监督管理体系。

① 归口管理，权责分明。企业分销渠道管理应该由一个部门负责。多头负责、令出多门最容易导致市场混乱。首先要制定一整套的规章制度，如代理商资格审查制度，设立市场总监，建立巡视员工作制度，建立严格的奖惩制度等。

② 信息沟通渠道要畅通。最关心窜货的除了企业外，当数被窜货地区的经销商等。因此，应有一个畅通的渠道能让其及时地反馈、沟通信息，以便及时掌控市场窜货状况。

③ 出现问题要严肃处理。对发生跨区销售行为的经销商、代理商等实行四级处罚，即警告、停止广告支持、取消当年返利及取消经销权（或代理权），按跨区销售行为的严重程度分别施行。窜货情况特别严重的，要施以相应的经济处罚。

5.3 销售终端管理

渠道扁平化是未来的发展趋势，而决胜终端是商家的必然选择。综观这些年的中国分销渠道环境，对零售商的争夺已经成为商战里耀眼的一幕。制药业如海王集团、太极集团、同仁堂等企业加快了连锁店的开店速度，家电业如海尔、TCL、长虹纷纷改造过去的经销模式等，终端早已成为商家必争之地。

5.3.1 认识终端

1.终端的概念

从狭义上看，终端可以理解为商品的零售卖场。从广义上理解，终端可以定义为商品从生产企业到真正购买者手中的最后环节。从这个意义上说，终端可以是零售卖场，也可以是人员直销、厂家直销、邮购销售、展览会展销等。总之，终端是购买者实现购买的场所，是分销渠道中最关键的神经末梢。一般来说，终端指的是狭义的终端。[①]

2.终端的构成要素[②]

终端包括硬终端和软终端。

硬终端主要指终端的硬件设施，如商品、包装、配件、附件、售卖形式（隔柜售卖、开架自选、体验销售、人员直销）、陈列位置与陈列方式、宣传品（说明书、DM、POP、小报等）、促销品、辅助展示物（展柜、冷柜、专用货架等）以及与其他品牌的同类商品（竞品）的显著区别等。

软终端主要指终端软件，如人员着装、容貌与举止，人员素养与谈话方式、待客态度，人员对企业情况及产品知识的了解、对行业及竞品的了解，人员察言观色与随机应变的能力，与竞品导购人员的区别等。

① 阳林峰，杨义斌．从专业到卓越——经销商的成长之路［M］．北京：民主与建设出版社，2003：172.
② 李亚．民营企业市场营销［M］．北京：中国方正出版社，2003：282.

3.终端的分类[①]

当前，终端主要有以下四种形式：

（1）多环节终端或曰普通终端，指各类零售店。

（2）消费地终端或曰即时消费终端，如餐厅、酒吧（包括在餐厅销售饮品之类）。

（3）零距离终端或曰客户终端，如直销及一些大宗设备或原料销售。

（4）起点式终端或曰虚拟终端，指网上销售。

4.有效终端[②]

对特定的企业或特定的产品而言，并非所有的终端都有效，只有具备以下四个条件（至少是其中之一），才能被称为有效终端：

（1）终端产出（卖场销售利润）大于开发与维护的投入，这类一般被称作盈利型终端。

（2）对展示产品、宣传品牌和企业形象具有较大的帮助，这类被称作广告型终端。

（3）适合于开展各类促销活动的终端，即促销型终端。

（4）对竞争品牌具有拦截作用，即竞争型终端。

当然，一般来说，终端并不是仅有一种功能，只是重点作用不同而已。

5.3.2 终端管理的内容

通常终端的管理主要交给经销商等，但经销商一般只是将产品铺到终端，没有全面管理的理念。就目前而言，既要使产品顺利进入终端，又要提升销量，还要增强产品市场控制力和提高品牌认知度，终端管理显得尤为重要。

1.产品店头工作

（1）铺货：铺货就是把产品铺入零售点（对各自管辖的零售场所先进行一次地毯式拜访，选出有潜力、信誉好、网点优化的零售点）。

（2）理货：产品就是最佳的广告，产品进入销售点并不是工作的终结，产品上柜要及时，还要经常查看货物是否摆放在最佳货位、是否正面面向消费者、表面是否干净、是否过期、库存还可销多长时间等。产品的具体陈列要求是：集中陈列原则；陈列面最大、最优化原则。争取在最显眼的地方陈列、争取在人流较多的地方陈列；陈列位置要让顾客平视可见、顺手可拿。如可口可乐公司根据精确的消费者心理分析和多年的销售经验对陈列的货架长度、货品摆放层数、不同类型产品的摆放次序、堆头形状等都有明确的规定，目的是提高产品陈列的规范性与生动性，激发消费者的购买欲望。其产品实行：同类集中陈列；同品牌垂直陈列；同包装水平陈列；中文面对消费者；位置明显、价格明显；每个品牌和包装至少两个排面。

（3）送货与补货：对于零售点走货速度，以及何时需要进货、补货，销售人员应心中有数，严防零售点出现断货现象。

（4）库存管理：在各种终端上都要做到安全库存，以每一核算时段销量的1.5倍作为标准。（注：连锁经营企业的库存既要考虑总仓，也要考虑门店）

---

① 朱华锋．营销管理实务［M］．合肥：中国科学技术大学出版社，2009：167.
② 李野新．新终端营销一本通［M］．北京：中国经济出版社，2008：4.

2.信息管理

(1)布置各种POP、协助店主或店员设计与布置零售场所等。POP海报应该争取消费者进店第一眼就能看得到，粘贴要艺术、有美感，或者在店头发放POP印刷材料。

(2)开展店头促销信息传播与执行的活动，如导购、赠送等。

(3)信息收集与管理。收集与管理的信息包括：消费者购买行为习惯与购买心理特点及对产品的反馈信息；竞争者信息，如竞争者的产品、促销、公关、POP广告信息；零售点的经营状况与潜力信息，建立零售点档案及零售点人员、地址、进货渠道等信息。

(4)终端监控关键指标。这包括销量指标、铺货率、断货率、客户数、折扣、市场支持、人员管理数据和各类表格等。

3.终端人力资源管理

对零售终端业务人员（主要指导购员）进行销售及产品知识等方面的培训，不断提升其业务能力；对经销商的业务人员（主要指促销员）定期进行相同标准的业务管理培训，提升其各方面能力等。通过如此运作，使控制范围内的所有客户掌握相同标准的服务，从而有效地控制市场。

(1)导购员/促销员礼仪要求：

①导购员/促销员应着装整洁得体、举止大方、自然亲切、彬彬有礼，在大卖场或大商场最好统一服装。

②导购员/促销员应站立于距商品货架两侧约50厘米处，面对顾客走来的方向，当顾客走来首先要礼貌地打招呼："您好！我能为您介绍××产品吗？"

③当顾客离开货架，无论购买商品与否，均应礼貌送客，使用礼貌用语"欢迎下次再来"或"谢谢光临，您走好"等，给人礼貌、亲切的感觉。

(2)导购技巧：

①熟练掌握各种礼貌用语，灵活应答顾客的各种提问，切忌支支吾吾、吞吞吐吐；可适宜地运用比喻，使讲话通俗易懂；交谈过程中应先倾听顾客的问题，然后回答；同时双眼应注视对方，精神集中、语言亲切、笑容甜美。

②顾客提问时可根据当时的具体情况，灵活采用导购方式，应站在顾客的立场上，逐步引起顾客的兴趣。

③导购时应配合顾客的思维，不可主观一味地枯燥介绍产品，交谈时应关注顾客的兴趣所在，突出顾客感兴趣的卖点，使之与产品产生共鸣。

(3)终端销售人员的沟通技巧。[①]

【例5-1】通常，销售人员会问浏览产品的顾客："您需要什么？"

【分析】这是例行公事的职业性口吻，一定要避免！在大多数情况下，顾客马上会敏感地摇摇头走开或者沉默不语，继续低头看。很少有顾客会直截了当地告诉你，他需要什么，除非他已经确实知道他自己的需要。

【例5-2】销售人员："您需要某某吗？"

【分析】这种无意义的话在我们的销售过程中不允许出现。这种问题对于一个随便看看的顾客来说可能会吓一跳，他可能要买，但尚未拿定主意，对于这个问题当然很难回

① 周文．连锁超市经营管理师操作实务手册：店铺营运篇［M］．长沙：湖南科学技术出版社，2003：286-287.

答；他也可能没想要买，只是随意看一看，这样反而使顾客回答不了之后马上离开。还没有交谈就把顾客吓跑了，怎么再向顾客介绍产品呢？

以上两个例子中，销售人员还未与顾客交谈，还未了解顾客的需要，便把顾客吓跑了。为什么会这样？原因很简单，因为销售人员一开口就向顾客进行了索取，要他回答一个难以回答的问题。对顾客来说，这无疑是一个难题，难怪顾客的态度那么消极，也难怪这个问题吓跑了一大半有需要但不真正知道自己需要什么的顾客，索取回答是消极的。那反过来，销售人员不妨试一下给予，换一种方式来迎接顾客。

【例5-3】若顾客只是随便看看，销售人员可以这样开始："这是某某产品的专柜，新上市了某种新产品。"或"我们现在进行的是某某活动。"

【例5-4】顾客已经在看某一规格的产品，销售人员可以介绍具体的某一产品，它具有什么样的功能，有什么样的作用或有什么区别于其他产品和品牌的优势。要用尽量少的语言介绍出产品的作用或独特性。

【例5-5】若顾客的目光在柜台上来回扫过，销售人员应及时捕捉顾客的眼神，并与之进行目光交流，向顾客介绍：我们这里展示的是某某产品，您现在看到的是哪一规格类型的产品，它具有什么样的功能，有什么样的作用或有什么区别于其他产品和品牌的优势。

【例5-6】若几位顾客同时在看产品，销售人员可以介绍这是某某产品。边介绍边向几位顾客派发产品的宣传资料，并结合例5-4、例5-5的情况灵活介绍产品，有必要向几位顾客多介绍几种规格的产品，以满足不同顾客的需要。从以上几例分析中可以发现：浏览的顾客通常是已在看某种产品或某一类产品，对注视的产品多少有了兴趣，所以销售人员应该对其正在看的东西给予相关的说明。说明后多半会引出顾客的一些问题和判断，这些往往是销售人员要获得的关于顾客需要的信息。

销售新视点5-1

导购员要转型

不论是超市、百货店，还是品牌专卖店，导购员都是一股非常重要的销售力量。不论是食品、酒水，还是服装、家电、家居产品等，导购员对其销售都发挥着非常重要的作用。

很多品牌商拥有庞大的导购员队伍，有的有上万人，甚至多达几万人。很多的百货店，包括现在很多的卖场主要靠导购员引导终端销售。

传统导购员的主要职责是做好店内的商品生动化陈列，顾客到店后做好导购。面对零售市场环境的变化，导购员迫切需要转型，需要把工作重点从店内转移到店外的社群等，由在店内等顾客上门转移到把顾客拉到店里等。

这几年，零售端面临的主要问题是到店客流的急剧下降。近5年的时间，大卖场、百货店的客流下降了50%左右，并且客流下降是一个长期的趋势。2020年受新冠肺炎疫情影响，消费者到店频次减少，大多数实体店较疫情前的正常客流减少30%~50%。当前，新冠肺炎疫情应对进入常态化防控阶段，所以品牌商、经销商、零售店要尽快推动导购员转型——不能只具备在实体店的推销能力了，必须要具备把顾客拉到店里的能力，如借助微信群、微信朋友圈、直播等新传播手段去找到顾客，不断有效地影响顾客、与顾客互动。

推动导购员转型首先要从招聘开始，如企业在招聘导购员时，要把微信好友人数、微信群数量、是否有抖音号和快手号等列入招聘条件；要重点招聘一些微信、抖音、快手玩得好的导购员，具备这些能力的新型导购员非常有价值。

其次，要重新调整、明确导购员的职责，如把“拉人”纳入导购员的基本职责。

再次，要做好导购员有关社群营销、传播营销的培训，包括导购员如何管理微信群，怎么发朋友圈，怎么发抖音、快手、微博、头条等，进行相关内容传播，并且要积极推动导购员尝试更多的新传播方式，如小红书、大众点评、B站等。

最后，企业要调整对导购员的考核体系，用一些有效的激励手段鼓励导购员尽快转型，应当特别鼓励导购员尝试新的传播手段，并给予相应的奖励。

资料来源　鲍跃忠. 导购员要转型［EB/OL］.（2020-05-02）［2022-06-24］. https://www.ebrun.com/20200502/384539.shtml.

思考：导购员应当如何应对新媒体营销模式的挑战？

学思践悟

丝芙兰巧妙结合线下和线上元素，推出Studios系列店铺

丝芙兰是法国化妆品品牌，创立于1969年。虽然目前电商及直播带货等新的营销模式大行其道，但该品牌认为实体店仍然是公司的支柱，公司首要的任务是要把店铺数字化，因此丝芙兰推出了一系列巧妙地结合了线下和线上元素的新店铺。

该公司将实体店定位为创造体验的地方，作为吸引流量的主要渠道，丝芙兰开发了4个关键增长驱动因素：

(1) 丝芙兰自有品牌针对的是购买力有限的年轻新顾客，而其他品牌针对的是中高端顾客。

(2) 通过加速器项目，丝芙兰越来越多地引入独家品牌。在这一过程中，丝芙兰不仅将自己定位为零售商，还将自己定位为美妆行业的影响者。

(3) 其数字化设施旨在提升顾客的店内体验。

(4) 其新推出的Studios系列店铺巧妙地结合了线下和线上元素。

丝芙兰Studios于2017年首次亮相，为顾客带来专属化妆室的体验。由于货架上的实物产品有限，该工作室的重点是通过互动式镜子的服务和体验，让客户尝试采用AR技术的产品。这种体验与丝芙兰的数字平台无缝集成，这样客户就可以在“云货架”上了解产品。顾客还可使用其应用程序扫描商店橱窗和产品上的图片，以获得更多的定制美妆内容。党的二十大报告指出：“加快发展数字经济，促进数字经济和实体经济深度融合，打造具有国际竞争力的数字产业集群。”我国的零售业也要从丝芙兰的Studios系列店铺中吸取有益的经验。

资料来源　易观数科. 6%全球美妆市场份额！丝芙兰如何定义美妆品牌的全渠道用户运营？［EB/OL］. 贺林艳，译.（2021-09-09）［2022-07-11］. https://baijiahao.baidu.com/s?id=1710415787489505001&wfr=spider&for=pc.

【思政元素解析】 丝芙兰在电商及直播带货等新的营销模式大行其道时，创新性地推出Studios系列店铺，巧妙地实现了线上与线下的链接，其本质是把销售终端的实体店铺

打造成宣传品牌、吸引与留住消费者的销售体验场所，而数字赋能以及AR技术的采用实现了为客户提供“云服务”的可能。

基本训练

第5章即测即评

• 简答题

1.如何对销售区域进行分类？

2.为什么要进行销售路线的设计？如何设计？

3.如何对渠道进行控制和管理？

4.如何防止窜货现象的发生？

• 自我测试题

沟通技巧测试①

1.与人交流时，我会与对方保持适度的目光接触。

A.是　　B.不是　　C.无法确定

2.不同观念的人都愿意与我交流感情。

A.是　　B.不是　　C.无法确定

3.别人乐于向我诉说不幸。

A.是　　B.不是　　C.无法确定

4.与人交流时，我会注意到对方表达的情感。

A.是　　B.不是　　C.无法确定

5.我能广泛地听取各种意见和看法。

A.是　　B.不是　　C.无法确定

6.我能观察出与我交谈的人的语言和心理是否一致。

A.是　　B.不是　　C.无法确定

7.我能听出交谈者讲话的实质和弦外之音。

A.是　　B.不是　　C.无法确定

8.与人交流时，我会表现出我在专注地听他讲话。

A.是　　B.不是　　C.无法确定

9.我会向交谈者表达出我已经了解了他的感情。

A.是　　B.不是　　C.无法确定

10.我会积极引导与我交谈的人把思想准确地表达出来。

A.是　　B.不是　　C.无法确定

---

① 张声雄，叶佐良，李燕妮，等．学习型组织“金”典测试［M］．上海：上海三联书店，2004：197.

评分说明：选A计2分，选B计0分，选C除第5题计2分外，其余皆计1分。

16～20分：你的社交能力很好，这与你的倾听能力有着密切的关系。你在倾听时和对方不时地做眼神交流，而且懂得归纳谈话重心，因此有很多人愿意和你交流。

6～15分：你的社交能力不错，但是你在倾听时不太注意细节，有时会让对方觉得你没有用心听。你要注意经常通过眼神或肢体语言给对方一些反应，让对方知道你对他的谈话是否理解。

0～5分：你的社交能力很弱，这应该和你的习惯有关。你和他人交流时容易走神，往往会出现他说他的、你想你的这种情况。你要努力改掉这个坏习惯，否则会影响你的人际关系。

• 案例分析题

“微百货”逆市扩张

在传统零售行业受到电商严重冲击的当下，“微百货”业态却在近期出现“逆袭”，不仅店面火爆，而且快速扩张，引起了业界的广泛关注。

所谓微百货，是与传统百货商场对比而言的（还有一种“微百货”是指在微信平台上建立的销售模式），是在品类上集合副食、家居用品、针织品、化妆品、工艺品、服饰、鞋帽等的综合商业体。商品主要价位集中在10～30元，店铺面积只有100～200平方米，面积虽小，却五脏俱全。

这些“微百货”店铺共同的特点就是商品价格亲民，标价简单化，店面装修简约时尚，商品品类丰富、新颖精致，现场体验的效果又是所有网店望尘莫及的。“微百货”店铺的成交率和坪效都大大高于传统的实体零售业态，这一下子给零售业开辟了一个全新的蓝海。

目前，“微百货”的代表品牌有以公司集约化管理为主的名创优品、木槿生活、千韩良品，以及以店铺自主经营的西子优品等品牌。2013年9月，名创优品在广州第一家店铺开业。目前，名创优品的店铺主要集中在一、二线城市的高人流商圈和购物中心；每家店铺都精心遴选3 000多种优质低价商品，并宣称每周推出100种新品。

以网购的价格购买实体店的商品，“微百货”门店所提供的物美价廉的购物模式，正在吸引越来越多的消费者。对百货零售行业而言，网购的优势在于品类丰富且低价；而实体店最大的优势则是可触摸到实物，买得更放心，同时能享受购物体验。为何“微百货”能做到物美价廉，并能吸引众多消费者入店？这归功于“微百货”运营模式的四大特点。

第一，工厂直采。“微百货”打破了传统模式的运营模式，不再通过第三方进货，而是直接找工厂代工直采，去除所有中间环节，节省了一大笔渠道费用，从而保证价格上的优势。做得比较成功的品牌比如千韩良品、名创优品等，还会有自己的设计师资源，可以掌握商品的设计权。此外，为了提升整个品牌的品位和档次，“微百货”会选择在国外采购部分商品，一方面可提高商品的竞争力，另一方面可提升品牌在消费者心中的印象。一位“微百货”的创始人在接受采访时曾指出，其所销售商品的毛利只有7%～8%，保证优质低价的秘密在于“三高三低”，即高品质、高效率、高科技，低成本、低毛利、低价格。

第二，商品流转快。“微百货”就像是百货界的“快时尚”，商品更新频率高，流转速度快。尽管“微百货”店内的商品种类丰富，但每一个单款的数量与专卖店、超市相比比较少。商品种类丰富但单款数量少，可以提高顾客的决策速度，进而保证商品的流转速度。此外，商品更新频率提高以后，可以有效带动消费者多次消费。

第三，营造氛围调动消费。“微百货”门店对空间的利用率很高，因而与很多传统零售铺面相比，“微百货”店内相对热闹，甚至可出现火爆销售、排队结账的场面。在这样的场面之下，消费者很容易处于兴奋的状态，进行冲动消费。

第四，网络化管理。尽管开的是实体门店，但“微百货”非常善于进行网络化管理，引入了“互联网+”，让所有连锁店实现“小前台大后台”的运营模式。前台负责店铺经营，后台负责市场调研、产品设计开发、商品库存管控、品牌营销、物流配送等各个环节，支持店铺的正常运转。从店铺管理、商品流通管理、顾客管理各个方面充分地把互联网工具融入其中，整合各方资源，使得整体效能达到前所未有的高度。通过互联网实现全国店铺的整体联动，以及一体化的数据分析，真正打通了从生产到销售的全流程，实现了最大限度的集约化和标准化。

资料来源 赢寅. 微百货逆市扩张［J］. 中国商界，2015（11）：49-51.

问题：

1. 分析“微百货”店铺逆势扩张的原因，你是如何评价这种业态形式的？

2. “微百货”这种商业模式对传统的终端提出了哪些挑战？如何应对？

• 实训题

实训项目：老师给出实际的区域地图，同学在给定的区域中根据实训安排完成铺货路线的设计和店铺的统计，并绘制铺货路线图。

实训目标：

1. 掌握铺货行走路线的规则。

2. 了解终端。

3. 掌握规划铺货路线的方法。

实训内容与要求：

1. 以小组为单位画出区域铺货路线图。每班分5个小组：第一组负责对药店的销售；第二组负责对百货店的销售；第三组负责对饭店的销售；第四组负责对烟酒店的销售；第五组负责对服装店的销售。

2. 提交作业要求：

（1）图文并茂。

（2）图中要标明行走路线的箭头，店面位置（用数字代表）。

（3）文字部分是对数字的说明。

第3篇 销售过程管理

[第6章]
销售程序与技巧

学习目标

◆ 重点掌握销售活动的基本步骤和相关技巧；掌握销售陈述、处理异议的常用策略和技巧；了解顾客接近需要准备的内容、顾客异议产生的原因等。

引　例

人员销售不仅是交谈

当销售人员走进房间的时候，采购员方明站了起来。“你好，方先生。”销售人员一面向方明问好，同时伸出手来。方明和销售人员轻轻握了一下手，在办公桌旁坐了下来。方明开始专心致志地翻看起公司的文件来。

销售人员坐了下来，开始他那千篇一律的销售游说：“方先生，我来这里是想向您介绍一下如何能使贵公司的生产成本降低10%。”方明把正在看的文件放在桌子上，身体后倾，双臂抱拢，声音沉闷地说：“我很高兴听到你的话。你知道吗？年轻人，用不了多久，我们可以不花一分钱就生产出产品了。”“那是为什么？”销售人员怯懦地看着脚下的地板，喃喃地说。“为什么？你是我今天见到的第九个声称能让我们节约10%成本的人了。”方明说。

方明站了起来，身体伏在桌子上，抬高视线盯着销售人员，缓缓地说：“我认为我这一天所听到的销售宣传已经够多了。”这名刚开始热情洋溢的销售游说的销售人员非常抱歉地说：“如果现在对您来说时间不太合适的话，方先生，我可以过些时间再来。”

这个销售人员所面临的是一个常见的问题：买主整天看到销售人员，而销售人员通常都说着同样的话。但是销售人员要知道的是：销售不仅是交谈，还涉及销售技巧。没有拜访就没有销售，但不等于销售人员去拜访顾客就一定能实现销售。销售人员如何做有效的顾客拜访呢？销售人员进行有效的顾客拜访有哪些技巧呢？

成功的销售人员一定要掌握销售技巧。掌握知识很容易，但是要调整自己的行为、调整肢体语言是非常难的事情，需要经常修炼。技巧上的投入是有回报的，一旦养成好习惯，就会帮助销售人员赢得订单、赢得顾客，所以销售人员的销售技巧训练就显得尤为重要。

资料来源 陈新武，龚士林．推销实训教程［M］．武汉：华中科技大学出版社，2006：26.

销售经理要带好销售队伍，就必须对整个销售活动过程有一个全面的认识，这样有利于对销售活动进行有效的指导与调控。如果单纯从销售人员与客户接触和交往的时间顺序来看，一个完整的销售过程一般包括6个步骤，即销售准备、访问客户、销售展示、处理顾客异议、促成交易和售后服务。本章节主要介绍前5个步骤，售后服务在第7章中详细介绍。

销售过程中的各个步骤是相互联系、相互渗透和相互转化的，任何一个环节都会影响到销售工作的成败。需要说明的是，无论是什么类型的销售，其销售过程总是大同小异的，然而并不是所有的销售过程都需要这几步。成功实现销售所采取的销售步骤可能因销售人员和特定环境而存在不同。

6.1 销售准备

一般来说，销售准备工作主要包括个人礼仪准备、产品知识准备、顾客资料准备、竞争者情况准备、销售工具准备以及制订销售计划等。销售对象不同，销售准备的内容也应有所差别。下面将分别从产品研究、寻找客户、顾客信息分析等方面予以介绍。

6.1.1 产品研究①

1.分析产品

在销售之前，销售人员需要认真了解自己公司产品的名称、性能、特点等。销售人员只有了解自己的产品，才能详细地向顾客说明产品能带给顾客什么利益，产品能满足顾客的哪些需求；只有了解自己的产品，才能圆满地回答顾客提出的疑问，从而消除顾客的异议；只有了解自己的产品，才能指导顾客更好地使用、保管产品，以便顾客重复购买。

一般而言，销售人员应分析产品以下方面的相关知识：产品的生产方法、用途和使用方法；与其他企业同类产品之间、不同类型产品之间的比较（优缺点、价格等）；产品的市场状况如何；企业的交易条件、售后服务规定、财务结算知识等。②

2.掌握产品相关政策

掌握产品相关政策也就是要掌握公司的产品销售政策、价格政策和促销政策等，尤其是在企业推出新政策时，更要了解其详细内容，特别是相对于以往政策的变动之处；当企业推出新产品时，销售人员要了解新产品的特点、卖点是什么。不了解新的销售政策，就

① 陈涛．销售管理［M］．武汉：华中科技大学出版社，2008：61-62.
② 吴金法．现代推销理论与实务［M］．大连：东北财经大学出版社，2002：35.

无法用新的政策去吸引顾客；不了解新产品，也就无法向顾客销售新产品。

3.将产品销售给自己

首先，要说服自己。一些销售人员喜欢抱怨自己业绩不好，抱怨顾客的诸多挑剔，却没有试过问问自己："如果自己是顾客，是否会被自己的解说打动，从而购买自己的产品？"例如，一家公司曾举行了一次换位思考的调查，结果90%以上的销售人员都认为如果自己是顾客，不会购买自己的产品。既然自己都不能说服自己，又怎么能说服顾客呢？所以，问题的根源还是在自己的身上。销售人员可以经常问问自己："如果我是顾客，销售人员怎样解说我才会购买？"然后就可以按照设想的答案事先演练，这样面对真正的顾客时，就能做到胸有成竹。

其次，扮演最刁钻的顾客。在产品销售的过程中，如何打动顾客非常重要。确实有一些顾客对产品的要求比较高，会对销售人员提出各种问题，有时候会让销售人员难以招架。为了更好地完成销售解说，销售人员可以事先让自己扮演最刁钻的顾客，设想顾客可能会提出什么问题、有什么要求，自己应该怎么回答，找出和顾客沟通的最有效途径等。

6.1.2 寻找客户

寻找客户就是"到有鱼的地方去钓大鱼"！寻找客户是销售工作的起点，只有选择了合适的客户，才能顺利完成销售任务。销售人员必须经常寻找新的潜在客户的原因：一是扩大销售额；二是取代因时间过久而失去的客户。有数据显示，企业若不持续进行市场开拓，每年将会失去30%～40%的客户。在寻找客户时，不能大海捞针般地寻找，必须先确定客户的范围。在此基础上还应掌握寻找客户的途径和方法，为日后的销售工作奠定基础。

1.确定客户范围

销售人员不能奢望自己所访问的每一个客户都能购买自己销售的产品，因而寻找客户就是要寻找既有购买某种产品的欲望，又有支付能力的个人或组织，即"准客户"。因此，销售行为的首要环节是结合各方面因素来确定准客户的范围，即确定"鱼在哪儿"。销售人员一般从三个方面确定客户的范围：

① 根据产品因素确定客户范围；

② 结合企业的特点确定客户的范围；

③ 结合消费者状况确定客户范围。

2.寻找客户的途径①

寻找客户的途径多种多样，归纳起来有以下几种：

（1）通过自己的人际关系，如亲朋好友、从前的同学和同事、公司的同事及其亲朋好友等。

（2）通过自己的商业往来对象，如公司的供应商或有生意往来的人、客户的亲朋好友以及有事务往来的人、与自己生意类似但没有直接冲突的其他销售代表等。

（3）利用公司的现有资源，如公司原有档案、拜访有经验的销售代表、请经理提供客户名单等。

---

① 侯贵松．超级业务主管胜经［M］．北京：中国纺织出版社，2003：320-321.

（4）利用竞争对手资料，如竞争对手的企业期刊、培训、报表资料，访问竞争对手的销售代表等。

（5）其他途径，如政府部门、新闻机构、行业协会、团体名录、交易会、展览会、招聘会等。

3.寻找客户的方法[①]

寻找客户的方法多种多样，不同行业、不同产品的寻找方法也各不相同。比如，寻找汽车、房产、机械设备等产品的客户显然要比寻找洗衣粉、服装的客户困难得多。事实上，没有任何一种方法能够普遍适用，只有销售人员不断总结、不断创新，才能摸索出一套适合自己的方法。

（1）逐户访问法。

逐户访问法也称“地毯”式访问法、挨门挨户访问法或走街串巷寻找法，是指销售人员在任务范围内或特定地区、行业内，用上门探访的形式，对预定的可能成为准客户的单位、组织、家庭乃至个人无一遗漏地进行寻找并确定客户的方法，也称“扫街”。[②]

逐户访问法的优点是：

一是可以借机对市场进行全面的调查研究和分析，能够较客观和全面地了解客户的需求情况。

二是可以扩大企业的影响，提高产品的知名度。

三是可以积累销售工作经验，培养和锻炼销售人员，这种方法是新销售人员的必经之路。

逐户访问法的缺点是：

一是针对性不强，有一定的盲目性，比较费时、费力，销售成功率比较低。

二是销售人员在不了解客户情况下进行访问，带有较大的盲目性，销售人员与客户接触的效果也不可能很好。

三是销售人员的冒昧造访，会受到客户的拒绝甚至是厌恶，容易产生抵触情绪，也给销售人员造成很大的精神压力。

逐户访问法应注意的问题包括：

首先，销售人员要根据自己所销售产品的各种特性和用途，确定一个比较可行的销售地区或销售对象的范围，即寻找一块具有可行性的、可供访问的目标“地毯”。

其次，要注意提高访问的有效性。要总结以前经验，设计好谈话的方案与策略，尤其是要斟酌好第一句话的说法与第一个动作的表现方式，以便提高上门访问的有效性。

最后，要做好访问前的准备工作，以降低被拒之门外的可能性。

逐户访问法适用于对日用消费品及服务的销售，也适用于制造企业对中间商的销售或者大型工业品的上门推销。在国外这种方法被广泛地应用到日用消费品的挨家挨户地推销中，如化妆品、食品、药品等。总之，这种方法是现代销售人员最常用的寻找客户的方法之一。

（2）连锁介绍法。

连锁介绍法又称为客户引荐法，是指销售人员请求现有客户介绍未来可能的准客户的

---

① 彭石普．商品推销能力基础［M］．北京：北京邮电大学出版社，2009：79-89.

② 于雁翎．推销实务［M］．广州：广东高等教育出版社，2006：103.

方法。连锁介绍法在西方被称为最有效的寻找客户的方法之一，也称黄金客户开发法。

这种方法要求销售人员设法从自己每一次与客户的面谈中，了解到其他更多的新客户的名单，为下一次客户拜访做准备。购买者之间有着相似的购买动机，各个客户之间也有着一定的联系和影响，连锁介绍法就是据此依靠各个客户之间的社会联系，通过客户之间的连锁介绍，来寻找新客户。研究表明，日常交往是耐用品消费者信息的主要来源，有50%以上的消费者是通过朋友的推荐而购买产品的，有62%的购买者是通过其他消费者得到新产品的信息的。

连锁介绍法的优点是：

一是可以避免销售人员寻找客户的盲目性。因为现有客户推荐的新客户大多是他们较为熟悉的单位或个人，甚至有着共同的利益，所以提供的信息准确、内容详细。

二是连锁介绍法既是寻找新客户的好办法，也是接近新客户的好办法。如果销售人员赢得了现有客户的真正信任，那就有可能赢得现有客户所推荐的新客户的信任。

三是可以赢得被介绍客户的信任，销售成功率比较高。研究表明：朋友、专家及其他关系亲密的人向别人推荐产品，影响力高达80%；向有熟人推荐的客户推销比向没有熟人推荐的客户推销，成交率要高3~5倍。

连锁介绍法的缺点是：

一是事先难以制订完整的销售访问计划。通过现有客户寻找新客户，因销售人员不知道现有客户可能介绍哪些新客户，事先就难以做出准备和安排，时常在中途改变访问路线，打乱整个访问计划。

二是销售人员常常处于被动地位。因为现有客户没有进行连锁介绍的义务，所以现有客户是否愿意介绍新客户给销售人员，完全取决于现有客户的意图。

连锁介绍法需要注意的问题是：

首先，企业利用连锁介绍法成功的关键是取信于现有客户，努力留住老客户。

其次，对现有客户介绍的未来客户，销售人员也要进行详细的评估和必要的销售准备，尽可能多地从现有客户处了解新客户的情况。

最后，要向现有客户（即推荐人）确认是否告知新顾客推荐人的姓名，并在约见后向推荐人回馈表示感谢。

连锁介绍法对于有特定用途的产品、专业性强的产品、服务性产品都有较好的销售效果。

（3）中心人物法。

中心人物法也叫名人介绍法，是指销售人员在某一特定销售范围内发展一些有影响力的中心人物，并在这些中心人物的协助下把该范围内的组织或个人变成准客户的方法，是连锁介绍法的特殊形式。

在许多产品的销售领域，影响者或中心人物是客观存在的，特别是对于时尚性产品的销售，只要确定中心人物，使之成为现实的客户，就很有可能引出一批潜在客户。一般来说，中心人物包括：在某些行业里具有一定影响力、声誉良好的权威人士；对行业里的技术和市场具有深刻认识的专业人士；具有行业里的广泛人际关系的信息灵通人士等。

中心人物法的优点是：

第一，销售人员可以集中精力对少数中心人物做细致的说服工作，避免销售人员重复单调地向每一个潜在客户进行宣传与销售，节省时间与精力。

第二，既能通过中心人物的联系了解大批新客户，还可借助中心人物的社会地位来扩大产品的影响力。

第三，可以提高销售人员的知名度、美誉度。

中心人物法的缺点是：

第一，中心人物往往较难接近和说服。许多中心人物事务繁忙、难以接近，每个销售人员所认识的中心人物数量有限，若完全依赖此法，容易限制潜在客户数量的发展。

第二，某领域内的中心人物是谁，有时难以确定。如果销售人员选错了客户心目中的中心人物，就有可能弄巧成拙，既耗时间又费精力，最后往往贻误销售时机。

中心人物法需要注意的问题是：

首先，寻找中心人物是决定寻找效果的关键。这就要求销售人员进行详细而准确的市场细分，确定每个子市场的范围、大小及需求特点，从中选择具有较多潜在客户的子市场作为目标市场，在目标市场范围内寻找有影响力的中心人物。

其次，销售人员应努力争取中心人物的信任与合作。在较详细地了解中心人物后，销售人员应首先以良好的产品和高质量的服务充分满足其需求。

最后，在现行政策允许范围内，千方百计地开展销售活动，与中心人物建立良好的人际关系。

（4）个人观察法。

个人观察法也叫现场观察法，是指销售人员依靠个人的知识、经验，通过对周围环境的直接观察和判断，寻找准客户的方法。个人观察法主要是依据销售人员个人的职业素质和观察能力，通过察言观色，运用逻辑判断和推理来确定准客户，是一种古老且基本的方法。

个人观察法的优点是：

第一，它可以使销售人员直接面对现实、面对市场，排除一些中间干扰。

第二，销售人员花费较少的时间、精力，就能够迅速地发现新客户，而且可以开拓新的销售领域，节省销售费用。

第三，可以培养销售人员的观察能力，积累销售经验，提高推销能力。

个人观察法的缺点是：

第一，仅凭销售人员的直觉、视觉和经验进行观察与判断，受销售人员个人素质和能力的影响。

第二，由于事先完全不了解销售对象，失败率比较高。

个人观察法应注意的问题是：

首先，运用这种方法的关键在于培养销售人员的职业素质。潜在客户无处不在，有心的销售人员随时随地都可找到自己的准客户。例如，汽车销售人员整天开着新汽车在住宅区街道上转来转去，寻找旧汽车。当他发现一辆旧汽车时，就通过电话和该汽车的主人交谈，并把旧汽车的主人看作一位准客户。

其次，在利用个人观察法寻找准客户时，销售人员要积极主动、处处留意；要察言观色，既要用眼又要用耳，更要用心。如果一个销售人员不具备敏锐的观察力和洞悉事物的能力，那么采用这种方法寻找准客户是不可能取得理想结果的。

（5）委托助手法。

委托助手法也称“猎犬法”，就是销售人员雇用他人寻找准客户的一种方法。在西方国家，这种方法运用得十分普遍。一些销售人员常雇用有关人士来寻找准客户，自己则集中精力从事具体的客户访问工作。这些受雇人员一旦发现准客户，便立即通知销售人员，安排客户访问。这些接受雇用的人员被称为销售助手。

委托助手法的优点是：

第一，可以使销售人员把时间和精力用于有效的销售工作，避免大量浪费时间的现象。

第二，可以节省大量的推销费用。

第三，可以使专业销售人员及时获得有效的推销情报，有利于开拓新的销售区域。企业可以在全国各地与产品有关的行业、部门、单位里招聘业余或专职销售信息员。这些信息员可以是各类人员，如专家、学者、厂长、经理、工程技术人员、管理人员、税务人员、采购人员等。这些人分布广泛，他们对本地区、本行业的情况以及当地客户的消费需求和市场行情十分了解与熟悉，所以往往能找到大批新客户，提供有价值的市场信息，为企业开辟新的市场。

委托助手法的缺点是：

第一，销售助手的人选难以确定。销售助手必须热心于销售工作、积极负责、善于交际、信息灵通。而在实际工作中，理想的销售助手难以寻找。

第二，销售人员会处于被动状态，其销售绩效在很大程度上取决于销售助手的合作。如果销售人员与销售助手配合不好，或者销售助手兼任几家同类公司的信息员，就会给本公司产品带来不利的竞争因素。

第三，销售人员必须给销售助手提供必备的推销用具和必要的推销训练。销售助手更换频繁，培训费用就会增加。

委托助手法应注意的问题是：

首先，要选择理想的销售助手。

其次，销售助手帮助销售人员做成了一笔生意，销售人员要立即向销售助手支付报酬，而且要感谢销售助手的友好合作。

最后，当销售助手提供一位准客户名单时，销售人员应该立即告诉销售助手，这位客户是否已经列在自己的客户名册上，尤其要告诉是否已经被其他销售人员所掌握。

（6）广告开拓法。

广告开拓法又称广告拉引法，是指销售人员利用各种广告媒介寻找准客户的方法。根据传播方式不同，广告可分为开放式广告和封闭式广告两类。开放式广告又被称为被动式广告，如电视广告、电台广告、报纸杂志广告、招贴广告、路牌广告等，当潜在对象接触或注意其传播媒体时，它能被看见或听到。封闭式广告又被称为主动式广告，它的传播直接传至特定的目标对象，与开放式广告相比，具有一定的主动性，如邮寄广告、电话广告等。一般来说，对于使用面广泛的产品，如生活消费品等，适宜运用开放式广告寻找准客户；对于使用面窄的产品（如一些特殊设备、仪器）和准客户范围比较小的情况，则适宜采用封闭式广告来寻找准客户。

广告开拓法的优点是：

第一，可以借助各种现代化手段大规模地传播销售信息，销售人员可以坐在家里推销各种产品。

第二，广告媒介的信息量之大、传递速度之快、接触客户面之广，是其他销售方式所无法比拟的。

第三，广告不仅可以寻找准客户，还具有销售说服的功能。

第四，能够使销售人员从落后的销售方式中解放出来，节省销售时间和费用，提高销售效率。

广告开拓法的缺点是：

第一，销售对象的选择性不易掌握。现代广告媒介种类很多，各种媒介影响的对象有所不同。如果媒介选择失误，就会造成极大的浪费。

第二，有些产品不宜或不准使用广告开拓法寻找准客户。

第三，大多数情况下，利用广告开拓法寻找准客户，难以测定实际效果。

广告开拓法应注意的问题是：利用广告开拓法的关键在于选择合适的广告媒介，选择广告媒介的基本原则是最大限度地影响准客户。在运用此法时，销售人员要认真做好市场调查，制订周密的计划，并配以其他方法，以免出现大的失误。

(7) 资料查阅法。

资料查阅法又称文案调查法，是指销售人员通过收集、整理、查阅各种现有文献资料，来寻找准客户的方法。这种方法是利用他人所提供的资料或机构内已经存在的可以为其提供线索的一些资料，帮助销售人员较快地了解大致的市场容量及准客户的分布等情况，然后通过电话拜访、信函拜访等方式进行探查，对有机会发展业务关系的准客户开展进一步调研，将调研资料整理成准客户资料卡，就形成了一个庞大的客户资源库。

销售人员经常利用的资料有：统计资料，如国家相关部门的统计调查报告、统计年鉴，行业团体在报纸或期刊等上面刊登的统计调查资料等；名录类资料，如客户名录（现有客户、旧客户、失去的客户）、工商企业目录和产品目录、同学名录、会员名录、协会名录、职员名录、名人录、电话黄页等；大众媒体类资料，如电视、广播、报纸、杂志等大众媒体；其他资料，如客户发布的消息、产品介绍、企业内刊等。

资料查阅法的优点是：

第一，通过资料查阅法寻找准客户可以降低信息获取的成本，节约时间和精力，提高了工作效率。

第二，政府管理部门、银行、统计部门等提供的资料可信度高，可以减少寻访客户的盲目性，提高客户资料的可靠性。

第三，有些资料查阅也比较方便，如图书馆、展览室的资料、电话簿等。

资料查阅法的缺点是：二手信息资料多为公开发布的资料，加上当今市场瞬息万变，一些资料的时效性较差，加之有些资料内容简略，信息容量小，使这种寻找准客户的方法具有一定的局限性。

资料查阅法应注意的问题是：销售人员通过查阅资料寻找准客户时，首先要对资料的来源及提供者进行可信度分析，如果这些资料的来源及提供者的可信度较低，则会对销售工作起阻碍的作用。同时，应注意所收集资料的时间问题，应设法去获取那些最新的有价值的资料。如果是反映以前情况的资料，对销售人员的帮助不会很大，因为市场是不断变化的。

（8）市场咨询法。

市场咨询法是指销售人员利用社会上各种专门的行业组织、市场信息咨询服务等部门提供的信息来寻找准客户的办法。

销售人员可以从以下途径获得市场信息：

① 专业信息咨询公司；

② 市场监督管理部门；

③ 各级统计和信息部门；

④ 其他相关部门，如银行、税务、物价、公安、大专院校、科研单位等；

⑤ 当地行业协会。

市场咨询法的优点是：

① 方便迅速、费用低廉、信息可靠。与销售人员自己寻找准客户所需费用相比较，可以节省推销费用开支。

② 节省销售人员的推销时间，全力以赴进行实际销售。

市场咨询法的缺点是：

① 销售人员处于被动地位。若销售人员过分依靠咨询人员提供的信息，容易丧失开拓精神，失掉许多销售机会。

② 咨询人员所提供的信息具有间接性，会存在许多主观片面的因素，甚至出现一些与实际情况大相径庭的错误信息。

③ 市场咨询法的适用范围有一定限制性。

（9）网络搜寻法。

网络搜寻法，即销售人员运用各种现代信息技术与互联网来搜索准客户的方法。它是信息时代一种非常重要的寻找准客户的方法。互联网的普及使得在网上搜索准客户变得十分方便，销售人员借助互联网的强大搜索引擎如百度、搜狗等，可以搜寻到大量的准客户。

对于新销售人员来说，网上寻找准客户是最好的选择。通过互联网，销售人员可以获得以下信息：

① 准客户的基本联系方式，不过你往往不知道那个部门的负责人，这需要电话销售配合。

② 准客户公司的介绍，可以了解公司目前的规模和实力。

③ 准客户公司的产品，可以了解产品的技术参数、应用的技术等。

④ 一些行业的专业网站会提供在该行业的企业名录。一般会按照区域进行划分，也会提供一些比较详细的信息，例如，慧聪网、阿里巴巴这些网站往往会因为要进行行业的分析研究而提供比较多的信息。

网络搜寻法的优点是：

① 网络搜寻法是一种非常便捷的准客户搜寻法。销售人员可以在相关商业网站，通过各种关键词，快速寻找目标准客户，从而节约时间，避免盲目的市场扫荡，提高销售工作效率。

② 可以降低销售成本和市场风险。

③ 可以较全面地搜寻到有关准客户的资料。

网络搜寻法的缺点是：

① 由于网络信息更新较快，在一定程度上会影响销售人员在网上所检索到的目标准客户资料的准确性。

② 出于信息安全的考虑，一些重要资料并不在网上公布。比如，目标准客户及其相关资料、一些官方资料，以及企业内部信息资料等，销售人员在网上并不是完全能够查到。

③ 网络世界是个虚拟的世界，销售人员在运用互联网这一现代化信息手段查找资料时，难免会遭遇到假情报的干扰，从而不能完全保证目标准客户资料的真实性和可靠性。

（10）会议寻找法。

会议寻找法是指销售人员利用参加相关会议的机会，与其他与会者联系，寻找准客户。国内外每年都有各种形式的会议，如广交会、高交会、中小企业博览会以及相关的行业会议、学术会议等。销售人员应该在每年的年末将未来一年相关行业的展览会等会议进行罗列，然后贴在工作间的醒目处并在日程表上进行标注，届时提醒自己参会。

会议寻找法的优点是效率高。这种方法能在最短时间接触到最多的准客户。因为参加相关会议的人本来都对该行业有兴趣，对有兴趣的准客户，销售人员可以充分展示。

会议寻找法的缺点是费用较高。比如，参加交易会要给主办单位交一定的展位费。

会议寻找法应注意的问题是：

首先，要得到准客户相关人员的联系方式。

其次，尽可能与这些准客户现场进行交流，明确主管人员。

再次，在会议结束后，尽快取得联系，免得因记忆失效而增加后期接触难度。

最后，将准客户的产品资料带回来仔细分析、寻找机会。

（11）电话寻找法。[①]

电话寻找法是指销售人员在掌握了准客户的名称和电话号码后，用电话的方式与准客户联系而寻找准客户的方法。电话最能突破时间与空间的限制，是最经济、有效率的接触准客户的工具。

电话寻找法的优点是：寻找速度快、信息反馈快。一般情况下，接电话的人肯定全神贯注地听电话，只要掌握讲话的内容与顺序，就会收到很好的效果。因为打电话属于“单线联系”，不受外人干扰，所以电话寻找准客户的方法被称为销售人员的“金矿”。

电话寻找法的缺点是：

第一，在电话尚不普及的地方，电话寻找法的应用还受到限制。

第二，费用仍较高，沟通困难，个别地区通信设施落后，电话接通率低，有时会导致较多的错漏现象。

第三，一些销售人员的方言经过电话传递后更难以沟通。

电话寻找法应注意的问题是：

首先，销售人员应该选择好打电话的时间。例如，要避开使用电话的高峰期，避免准客户因为忙碌而不能很好地沟通。

其次，应该讲究打电话的礼仪与效果。

---

① 付春雨．推销技术［M］．西安：西北工业大学出版社，2009：65-66.

最后，做好准备，讲究效果。事先将要说的话打个腹稿，讲话应简明扼要，尽快把事情讲清楚。

以上介绍了常用的寻找客户的方法与技巧，它们均具有很大的适用性，但是在具体使用时因产品、企业、销售人员的不同而有所差异。销售人员要根据实际情况选择具体的方法，并根据市场变化随时调整。销售人员应将多种方法融会贯通、灵活运用，并争取有所发展和创新。

6.1.3 顾客信息分析

1.顾客资格审查①

在产品销售实践中，并非每一位准顾客都能成为销售人员的目标顾客。从准顾客到目标顾客还需要对其资格进行鉴定、选择，分析其是否具备成为目标顾客的条件。顾客资格审查又称“顾客评价”，主要是判断顾客是否具备购买所销售产品的条件，以确定是否有继续销售工作的必要。只有具备下列三个特征（MAN法则）的顾客，才能成为现实意义上的顾客，才是合格的目标顾客：

首先，顾客对产品有真实需求。销售人员首先要对潜在顾客进行购买需求审查，以便事先确定该顾客是否对所推销产品有需求。

其次，顾客有支付能力。在确定顾客对产品有真实需求后，销售人员要对潜在顾客进行购买力的审查。因为并不是任何潜在的购买需求都能自然成为现实购买需求，只有具备了支付能力的需求才可能成为现实需求。

最后，顾客要有购买决策权。如果潜在顾客具备了上述两项条件，但缺乏必要的购买决策权，那么交易仍旧不能达成。所以，当销售人员在拜访一位顾客时，及时掌握他是否有购买决策权也是十分重要的。销售人员为了提高销售工作效率，要善于识别购买决策人，有的放矢地开展销售工作。

一般而言，对于个人消费者是否具有决策权，可以审查谁在家庭购买行为中起关键作用、谁是购买产品的倡议者、谁是购买产品的使用者。对于团体顾客消费，销售人员必须了解团体顾客内部的组织结构、人际关系、决策系统与决策方式，掌握其内部管理者的相对权限，向有决策权的管理者销售产品。

2.顾客资料准备②

顾客资料是反映顾客基本情况的信息资料，销售人员对顾客信息资料掌握得越多，就越容易接近顾客。但对于不同类型的顾客，由于个体情况差异，与此对应的接近准备工作也不相同。下面分别就个体准顾客、团体准顾客、老顾客的资料准备进行分析。

（1）个体准顾客。一般来说，接近个体准顾客前要了解以下内容：

① 姓名。接近个体准顾客时，如果在一见面时就能准确地叫出对方的姓名，会缩短销售人员与顾客的距离，产生一见如故的感觉。因此，弄清楚准顾客的姓名，是赢得准顾客信任、获得销售成功的第一步。

② 年龄。不同年龄的人会有不同的个性差异和需求特征，因而会有不同的消费心理和购买行为。在接近准顾客之前，销售人员应采取合适的方法和途径了解该顾客的真实年

---

① 吴之为．现代推销学［M］．北京：首都经济贸易大学出版社，2002：144-146.
② 黄恒学．现代高级推销技术［M］．武汉：湖北科学技术出版社，1987：171-184.

龄，以便分析、研究、把握其消费心理，制定销售接近策略。

③ 性别。对待不同性别的准顾客时，应采取不同的销售方式。男女准顾客在其性格、气质、需求和交际等方面均有区别，销售人员应区别对待。

④ 民族。我国是一个多民族的国家，不同民族的人都有自己的民族风俗和民族习惯。了解准顾客的民族情况，准备好有关各民族风俗习惯的材料，是接近准顾客的一个好方法。

⑤ 出生地。销售人员在接近准备阶段，应尽可能了解准顾客的出生地和生长地。一个人出生和生长的地方，会给其生活习惯甚至性格打上很深的烙印，对其有较大的影响。了解准顾客的出生和生长的地方，一来可以从侧面揣测其生活习惯和性格特征，二来可以以此为话题拉近与其的感情距离。

⑥ 相貌特征。销售人员在接近准备阶段，应了解准顾客的相貌、身体等重要特征，最好能拥有一张准顾客的近期相片。掌握准顾客的相貌等特征，既可避免接近时出错，又便于销售人员提前进入洽谈状态。

⑦ 职业状况。不同职业的人在价值观念、生活习惯、购买行为和消费内容与消费方式等方面，都有着比较明显的区别。因此，针对不同职业的准顾客，销售人员在约见方式、认识方式、接近方式与洽谈方式上也应该有所不同。

⑧ 学习和工作经历。对于销售人员来说，了解准顾客的学习和工作经历将有助于约见时与其寒暄，拉近双方间的距离。

⑨ 兴趣爱好。了解准顾客的兴趣爱好，不仅有利于有针对性地向准顾客销售产品，以投其所好，还有利于寻找更多的共同话题接近准顾客，使谈话气氛融洽，避免冒犯准顾客。

⑩ 需求内容。销售人员应尽量了解准顾客需求的具体情况，如购买需求的特点和动机、购买决策权限以及购买行为的规律性等，便于有针对性地做好销售工作。

另外，个体准顾客的家庭及成员情况、住址、办公地点和经常出入、停留的地方，对销售人员而言是很重要的资料。在接近准备阶段，了解相关情况，可以为谈话提供一些话题。

（2）团体准顾客，是指除个体准顾客以外的所有准顾客，包括工商企业、政府机关、事业单位及其他社会团体组织。团体准顾客的业务范围广、购买数量大，而且购买决策人与购买执行人往往是分离的，团体准顾客的购买行为变得更为复杂，因此涉及的问题也比较多。同时，团体准顾客的购买力强，生产周期与消费周期较长，对销售人员来说，完成团体准顾客的接近计划显得更有价值，销售人员准备的资料应比个体准顾客更充分。除了个体准顾客接近准备的内容外，团体准顾客的接近准备包括以下内容：

① 基本情况。团体准顾客的基本情况包括机构名称、品牌商标、营业地点、所有制性质、注册资本、员工人数等。除此之外要掌握团体准顾客总部所在地及各分支机构所在地详细地址、邮政编码、传真号码、公司网址，具体人员的固定电话、手机号码，以及前往约见与接近时可以利用的交通路线及交通工具、进入的条件和手续等情况。

② 生产经营情况。这包括产品品种、产量、生产能力及经营水平，设备技术及技术改造方向，产品结构情况、产品加工工艺及配方，产品主要销售地点及市场反应，市场占有率及销售增长率，管理风格与水平，发展、竞争与定价策略等。如果团体准顾客属于商

业机构，应该了解团体准顾客的营业面积、商品规模、商品等级、客流量、购买者的购买行为及商品特点等，并了解对方的资信情况。

③ 采购习惯和购买行为情况。不同团体准顾客有各自不同的采购习惯，包括采购对象的选择、购买途径、购买周期、购买批量、结算方式等方面都可能有差异。在准备工作过程中，销售人员要对团体准顾客的采购习惯进行认真、全面、细致的分析，再结合推销品的特征和性能，确定能否向团体准顾客提供新的利益以及团体准顾客对推销品采购的可能性。

④ 购买情况。这包括：在一般情况下，由哪些部门提出需求或提出购买申请；由哪个部门对需求进行核准；由哪个部门对需求及购买进行决策及选择供应厂家；团体准顾客目前向哪几个供应者进行购买；供求双方的关系及其发展前景如何等。

⑤ 组织情况。对团体准顾客的销售，实际上是向机构决策人或执行人推销，而绝非向机构本身推销。但是，机构本身复杂的组织结构和人事关系，对销售有着重要的影响。因此，在接近团体准顾客之前，销售人员不仅要了解团体准顾客的近远期目标、规章制度和办事程序，而且要了解它的组织结构和人事状况、人际关系以及关键人物的职权范围与工作作风等方面的内容。

⑥ 关键部门与关键人物情况。在购买行为与决策中起关键作用的部门和人物的相关情况也要了解清楚。

⑦ 其他情况。对影响团体准顾客购买的其他情况也要了解。例如，购买决策的影响因素是什么？目前进货有哪些渠道？维持原来的购买对象与可能改变的原因是什么？目前团体准顾客与供应商的关系及发展前景如何？目前竞争对手给团体准顾客的优惠条件是什么？团体准顾客的满意程度如何？等等。

（3）老顾客，是指销售人员熟悉的、比较固定的买主。保持与老顾客的密切联系，是销售人员保证顾客队伍稳定、取得良好销售业绩的重要条件。对老顾客的接近准备工作与新顾客的接近准备工作有所不同，因为销售人员对老顾客已经有一定程度的了解，所以接近准备工作主要是对原有资料的补充、修订和调整，是对原有客户关系管理工作的延续。接近老顾客前，应该准备的资料有：

① 基本情况。应该注意和重视在见面之前对老顾客原有情况进行温习与准备。通过温习，在见面时可以从这些内容入手进行寒暄，这样会使老顾客感到很亲切。

② 变动情况。对原来档案中的资料，最重要的一点就是对各项资料逐一审查，并加以核对，了解原有资料是否变动。

③ 信息反馈情况。销售人员再次拜访老顾客之前，应该先了解老顾客（无论是个体顾客还是团体顾客）上一次成交后的信息反馈情况，包括供货时间、产品价格、产品质量、使用效果和售后服务等情况。老顾客反映情况的内容和形式无非是两个方面：一是好的反映；二是不好的反映。无论老顾客反映好坏，销售人员都应该认真听取，并加以研究。

6.2 访问客户

销售准备工作完成后，就进入销售活动过程的第二个阶段——访问客户。访问客户主要包括约见客户、接近客户等环节。

6.2.1　约见客户①

约见客户是指销售人员事先征得客户的同意，在一定的时间和地点，以一定的方式接近或拜访客户的行为。约见是接近的前提，也是接近的开始。②

1.约见客户的准备

（1）确定具体的约见对象。约见对象指的是对购买行为具有决策权或对购买活动具有重大影响的人。如果销售的是个人用品，约见对象一般容易确定；如果销售的是生产用品，销售人员将面对一个采购中心，那么首选的约见对象是公司的董事长、总经理、厂长等企业或有关组织的决策者。销售人员若能成功地约见这些决策者，将为以后在该企业或组织里的推销打下良好的基础。但是在实际销售工作中，销售人员发现自己往往无法直接约见企业或组织里的访问对象。因此，销售人员在尽力约见购买决策人的同时，不要忽视那些对购买有影响力的人，如总经理助理、秘书、办公室主任、部门经理等人。这些人虽然没有最终购买决定权，但他们接近决策层，可以在公司中行使较大的权力，对决策者的决策活动有很大的影响。

（2）明确约见事由。约见的第二项内容就是明确约见事由。一般情况下，任何人都不会接受没有理由的约见，特别是在双方从未谋面或不熟悉的情况下，所以销售人员在约见访问对象时，必须告诉对方访问的原因和需要商谈的事项。虽然约见客户的最终目的是成功销售产品，但约见事由因客户、推销进展阶段和具体推销任务的不同而不同，常见的约见事由主要有：

① 推销产品。约见访问的主要目的是直接向客户推销产品。在约见客户时，销售人员应设法引起客户的注意和兴趣，着重说明所销售产品的用途、性能和特点等。若客户的确需要推销的产品，自然会欢迎销售人员的来访并给予合作。若客户确实不需要，销售人员也不要强求。

② 市场调查。这是销售人员的重要职责之一。以市场调查为事由的约见，由于不需要客户购买产品，往往容易被客户接受，容易赢得客户的信任、合作与支持。这样既有利于收集市场情报和信息，为进一步推销做好准备，又可避免强行推销，往往有时还由市场调查转变为正式推销，甚至当面成交。

③ 提供服务。在现代市场竞争中，提供服务与推销产品同等重要。事实上，推销本身就是一种服务。把提供服务作为约见客户的理由，往往比较受客户的欢迎。通过这种方式既可以完成推销任务，又可扩大企业影响，树立企业及其销售人员的良好形象，为今后的销售工作搭桥铺路。

④ 签订合同。销售人员与客户经过多次推销洽谈，已达成购买意向，需要商讨一些具体细节，签订合同。以此为事由的约见，一定不要显得过于急切，要尊重客户的时间。因为签订合同不仅意味着一次交易的结束，而且意味着下一次交易的良好开端，必须予以高度重视。

---

① 黄恒学．现代高级推销技术［M］．武汉：湖北科学技术出版社，1987：206-248.

② ［1］曹厚昌，施秉丰．供销员实用谈判与推销技巧［M］．北京：兵器工业出版社，1992：184.［2］李春满．银行营销师必读［M］．长春：吉林人民出版社，2006：174.

⑤ 收取货款。这是销售过程中的重要环节。没有收回货款的销售是不完整的销售。用收取货款作为访问事由，对方不好推托，但销售人员应该体谅对方的困难，既要防止出现呆账，又不要过于逼账。

⑥ 走访用户。对于企业和销售人员来说，要保证基本客户队伍的稳定与发展，不断提高销售业绩，不仅要不断寻找、发现、发展新客户，而且要不断巩固与老客户的关系，以建立稳定的销售网。走访用户既可以获得客户的好感、增进与客户的感情，又可以使销售人员赢得主动，还可以收集到真实的信息、合理化建议，甚至忠告等，为正式推销奠定良好基础。

总之，销售人员应根据约见客户事由的不同和具体情况，创造各种机会约见、接近客户，扩大自身影响，提高企业信誉，树立企业形象，并达到预期的推销目的。

（3）约见时间。约见客户的时间安排是否适宜，会影响约见客户的效率，甚至关系到推销洽谈的成败。约见的时间应主要根据客户的情况确定，尽量避免在客户忙碌的时间约见。如果能够选择客户较为轻松和闲暇时间约见为最好。至于是上班时约见好还是休息时约见好，不能一概而论，需要良好的事先沟通与商定，或者是建立在对客户生活规律的了解之上，应因人而异、因情而定。当遇到客户的时间与销售人员的时间发生矛盾时，应尽量考虑和照顾客户的意图。当与客户的约定时间敲定以后，销售人员要立即记录下来，并且要严格按照约定时间准时到达，应坚决避免迟到或约而不到。

（4）约见地点。选择与确定约见地点应坚持方便客户、有利于约见和推销的原则，这样才可能有利于交易的达成。约见地点一般有以下几种：

① 办公室。对于推销生产用品的销售人员来说，最佳的地点一般是访问对象工作单位的办公室。因为在大多数情况下，客户是被动的，而销售人员应该采取主动。在办公室约见方便双方讨论问题，进行反复商议以达成共识。

② 居住地点。对于生活消费品的销售人员来说，则通常以客户居住地为约见地点，既方便客户，又显得亲切、自然。

③ 社交场合和公共场所。社交场合和公共场所如歌舞厅、酒会、座谈会、公园、广场等地方气氛轻松愉快，有利于拉近销售人员与客户的距离。

2.约见客户的方法

约见不仅要占用客户的时间，甚至会影响客户的工作与生活，因此销售人员在约见客户时，不仅要考虑约见对象、约见事由、约见时间和地点，还必须讲究约见方法。在实际推销活动中，常见的约见方法有以下几种：

（1）当面约见，是指销售人员与客户面对面约定正式见面的时间、地点、方式等事宜。这种约见简便、易行，也极为常见。销售人员可以利用与客户会面的各种机会进行面约，如在展销会或订货会上、在社交场所、在推销旅途中或在其他见面的场合与客户不期而遇，销售人员都要借机面约。但是这种机会并不常有，这就要求销售人员时时留心，了解重要客户的生活习惯、兴趣爱好，创造机会与客户见面，进而约定正式见面的时间。

（2）电话约见，即通过电话来约见客户，这是现代推销活动中常用的约见方法。它的优势在于经济便捷，能在短时间内接触更多的潜在客户，是一种效率极高的约见方式。由于客户是不见其人，只闻其声，所以销售人员的重点应放在“话”上：首先，要精心设计开场白，激起对方足够的好奇心，使其有继续交谈的愿望；其次，约见事由要充分，用词简明精炼、长话短说；最后，态度要诚恳，口齿清楚、语调亲切。

（3）信函约见，即销售人员利用书信约见客户的一种方法。信函通常包括个人书信、会议通知、社交柬帖、广告函件等，其中采用个人书信的形式约见客户的效果为最好。当然，书写个人书信一般要在与对方较熟识的情况下采用；否则，莽撞地给对方寄去个人书信，则有可能产生消极的结果。如果碰到并不熟悉的客户，寄去社交柬帖、会议通知、参观券或广告函则是比较理想的方式。如果选择信函作为销售手段，销售人员需要仔细挑选邮寄名单。为了提高信函约见的成功率，销售人员书写约见信函时应注意以下几个问题：

① 信函形式亲切、措辞委婉恳切。约见信函要尽可能自己动手书写，而不使用冷冰冰的印刷品，信封上最好不要盖"邮资已付"的标志，要动手贴邮票。措辞委婉恳切的信函往往能博得客户的信任与好感，容易使对方同意见面。

② 内容要简洁、有重点。约见信函应尽可能言简意赅，只要把约见的时间、地点、事由写清即可，切不可长篇大论，不着边际。

③ 要引起客户的兴趣及好奇心。约见信函要以引起客户的好奇心为中心，投其所好，以客户的利益为主线劝说或建议其接受约见要求。

④ 不要过于表露希望拜访客户的迫切心情。

⑤ 电话追踪。在信函发出一段时间后要打电话联系，询问客户的想法与意见，把电话约见与信函约见结合起来使用，可大大提高约见效果。

（4）委托约见，是指销售人员委托第三者约见客户的一种方法。受托人一般都是与访问对象本人有一定社会关系或社会交往的人，与访问对象关系密切的人或对访问对象有较大影响的人士是最为合适的受托人。受托人可以是销售人员的同学、老师、同事、亲戚、朋友、邻居、同行、接待人员、秘书等，也可以是各种中介机构。

委托约见的主要优点：容易达到约见客户的目的，有利于销售人员接近客户；可以通过受托人与目标客户的特殊关系对其施加影响，节省推销时间，提高推销效率；有利于销售人员明确重点，克服约见障碍，提高推销效果。委托约见的主要缺点：受销售人员社交圈大小等因素的制约；不如自约亲切，客户往往不给予足够的重视；不如自约可靠，如果受托人不太负责任，常常引起误约。

（5）网络约见，是指销售人员利用互联网与客户在网络上进行约见的一种方法。互联网的迅速发展为现代推销提供了快捷的沟通工具，不仅为网上推销提供了便利，而且为网上购物、商谈、联络情感等提供了可能，尤其是电子信箱（e-mail）的普遍使用，加快了网上约见与洽谈的进程。

网络约见的优点是快捷、便利、费用低、范围广，但网络约见要受到销售人员对网络技术、客户网址和电子信箱等情况的掌握程度等方面的限制。因此，现代销售人员要掌握有关的网络知识，学会利用现代化的信息手段和推销工具开发客户。

6.2.2 接近客户

接近客户是销售过程中的难点，因为销售人员是带着销售的目的去接近一个陌生人的。销售人员如果成功地完成了接近工作，就为销售工作的顺利完成奠定了良好的基础。[①]

---

① 陈涛．销售管理［M］．武汉：华中科技大学出版社，2008：114.

所谓销售接近，就是在实质性洽谈之前，销售人员运用技巧和智慧与客户做最直接的面谈，以缩短销售人员与客户的距离。这包括两个层次的含义：一是指销售人员和客户之间在空间距离上的接近；二是指销售人员和客户之间消除感情上的隔阂，逐步趋于同一目标。①

1.拟订拜访计划

为了顺利达到拜访目的，需要制订周密的拜访计划。拜访计划的内容必须具体，主要包括以下几个方面：

（1）确定拜访客户名单。依据工作时间和销售产品的难度，以及以往的销售经验来确定拜访客户数量，并从拟定的潜在客户名单中挑选具体客户，可以根据交通路线和客户地点来选择几个走访方便的客户作为一个客户群。这样有利于节省时间，提高效率。

（2）选择拜访路线。依据拟定走访的客户名单来确定拜访路线，做到统筹安排。既要保证无一遗漏，又要做到节省时间和费用，尽量提高效率。

（3）安排拜访时间与地点。根据客户意愿确定拜访时间与地点，拜访地点与环境应该具有不易受到外界干扰的特点。

（4）拟定现场行动纲要。要针对一些具体细节、问题和要求设计行动的提要，拟定介绍的要点。在客户对产品已有深入了解的前提下，不妨将产品的功能、特点、交易条款及售后服务等综合归纳为少而精的要点，作为销售时把握的中心。设想对方可能提出的问题，并设计回答。经验不够丰富的销售人员一定要在这上面多投入一些精力和时间，做到有备无患。

（5）销售工具和知识准备。在销售时除了要带上自己精心准备好的产品介绍材料和其他各种资料（如样品、照片、鉴定书等）外，要带上介绍自我身份的材料，如介绍信、工作证、身份证、法人委托书、项目委托证明等。

如果面对的是一项较为复杂的销售任务或需要开发新的市场，可以成立销售小组。小组销售可以将对手的注意力分散，给每个人留下一段思考的时间，有利于观察客户，做出正确的反应。小组成员可以在知识、经验方面相互弥补、相互促进。如果是销售小组进行销售，则必须制订小组销售行动计划。

2.接近客户的方法②

能否成功地接近客户，直接关系到整个客户访问过程的成败，许多销售人员的销售成败，往往都决定在最初的几秒钟。由于客户的习惯、爱好、性格等情况各不相同，所以销售人员应依据事前获得的信息或接触瞬间的判断，选择合适的接近方法去接近不同类型的客户。销售人员接近客户的方法多种多样，要注意掌握各种方法并综合运用。

（1）介绍接近法，是指销售人员通过自我介绍或他人介绍接近客户的方法。介绍的形式可以是口头介绍或者书面介绍。

在一般情况下，销售人员应采用自我介绍法接近客户。除了必要的自我介绍外，销售人员应主动出示名片、工作证等以消除客户心中的疑虑。交换名片是现在非常普遍的做法，给对方递上自己的一张名片可以弥补口头介绍的不足，并且便于日后联系。但是，由于这种接近方法使用过于普遍，所以难以给人留下深刻印象，最好与其他方法联合使用。

---

① 冯夏红，赵哲．中药市场营销学教程［M］．沈阳：辽宁大学出版社，2000：312.
② 黄运武．公共关系原理与实务［M］．北京：中国商业出版社，1991：229-230.

他人介绍是销售人员利用与客户熟悉的第三者，通过第三者打电话、写信函字条或当面介绍的方式接近客户。如果有可能的话，销售人员也可以通过对第三者的介绍来接近客户。在销售人员与所拜访客户不熟悉的情况下，托人介绍是一种行之有效的接近方法。

(2) 产品接近法，是指销售人员直接将推销产品的实物或者模型摆在客户面前，以引起客户对其推销产品足够的注意和兴趣，进而转入洽谈的接近方法。精心策划的产品接近法能够调动客户的感觉器官，通过产品自身的魅力与特性引起客户的兴趣，达到接近客户的目的。

采用这种方法的关键之处在于：

第一，产品本身必须要有一定的吸引力，能够引起客户的注意和兴趣。

第二，产品必须易于携带，方便客户参与操作。

第三，产品本身功能效果明显，易于宣传。

第四，宣传的产品与产品实物应该完全一致。如果宣传的产品与产品实物不一致，就容易导致客户误会。

(3) 利益接近法，是指销售人员以客户所追求的利益为中心，简明、扼要地向客户介绍产品能为客户带来的利益，满足客户的需求，以达到正式接近客户的一种方法。采用这种方法接近客户时不是从宣传自身产品的优点入手，而是从产品购买能给客户带来什么好处入手。例如，从经济性、实用性、功能等方面入手，站在客户的角度，换位思考。

利益接近法的主要方式是直接陈述或提问，告诉客户购买产品本身的实惠。语言不一定要有惊人之处，但必须引起客户对产品利益的注意和兴趣。

(4) 好奇接近法，是指销售人员利用客户的好奇心理而接近客户的方法。好奇之心，人皆有之，好奇心理是一种原始驱动力，这种驱动力促使人类去探索未知的事物。好奇接近法正是利用人类的好奇心理，引起客户对销售人员或推销产品的注意和兴趣，从而接近客户。好奇接近法需要的是销售人员发挥创造性的灵感，制造好奇的问题与事情。

采用好奇接近法应该注意的问题：

第一，引起客户好奇的方式必须与推销活动有关；

第二，必须做到出奇制胜；

第三，引起客户好奇的手段必须合情合理、奇妙而不荒诞。

(5) 震惊接近法，是指销售人员设计一个令人吃惊或震撼人心的事物来引起客户的兴趣，进而转入正式洽谈的接近方法。利用震惊接近法的关键在于销售人员要收集大量的事实资料，并且对材料进行分析，提炼出一些具有危害性、严重性的问题，并且刚好自身产品可以采取防范措施杜绝或减小上述危害问题的发生。因此，如何选择问题便是重中之重。

销售人员在使用这种方法时应该特别注意以下几个问题：

第一，销售人员利用有关客观事实、统计分析资料或其他手段来震惊客户，应该与该项推销活动有关；

第二，销售人员无论利用何种手段震惊客户，必须先使自己震惊，确保奏效，以取得一鸣惊人的效果；

第三，销售人员震惊客户，应该适可而止，做到令人震惊而不引起恐惧；

第四，必须讲究科学，尊重客观事实，切不可为震惊客户而过分夸大事实真相，更不应信口开河。①

（6）表演接近法，是指销售人员利用各种戏剧性的表演技法引起客户注意和兴趣，进而接近客户的方法。表演接近法既有科学性又有艺术性，能迎合客户求新求奇的心理，唤起人们的情感，但需要慎重使用。表演接近法在应用时应注意：

第一，表演一定要有戏剧效果，要能够引起客户的兴趣和注意；

第二，表演应该自然、充满活力，能打动客户的心；

第三，尽量使客户卷入戏剧性的表演中，使其身临其境；

第四，使用的道具最好与所推销的产品有关，使表演与推销浑然一体。②

（7）提问接近法，也叫问答式接近法或讨论接近法，是指销售人员通过直接提问来引起客户注意和兴趣进而转入面谈的方法。提问接近法是推销中经常使用的一种很好的方法，可以单独使用，也可以在利用其他接近方法时穿插使用。这种一问一答的形式，有利于拉近客户与销售人员的距离，消除戒备心理，尤其适合在第一次约见陌生客户的情景中使用。

销售人员所提的问题必须精心构思、刻意措辞。"近来生意好吧？""最近很忙吧？"等诸如此类的问题就显得平淡、乏味，无法取得良好的接近效果。提问接近法虽然是比较有效的方法，但其要求较高。销售人员在提问与讨论中应注意以下两点：

第一，提出的问题应表述明确，尽量具体，做到有的放矢。例如，"您愿意节省一点成本吗？"这个问题就不够明确，只是说明"节省成本"，究竟节省什么成本，节省多少，多长时间，都没有加以说明，很难引起客户的注意和兴趣。"您希望明年节省7万元材料成本吗？"这个问题就比较明白确切，容易达到接近客户的目的。一般来说，问题越明确，接近效果越好。

第二，提出的问题应突出重点、扣人心弦。在实际生活中，每一个人都有许许多多的问题，销售人员只有抓住最重要的问题，才能真正打动人心。销售人员提出的问题，重点应放在客户感兴趣的主要利益上。如果客户的主要动机在于节省金钱，提问应着眼于经济性；如果客户的主要动机在于求名，提问则宜着眼于品牌价值。因此，销售人员必须设计适当的问题，把客户的注意力集中于他所希望解决的问题上面，缩短成交距离。

（8）请教接近法，是指销售人员虚心向客户讨教问题，利用这个机会，以达到接近客户目的的一种方法。在实际销售工作中，多数客户都有一些"自以为是"的心态，销售人员若能登门求教，自然会受欢迎。例如："赵工程师，您是电子方面的专家，您看看我厂研制投产的这类电子设备在哪些方面优于同类老产品？""我是这方面的新手，我想知道您是否能够帮助我？""我的同事说我们公司的产品是同类中最好的，请问您是怎么看的？"

在具体应用时应注意：

第一，赞美在先，求教在后；

第二，求教在先，推销在后；

第三，态度诚恳，语言谦虚。③

（9）馈赠接近法，是指销售人员将一些小巧精致的礼品赠送给客户，进而和客户认识

① 王志远，李华君，徐奎祥．流通企业营销艺术［M］．济南：山东大学出版社，1991：263.
② 王志远，李华君，徐奎祥．流通企业营销艺术［M］．济南：山东大学出版社，1991：263-264.
③ 王志远，李华君，徐奎祥．流通企业营销艺术［M］．济南：山东大学出版社，1991：265.

并接近，借以达到接近客户目的的一种方法。在某些情况下，销售人员可以用一些小礼品来“收买”客户，以换取他们短时间的注意力。在现实生活中，我们的销售人员就经常发放一些特制的广告品，比如记事簿、签字笔、打火机等。日本人最懂得赠送小礼物的奥妙，大多数公司都会费尽心机地制作一些小赠品，供销售人员初次拜访客户时赠送客户。小赠品的价值不高，却能发挥很大的效力，不管拿到赠品的客户喜欢与否，相信每个人受到别人尊重时，内心的好感必然会油然而生。

应用馈赠接近法需要注意的是：

第一，慎重选择馈赠礼品，销售人员应该设法了解客户的喜好，了解客户对赠送礼品行为的看法；

第二，赠送的礼品不需要过于昂贵，以免造成对方的心理负担，使其敬而远之；

第三，赠送的礼品尽量与所推销的产品有某种联系，尽量与企业的整体形象和谐一致。

(10) 赞美接近法，是指销售人员利用客户的“虚荣心”来引起客户的注意和兴趣，进而转入正式洽谈的接近方法。赞美接近法的实质是销售人员利用人们希望赞美自己的心理来达到接近客户的目的。喜欢听好话是人们的共性，用这种方法接近客户，有时会收到意想不到的效果。当客户在心情愉快的时候，很容易接受他人的建议，这时，销售人员应抓住时机，正确地引导推销活动。让人产生优越感最有效的方法是对于他自傲的事情加以赞美。客户的优越感被满足，初次见面的警戒心也自然消失了，彼此距离拉近，能让双方的好感向前迈进一大步。

使用赞美接近法应注意以下几点：

第一，选择适当的赞美目标，避免冒犯客户。个人的长相、衣着、举止谈吐、风度气质、才华成就、家庭环境、亲戚朋友等，都可以给予赞美。若是客户讲究穿着，您可向他请教如何搭配衣服；若是客户是知名公司的员工，您可表示羡慕他能在这么好的公司上班。如果销售人员信口开河，胡吹乱捧，则必将弄巧成拙。

第二，真诚赞美客户，避免虚情假意。销售人员赞美客户，一定要诚心诚意，把握分寸。事实上，不合实际的赞美、虚情假意的赞美，只会使客户感到难堪，甚至导致客户对销售人员产生不好的印象。

第三，针对不同类型的客户，赞美的方式也应不同。对于严肃型客户，赞美语言应自然朴实、点到为止；对于“虚荣型”客户，则可以尽量发挥赞美语言的作用。对于年老客户，应该多用间接、委婉的赞美语言；对于年轻的客户，则可以使用比较直接、热情的赞美语言。

(11) 调查接近法，是指销售人员利用调查机会接近客户的一种方法。在许多情况下，无论销售人员事先如何进行准备，总有一些无法弄清的问题，因此在正式洽谈之前，销售人员必须进行接近调查，以确定客户是否可以真正受益于推销产品。此方法可以看成一种销售服务或销售咨询法。采用这一方法比较容易消除客户的戒心，成功率比较高。销售人员可以依据事先设计好的调查问卷，征询客户的意见，调查了解客户的真实需求，再从问卷比较自然、巧妙地转为推销。

在利用调查接近法时，销售人员必须注意三个问题：

一是突出推销重点，明确调查内容，争取客户的支持和协助；

二是做好调查准备，消除客户的防备心理，达到接近客户的目的；

三是运用适当的调查方法，确保调查成功，顺利接近客户。

总之，调查接近法作为一种可行的接近方法，既是为生产厂家服务，也是为消费者服务；既有利于销售人员收集市场情报，又有利于客户获得最佳的推销服务。

（12）搭讪与聊天接近法，是指利用搭讪与聊天的形式接近陌生客户的方法。搭讪与聊天接近法不会很快进入聊天程序，有时要用很长时间追踪与寻找机会，因此要花费很多精力。所以，使用该方法时应注意：

一是要选准接近客户的时机。面对非常重要的客户，在没有其他方法或者机会可以接近的情况下，搭讪与聊天可以是一种接近客户的方法。最好是在客户有较充裕的自由掌握的时间时。

二是要积极主动。对于没有机会与之搭讪的重要客户，销售人员应该在了解客户生活习惯的情况下，主动创造条件和机会与之搭讪。

三是尽量紧扣主题。

（13）社交接近法，是指通过与客户开展社交活动来接近客户的方法。采用这种方法一般不开门见山地说明用意，而是尽量先与客户形成和谐的人际关系。[①]

（14）服务接近法，是指销售人员通过为客户提供有效并符合需要的某项服务以博得客户的好感、赢得客户的信任来接近客户的方法。其具体服务内容包括维修服务、信息服务、免费试用服务、咨询服务等。采用这种方法的关键在于服务应是客户所需要的，并与所销售的产品相关。[②]

（15）反复接近法，是指销售人员在一两次接近不能达成交易的情况下，多次进行销售拜访来接近客户。该方法一般在交易量较大的重点业务中采用。采用该方法，一方面要求销售人员有恒心、有信心，另一方面要特别注意与客户建立起良好的人际关系。通过反复接近将交易关系变成朋友关系，以促进交易的达成。[③]

以上介绍了15种接近客户的方法。在实际工作中，销售人员应灵活运用，既可以单独使用一种方法接近客户，也可以多种方法配合使用，还可以自创独特的方法接近客户。

6.3 销售展示

当销售人员成功地接近顾客之后，就进入了销售展示阶段。销售展示又称产品介绍，是指销售人员利用语言陈述、可视辅助手段等各种方式，向顾客传递产品信息，并说服顾客购买的过程。一般来说，销售人员在进行销售展示时，要视具体情景灵活地综合运用销售陈述和销售演示两种方式。

6.3.1 销售陈述的常用方法[④]

销售陈述是销售人员向客户传递信息、沟通思想的过程，是促使客户产生购买行为的特定过程。销售陈述的方法很多，这里介绍几种常用的方法。

① 李先国，周伟. 营销实务与案例分析［M］. 北京：中国商业出版社，2003：90.
② 李先国，周伟. 营销实务与案例分析［M］. 北京：中国商业出版社，2003：91.
③ 李先国，周伟. 营销实务与案例分析［M］. 北京：中国商业出版社，2003：91.
④ 欧阳小珍. 销售管理［M］. 武汉：武汉大学出版社，2003：80-81.

1.记忆式陈述

记忆式（套路型）陈述是指销售人员按照企业预先准备的标准方案进行产品介绍。当销售队伍缺乏销售经验，而且所销售的产品和客户特征没有变化时，常常采用这种方法。需要注意的是，运用这种方法的前提条件是销售人员将事先准备好的全部内容熟记于心，然后对客户进行准确无误的陈述。

优点：该方法能确保销售人员按照事先准备的逻辑顺序介绍产品，使销售陈述工作标准化；该方法对没有销售经验的销售人员帮助较大，而且只需少量的训练，就能在出售非技术性产品时成功地使用，增强了销售新手的自信心；确保每位客户得到相类似的销售陈述。

缺点：销售人员只是按照固定模式的销售话语进行销售陈述，没有考虑客户的不同需求及个别情况，使得销售陈述缺乏灵活性；销售人员控制整个销售陈述的内容，销售人员的讲话通常占整个过程的80%~90%，潜在客户参与的机会很少，因此不能很好地了解产品，而且会被客户视为高压推销，从而不利于交易达成。

2.公式化陈述

公式化（劝说型）陈述与记忆式陈述比较接近，不过公式化的内容结构不像记忆式那样固定，销售人员只是遵循结构化不强的陈述要点提纲灵活地进行销售陈述，可以采用顾客可以看到的提纲、图片、销售手册或指南等一系列安排得当的辅助工具来激发顾客兴趣，引起购买欲望。使用该方法进行销售陈述时，销售人员仍是主导，需要控制谈话局面。该方法通常适用于两种顾客：一种是最近购买的顾客；另一种是销售人员对其了解较多的潜在顾客。

公式化陈述不仅具有记忆式陈述的主要优点，还具有灵活性。销售人员只要记住销售陈述的主要内容提纲就可以在现场进行具体的展示，并适当发挥。这既保证了销售陈述的要点不会被忽略，又能使双方有合理的时间进行交流。需要注意的是，运用这种方法的前提是销售人员必须正确识别出潜在客户的需求。

3.满足需求式陈述

满足需求式陈述是一种灵活的相互交流式的销售陈述方式。销售人员首先提出一个探究式的问题开始陈述，比如，销售人员问："贵公司需要哪种计算机？"这种开场白一开始就讨论潜在顾客的需求，同时给销售人员一个机会，来确定提供的哪种产品可能会是有益的，从哪些方面去展示产品会更利于顾客接受。如果销售人员对顾客的想法不是很理解，可以通过进一步询问或重复顾客的话来弄清楚。通过提问、倾听顾客的回答和确认顾客的需求后，再开始陈述。这种陈述方式没有固定的结构，要求销售人员积极、主动且灵活地进行销售陈述。它适用于技术复杂、价位高的工业技术产品。

4.解决问题式陈述

解决问题式陈述是指销售人员争取与顾客一起分析问题，并提出解决方案的一种销售陈述方式。通常它适用于销售比较复杂或技术性极强的产品，诸如保险、工业设备、大型软件系统、办公设备等。这种方法需要销售人员做更充分的准备，对潜在顾客的了解更全面细致。运用此法时，销售人员通常需要进行多次销售访问，深入研究潜在顾客的需求，然后制订详尽的解决顾客问题的方案。美国销售专家查尔斯·M.福特雷尔认为，解决问题式陈述一般包括6步：

① 说服潜在顾客允许分析；
② 进行精确分析；
③ 就存在的问题达成一致意见，确定潜在顾客的问题；
④ 准备潜在顾客需要的建议方案；
⑤ 根据分析和建议准备销售展示；
⑥ 进行销售展示。

5.SPIN销售法①

SPIN销售法是美国销售咨询专家尼尔·雷克汉姆（Neil Rackham）与其研究小组历时12年、耗资百万美元、横跨23个国家及地区并覆盖27个行业、对35 000个销售实例进行分析研究而提炼出的针对大客户进行产品销售的方法。它适用于汽车、房地产、医疗仪器设备、电力设备、钢结构、空调设备等产品的销售。据了解，该方法曾在60%以上的世界500强企业中被成功应用，全球100万人接受过SPIN销售技巧培训。

SPIN是背景问题（situation questions）、难点问题（problem questions）、暗示问题（implication questions）、需求-效益问题（need-payoff questions）4个英语词组的首位字母合成词。SPIN销售法是指在销售过程中运用背景探询、问题诊断、启发引导和需求认同及解决4个步骤来发掘、引导、确认和满足客户需求的方法。

S：背景问题，即通过了解有关客户现在的业务和状况的事实或背景开始销售陈述。比如："你们用这些设备有多久啦？""您能和我谈谈贵公司的发展计划吗？"尽管背景问题对于收集信息大有益处，但如果过多，则会令买方厌倦和恼怒。因此，询问的时候要把握两个原则：一是数量不可太多，必须适可而止地发问；二是目的明确，问那些可以开发成明确需求并是你的产品或服务可以解决的问题。

P：难点问题，即通过提问发现客户的问题、难点和不满，而我们的产品或服务正是可以帮助客户解决这些问题。比如："这项操作是否很难执行？""你担心那些老机器的质量吗？"难点问题为订单的开发提供了许多原始资料。因为难点问题有一定的风险性，所以许多缺乏经验的销售人员很难把握提问的时机。

I：暗示问题。销售人员通过转问隐喻性问题，使客户感受到隐藏性需求的重要与急迫性，由销售人员列出各种线索以维持客户的兴趣，并刺激其购买欲望。比如："这个问题对你们的远期利益有什么影响吗？""这对客户的满意程度有什么影响吗？"暗示问题就是通过积聚潜在客户难题的严重性，使其大到足以让潜在客户付诸行动的程度。

询问暗示问题的困难在于措辞是否恰当和问题的数量是否适中，因为它往往使潜在客户心情沮丧、情绪低落。如果还没有问背景问题和难点问题，过早引入暗示问题往往使潜在客户产生不信任甚至拒绝。

N：需求-效益问题。一旦客户认同需求的严重性与急迫性，而且必须立即采取行动时，成功的销售人员便会通过提出需求-效益问题，以鼓励客户将重点放在解决方案上，并取得客户对于解决问题后的回报与效益的看法，将讨论推进到行动和承诺阶段。比如："如果仓储能力得以充分利用，可增加多少收入？""您考虑过用更先进的自动仓储系统来消除差错吗？"

① 雷克汉姆．SPIN销售巨人①（理论篇）[M]．石晓军，译．北京：企业管理出版社，2003：95-125.

虽然SPIN销售法是一种行之有效的针对大客户的销售方法，然而并不是所有销售活动都会遵照SPIN销售法的发问顺序。比如，当客户立即表达明确的需求时，销售人员可以立即确认需求-效益的问题；有时候销售人员在询问隐喻性问题以探索隐藏性需求的同时，需辅以背景问题来获取客户更多的信息资料。

6.FABE介绍法[①]

FABE介绍法又称费比介绍法。该方法将销售产品的过程归结为4个步骤：

（1）F意为特征（feature）。FABE介绍法的第一步就是要求销售人员详细地介绍产品的特征。产品特征是指产品的任何物理特征，如产品的性能、构造、作用、使用的简易及方便程度、耐久性、经济性、外观、款式等。

（2）A意为优点（advantage）。FABE介绍法的第二步就是要求销售人员充分地阐述产品的优点。

（3）B意为利益（benefit）。这个步骤是FABE介绍法最重要的步骤。销售人员应在了解客户需求的基础上，详尽地描述产品能给客户带来的实际利益与价值。

（4）E意为证据（evidence）。FABE介绍法的最后一个环节强调销售人员在推销产品时要以真实的数字、案例、实物等证据说服客户，消除客户的各种疑虑，促成客户购买。

6.3.2　销售演示的方法[②]

心理研究表明，人们所接受的外部信息中，有87%是通过他们的眼睛接受的，只有13%的信息是通过其他感官接受的。这就是说销售人员应该使产品介绍最大限度地可视化，才能真正打动顾客的心，直接刺激顾客的购买欲望。销售演示法正是很好地抓住了人们“百闻不如一见”的心理。

销售演示法就是销售人员通过操作示范或者演示的途径介绍产品的一种方法。根据演示对象即销售工具的类别，它主要可分为产品演示法、文字与图片演示法、证明演示法和顾客参与演示法等。

1.产品演示法

产品演示法是指销售人员通过直接向顾客展示产品本身说服顾客购买的洽谈方法。销售人员通过对产品的现场展示、操作表演等方式，把产品的性能、特色、优点展现出来，使顾客对产品有直观的了解。

产品演示法的作用有以下两个方面：

一是形象地介绍产品，有助于弥补言语对某些产品，特别是技术复杂的产品不能完全讲解清楚的缺陷。

二是起证实作用。产品演示法可以制造一个真实可信的销售情景，供顾客直观了解。

在运用产品演示法时应注意：

① 应根据产品的特点选择演示的内容和方式；

② 应根据顾客的特点特别是顾客的购买动机与利益需求来选择演示的重点、内容、方法、时间、地点等；

③ 应根据销售洽谈进展的需要，选择适当的时机进行演示；

---

① 闫忠元，牟红，左骏．推销理论与技巧［M］．北京：国防工业出版社，1997：192-193.
② 陈涛．销售管理［M］．武汉：华中科技大学出版社，2008：84-87.

④ 应注意演示的步骤与艺术，最好是边演示边讲解，并注意演示的气氛与情景效应；

⑤ 积极鼓励顾客参与演示，使顾客亲身体验产品的优点，从而产生认同感与占有欲；

⑥ 在运用产品演示法时，销售人员要坚持产品实体的展示，并且要求演示的产品具有优良的质量，演示时要重点突出销售产品的特殊功能与主要的差别优势，以取得良好的演示效果。

然而，产品演示法的运用有一定的局限性，对于过重、过大、过长、过厚的产品以及服务性产品等，不适合采用实际产品现场演示法，但可以采用产品模型或样本演示的方式。

2.文字与图片演示法

文字与图片演示法是销售人员通过赞美与介绍有关推销产品的图片和文字等劝说顾客进行购买的方式。在不能或不便直接展示产品的情况下，销售人员通过向顾客展示产品的文字、图片、表格、音像等资料，能更加生动、形象、真实、可靠地向顾客介绍产品。在借助音像影视设备来展示产品时，应做到动静结合、图文并茂，从而收到良好的效果。

使用这种方法展示应该注意：销售人员应注意收集有关产品与销售的文字资料，要做好资料整理与展示的准备工作。

3.证明演示法

证明演示法是指利用证明材料来进行展示的方法。产品的生产许可证、质量鉴定书、获奖证书等都是证明演示法的好材料，顾客的表扬信、产品消费前后的对比资料和追踪调查统计资料、产品销售证明、企业曾经做过的项目清单等都可用作证明材料。产品的优势也可用证明演示法来演示证明。例如，一个销售人员所销售的玻璃是防震的，为了证明这一点，在销售展示时，他用一个圆头锤子锤打玻璃，玻璃碎了，但是并没有被打得碎落满地。这样的演示形象地告诉顾客玻璃是防震的。

应用证明演示法时应注意：销售前准备好有针对性的证明资料，一方面应注意收集有关证明资料；另一方面在每次销售前应准备好具有专业水平的、权威性的、足够的证明资料。所有证明资料必须是真实有效的，包括一切书面证明资料、口头证明资料与实物证明资料等，都必须是科学的、合理的。

4.顾客参与演示法

顾客参与演示法是指让顾客参与演示的一种方法。通过让顾客参与，抓住顾客的注意力，减少顾客对购买的不确定性和抵触情绪。

通常有以下4种方法能诱使顾客参与演示：

① 提问。通过提问，从顾客那里获得对演示的正面的反馈，如："操作真的很容易，是吗？"

② 使用产品。让顾客亲自使用产品，会给顾客很高的可信度。比如，汽车，让顾客亲自开一圈；衣服，让顾客摸、穿；食品，让顾客看、闻、尝；音响，让顾客试听。

③ 用图片、音像等辅助工具吸引。

④ 参加示范表演。让顾客在表演中担当一定角色。比如，在卖防震玻璃时，让顾客用锤子砸玻璃；在卖洗衣粉时，让顾客将演示布块弄脏等。

当然，要成功地完成销售演示，销售人员还应注意以下几点：

(1) 实体演示。凡是可以随身携带的产品，销售人员应不怕麻烦与辛苦，坚持随身携带，以便随时随地让消费者看到真实的产品。在向顾客销售一些技术性比较复杂、外观差别很大的优良产品，如保健药品、保健用具、名牌化妆品时，销售人员若只是带着产品的图片和产品广告向顾客推荐，凭自己的口才来打动顾客，效果则会差得很远。

（2）演示的产品应完美无缺。销售人员向顾客展示的产品一定要完美无缺，不论是其内在质量，还是其外在包装、附件及外观设计等方面都不能有任何疏忽，应让顾客做一些简单、失误可能性较小的事情；否则就会引起围观群众的哄笑，导致销售的失败。

（3）强调产品特色。由于受环境、地点、时间及顾客素质等多种因素的影响，销售人员在向顾客推荐产品时应着重介绍产品的特色，明确向顾客展示该产品的特殊功效以及该产品和市面上流行的同类产品的区别及优势，特别是要让顾客参与重要的与购买动机联系最紧密的性能的演示。

（4）演示应由浅入深。先向消费者演示哪个部位或什么特点，后向消费者介绍哪种性能与作用，都应事先安排好。配合演示而进行的宣传，更应该语言生动、引人入胜。演示的顺序是先易后难、由浅入深。不可一开始就向不太内行的消费者介绍深奥的专业知识，特别是忌讳在向顾客介绍产品时，销售人员夸夸其谈，不顾听众的反应，甚至做出一些哗众取宠的不实宣传，这些非但不能起到争取顾客的作用，反而会引起顾客的反感，失去信誉，从而影响产品销售。

6.4　处理顾客异议

销售视窗 6-1

在销售过程中，大部分交易都不是一帆风顺的，顾客往往会提出各种异议。正确对待并妥善处理顾客提出的有关异议，消除障碍是销售人员必须具备的一项基本功。每化解一个异议，就排除了顾客的一个障碍，就相应地愈接近顾客一步。[①]

6.4.1　顾客异议概述

在销售过程中，顾客对来自销售人员方面的任何观点、建议，比如产品价格、质量、功能等方面的介绍，都不可能毫无反对或不提出异议就全盘接受，即使这种产品或服务正是他所急需的。一个销售人员首先应正确认识顾客有异议是一件很自然的事情，然后准确把握顾客产生异议的心理和处理技巧，从而增强成交的希望。一位销售大师曾说过："推销是从顾客的拒绝开始的。"

1.顾客异议的含义[②]

所谓顾客异议，就是指在推销中顾客的拒绝或顾客的不同意见。在推销中，只要涉及双方态度与看法的交流，异议通常就会产生，这是正常的现象。

① 蒋国萍，徐艟，兰洪元．市场营销学［M］．成都：电子科技大学出版社，2003：276.
② 张汉林，孙乐增．现代推销实务［M］．海口：南海出版公司，2007：74.

顾客异议是成功推销的前奏。事实上，正是因为有了顾客的异议，才能了解顾客所思所想，顾客异议恰恰提供了进一步与顾客交流的信息；最困难的是面对那些保持沉默、一言不发、不愿交流的顾客；提出异议的顾客，实际上大部分是对产品有兴趣的人。所以，我们应该以正确的态度对待异议。

2.顾客异议的类型①

顾客的异议随时随地都会发出，并且形式是多种多样的，但归纳起来大致有以下几种类型：

（1）价格方面的异议。这是最多、最常见的顾客异议。销售人员在销售过程中常常会听到："这种产品太贵了""你们的标价太高了，别人比你们的便宜""我只有××钱，我买不起""我还是等跌价时再来买"等。当出现以上这些问题时，一个优秀的销售人员不应立即反驳或立即讲价，而应当再次强调该产品的优势以及这些优势会给顾客带来的利益。甚至你可以先支持顾客的意见，转而谈到该产品质量更高，维护费用更低，公司能提供更为便捷的运输，支付方式更灵活，产品的保证更有吸引力等。如果你能向顾客成功地展示产品的价值高于价格时，顾客一般就难以拒绝了。

（2）产品方面的异议。这也是比较常见的异议。针对你所推销的产品，顾客往往会说"这种产品性能如何""质量是否上乘""产品是否新上市"，或者说"我不想买，我的一个朋友买过，据反映说不好用""我现在用的这种产品很好，我不想再买一种这样的产品"等。产品异议主要是顾客对产品本身的质量、样式、设计、结构、规格等方面的异议，带有一定的主观色彩。当顾客认为你的产品不符合他的需求时，要努力找出原因，而且要找出你的产品与他目前正在使用的产品之间的差异，从而运用适当的方法和手段去消除顾客的异议。

（3）服务方面的异议。大多数顾客在购买产品时还会看重与产品相关的服务，常见的服务方面的异议如顾客常常抱怨"送货方式和时间不能满足需求""销售人员或售货员的服务态度还不够好""售后服务不够理想"等。许多顾客可能感觉到你所在的公司不能很好地提供他们所需的服务。这时应尽可能消除顾客的疑虑，比如，用实例向他们证明你的服务能力，或者用承认本公司在服务的某些方面确实有不足的地方，进而用保证或改进的方式加以处理。可以向顾客保证，一旦对方同意进货，能得到公司最好的货源、最优惠的条件、最高等级的服务。

（4）销售人员方面的异议。在许多情况下，顾客异议可能来自销售人员本身。有些顾客可能认为你太年轻，或者没有经验，有些顾客在和素不相识的销售人员打交道时可能感到不舒服，或者对销售人员个人有一些偏见、成见，所以不愿去接近销售人员，更不愿意接受其推销的产品等。如果你太年轻又没有推销经验，那么你只有努力学习并尽快掌握推销技巧，向顾客表明你既熟悉工作又了解产品，你完全有能力满足顾客的需求。所以，你必须付出比常人更多的努力和汗水。如果顾客对你或对你所在的公司有偏见，那么你只有更真诚地接待顾客，向顾客多做说明或解释，让他充分了解你和你的公司，消除偏见，建立一种全新的信任关系，才能达到你的营销目的。一位营销大师曾说过："要推销产品，首先应推销自我。"

---

① 张汉林，孙乐增．现代推销实务［M］．海口：南海出版公司，2007：75-77.

（5）购买时机方面的异议。当销售人员听到来自顾客的“我需要考虑考虑”“过两天我再来看看”之类的话语时，你面对的很可能是对购买时机所产生的异议。有时顾客说还要更多的时间考虑，其实他是想要从你这里获得更多信息。比如，对销售说明中的某个观点还不明白，有时可能是觉得你销售的产品价格太贵，或者是顾客自己没有决定权等。对于以上问题，一般情况下，你应该回答：“这正是您所要的东西，如果有什么问题，我现在就可以回答您。”或采用以下方法加以处理：一是重述产品的全部优点；二是指出立即购买的好处，并指出长期等待的不利之处。所以，对于以上情形应尽可能说服顾客做出决定。

（6）因竞争者产生的异议。顾客往往会对已经使用的产品产生习惯和依赖，当某个销售人员向他销售同类产品时，他可能会说“我已经习惯用某某品牌的产品”“某公司的产品质量好、价格低”等。对于这种异议，有经验的销售人员不能气馁，更不能操之过急，要因势利导，可通过举证、担保和演示等方法，让顾客逐步接受你的产品，甚至可以通过提供产品的试用期，从而吸引顾客使用你所销售的产品。

（7）需求方面的异议。可能有的顾客确实不需要你的产品，因为他对这些产品没有需求，比如热带地方的人不需要棉袄，而草原上的人不需要游艇。但是在大多数情况下，许多顾客因受认知水平的制约往往对自己的生活方式把握不准、对自己的需求认识不清，结果当销售人员向其推销时，会持有不同的看法，这就需要我们的销售人员在寻找和鉴别顾客时付出足够的努力，引导顾客购买并进行消费，从而达到推销的目的。这正如索尼公司总裁盛田昭夫所说的：“我们的目的不是生产出消费者需要的产品提供给他们，而是生产出全新的产品，从而引导消费者消费。”

3.处理顾客异议的原则①

顾客异议产生后，销售人员首先要正确认识产生异议是正常的，然后树立信心，采取积极的态度去面对异议、解决异议，逐步建立相互间的信任和合作关系，促使销售工作顺利进行。在处理顾客异议时，应按照一定的原则、程序，把握恰当的时机和方法进行操作。处理顾客异议的主要原则有以下几个方面：

（1）积累经验，做好准备。“不打无准备之战”是销售人员战胜顾客异议应遵循的一个基本原则。销售人员在走出公司大门之前就要将顾客可能会提出的各种异议列出来，然后考虑一个完善的答复。面对顾客的异议，做一些事前准备，这样可以做到心中有数、从容应对；反之，则可能不知所措，或不能给顾客一个圆满的答复以说服顾客。如欧美的许多企业经常组织一些专家来收集顾客的异议，制定标准应答用语，并要求销售人员牢记、运用。在实践中，编制标准应答用语是一种比较有效的方法，具体程序如下：

① 把大家每天遇到的顾客异议写下来。

② 做分类统计，依照出现频率排序，出现频率最高的异议排在最前面。

③ 以讨论方式收集编制适当的标准应答用语，并编写整理成文。

④ 请大家熟记于心。

⑤ 由其他销售人员扮演顾客，大家轮流练习标准应答用语。

⑥ 对在练习过程中发现的不足，通过讨论进行修改和完善。

---

① 张汉林，孙乐增．现代推销实务［M］．海口：南海出版公司，2007：79-81.

⑦ 对修改过的标准应答用语进行练习，并最后定稿备用。最好是印成小册子发给大家，以供随时翻阅，达到应用自如、脱口而出的程度。

（2）要选择适当时机。美国某权威机构通过对几千个销售人员的研究发现，优秀销售人员所遇到的顾客严重反对的机会只是普通销售人员的十分之一，主要原因在于：优秀的销售人员对顾客的异议不仅能给一个比较圆满的答复，而且能选择恰当的时机进行答复。可以说，懂得在何时回答顾客异议的销售人员会取得更大的成绩。销售人员对顾客异议答复时的时机选择有四种情况：

① 在顾客异议尚未提出时解答。防患于未然是消除顾客异议的最好方法，销售人员觉察到顾客会提出某种异议，最好在顾客提出之前就主动提出并给予解释，这样可使销售人员争取主动，做到先发制人，避免因纠正顾客看法或反驳顾客的意见而引起不快。

② 在顾客异议提出后立即回答。绝大多数异议需要立即回答。这样，既可以促使顾客产生购买行为，又表示了对顾客的尊重。

③ 过一段时间再回答。当出现以下异议时需要销售人员暂时保持沉默：当异议显得模棱两可、含糊其词、让人费解时；当异议显然站不住脚时；当异议不是三言两语就可以辩解时；当异议超过了销售人员的能力水平时；当异议涉及较深的专业知识、不易为顾客马上理解时等。急于回答顾客的此类异议是不明智的。

④ 不回答。许多异议不需要回答，如无法回答的奇谈怪论，容易造成争论的话题、废话，可一笑置之的戏言，异议具有不可辩驳的正确性，明知故问的发难等。销售人员可以采取以下处理技巧：沉默，装作没听见，按自己的思路说下去；答非所问，悄悄扭转对方的话题，插科打诨幽默一番，最后不了了之。

（3）不要与顾客争辩。无论顾客如何批评，销售人员永远不要与顾客争辩。这是因为，争辩不是说服顾客的好方法，正如一位哲人所说："你无法凭争辩去说服一个人喜欢啤酒。"与顾客争辩失败的永远是销售人员，一句销售行话是："占争辩的便宜越多，吃销售的亏越大。"

（4）要给顾客留足"面子"。销售人员要尊重顾客的意见。顾客的意见无论是对还是错、深刻还是幼稚，销售人员都不能表现出轻视的样子，比如不耐烦、轻蔑、走神、东张西望、绷着脸、耷拉着头等。销售人员要双眼正视顾客，面部略带微笑，表现出全神贯注的样子，不能语气生硬地对顾客说"你错了""连这你也不懂"，也不能显得比顾客知道得更多，"让我给你解释一下……""你没有搞懂我说的意思，我是说……"这些说法明显地抬高了自己，贬低了顾客，会挫伤顾客的自尊心。

6.4.2 处理顾客异议的策略①

在销售过程中，销售人员应多站在顾客的角度去思考问题、理解顾客。之后，积极主动地去消除和转化顾客的异议，只有这样，才能排除在销售过程中的主要障碍，才能赢得顾客、赢得生意。

1.价格异议的处理策略

（1）分解价格。这种技巧的基本点是，将价格根据使用期限进行分解。例如，一家公

---

① 张汉林，孙乐增．现代推销实务［M］．海口：南海出版公司，2007：81-83.

司的销售人员是这样说的："是的，先生，您说得对。这套衣服的确比××牌子的衣服贵25元，但我们的衣服使用期限是其两倍，这就相当于我们的衣服每套仅售××元，或者说每月只花××元。"这一异议的处理运用了两大技巧：第一，运用了补偿技巧（使用期长一倍）；第二，价格分解，即让顾客明白了最初价格和最终价格的区别，也就是在整个使用期的价格。

（2）强调产品特性或与其他同类产品的不同之处。比如，公司的产品质量优于其他同类产品；公司的产品在顾客急需时能快速送货；公司能提供优质的维修和售后服务，而且是随叫随到，可打免费电话；公司在社会中的信誉、知名度较高，资金雄厚，能切实履行承诺；公司的工程、科技和其他人员比竞争对手更强；公司的实验室、计算机中心或运输优势明显；公司的整体营销，如广告、展示等促销手段强于竞争者。

当一个销售人员推销的产品拥有以上全部或部分特性时，即使产品价格稍高一些，也能说服顾客，促成交易。

（3）推荐较低价格的产品。有时顾客真的不能负担较高价格的产品，在这种情况下，达成交易的办法，只能是向顾客推荐低价产品，而且这样做很容易取得成功。例如，销售人员说："这是我们最新款的复印机。它有一些突出的特点，比如独特的铃响、50个自动拨号等，价格是2 000元。"顾客说："这比我能接受的价格高了。"销售人员说："哦，我们还有另一款复印机，也比较好，有电话号码簿等功能和20个反馈装置，还有一项免费服务，价格是1 750元。"这段对话既强调了两种产品的特点，又没有贬低低价位的产品，因为销售人员没有对比这两种产品。

（4）推迟价格异议，强调产品的特性。当价格异议出现较早时，把它向后推迟是一个好办法。如果销售人员不谈论产品特性和利益，处理价格异议只能给顾客造成一种障碍。

比如下面这种情况，一个顾客来买表，他指着柜台里的表问："多少钱？"销售人员说："5 000元。"顾客说："5 000元，太贵了。"于是，皱着眉头走了。这就是价格异议出现较早，造成了不利于成交的障碍。但是，当顾客问价时，销售人员如果先介绍说这是什么表，然后报价，效果就不一样。比如，销售人员可以说："这是××金表，才5 000元。"

（5）讨论最初价格与最终价格。如果顾客对价格特别敏感，销售人员应当格外小心地解释，告诉顾客应从长远的角度看待价格。比如，有些公司的产品一年维修4次，而我们的产品一年只需维修一次。到年底，因为其他公司必须提供3项额外服务而要提价，但本公司就不存在这个问题。

2.顾客拖延异议的处理策略

销售过程中常见的又一个异议是拖延。有些时候，只要有可能，顾客往往都会推迟做出立即购买的决定。比如顾客会说"我还要想一想""10天后我再打电话给你""我还要与××商量一下才能答复你"。应当承认，有些拖延是合理的，但极大部分拖延仅仅是一种借口。一般来说，处理这种异议的措施是：

（1）询问理由。弄清楚隐藏在拖延背后的原因是什么。销售心理学家说，你越努力推销，你越会遇到抵制。弄清楚原因是你处理这类异议的第一步。

（2）设计一个促成立即成交的理由。比如立即购买能得到优惠，不立即购买可能给顾客在今后带来损失等。

（3）留下继续接触的机会。如果顾客就是坚持不买，那就要留下一个继续与对方接触和给予对方再思考的余地。比如："您可以慢慢考虑，想好了再跟我联系，好吗?""几天后，我可以给您打电话吗?""我3天后再拜访您，好吗?"

3.对怀疑异议的处理策略

对于这种异议，基本的策略是提供证明，如技术手册、保证书、研究数据、示例、专业期刊上的文章、证明信等。尤其是第三方的证言，比如："××公司正在使用我们的产品，你能抽出半小时去拜访一下，了解××公司自使用了我们的产品后所获得的收益吗?"另外，如果可能的话，可以让顾客试用，以消除顾客的疑虑心理。

4.对冷漠的顾客异议的处理策略

当顾客对销售人员表现冷漠时，最好的办法是诚恳地向顾客提问，同时引导顾客意识到本产品的潜在利益价值。例如，推销电视安全监控系统的销售人员可以向顾客提问："每次你们需要调用多少保安?"顾客说："每次需要5~6人。"销售人员说："如果每次只需要一个人看电视监控系统，那么可以节约多少人、财、物力啊!"

如果顾客因为对目前的供货商表示满意，而对你冷淡时，你可以试着用以下的策略加以处理：

（1）问一个开放式的问题。比如："您能列举出您对该公司很满意的理由吗?"这是为了让顾客说话，并且可能暴露其不满意的因素，最后顾客会发现自己并非完全满意。

（2）向顾客指出"把所有的鸡蛋放进一个篮子"的危害。如果只有一个供货商，可能的风险包括缺货、不按时送货、提价、失去主动权等。你可以说："我想，您可以把我们的产品与您现在使用的产品比较一下，好吗?"

（3）同顾客讨论竞争的好处。独家供货商会过分自傲，不愿提供最好的服务，通过竞争，顾客的好处才能不断增加。

（4）可以从竞争者没有的产品开始争取。通过这种逐步入门的策略，销售人员就可以让顾客因满意而不断增加订货。

一旦成功地处理了顾客异议，接下来的事情，就是要不失时机地抓住时机，及时地要求与顾客成交。

6.4.3 处理顾客异议的技巧①

对于顾客异议，最好的办法是在它出现之前预防它，但这显然很难做到，因为顾客没有发表异议，销售人员就不知道异议来自哪方面。有经验的销售人员，总是善于在实践中寻找规律，总结经验，反复试验，从中找出在不同异议情况下成功地处理顾客异议的办法，形成自己独特处理顾客异议的技巧。对没有经验或是刚刚从事销售工作的销售人员而言，学习前人的推销技巧，借鉴前人的成功经验，并加以吸收消化，会极大地提高其销售业绩。

1.但是处理法

（1）含义。但是处理法即销售人员首先承认顾客异议有一定的道理，然后从另一个方面进行否定的处理方法。因为人都有这样的通性，不管有理没理，当自己的意见被别人直接反驳时，内心总会感到不快，甚至会很恼火，尤其当他遭到一个素昧平生的销售人员的

① 张汉林，孙乐增．现代推销实务［M］．海口：南海出版公司，2007：84-88.

正面反驳时。就算销售人员说得都对，而且没有恶意，可能也会引起顾客的反感。因此，销售人员最好不要开门见山地直接提出反对的意见，在表达不同意见时，尽量应用“是的……如果（或者不过，或者然而，或者另外等）”等。

（2）应用。但是处理法是一种先退后进的处理方法，一般不会直接冒犯顾客，有利于保全顾客的面子，也有利于保持良好的交谈气氛，使顾客更容易接受销售人员的看法。例如：

顾客：“这款衣服的式样已经过时了。”

销售人员：“是的，这是上半年的式样，有点过时，不过现在我们正在打折，打折幅度也较大，而且产品本身质量相当不错，您买了以后不会吃亏的。”

（3）适用范围。但是处理法是销售人员常使用的方法，适合处理大部分真实的顾客异议，特别适合处理真实的主观顾客异议。因此，这种方法常用来处理顾客因为有效信息不足而产生的片面经验、成见、主观意见，而且顾客不能自圆其说的情况。

（4）注意事项。

① 销售人员首先要承认顾客的看法有一定道理，即向顾客做出一定让步，然后才讲出自己的看法。处理不当，可能会使顾客提出更多的意见。

② 尽量淡化转折的意思。在反驳过程中要尽量少使用“但是”一词，而实际上在谈话中包含着“但是”的意思，这样效果会更好。只要销售人员灵活掌握这种方法，就会保持良好的洽谈气氛，为自己的谈话留有余地。

③ 不能滥用，否则容易引起顾客的反感。

④ 运用但是处理法处理顾客异议时，销售人员也可以表示出对顾客异议的同情、理解，以使顾客获得暂时的心理平衡。然后转移话题，对顾客的异议进行反驳处理。这样一般不会冒犯顾客，并能保持较为良好的销售气氛。

2.反驳处理法

（1）含义。反驳处理法即销售人员以充足的理由和确定的证据直接否定顾客异议的处理方法。前面我们已经讲过，直接反驳顾客容易陷于与顾客争辩而不自知、往往事后懊恼但已很难挽回的局面。但在有些情况下，销售人员必须直接反驳，以纠正顾客的错误观点，如在顾客对公司的服务、诚信有所怀疑或者顾客引用的资料不正确时。

（2）应用。反驳处理法针对性较强，能直接说明有关的情况，据理力争，说服力强，可以节约销售劝说时间和精力，提高销售效率，但容易使顾客产生抵触情绪，甚至得罪顾客，造成销售人员与顾客之间的心理冲突。为此，使用直接反驳处理法时，在遣词造句方面要特别留意，态度要诚恳，本着对事不对人的原则，切勿伤害顾客的自尊心，要让顾客感受到销售人员的专业和敬业。例如：

顾客：“这件产品的价格比其他商店要贵得多。”

销售人员：“情况是这样的，我们的这件产品价格与其他商店同类产品相比不贵，小距离的差异是因为各商店选择进货渠道不同，故进货成本上有一定的差异。”

顾客：“这些颜料洗后会褪色。”

销售人员：“您担心印染的过程？”

顾客：“是的。”

销售人员：“我可以负责任地说，不会褪色。您看一看我们用了半年的产品，没有褪色。”

（3）适用范围。尽管销售人员在具体使用该方法时，既有优点，也有缺点，但在以下这些条件同时具备的情况下是可以使用这种方法的：

① 顾客异议与推销直接相关。

② 顾客意见属于客观异议。

③ 顾客有原则性或实质性的错误看法，如果不处理，会引起顾客对产品及有关情况的误解。

④ 销售人员手头有足够的事实依据，可以纠正顾客的看法。在此情况下，销售人员不妨直言不讳，但要注意态度一定要友好而温和，最好是引经据典，这样才最有说服力，又可以让顾客感受到销售人员的信心。

（4）注意事项。

① 销售人员要始终保持友好的态度、温和的语气和婉转的表述，切不要因为顾客有误解而表现出气愤、不耐烦等表情。

② 应依靠事实和逻辑的力量说服顾客，不能强词夺理，与顾客争辩。

③ 注重信息沟通。以正确答案否定偏见异议，以新的信息去反驳过时的信息，以真实的信息反驳虚假的信息，即向顾客传递最新的、正确的销售信息；把对方驳得体无完肤并不是最好的反驳，用事实说话既解决了论据问题，又可以有效地为自己立论。

3.转换处理法

（1）含义。转换处理法即销售人员把顾客异议变成劝说顾客购买的理由的处理方法。这种方法也是一种将顾客异议当作自己论点的处理方法。“以己之矛攻己之盾。”当顾客提出某些不愿购买的异议时，销售人员可立刻回复说：“这正是我认为您要购买的理由。”进一步说，也就是销售人员能立即将顾客的反对意见，直接转换成为他必须购买的理由。

（2）应用。这种方法能处理的异议多半是顾客通常并不十分坚持的异议，特别是顾客的一些借口。这种方法的最大目的是让销售人员能借处理异议之机而迅速地陈述其能带给顾客的利益，以引起顾客的注意，但必须注意，绝不能让顾客觉得他提出的异议是无关紧要的。销售人员必须保持真诚友好的态度，并用微笑抵消言辞中可能含有的锋芒。最要紧的是，销售人员绝不能给顾客造成这样一种印象：他已经“丢丑”或“被你牵着鼻子走”。不然，很容易使销售变成演讲比赛或论战。例如：

顾客：“我工作太忙，没时间跟你说话。”

销售人员：“您的工作太忙，那么找我就对了。因为繁忙的管理人员都知道时间的价值，并非常希望找到新方法来节约时间。我这里就有能帮助节约时间的××产品。”

顾客：“我对广告不太感兴趣。”

销售人员：“我在某些方面同意您的看法，广告肯定不是灵丹妙药，关于广告的许多说法都是言过其实的，但如果您想通过广告扩大销售量的话……”

（3）适用范围。这种方法适用于处理顾客异议本身可能隐藏着可以利用的信息或矛盾的情况。任何看法或意见都可以从不同的角度进行认识，如果顾客的看法或意见正好可以转化为有利的推销理由，销售人员就可以巧妙地加以利用。

（4）注意事项。要特别注意语气，不要太尖刻，不要让顾客觉得销售人员明显在利用他的话进行反驳。

① 销售人员在肯定、赞美顾客异议中的正确部分和积极因素时，应做到态度诚恳热情、方法稳妥得当，以保持良好的销售气氛。

② 销售人员必须认真分析与区别对待顾客异议。在转换处理法中，顾客异议是利用、转化的基础，销售人员肯定与赞美的是顾客异议的实际性、合理性与积极性，其目的在于利用顾客异议中的正确部分和积极因素。因此，销售人员不能不加分析地对顾客异议的内容一概加以肯定与赞美，而应在分析与判断的基础上，只肯定与赞美顾客异议中的正确部分和积极因素，利用顾客异议本身的矛盾来处理异议。

③ 向顾客传递正确的信息。销售人员在运用转换处理法时，应正确分析影响销售的各种环境因素，向顾客传达客观的、真实的、预测正确的信息，不能为了销售产品，不负责任地向顾客传递虚假信息，误导、蒙骗顾客。

4.补偿处理法

（1）含义。补偿处理法即当顾客异议中的某些部分是客观存在的事实并且正确时，销售人员就要强调该产品的另一个优点或用其他利益加以补偿的处理方法。销售人员应时刻牢记，世界上从来没有十全十美的产品，即使这个产品是由世界上最优秀的公司生产的。既然所有产品都有局限性和缺点，顾客就有可能提出合理异议。

（2）应用。补偿处理法的思路是，首先承认顾客异议的合理性，然后指出产品中某些可以进行补偿的优点。它向顾客灌输的是"人不能把所有的好处都独占"的理念。所以，销售人员的任务其实很简单："促使顾客对产品优点的向往超过他对产品缺点的不满。"举例如下：

顾客："这双鞋子的价格太贵了。"

销售人员："这双鞋的价格是贵了点，但面料和做工是一流的。"

顾客："这种车子车身过短。"

销售人员："这正是这种车型的一个特点，因为车身短有助于转弯，提高了安全性能。另外，车身短有助于您停车。"

（3）适用范围。这种方法适用于处理顾客所提的反对意见属于销售企业、销售产品等方面某些客观存在的缺陷的情况。顾客是精明的，销售人员销售的产品也绝对不是十全十美的。因此，如果顾客提出的异议有道理，销售人员采取否认或转移话题等策略是不明智的。这时，应先承认顾客的意见有道理，肯定产品的有关缺点，然后利用产品的优点来补偿和抵消这些缺点。

（4）注意事项。

① 销售人员应尽快承认顾客异议有道理，然后提出自己产品的好处作为补救，抵消顾客那些不买的理由。如果销售人员越是纠缠对方那些站得住脚的理由，销售人员做成这笔交易的可能性就越小。

② 所用销售方面的优点应能足够抵消甚至超过顾客所提的不足，如果一个优点不够，可以同时用数个优点来补偿和抵消缺点。

5.询问处理法

（1）含义。询问处理法即销售人员对顾客异议进行具体询问，摸清异议产生的真实原因后，有针对性地化解异议的一种处理方法。因为销售人员在没有确认顾客异议的原因及程度前，直接回答顾客异议可能会引起更多的异议，从而使销售人员陷入被动之中。应该记住，在销售人员的字典中，有一句非常珍贵的、价值无穷的话："为什么？"请不要轻易放弃这个利器，也不要过于自信，认为自己能猜出顾客为什么会这样或为什么会那样，要让顾客自己说出来。当销售人员问为什么的时候，顾客必然会做出如下反应：他必须自己提出反对意见的理由，说出自己内心的想法。此时，销售人员能听到顾客的真实原因及明确地把握住反对的内容，销售人员也能有较多的时间思考如何处理顾客的反对意见。

（2）应用。询问处理法可以更多地反馈信息，了解顾客的购买心理，明确顾客异议的性质，从而更有效地解决顾客异议。使用此方法还有一个优点，它能使销售人员仔细倾听对方说话，从而使销售人员暂时摆脱困境，为销售人员思考提供了时间。举例如下：

顾客："这种空调的质量不好。"

销售人员："能否请您讲一下，它的质量哪里不好？"

顾客："我们购置物品都得经过老板……"

销售人员："难道你们老板不允许您为改进分公司的具体工作动脑筋想办法吗？这种产品可以为贵公司提供高效率的……"

（3）适用范围。这种方法主要用于销售人员处理不能确定背景、动机的各种顾客异议，它可以使销售人员处在主动的位置。在实际销售过程中，顾客异议的类型、性质与根源往往错综复杂，很难辨别。有的顾客异议仅仅是顾客用来拒绝购买而提出的一个借口，有的顾客异议与顾客的真实想法完全不一致，甚至有时顾客本人也无法说清楚有关购买异议的真实原因。这时，采用询问处理法就是最安全也是最有效的方法。

（4）注意事项。

① 销售人员应讲究销售礼仪，注意询问的语气要温和，要体现关切的心情。销售人员应研究询问的姿态、手势、语气，避免使顾客产生心理压力，如距离顾客不要太近，也不要居高临下，更不要用严厉的语气追问顾客等，使顾客在感到受尊重和被请教的情况下说出异议根源。销售人员在顾客回答询问后，应适时、灵活地运用各种面谈技术消除顾客异议，促使顾客购买。

② 不要过多地追问，否则会引起顾客的反感。销售人员追问顾客的有关异议，只是为了弄清楚顾客拒绝购买的原因，因此应从尊重顾客角度考虑，对于那些不会形成购买障碍的、顾客不愿意讲的，或者根本说不清根据的异议，就不要追问。在询问过程中，要观察顾客的心理活动表现，适可而止，不要把顾客逼到山穷水尽的地步。

③ 视具体情况，有针对性地提出问题。对于那些对销售成交无关的、次要的或者是无效的顾客异议，则不应该进行询问。只应对那些不询问就不能成交的顾客异议进行询问及了解，才能提高销售效率。

④ 注意在恰当的时间追问顾客，千万不可自以为是、无端冒犯顾客。只有及时询问顾客，才能了解顾客的真实想法，才能引导顾客把产生购买异议的真正根源讲出来。

6.放过处理法

（1）含义。放过处理法又叫作忽略处理法、沉默处理法、冷处理法，是指销售人员对于顾客所提意见假装没听见而不予理睬或忽略放过的处理方法。当顾客提出的一些异议并非真的想要获得解决或讨论，或者说顾客只是随意说说而已，销售人员可以采用一带而过，甚至不予答复的一种处理方法。

（2）应用。放过处理法既可以避免可能发生的不愉快，始终保持良好的洽谈气氛，也可以节省时间，回到销售问题的主题上。举例如下：

顾客：“你们厂怎么建在这个地方，真不方便。”

尽管事实并非如此，销售人员也不要争辩。

销售人员可以说：“先生，请您看看产品……”

顾客：“喂，你们公司的化妆品，为何不请×××来做广告？”

销售人员：“您问的这个问题只有公司才能回答您，我们这些销售人员不清楚这些事情。请问先生，您要购买哪种化妆品呢……”

（3）适用范围。这种方法主要适用于处理这样的顾客异议：与销售毫无关系的、极其无聊的、恶意干扰的、容易引起激烈争执的、会破坏洽谈氛围的、不处理也不会影响推销的等。

（4）注意事项。对于顾客的一些不影响成交的反对意见最好不要反驳，采用不理睬的方法是最佳的。销售人员千万不要把销售场合变成战场或是顾客的批斗会。顾客一有反对意见，销售人员就反驳或以其他方法处理，那样就会给顾客造成销售人员总在挑其毛病的印象。

6.5 促成交易

销售人员在推销产品或服务的过程中，达成交易是最重要也是最基本的目的。也就是说，销售人员在销售过程中必须想办法使顾客产生购买欲望，继而促使顾客把购买欲望变为一种购买行为，最后达到销售成交的目的。

6.5.1 促成顾客交易的基本策略[①]

促成顾客交易是指顾客接受了销售人员的建议及其推销劝导，并且立即购买推销品的行动过程，亦即成交。促成顾客交易是整个销售工作的最终目标，因为从推销的进程看，如果一切顺利，在完成了推销的陈述、演示和成功地处理了顾客异议后，自然就应该要求与顾客成交。及时与顾客就推销的产品达成一致，促使对方做出购买决定，是销售人员工作的必然。

1.敏锐捕捉购买信号促成交易

所谓购买信号，是指顾客在洽谈过程中所表现出来的各种成交意向。有利的成交机会往往是稍纵即逝。虽然短暂，但并非无迹可寻。对于销售人员来说，准确地把握时机是相当重要的。顾客没有发出购买信号就说明销售人员工作还没有做到位，应该进一步刺激而不宜过早地提出交易。

购买信号的表现形式是复杂多样的，一般可把它分为表情信号、语言信号和行为信号。购买信号一旦出现，就要及时抓住机会，促成交易。表情信号是顾客的心理在面部表情中的反映。语言信号是顾客在言语中所流露出来的意向，如赞赏产品的性能、质量，故意压价，挑剔产品的款式，具体询问有关交货的时间、地点及售后服务等，都是成交的前兆。行为信号是指顾客在举止行为上所表露出来的购买意向，如不断用手触摸产品并不断

① 张汉林，孙乐增．现代推销实务［M］．海口：南海出版公司，2007：92-95.

点头，拍拍销售人员的手臂或肩膀，做出身体自然放松的姿势等均是有意成交的表现。

购买信号复杂多变，在很多情况下，往往几种信号交织在一起出现，主要归纳为以下几种：

（1）当销售人员将产品的有关细节以及各种交易条件说明以后，顾客显示出认真的神情，并把销售人员所提出的交易条件与竞争对手的条件相比较时，销售人员就可以询问他的购买意向了。

（2）以种种理由要求降低价格。这是非常有利的信号，说明此时顾客已将产品的价格暗自进行了比较。要求价格上的优惠是每一位有购买欲望的顾客所要做的，销售人员不能轻易让步，而要判明顾客是否确实想买但存在支付上的困难。如果不是这样，销售人员的让步或许会让顾客兴趣索然。此时，销售人员不妨先回避要与不要的焦点，而反问对方能要多少，然后根据数量来考虑价格与折扣。这样会给顾客一种销售人员比较认真地对待这一问题，又很灵活的印象，从而觉得自己有希望得到价格上的优惠。

（3）主动热情地将销售人员介绍给负责人或其他主管人员。虽然这时销售人员会觉得有一点挫折感，因为销售人员的一系列努力没有马上兑现成销售，但这也是很有成绩的。一旦顾客将销售人员和产品介绍给负责人或其他主管，销售人员的成功率可能大大增加，因为这位顾客一定想让别人赞同他的看法，他就会努力帮助销售人员推销，这时销售人员不妨沉默一下。

（4）要求详细说明使用时的要求、注意事项及产品的维修等售后服务情况。此时销售人员除了耐心详细地说明外，要诱导对方提问，以打消顾客的疑虑，使其迅速做出决定。有时顾客会就销售人员已经解释的某些问题反复询问，这时千万不能急躁，而要耐心回答。

（5）主动出示有关这种产品的情况和资料。这说明顾客潜意识中已经接受了这种产品，此时可以向顾客询问，顾客一定不会拒绝。如果顾客情报中有些部分于销售人员不利，也不要急于纠正，而应该充分地向顾客展示产品。

（6）对目前正在使用的其他厂家的产品不满意。这是销售人员成交的好机会，但销售人员不能过分附和顾客，批评其他厂家及产品，只要适时地强调自己产品的优点即可。

（7）对销售人员的接待态度明显好转，接待档次明显提高。这说明顾客已经信任销售人员并愿意听取建议，这时就可以提出交易条件，询问顾客的购买意向了。

（8）顾客的反常行为。当顾客感到犹豫不决时，往往会通过不同的行为表现出来，销售人员要善于发现、捕捉顾客不自然的甚至是反常的行为。比如，忽然变换一种坐姿；下意识地举起茶杯或下意识地摆弄钢笔、手表等；眼睛盯着产品说明书、样品或者长时间沉默不语；身体靠近销售者；询问旁人的意见等。

2.积极诱导、主动出击促成交易

积极诱导、主动出击也是取得成功的必要条件之一。有许多顾客对销售人员推荐的产品不太了解，诸如对产品功能、质量、结构及性能等不甚明了，尤其是对所推销的新产品；也有些顾客喜欢追求时尚，愿意接受新鲜事物；还有许多顾客对是否购买销售人员所推销的产品拿不定主意，表露出似信非信的神态。另外，顾客如果有这样的问题："这种产品真的像你说得那么好吗？""你说你们将负责进行培训，是真的吗？"面对诸如此类问题，一个优秀的销售人员就应主动出击，巧妙地诱导顾客按照自己的思路走，最终达到成交的目的。为此，应该随时观察顾客在接近、洽谈、处理异议和成交等不同阶段的表现，适时地掌握主动权，以诱导顾客按照自己的既定目标发展。

3.帮助顾客权衡利弊促成交易

众所周知，世上没有十全十美的东西，销售人员同样可以充分利用这点，向顾客介绍购和不购产品的利与弊，当销售人员确实能够非常清楚地向顾客表明利远大于弊时，相信顾客是绝对不会无动于衷的。比如顾客埋怨说："你的价格也太高了。像××这样的公司，它的产品和你的产品差不多，但价格便宜了一大截。"此时，销售人员说："确实如你所说，我们的价格是高了点。可能您也知道，××公司的产品使用期只有两年，而我们产品的有效使用期是四年。实际上我们的产品比它的便宜多了。"顾客说："这倒也是。"另外，从某种意义上讲，顾客异议都是比较的结果。正是因为有所比较，才会有异议。顾客进行对比是在权衡利弊，所以销售人员也都可以有针对性地予以回答。

4.提示推销重点，留有成交余地

这里有两方面的含义：

一是在与顾客洽谈中，销售人员应该及时提出推销重点，开展重点推销，去说服和吸引顾客。但销售人员不要从一开始就把交易条件和盘托出，因为任何交易的达成都要经历一番讨价还价。销售人员在成交之前如果把所有的优惠条件都毫无保留地给了顾客，当顾客要求再做让步才同意成交时，销售人员就会变主动为被动，毫无退让的余地，不利于最后的成交。

二是即使某次推销活动双方不能达成交易，销售人员也要为顾客留有一定的购买余地，以便在数日后还有成交的机会，因为顾客的需求总是不断变化的，今天不能接受推销，并不意味着永远不能接受。在一次不成功的推销之后，如果销售人员能给顾客留下一张名片或产品目录，并真诚地对顾客说："如果有一天您需要什么的话，请随时与我联系，我很愿意为您服务。在价格和服务上，还可以考虑给您更优惠的条件。"那么，销售人员会经常遇到一些回心转意的顾客。

5.提前准备，充分利用最后的成交机会

在推销中，如果顾客拒绝，销售人员还可利用与顾客告辞的机会，通过提前做好的准备，采取一定的技巧吸引顾客，创造新的成交机会。

一些推销实践或推销学研究表明，许多生意就是在销售人员与顾客即将告别的那一刻成交的。顾客的情绪、态度和成交的机会复杂多变。机会需要及时把握，也必须不懈地做出努力，即使在与顾客洽谈中多次成交失败，也不能放弃最后的机会。在正式洽谈后，顾客没有成交的心理压力，心情变得轻松愉快。他们会同情销售人员，也会担心失去好机会。销售人员忙于收拾推销工具，重新包好产品，眼看就要起身告辞了，这是个稍纵即逝的时机。销售人员如果善于利用这一时机，则很可能是"山重水复疑无路，柳暗花明又一村"。有的销售人员很善于利用这一时机，每当与顾客告别时便慢慢收拾东西，有意无意地露出一些事前准备好的、能引起顾客注意的东西，激发顾客的兴趣，从而达到自己的推销目的。这里有一个例子：一个销售人员到一家公司推销自己的产品，可无论怎么说，公司经理都不同意购买，眼看经理就要下逐客令了，这时他有意将自己发明的国际时差钟露了出来。它造型独特、新颖，并且用不同国家的国旗代替常见的时针、分针。这个挂钟立即吸引了经理。当经理得知这个挂钟多次获奖，已申请了中国、美国专利时，顿时对他热情起来，最后这个销售人员终于叩开了成功的大门。

6.5.2 促成交易的基本方法[①]

销售人员经过所有的努力，开始进入与顾客成交的阶段。优秀的销售人员都遵循一定的成交方法和步骤，优先于其他竞争对手与顾客达成交易。

销售人员从寻找顾客开始，直至达成交易获取订单，不仅要周密计划、细致安排，而且要与顾客进行多次洽谈。由此，成功的推销要求销售人员必须顺应顾客的心理活动轨迹，审时度势，及时在“促”字上下功夫；设法加大顾客“得”的砝码，不断强化其购买动机；采取积极有效的推销技术去坚定顾客的购买信心，敦促顾客进行实质性思考，加快其购买进程。一般可以根据顾客在不同情况下的心理特点，尝试采用以下相应的销售成交方法和技巧去加快促成交易的进程，取得推销的实质性收效。

1.请求成交法

请求成交法又称为直接成交法，是指销售人员向顾客主动提出成交的要求，直接要求顾客购买产品的方法。这是一种最基本、最常用的成交方法。20%的顾客在购买时会被销售人员的勤奋努力所感动，从而欣赏销售人员，而产品的质量则是次要的购买考虑因素。因此，销售人员要持续地拜访顾客，请求成交。如果某销售人员能够不断地找到20%的这种顾客，持续拜访，请求成交，当其他的销售人员不愿意持续拜访，或认为顾客订单太小而放弃时，则该销售人员就赢得了顾客。顾客一次的拒绝购买很容易让销售人员放弃。因此，销售人员要切记：销售并非一帆风顺，顾客也不会在销售人员提出请求成交时，就立刻同意。

销售人员要主动提出成交请求。许多销售人员失败的原因仅仅是他没开口请求顾客订货。据调查，有71%的销售人员未能适时地提出成交要求。美国施乐公司前董事长彼得·麦克说：“销售人员失败的主要原因是不要签单，不向顾客提出成交要求，就好像瞄准了目标却没有扣动扳机一样。”一些销售人员害怕提出成交要求而遭到顾客的拒绝。这种因担心失败而不敢提出成交要求的心理，使销售人员一开始就已经失败了。如果销售人员不能学会接受“不”这个回答，那么这样的销售人员是无所作为的人。

（1）使用请求成交法的时机。请求成变法一般适合于以下一些场合：

① 老顾客。对于老顾客，因为买卖双方已建立了较好的人际关系，运用此法，顾客一般不会拒绝。

② 顾客已发出购买信号。顾客对推销品产生购买欲望，但未拿定主意或不愿主动提出成交时，销售人员应采用请求成交法。

③ 在解除顾客存在的重大障碍后。当销售人员尽力解决了顾客的异议（问题和要求）后，此时是顾客感到较为满意的时刻，销售人员可趁机采用请求成交法，促成交易。

④ 洽谈中顾客未提出异议。如果洽谈中顾客只是询问了产品的各种性能和服务方法，销售人员都一一做了回答后，对方也表示满意，但没有明确表示购买，这时销售人员就可以认为顾客心理上已认可了产品，应适时主动向顾客提出成交请求。

⑤ 顾客的担心被消除之后。洽谈过程中，顾客对产品表现出很大的兴趣，只是还有

---

① 张汉林，孙乐增．现代推销实务［M］．海口：南海出版公司，2007：96-102.

所顾虑，当通过解释已经解除了顾虑、取得了顾客认同时，就可以迅速提出成交请求。

⑥ 顾客已有意购买，只是拖延时间，不愿先开口。此时为了增强其购买信心，可以巧妙地利用请求成交法以适当施加压力，达到直接促成交易的目的。

（2）运用请求成交法应注意的几个问题如下：

① 销售人员需具备较强的观察能力。因为请求成交法要求销售人员主动提出成交要求，所以销售人员必须尽量引导顾客，使洽谈局面朝着成交的结果发展。销售人员应时刻观察顾客，适时开口提出成交要求。

② 把握好成交的时机。在成交的过程中，成交时机是销售人员最不易把握的因素。选择适当的时机要求成交，会令顾客自然、顺利地接受；反之，在时机不成熟时要求成交，则会导致顾客的回避甚至反感而错过了机会。如何把握成交时机，是销售人员应该认真琢磨和思考的问题。

③ 请求成交不是强求成交，也不是乞求成交，使用时要做到神态自然、坦诚，语言从容，语速不快不慢，充满自信，但不能自以为是，要见机行事，与顾客一拍即合。

2.假定成交法

假定成交法又称假设成交法，是指销售人员在假定顾客已经接受推销建议、同意购买的基础上，通过提出一些具体的成交问题，直接要求顾客购买推销品的方法。这种方法的立足点是假定“顾客会买”，一般是在销售人员介绍完产品的特点，并解答完顾客的疑问之后，顾客一再表示出购买信号，只是拿不定主意而迟迟不下决心，这时销售人员就可以自已的信心去感染顾客，不失时机地向顾客提出一些实质性的问题，帮助其下定购买决心。

假定成交法的优点是节省推销时间、效率高。它可以将推销提示转化为购买提示，适当减轻顾客的成交压力，促成交易。假定成交法也有一定的局限性：这种方法以销售人员的主观假定为基础，不利于顾客做出自由选择，甚至会使顾客产生反感情绪，破坏成交气氛，不利于成交。所以，在使用这种方法时，要注意下列几点：

（1）应适时地使用假定成交法。一般只有在发现成交信号、确信顾客有购买意向时才能使用这种方法，否则会弄巧成拙。

（2）应有针对性地使用假定成交法。使用这种方法时，销售人员要善于分析顾客。一般来说，依赖心理强、性格比较随和的顾客以及老顾客，可以采用这种方法，但对那些自我意识强、过于自信的顾客，则不应使用这种方法。

（3）假定成交法主要适用于决策能力低、依赖心理强和被动求购的一类顾客，不适合自我意识强或没有明显购买意向的顾客。因此，应用时要看准顾客类型和成交信号，表情自然大方，语言温和、委婉、亲切，切忌自作主张和咄咄逼人，避免产生强加于人的高压气氛。

3.选择成交法

选择成交法是指销售人员向顾客提供两种或两种以上购买选择范围，并促使顾客在有效成交范围进行选择的一种成交方法。它是假定成交法的应用和发展，仍然以假定成交作为依据，即销售人员在假定成交的基础上向顾客提出成交决策的比较方案，先假定成交，后选择成交。顾客不是在买与不买之间选择，而只是在推销品不同的数量、规格、颜色、包装、样式、交货日期等方面做出选择，顾客无论做出何种选择，结果都是成交。举例如下：

销售人员："以车身的颜色来说，您喜欢灰色的还是黑色的？"

顾客："如果从颜色上来看，我倒是喜欢黑色的。"

销售人员："选得不错，现在最流行的颜色就是黑色的。汽车是在明天还是在后天送去呢？"

顾客："既然要买，就越快越好吧。"

经过这样一番话，顾客等于说要买了，所以这时销售人员就说："那么明天送货吧。"这样很快就达成了交易，这就是选择成交法。事实上，如果顾客给销售人员上述答复，就表示他已经决定要购买产品了；如果他迟疑片刻后向销售人员表示他尚未做最后的决定时，销售人员也没有半点损失，仍然可以继续提出新的方式进行销售人员的销售工作。

选择成交法的优点就在于既调动了顾客决策的积极性，又控制了顾客决策的范围。选择成交法的要点是使顾客避开"要还是不要"的问题，让顾客回答"要A还是要B"的问题。

这种方法能否成功的关键在于，销售人员能否正确地分析和确定顾客的真正需要，提出适当的选择方案。提出与顾客需要相符的选择方案，有助于顾客购买，有利于顺利成交。选择方案不宜过多，否则反而会使顾客拿不定主意。在实际工作中，销售人员应灵活运用选择成交法。

4.小点成交法

小点成交法又称为次要问题成交法或避重就轻成交法，是销售人员通过次要问题的解决来促成交易的一种成交法。小点是指次要的、较小的成交问题。

小点成交法是利用顾客的成交心理活动规律，从顾客购买心理的角度出发，购买者对成交金额较大的购买决策往往心理压力较大，较为慎重，担心有风险而造成重大损失，导致难以决断。而顾客在进行成交金额较小的购买决策时，心理压力较小，会较为轻松地接受销售人员的引荐，比起进行成交金额较大的购买决策要容易。小点成交法正是利用了顾客这一心理活动规律，避免直接提出重大的、顾客比较敏感的成交问题。在销售过程中，先让顾客做出与推销品有关"小点"方面的决策，再就"大点"方面达成协议，从而促成交易实现。

（1）小点成交法的优点：

① 可以创造良好的成交气氛，减轻顾客的心理压力。

② 为销售人员提供了与顾客周旋的余地。

③ 一个小点不能成交，可以换其他的小点，直至达成交易。

④ 有利于销售人员合理利用各种成交信号，有效地促成交易。

（2）运用小点成交法应注意的几个问题：

① 应针对顾客的购买动机，选择其中适当的成交小点。

② 应避免直接提示顾客比较敏感的重大决策问题。

③ 必须认真处理顾客异议，不能故意回避顾客所提出的有关购买的重大问题。

5.从众成交法

从众成交法是指销售人员利用顾客的从众心理，促使顾客立即购买产品的一种成交方法。人的消费行为既是一种个人行为，又是一种社会行为，既受个人购买动机的支配，又受社会购买环境的制约，个人认知水平的有限性和社会环境的压力是从众心理产生的根本原因。

日常生活中，人们或多或少都有从众心理，从众心理必然导致社会趋同的从众行为。人们的购买行为当然会受到自身性格、价值观念、兴趣爱好等因素的影响，也会受到家庭、亲戚朋友、社会相关群体等要素的影响。因而顾客在购买产品时，不仅会按照自身需求来选购推销品，也会考虑社会上对此种推销品的行为规范和审美观念，甚至在某些时候不得不屈从于社会的压力而放弃自身的爱好，以符合大多数人的消费习惯。

从众成交法正是抓住人们的这一心理特点，力求创造一种时尚或流行来鼓动人们随大流，进而促成交易。例如，销售人员说："小姐，这是今年最流行的时装，和您年龄相仿的人都喜欢。"再如，销售人员说："这种热水器很畅销，您看这是一些用户订单，有东北的、华北的、西北的，有城镇的，也有乡村的。"这就是利用了顾客的从众心理，在顾客心里排起了一条长长的队伍，使那滚滚的购买人流激荡在顾客的心里，让顾客觉得只有随大流、赶快购买才是唯一的选择。

从众成交法主要适合于推销比较时尚的产品，并且要求推销对象具有从众心理。如果产品的流行性差、号召力不强，又遇到自我意识较强的顾客，就不宜采用此种成交方法来达成交易。

在具体应用这一方法时应注意以下问题：

（1）销售人员必须针对顾客的从众心理，选择和使用具有一定影响力的基本顾客或中心顾客。

（2）销售人员必须讲究职业道德，不能利用虚假的成交气氛来欺骗顾客。

利用从众成交法有利于提高推销效率，促成大批交易，但是销售人员不应拉帮结伙欺骗顾客；否则，销售人员会因此信誉扫地，令顾客避而远之。要将这一方法与有关的广告宣传相结合，扩大企业及其产品的知名度，进而吸引大批量的从众顾客。

6.最后机会成交法

所谓最后机会成交法，是指销售人员直接向顾客提示最后成交机会而促使顾客立即购买的一种成交方法。这一成交方法要求销售人员运用购买机会原理，向顾客提示"机不可失，时不再来"的机会，给顾客施加一定的成交压力，使顾客感到应该珍惜时机，尽快采取购买行为。

使用最后机会成交法有利于提高成交速度和成功概率。使用时一定要讲究销售道德，提高销售信誉，开展文明销售，不能蒙骗消费者。另外，使用此法要针对顾客的主要购买动机，合理选择成交机会，适当施加压力，以充分调动其机会难得、不能坐失良机的心理，及时促成顾客成交，做成买卖。

在运用最后机会成交法时要注意以下问题：

（1）通过各种宣传营造一定的成交氛围，强调成交机会千载难逢，失去机会等于损失更多的利益。

（2）销售人员应直接向顾客提示成交机会，诱发顾客的购买动机，刺激顾客对推销品急切的占有欲望，促使顾客立即采取购买行动。

（3）使用最后机会成交法时，所选择和利用的机会一定要属实，不能欺骗顾客，应该让顾客认识到销售人员所提示的最后机会是在向其提供重要的信息，目的是帮助顾客做出理智的决定。

7.优惠成交法

优惠成交法又称让步成交法，是指销售人员通过向顾客提供优惠条件，从而促使顾客购买的方法。求利心理动机是顾客的一种基本购买动机，是促成交易的动力。优惠成交法正是利用了这一点，直接向顾客提示成交优惠条件，诱使顾客立即购买推销品。例如："如果您现在就签字采购我的产品，我可以给您特别优待，再降价3%。"

优惠成交的条件主要是价格的折扣，此外提供试用、赠品、设备安装、人员培训及以旧换新等。优惠成交法与最后机会成交法结合起来运用，更能增强对顾客的刺激强度，诱导性更强。优惠的机会"千载难逢"，特别是当未来预期对顾客不利时，谁都希望搭上这一"末班车"，这对达成交易将更为有利。销售人员在给予特别优惠时，必须谨慎行事，因为在销售人员做了某些让步时，可能就会破坏销售人员的原则，达不到预期的效果。

8.小狗成交法

小狗成交法又称试用成交法，是销售人员请求顾客试用少量包装的产品，如请求顾客购买远比正常包装要小得多的数量，先行试用，以减少风险；如果顾客试用后对产品感到满意的话，以后就会更多购买。此法是销售人员把作为实体的产品让顾客试用一段时间以促成交易的方法。

小狗成交法来源于一个小故事：妈妈带着小男孩来到一家宠物商店，小男孩非常喜欢一只小狗，但是妈妈拒绝给他买，小男孩又哭又闹。店主发现后说："如果你喜欢的话，就把这个小狗带回去吧，相处两三天再决定。如果你不喜欢，就把它带回来吧。"几天后全家人都喜欢上了这只小狗，妈妈又来到宠物商店买下这只小狗。这就是先使用、后付款的小狗成交法。有统计表明，如果顾客能够在实际承诺购买之前先行拥有该产品，交易的成功率将会大大增加。

试用产品有时是赠送的，这里既包括在商场的专柜里赠送的试用产品，或是在闹市街头上赠送的试用产品，也包括销售人员有针对性地上门赠送的试用产品，尤其是最后一种方式，是销售人员常用的一种方法。

运用小狗成交法时应注意以下几点：

（1）销售人员应承诺顾客，允许顾客在试用不满意时退还产品，而不必承担任何责任。

（2）在顾客试用期间，应帮助顾客总结使用心得，指导顾客科学合理地使用产品。

（3）顾客有疑虑的时候，可以请他先试用。因为销售人员对公司有信心，对公司的产品有信心，也对顾客有信心。

小狗成交法主要适用于顾客确有需要，但疑心较重、难以下决心的情况。此法能使顾客充分感受到产品的好处和带来的利益，增强其信任感和信心，产生一旦购买也不会后悔的心理，并可加强销售人员和顾客间的人际关系。但试用期间要经常指导用户合理使用，加强感情沟通，使用后要讲信誉，允许顾客退还但不负任何责任，如此才能提高成功率。

9.总结利益成交法

总结利益成交法是指销售人员将顾客关注的产品的主要特色、优点和利益，在成交中以一种积极的方式加以概括总结，以得到顾客的认同并最终获取订单的成交方法。例如，吸尘器营业员运用总结利益成交法向顾客进行推销："前面已经讨论过这种配备高速电机的吸尘器（特征）比一般吸尘器转速快两倍（优点），可以使清扫时间减少15~30分钟

（利益），工作起来更轻松，使您减少推动笨重吸尘器身心上的痛苦（更多的利益），是这样吧？”

总结利益成交法的3个基本步骤为：①洽谈中确定顾客关注的核心利益；②总结这些利益；③向顾客提出购买建议。

总结利益成交法能够使顾客全面了解产品的优点，便于激发顾客的购买兴趣，最大限度地吸引顾客的注意力，使顾客在明确自己既得利益的基础上迅速做出决策。但是采用此法，销售人员必须把握住顾客真实的内在需求，有针对性地汇总阐述产品的优点，不要“眉毛胡子一把抓”，更不能将顾客提出异议的方面作为优点加以阐述，以免遭到顾客的再次反对，使总结利益成交法达不到效果。总结利益成交法适用面很广，特别适合于相对复杂的购买决策，如复杂产品的购买或向中间商推销。

10.保证成交法

保证成交法是指销售人员针对顾客的主要购买动机，向顾客提供一定的成交保证，消除顾客的成交心理障碍，降低顾客的购物风险，从而增强顾客的成交信心，促使尽快成交的方法。例如：“您不用担心我们生产的太阳能热水器的质量问题，我们提供10年的使用保修期，随时上门为您提供各种技术服务。”

保证成交法的保证内容一般包括产品质量、价格、交货时间、售后服务等。这种保证直击顾客的成交心理障碍，极大地改善成交气氛，有利于促成交易。但是，保证成交法不可滥用，以免引起顾客的反感，从而不利于成交。

6.5.3　成交后续工作①

销售人员与客户成交签约后，并不意味着销售活动的结束，而仅仅是“关系销售”进程的开始。在签订完买卖合同之后，应及时根据合同的规定和要求，做好货物发送、装运、安装操作指导等后续服务工作，保持与客户的联系，解决客户在使用产品中所遇到的各种问题，真正让客户满意，发展并巩固双方之间的友谊，为下一次更大规模的交易打下坚实的基础。成交的后续工作可以总结为以下几点：

1.友好地与客户分手

无论是销售产品还是提供各种服务，在成交达到预定目的后，销售人员在与客户分手时，应注意保持一种友好、平静、理智的氛围。为此，应注意：一是要控制自己的情绪，藏而不露，不能因达成交易而过度兴奋，过分得意和满足，这样会引起对方反感，而应保持理智和平静的心态，泰然处之，不骄不躁，友好待客。二是要注意及时致谢和话别，不宜在成交后长时间地留住对方，与对方闲谈，以免节外生枝，提出一些新的复杂问题。在与购买者道别时，可因时、因地、因事向对方致以诚挚和美好的祝愿，并提出重逢的许诺，以情感人。

2.收回货款

出售产品或服务与收回货款是销售活动全过程中必不可少的两个部分，缺一不可。购销合同的签订只表明销售人员完成了销售的前期成交工作，但是企业不是单纯为了成交而活动，它的主要目的在于通过销售将产品或服务转化为货币，投入再生产。显然，从这一

---

①　范云峰，姬爱国．推销每个人都要面对的［M］．北京：京华出版社，2004：140-143.

角度来看，收款同样是销售人员的一项重要工作。

销售人员首先应树立信心，充分认识收回货款的必然性和必要性；然后，采取不卑不亢、强弱结合的态度将货款收回。常用的收款技巧有以下几种：

① 注意收款时机；

② 按商定日期及时收款，不留余地；

③ 事前开好发票，随身携带；

④ 注意验收客户的支票与票据；

⑤ 必要时以处境艰难求得客户同情；

⑥ 出现拖欠时，要明确还款具体期限。

3.追踪客户需求

了解客户需求，不仅是对客户负责的表现，而且是企业经营发展的信息来源。追踪客户需求主要着眼于以下几方面工作：

① 了解客户对产品的满意程度；

② 分析产品给客户需求带来的满足程度；

③ 征询客户对产品的改进意见和要求。

对追踪调查的结果，销售人员应进行认真细致的分析，发现问题，寻求新的解决办法，并向有关部门提出书面材料。

4.完善售后服务

售后服务是销售人员或企业在产品到达客户手中后所继续提供的各项服务工作。现代市场竞争在很大程度上体现在售后服务的竞争上，所以销售人员必须端正态度来认识和开展售后服务工作。售后服务内容很多，主要有以下几个方面：

（1）送货上门服务。一方面，有形实体产品销售成交后，对客户携带、运送不方便的大件产品和购买过多的产品，或有特殊困难的客户，均可提供送货上门的服务；另一方面，某些劳务项目，如办理保险、公证等，均可派人上门服务。

（2）“三包”服务。这是指对销售出去的产品实行包修、包换、包退服务。包修是指对有保修期的产品在销售后，在保修期内由销售方实行免费维修。包换是指客户在购买了不合适的产品后可在一定时间内调换品种、规格、花色、式样。包退是指客户购买到有质量问题的产品时，销售方保证退货。

（3）安装调试服务。对销售的某些生产设备及技术复杂的耐用消费品，应为客户提供上门安装及调试服务，以保证推销品的使用功能有效发挥。

（4）知识及技术咨询服务。随着科学技术的进步及生产的发展，产品生命周期缩短，新产品层出不穷。无论是生产资料还是消费品，其技术含量不断提高，在使用、消费、保管、维修中的技术难点、知识难点增多，因此售后要向客户提供必要的知识、技术咨询服务。

（5）巡回检修与配件供应服务。对一些结构复杂、零部件较多的产品，在销售成交后，销售方应定期派出有关技术人员上门检修，并搞好零配件供应。

5.沟通感情，保持联络

交易顺利达成后，销售人员千万不要让客户感觉出销售人员的态度开始冷淡。销售人员一定要善始善终，丝丝人情会为销售人员编织一张销售网络，从而使销售人员的销售额成倍增长。

交易成功了，销售人员容易做到与客户再沟通、再交流；一旦交易不成，许多销售人员容易草草收场，成功的销售人员一定要能做到“买卖不成人情在”。对拒绝自己的客户依然彬彬有礼，感谢客户给自己机会，并向其致歉表示耽搁了其宝贵时间，如有可能要留下一些材料或礼品，以为下次再访成功做准备。

销售新视点6-1

智能客服机器人

智能客服机器人是一种利用机器模拟人类行为的人工智能实体形态，能够实现语音识别和自然语义理解，具有业务推理、话术应答等能力。

当用户访问网站并发出会话时，智能客服机器人会根据系统获取的访客地址和访问路径等，快速分析用户意图，回复用户的真实需求。同时，智能客服机器人拥有海量的行业背景知识库，能对用户咨询的常规问题进行标准回复，提高应答准确率。

智能客服机器人被广泛应用于商业服务与营销场景，为客户解决问题、提供决策依据。同时，智能客服机器人在应答过程中，可以结合丰富的对话语料进行自适应训练，因此它在应答话术上将变得越来越精确。

随着智能客服机器人的垂直发展，它已经可以深入解决很多企业的细分场景下的问题。比如电商企业面临的售前咨询问题，对大多数电商企业来说，用户所咨询的售前问题普遍围绕价格、优惠、货品来源渠道等主题，传统的人工客服每天都会对这几类重复性的问题进行回答，导致无法及时为存在更多复杂问题的用户群体提供服务。而智能客服机器人可以针对用户的各类简单、重复性高的问题进行解答，还能为用户提供全天候的咨询应答、解决问题的服务，它的广泛应用也大大降低了企业的人工客服成本。

资料来源 王健宗，何安珣，李泽远. 金融智能：AI如何为银行、保险、证券业赋能［M］. 北京：机械工业出版社，2020：11.

思考：了解人工智能的商业应用范围，分析智能客服机器人应用于销售活动过程的意义及应注意的问题。

学思践悟

霞湖世家：品牌自播号杀出重围

在2022年7月25日举办的2021年度中山新媒体研究报告发布会上，中山市霞湖世家服饰有限公司（以下简称霞湖世家）凭借《整月累计销售五千万！服装类直播带货案例》，荣获2021年度中山市优秀网络直播案例。

霞湖世家2021年直播带货营业额达2亿多元。其目前在抖音号的粉丝为321.7万个，账号作品结合公司董事长郭长棋人设来定制内容，在视频里打造了一个白手起家的企业家形象。郭长棋在镜头前分享自己的人生观、生意经验和家庭生活。

为了开拓销路，霞湖世家早在2020年就开始探索直播带货销售模式。最初靠郭长棋的勤奋直播和个人IP，加上本身是服装生产厂家，可以把服饰价格保持在较低的区位，做到无中间商赚差价，靠着高品质、低价位引流，从而赢得了很多回头客。现在霞湖世家已从“人带货”模式走向了“货带人”模式。

资料来源 张倩，潘琰. 霞湖世家一年直播带货两亿多元［N］. 中山日报，2022-07-26（A02）.

【思政元素解析】 霞湖世家的工厂直播模式的成功不是偶然事件。它是国货品牌在新的经济发展格局下，自觉开启电商直播带货销售模式的成功典范。近年来，国家大力倡导支持国货品牌的消费，企业也在寻求新的发展机遇，而自主品牌网络带货直播是企业快速融入市场、满足不断变化的消费者需求的首选。新国货品牌被消费者青睐的背后，既有走向舞台中央的新一代消费者的文化自信和他们更加多元的消费需求，又有新国货品牌带来的更加丰富的品质选择。

基本训练

第6章即测即评

- **简答题**

1.寻找目标顾客的方法有哪些？

2.顾客接近的准备工作有哪些？

3.约见顾客有哪些内容和方法？

4.顾客洽谈的方法和技巧有哪些？

5.顾客异议的主要类型有哪些？如何正确处理顾客异议？

6.简述销售工作的基本流程。

- **自我测试题**

关于倾听的自我检验

阅读下列问题，在另一张纸上相应地选择“是”或“否”。对照你在最近几次会议或聚会上的举止，尽可能真实地回答每个问题：

1.我经常试图同时去听几个谈话。

2.我喜欢别人只向我提供事实，让我自己做解释。

3.我有时装作在注意别人。

4.我认为自己对于非语言沟通有着良好的判断力。

5.通常在别人说话之前我已经知道他要说什么。

6.对于我不感兴趣的谈话，我通常会转移对说话者的注意力，然后结束谈话。

7.我经常以点头、皱眉或其他动作来让讲话人知道我对他所说的话的感受。

8.当一个人结束谈话时，我通常会立即做出反应。

9.在别人讲话时，我对所讲的话加以衡量。

10.通常别人还在讲话时，我就在酝酿着做出反应。

11.讲话者的说话方式常常会影响我倾听其内容。

12.我经常询问别人的意见。

13.我很努力地去理解别人的意见。

14.我常常是听到了我希望听到的话而不是别人所说的话。

15.许多人在我们意见不一时相信我已经明白了他们的意见。

根据沟通理论，正确的答案是：1、2、3、5、6、7、8、9、10、11、14为否，4、12、13、15为是。如果你只答错了一两个问题，你极为赞同你自己的倾听习惯，作为一个销售人员，你正沿着成为一个有效的倾听者的正确道路前进。如果答错了三四个问题，你已经对你倾听的有效性产生了一些疑问，你可能对你倾听的方式不太满意，而你的朋友和同事也不认为你是一个好的倾听者。继续努力，提高你主动倾听的技能。

资料来源　富特雷尔．销售学基础：顾客就是生命［M］．苏丽文，主译．6版．北京：机械工业出版社，2000：215.

- **案例分析题**

客户异议的处理

甲公司的营销员小黄按照约定时间来到H公司推销公司最新生产的一款办公自动化产品。小黄刚敲开经理办公室的门，说明了他的来意，女经理立即就说："对不起，我很忙，我们以后再谈吧。"说完就要关门送客，这时小黄立刻说道："正因为您忙，您一定想过要设法节省时间吧。我们的产品可以帮助您节省时间。"女经理看了他一会，犹豫地让小黄进办公室谈。

小黄取得了初步进展，便径直走到办公室里面坐在了沙发上。女经理先说道："我时间不多，之前没有仔细了解你们公司的情况。"小黄简要地介绍了自己的公司后，女经理说："啊，你原来是甲公司的营销员，你们公司周围的环境可真差，交通也不方便呀！"小黄听到这些话有点气不过，但想到是来销售产品的，就没说什么，而是拿出产品对女经理说："×经理，请您看看产品。"女经理接过产品，小黄预计她可能会对产品提出异议，便主动说道："我们的产品功能确实不太多，但所有基本功能保证都是齐全的，而且我们的产品设计是便携式的，一般也不需要那么多功能。"

女经理研究了一会儿，认为产品的录制功能使用起来不是很方便，小黄应对道："这是此类产品的通病，目前国内还没有哪家企业能够彻底解决这个问题，但是与其他同类产品相比，我们的产品在这方面是做得最好的。"女经理又询问了一些产品功能方面的问题，小黄觉得对方的购买意愿很强，他估计接下来双方要就价格问题进行商讨。果然，女经理说："你们的产品太贵了。"小黄回答："您说得对，与同类产品相比，我们产品的价格确实略高，但是物有所值，我们的产品采用目前最先进的技术制作而成，且保修5年，比其他产品的保修期要长两年。您看我们的产品价格略高是不是也有所值呢？"

最后，该经理同意先预定5台甲公司生产的产品，小黄出色地解决了一系列的顾客异议。

资料来源　2011年11月高级营销员资格考试真题。

问题：

1.请结合案例中的具体谈话，找出女经理提出的异议类型包括哪些方面。

2.小黄采用了哪些策略处理女经理的异议？你认为小黄的做法中，最可取的地方是什么？

- **实训题**

实训项目：顾客洽谈方法与技巧的训练。

实训形式：将学生分成若干小组，做好角色分配并进行演练，小组成员间进行角色互换。

实训目的：

1.使学生熟悉顾客洽谈的方法和技巧。

2.提升学生沟通能力、快速反应能力。

实训内容与要求：

1.课堂模拟，学生自己准备产品，教师以抽签形式确定任务分配。

2.任选至少一种方法进行指定产品的模拟销售演练。

3.要求每个学生在讨论中都不同程度地参与意见。

4.能够在5分钟内较为合理地演练情景对话。

5.通过自评、互评方式发表看法及针对演练中的问题提出改进建议。

第4篇 销售对象管理

[第7章] 客户管理

学习目标

◆ 重点掌握客户关系管理的定义和重点客户管理；掌握客户关系管理的内容，客户分级与筛选，客户投诉管理；了解客户信用管理和客户服务管理。

引 例

喜茶：一杯数字化奶茶 3 500万私域流量

2021年2月，新式茶饮代表品牌之一的喜茶发布《茶势喜人 灵感永驻 喜茶2020年度报告》。数据显示，截至2020年12月31日，“喜茶GO”微信小程序会员超3 500万个，2020年新增1 300万个会员。这个以解决消费者长时间排队困扰为初衷的线上渠道，如今已成为喜茶数字化运营的重要战场。

通过小程序触达的大量消费者，为喜茶提供了具有参考性的消费场景和行为数据。精准的消费者画像、产品销量、区域分布和消费高峰时段等，对于喜茶产品研发和门店运营团队了解消费者喜好与需求、计算订单耗时和监测门店运营等方面，都具有重要意义。

企业根据小程序对会员的精准画像，推出灵活的奖励政策以及专属个性化服务，不仅满足了会员个性化需求，刺激和提升会员消费水平，而且强化了品牌度。

资料来源 陶艳梅. 一杯数字化奶茶，3500万私域流量［EB/OL］.（2021-06-01）［2022-06-29］. https://baijiahao.baidu.com/s?id=1701331384007095906&wfr=spider&for=pc.

基于互联网技术的电子商务正在改变着社会经济中各个行业的传统经营模式，尤其是彻底地改变了企业与客户之间的关系。随着市场环境的变化，企业最初面临的卖方市场逐渐转向了买方市场，企业的营销管理也从生产经营型转向了以客户满意为中心的客户管理。在日益激烈的同业竞争中，要求企业的核心经营理念从“以产品为中心”转向“以客户为中心”——谁能把握住客户的需求并以最快的速度做出响应，谁能吸引新客户、保持老客户，谁就能取得最终的胜利。

7.1 客户关系管理

“关系就是生产力”，这个来自企业实践的论断在儒家文化环境中有着非常深厚的根基和含义。尽管大家对“关系”的解读可能大相径庭，但并不妨碍整个营销领域重点的转移。与客户保持持续的双赢关系，成为企业营销活动关注的焦点。[①]微观而言之，企业的各职能部门如销售、市场、客户服务、技术支持等都需要能实现自动化的解决方案，以打造一个面对客户的前沿平台；宏观而言之，整个企业，从顶层至基层，尤其要从顶层开始，树立全面的以客户为中心的管理理念和思想，将客户关系、客户让渡价值、客户满意和客户忠诚等贯穿始终，渗透至整个企业，融入企业文化，并最终形成企业文化的中坚力量。

7.1.1 客户关系管理的含义

客户关系管理（customer relationship management，CRM），是指通过培养企业的最终客户、分销商和合作伙伴等对本企业及其产品更积极的偏爱和偏好，留住他们并以此提升企业业绩的一种营销策略。[②]其操作过程是：采用先进的数据库和其他信息技术获取客户数据，分析客户行为和偏好特征，积累和共享客户信息，有针对性地为客户提供产品或服务，发展和管理客户关系，培养客户长期的忠诚度，以实现客户价值最大化和企业收益最大化之间的平衡。[③]

客户关系管理也是一种旨在改善企业和客户之间关系的管理机制，通过向企业的市场营销和相关技术人员提供系统、全面、个性化的客户资料，强化跟踪服务与信息服务的能力，建立和维护企业与客户之间一对一的关系，从而使企业提供更快捷和周到的服务，提高客户满意度，吸引和保持更多的客户，增加销售额。[④]

客户关系管理的内涵主要体现在以下几个方面：[⑤]

（1）客户关系管理的目的是促使企业从以一定的成本取得新客户转变为想方设法留住现有客户，从取得市场份额转变为取得客户份额，从发展一种短期的交易转变为开发客户的终生价值，从而提升企业盈利能力和竞争优势。[⑥]

（2）客户关系管理的前提是满足客户需求。要提升企业的盈利能力和竞争优势就必须保证企业的销售，而企业的销售取决于客户的购买，企业稳定的销售来自稳定的客户群。企业稳定客户的前提是满足客户需求，提高客户的满意度。

（3）客户关系管理的条件是运用一定的资源、政策、结构和流程。客户关系管理

① 邬金涛．客户关系管理［M］．武汉：武汉大学出版社，2008：1.
② 李先国．营销管理［M］．大连：东北财经大学出版社，2002：352.
③ WINER R S. A framework for customer relationship management［J］. California Management Review，2001，43（4）：89-105.
④ 李先国．营销管理［M］．大连：东北财经大学出版社，2002：352.
⑤ 张启杰，田玉来．销售管理实务［M］．北京：中国电力出版社，2009：153-154.
⑥ 任锡源，等．销售经理360度全程序工作手册［M］．北京：中国经济出版社，2006：152.

的核心思想是将企业的客户（包括最终客户、分销商和合作伙伴等）作为最重要的资源，通过完善的客户服务和深入的客户分析来满足客户的需求，保证实现客户的终生价值。

（4）客户关系管理的方法是密切与客户沟通，深入了解客户需求，提供优质产品，完善客户服务，提高响应速度。

（5）客户关系管理的内容是分析客户、选择客户、获得客户、维系客户关系、提高客户忠诚度。

7.1.2 客户关系管理的提出①

人们在不断地探索和实践中逐渐认识到，建立客户关系、维持客户关系已成为获取独特竞争优势的唯一也是最重要的基础，“以客户为中心”管理理念的确立，使得企业实施客户关系管理提上了日程。企业因为市场的变化，在其目前的制度体系和业务流程中出现了种种难以解决的问题，比如，业务人员无法跟踪众多复杂、销售周期长的客户；与客户沟通口径不一致；企业由于业务人员的离职而丢失重要的客户和销售信息。②此外，随着信息技术的发展，企业核心竞争力对于企业信息化程度和管理水平的依赖越来越强，这就需要企业主动开展组织结构、工作流程的重组，同时有必要也有可能对面向客户的各项信息和活动进行集成，组建以客户为中心的企业，实现对客户活动的全面管理。

1.需求的拉动

以下是一些来自销售人员、营销人员、服务人员、客户、企业经理人员的各种抱怨：

（1）来自销售人员的声音。从市场部提供的客户线索中很难找到真正的客户，我常在这些线索上花费大量时间。我是不是该自己来找线索？出差在外，要是能看到公司网站上的客户、产品信息就好了等。

（2）来自营销人员的声音。去年在营销上开支了1 000万元，我们怎么才知道这1 000万元的回报率？在展览会上，我们一共收集了4 000张名片，如何利用才好？在展览会上，我们向1 000多人发放了公司资料，这些人对我们产品的看法怎样？其中有多少人已经与销售人员接触了？我们应该和那些真正的潜在购买者多多接触，但我们怎么能够知道谁才是真正的潜在购买者？我们怎么才能知道其他部门和客户的联系情况，以防止重复地给客户发放相同的资料？有越来越多的人访问过公司的网站，但我们怎么才能知道这些人是谁？我们的产品系列很多，他们究竟想买什么？

（3）来自服务人员的声音。很多客户提出的产品故障都是由自己的错误操作引起的，很多情况下可以自己解决，但回答这种类型客户的电话占去了很多时间，工作枯燥又无聊；其他部门的同事都认为我们售后服务部门只是花钱而挣不来钱。

（4）来自客户的声音。我从企业的两个销售人员那里得到了同一产品的不同报价，哪个才是可靠的？我以前买的东西现在出了问题，这些问题还没有解决，怎么又来上门推销？我报名参加企业网站上登出的一场研讨会，但一直没有收到确认信息，研讨会这几天就要开了，我是去还是不去？为什么我的维修请求提出了一个月，还是没有等到上门服务？

---

① 张启杰，田玉来．销售管理实务［M］．北京：中国电力出版社，2009：155-156.
② 昝欣．决策方法与客户分类［M］．北京：对外经济贸易大学出版社，2007：73.

（5）来自企业经理人员的声音。有个客户半小时后就要来谈最后的签单事宜，但跟单的人最近辞职了，而我作为销售经理，对于这个客户联系的来龙去脉还一无所知，我该怎么办呢？有3个销售人员都和这家客户联系过，我作为销售经理，怎么才能知道他们都给客户承诺过什么？这次的产品维修技术要求很高，我是一个新经理，该派哪一个维修人员呢？

上述问题可归纳为两个方面：一方面，企业的销售、市场和客户服务部门难以获得所需的客户互动信息；另一方面，来自销售、客户服务、制造、库存等部门的相关信息分散在企业内各部门，以至于无法对客户有全面的了解，各部门难以在统一的信息处理基础上面对客户。这就需要各部门对面向客户的各项信息和活动进行集成，实现对客户活动的全面管理。

通过企业的客户关系管理系统：企业的客户可通过电话、传真、网络等方式访问企业，进行业务来往；任何与客户打交道的员工都能全面了解客户信息，根据客户需求进行交易，了解如何对客户进行纵向和横向销售，记录自己获得的客户信息；企业根据市场活动进行规划、评估，对整个活动进行全方位透视；能够对各种销售活动进行跟踪；销售人员可不受地域限制，随时访问企业的客户关系管理系统，获得客户信息；能够从不同角度提供成本、利润、生产率、风险率等信息，并对客户、产品、职能部门、地理区域等进行多维分析。

2.技术的推动

客户信息是客户关系管理的基础。办公自动化程度、员工计算机应用能力、企业信息化水平、企业管理水平等的提高都有利于客户关系管理的实现。现在，信息化、网络化的理念在我国很多企业已经深入人心，很多企业有了相当的信息化基础。通过互联网可开展营销活动，向客户销售产品、提供售后服务、收集客户信息等，最重要的是，这一切的成本都很低。

数据仓库、商业智能、知识发现等技术的发展，使得收集、整理、加工和利用客户信息的质量大大提高。例如，一个大型的仓储式超市对顾客的购买清单信息进行了分析，结果表明，刮胡刀和尿布经常同时出现在顾客的购买清单上，原来，很多男士在为自己购买刮胡刀的时候，还要为自己的孩子购买尿布，因此这个超市重新分布货架，使得购买刮胡刀的男人很容易地看到婴儿尿布。

显而易见，网络和电话的结合使得企业能够以一个统一的平台面对客户。

7.1.3 客户关系管理系统的基本功能①

客户关系管理系统将客户数据库、客户服务、销售自动化及其他信息技术紧密结合在一起，建立起企业与客户的沟通平台。客户关系管理系统是一个基于电子商务的面对客户的服务系统，为企业的销售和服务提供自动化的解决方案。

客户关系管理系统最基本的功能是满足市场、销售和服务部门的要求，对应于这3个部门，客户关系管理系统有相应的子系统，这些子系统有相应的功能。

1.客户市场管理子系统

客户市场管理子系统能够提供完整的客户活动、事件、潜在客户和数据库管理，从而使寻找潜在客户工作效率更高、更加合理化。该子系统具体包括以下几个方面的功能：

（1）电话营销和电话销售，主要功能包括：把电话本与客户、联系人和业务建立关联；把电话号码分配到销售人员；记录电话细节，并安排回电；电话营销内容草稿；电话

① 李先国．市场营销学［M］．北京：中国财政经济出版社，2005：303-306.

录音，同时给出书写器，用户可做记录；电话统计和报告；自动拨号等。

（2）营销管理，主要功能包括：在进行营销活动（广告、邮件、研讨会、展览会等）时，能获得预先定制的信息支持；把营销活动与业务、客户、联系人建立关联；提供类似公告板的功能，从而实现营销文件、分析报告等信息的共享；跟踪特定事件；安排新事件，如研讨会等，并加入合同、客户和销售代表等信息；信函书写、批量邮件，并与合同、客户、联系人、业务等建立关联；邮件合并；生成标签和信封等。

（3）潜在客户管理，主要功能包括：业务线索的记录、升级和分配；销售机会的升级和分配；潜在客户的跟踪等。

2.客户销售管理子系统

客户销售管理子系统可以快速获取和管理日常销售信息，为提高销售人员工作效率提供流畅、直观的功能，同时保证每个客户和每个销售人员之间能进行完全的沟通。另外，销售经理能有效地协调和监督整个销售过程，包括机会、预测和渠道等，从而保证销售活动取得最大的成功。该子系统具体包括以下几个方面的功能：

（1）客户管理，主要功能包括：客户基本信息；与此客户相关的基本活动和活动历史；联系人的选择；订单的输入和跟踪；建议书和销售合同的生成等。

（2）联系人管理，主要功能包括：联系人的记录、存储和检索；跟踪与客户的联系，如时间、类型、简单的描述、任务等，并可以把相关的文件作为附件；客户的内部机构设置概况等。

（3）销售管理，主要功能包括：

①组织和浏览销售信息，如客户、业务描述、联系人、时间、销售阶段、销售额、可能结束的时间等；

②产生各销售额业务的阶段报告，并给出业务所处阶段、仍需要的时间、成功的可能性、历史销售状况评价等信息；

③对销售业务给出策略上的支持；

④对区域进行维护；

⑤把销售人员归入某一区域并授权；

⑥区域的重新设置；

⑦根据利润、领域、优先级、时间、状态等标准，销售人员可定制将要进行的活动、业务、客户、联系人、约会等方面的报告；

⑧提供类似BBS的功能，销售人员可把销售秘诀放在系统上，还可以进行某一方面销售技能的查询、销售费用管理、销售佣金管理等。

3.客户服务支持与服务管理子系统

该子系统能够将客户支持人员与现场销售和市场紧密地集成在一起，可以综合所有关键信息，并管理日常的客户服务活动和任务，从而在解决客户问题时，可以快速、高效地存取关键管理信息。客户服务支持与服务管理子系统功能包括以下几点：

（1）客户服务信息管理，主要功能包括：收集与客户服务相关的资料；现场服务派遣；客户数据管理；客户产品生命周期管理；支持人员档案和地域管理等。此外，通过与ERP系统的集成可为后勤管理、部件管理、采购管理、质量管理、成本跟踪管理、发票和会计管理等提供必要的数据。

（2）合同管理，主要功能包括：通过帮助用户创建和管理客户服务合同，从而确保客户能够获得与之相匹配的服务水平和质量；跟踪保修单和合同的续订日期，通过事件功能表安排维护行动；服务档案管理模块，使用户能够对客户的问题及解决方案进行日志式的记录，包括联系人管理、动态客户档案、任务管理及基于规则解决关键问题的方案等，从而使用户在检索问题答案或解决方案方面提高服务的响应速度和质量。

（3）服务统计分析与决策支持，主要功能包括：对客户服务资料进行分析和处理，使企业既能根据客户的特点提供服务，又能对客户的盈利性进行评估，从而使客户的满意度和企业盈利都能得到提高。

另外，客户服务支持与服务管理子系统可以与CTI（计算机电话集成）软件相结合，为客户提供更快速、便捷的支持与服务。

客户关系管理系统与企业供应链管理（SCM）紧密相连，从而保证客户关系管理系统中每一个订单能够在保证利润的前提下，有效及时地得到确认并执行。每一笔销售交易的达成有赖于企业管理的支持平台，即企业资源计划系统（ERPS），其中包括分销与运输管理、生产与服务计划、信用与风险控制、成本与利润分析等功能。

7.2 客户分级管理

各企业的客户众多，加上各客户性质不一，企业应按本身实际需要针对客户进行分类管理。因为，一方面，企业的人力、物力等资源都是有限的，不可能对所有的客户都一视同仁，不可能投入同样的时间和精力来管理每一个客户；另一方面，从客户角度出发，不同的客户重复购买的次数以及为企业带来的利润也是有很大差异的。因此，企业必须对客户进行分级管理。重点客户管理是客户分级管理的重要内容。重点客户对企业的利润和发展具有重大的影响，决定了企业的资源应当如何分配，以获得最大的效率。

7.2.1 客户分析与筛选①

1.建立客户档案

企业为了加强客户服务、掌握客户的动态，应对客户进行建档管理。建立客户档案可以开展有针对性的促销，激发客户的重复购买行为，以提高客户的购买次数；可以测定客户对企业的态度，如对产品的意见、品牌的偏好，借以调整销售政策和改善服务水平；可以创造交叉销售，提高客户的购买量；可以消除买卖双方的鸿沟，促使双方关系更密切。

对一般企业，可将客户进行如下分类：

（1）有成交记录的客户，即建档为“客户资料卡”。

（2）客户成交金额高低按A、B、C分级管理，并以不同的色卡进行“颜色管理”。A级客户为“重点客户、常交易客户”，B级为“一般客户”，C级为“小客户”，分别以不同的颜色区别。

（3）将客户分类为“现有（已交易）客户”“可能客户”“潜在客户”三类。销售工作是稳住“现有客户”；加强对“可能客户”的销售，使其尽快成为“现有客户”；对“潜在

① 张启杰，田玉来. 销售管理实务［M］. 北京：中国电力出版社，2009：157-160.

客户”进行拜访和促销，使其转化为“可能客户”，再经过努力成为“现有客户”。

（4）按销售人员的销售习惯，将客户分为三种不同的客户，即“固定卡”“攻击卡”“开发卡”，分别储存和管理。“固定卡”是已购买本企业产品的客户；“攻击卡”是已购买竞争品牌产品的客户，通过竞争性销售，可望抢夺为本公司的客户；“开发卡”指尚未购买本企业或其他品牌产品的客户。

客户资料卡的内容依企业需要、产品类别而分别设计。客户资料卡的内容除包括客户的姓名、住址、职业、所购产品名称与购买日期以外，有关其家庭成员的生日、爱好等也是资料卡的重要内容。除此之外，竞争品牌产品的购买量、产品记录、地区记录、修理记录、寄发促销DM记录等均应记入客户资料卡中。

2.客户分析

进行客户关系管理，不仅要对客户资料进行采集，而且要对客户资料进行多方面的分析，包括客户构成分析、客户与本企业的交易业绩分析、不同产品销售构成分析、不同产品销售毛利率分析、产品周转率分析、交叉比率分析、贡献比率分析等。

（1）客户构成分析。

① 将自己负责的客户按不同的方式进行划分，如可以分为批发店、零售店、代理店、连锁店等。

② 小计各分类客户的销售额。

③ 合计总销售额。

④ 计算客户销售额占分类销售额的比重和分类客户销售额占总销售额的比重。

⑤ 运用ABC分析法将客户分为3类：A类客户，企业重点客户，占企业总销售额的80%；B类客户，企业一般客户，占企业总销售额的15%左右；C类客户，企业的小客户，占企业总销售额的5%左右。客户构成分析见表7–1。

表7–1　　**客户构成分析**

客户类型		销售额	客户销售额占分类销售额比重	小计	合计	分类客户销售额占总销售额比重
批发店	1					
	2					
零售店	1					
	2					
连锁店	1					
	2					
专卖店	1					
	2					
代理店	1					
	2					

（2）客户与本企业的交易业绩分析。

① 统计各客户的月交易额或年交易额。

② 统计各客户销售目标，检查差距。

③ 合计企业总销售额。

④ 计算出各客户交易额占本企业总销售额的比重。

⑤ 检查该比重是否达到了本企业所期望的水平。

客户与公司的交易业绩分析见表7-2。

表7-2 客户与公司的交易业绩分析

客户名称	年（月）累计交易额	客户销售目标	客户交易额占企业总销售额的比重	企业总销售额

(3) 不同产品销售构成分析。

① 将企业对客户销售的各种产品及销售额列出。

② 合计每一客户所有产品的累计销售额，以及所有客户所有产品的累计销售额。

③ 计算每一客户所有产品的累计销售额占所有客户所有产品的累计销售额的比重。

④ 对每一客户所有产品的累计销售额进行销售排序后，检查是否完成企业所期望的销售目标。

⑤ 合计每一产品所有客户的累计销售额。

⑥ 计算每一产品所有客户的累计销售额占所有产品所有客户的累计销售额的比重。

⑦ 对每一产品所有客户的累计销售额进行销售排序后，检查是否完成企业所期望的销售目标。

⑧ 分析不同客户产品销售的倾向及存在的问题，检查销售重点是否正确，将畅销产品努力推销给潜在客户，并确定以后产品销售的重点。

产品销售构成分析见表7-3。

表7-3 产品销售构成分析

客户 \ 销售额 \ 产品	a	b	c	d	合计	销售比重	销售排序	销售目标
1								
2								
3								
4								
5								
合计								
销售比重								
销售排序								
销售目标								

（4）不同产品销售毛利率分析。

① 将自己所负责的对客户销售的产品按毛利额大小排序。

② 计算各种产品的销售毛利率。

（5）产品周转率分析。

① 核定客户经销产品的库存量。通过对客户的调查，将月初客户拥有的本企业产品库存量和月末客户拥有的本企业产品库存量的总和进行平均，求出平均库存量。

② 将销售额除以平均库存量，得出产品周转率。

（6）交叉比率分析。其计算公式为：

交叉比率=毛利率×产品周转率

毛利率和产品周转率越高的产品，就越有必要积极促销。

（7）贡献比率分析。

① 求出不同产品的贡献比率，计算公式为：贡献比率=交叉比率×销售额构成。

② 对不同客户产品销售情况进行比较分析，看是否完成了公司期望的产品销售任务，某客户产品促销或滞销的原因何在，应重点推销的产品是什么。

3.筛选客户

筛选是将重点客户保留，淘汰那些无利润贡献、无发展潜力的客户。在筛选时，销售人员一般从以下5个标准衡量客户，作为筛选的依据：

① 购买额，是指客户全年的购买额。

② 收益性，即客户毛利贡献额的大小。

③ 安全性，即销售货款是否足额回收。

④ 未来性，分析和确定客户的未来发展前途。

⑤ 合作性，考察客户的合作态度。

针对以上标准对客户进行打分，满分可以为100分。赋予每个标准以不同的权重，如购买额占40分，收益性占10分，安全性占30分，未来性占10分，合作性占10分。对客户进行筛选后，就会发现一些客户犹如仓库里的呆滞品或残次品，而另一些客户将成为企业利润的主要来源。

7.2.2 重点客户管理

目前，许多企业的重点客户管理还存在问题，主要体现在：

① 许多企业往往偏重新业务、新客户的发展，与老客户的沟通不够，重点客户的需求不能很好地被采集反馈，致使提供的服务低于重点客户的期望值，往往会导致老客户的满意度下降，从而增加重点客户市场的不稳定因素。

② 缺乏有效的管理方法，难以对重点客户市场竞争做出准确的管理和预测。这往往会造成重点客户流失，而事后补救必将付出巨大的代价。[①]

重点客户管理过程主要包括建立、发展和维系重点客户关系3个方面。

1.建立重点客户关系

（1）选择客户关系的类型。企业在具体的营销实践中，建立何种类型的客户关系，必

---

① 张永红．客户关系管理［M］．北京：北京理工大学出版社，2009：99.

须针对其产品和客户的特征做出选择。美国营销学大师菲利普·科特勒认为，根据关系水平、程度的不同，可以将企业建立的客户关系概括为5种类型：

① 基本型。销售人员把产品销售出去后就不再与客户接触。

② 被动型。销售人员把产品销售出去，同意或鼓励客户在遇到问题或有意见时联系企业。

③ 负责型。产品销售完成后，企业及时联系客户，询问产品能否满足客户的需求，有何缺陷或不足，有何意见和建议，以帮助企业不断改进产品，使之更好地满足客户需求。

④ 能动型。销售完成后，企业不断联系客户，交流有关改进产品的建议和新产品的信息。

⑤ 伙伴型。企业持续地与客户进行沟通，帮助客户解决问题，支持客户的成功，实现共同发展。①

这5种客户关系类型之间并不具有简单的优劣对比度或顺序，因为企业所采用的客户关系类型取决于它的产品以及客户的特征，不同企业甚至同一企业在对待不同客户时，有可能选择不同的客户关系类型。通常来说，公司应当将客户分类，对于重点客户，至少应当保持能动型的客户关系；对于非常重要的重点客户，则应该选择最紧密的伙伴型的客户关系。

（2）找准客户接触点。企业在识别了重点客户，并为其选定了客户关系类型之后，就要考虑采用何种方式与客户进行接触了。对于现代企业来讲，每一个可能的接触点，都可能会成为发现客户需求、反映客户意见，进而建立牢固客户关系的基点。企业应当首先从企业流程的角度对公司现状和现有的影响客户关系的运作方式进行分析，并对自身与客户的接触点进行全面管理，使其保持完整性、系统性、继承性和共享性。为此，企业应当做到以下3点：

① 加深各职能部门和决策部门对客户接触点的认识。要让涉及企业业务前后端的员工都真正明白客户关系管理系统的设计和实施。

② 企业在针对客户接触点的改进和管理的过程中，最重要的措施是增加集成度和信息共享。

③ 接触点的重要性在企业中的体现，要从领导和决策层开始，只有在企业中形成了由上到下都重视客户接触点的氛围，企业才能真正改进客户接触点管理。

（3）与客户达成共识。建立重点客户关系需要与重点客户进行零距离接触，并达成和谐一致的共识。从某种程度上可以说，重点客户关系的建立是一个动态的、持续的过程，不可能一蹴而就。企业应当通过对客户定位、接触点、满意度和忠诚度等方面的管理来为企业开展全面的重点客户关系管理奠定基础，实现客户关系与企业价值链的良性循环。②

2.发展重点客户关系

事实上，重点客户管理不仅是一个程序或一套工作方法，更是一种管理理念，一种如何挑选重点客户并发展与其关系的业务处理方式。公司必须针对重点客户的特点和企业的实际制定切实可行的重点客户管理模式，制定关键的管理制度和管理流程，不断发展与重

① 高学军. 现代客户关系管理全书（上卷）[M]. 北京：中国统计出版社，2001：14.
② 高学军. 现代客户关系管理全书（上卷）[M]. 北京：中国统计出版社，2001：17-18.

点客户的关系。

发展重点客户关系关键要做好以下几点：

（1）真正关心重点客户的利益。企业要设身处地为重点客户着想，而不是将重点客户关系仅仅看成一种经营手段。比如在购物时，很多商家都有凭发票保修一定时间的承诺，然而真正到需要保修的时候，才发现有诸多不便。经过一年半载的时间，要找到当初的发票多半不容易，因此起初的保修承诺很难兑现。从法律的角度看，这也许是消费者自身的责任，但是从为客户利益着想的角度看，商家就应该设计一种更加人性化的管理方法，让客户减少麻烦。问题的关键往往在于企业到底把客户的利益放在什么位置上。要想取得客户，尤其是重点客户的信任，就必须从理念上认识清楚这个问题。

（2）对重点客户进行差异化的服务。对重点客户一定要在服务程序和内容上与一般客户有所不同。不仅如此，重点客户之间也应当体现出服务的差异化。因为不同重点客户的关注点不同，要努力为他们提供真正意义上的个性化服务。只有这样，才能体现出对重点客户的重视，从而让重点客户获得与众不同的收益。企业可以创造性地采取各种措施，逐步建立具有自己特色的VIP服务体系，并定期评估和不断修正自己的VIP服务体系，推陈出新，真正实现良性互动的发展。

（3）让重点客户参与企业的管理。企业可以采取以下做法：

第一，在企业进行重大的技术或者管理活动时，不要忘记邀请客户参与和见证活动过程。

第二，将公司内部管理过程透明化也能提高客户的满意度。比如，在戴尔网站上订购电脑的客户，可以在网上非常便捷地查询到自己的产品在戴尔的营运系统中进行到哪个阶段，以及各阶段是否达到了自己的订货要求。

（4）采用多样化的沟通手段。众所周知，信息渠道的开拓是销售业务的开端，对每一个销售组织或个体来说，信息渠道的建设与信息共享至关重要，对重点客户的管理同样如此。客户经理一项重要的工作就是充分获得客户及竞争对手的信息，并对这些信息进行准确判断。但在现实生活中，大多数信息往往无法通过与客户面对面的交流获得，而是需要多层面、多渠道的信息共享与沟通。一个有经验的客户经理在获取信息时不能只听一面之词，一定要采取多样化的沟通手段，才能确定信息的可靠程度。同时，多样化的沟通手段对销售成功具有很大的促进作用。每个人获得信息的途径不同，对重点客户尤其应该注意沟通方式的多样性。

（5）防止重点客户背离。维系重点客户关系不仅要提高客户忠诚度，而且必须防止重点客户背离。通常情况下，重点客户背离的原因主要有以下两大方面：

① 不可控因素，包括重点客户业务发生收缩或者扩张、重点客户突然遭遇重大意外事故倒闭等。其中，重点客户的业务收缩主要是由于重点客户的经营方向调整、经营范围缩小或由于重组而出售部分企业等，导致重点客户对原来的产品需求减少或不再需求；业务扩张主要是由于重点客户直接进入本企业所在的上游领域，成为竞争对手，而与本企业终止业务往来。

② 可控因素，包括：

第一，竞争对手的进攻。竞争对手以更低的价格、更好的产品、更优质的服务，利用强大的宣传推广攻势等各种竞争手段进攻，赢得重点客户。

第二，企业提供的产品或服务不能满足重点客户的需求。企业研发力量薄弱，自身产品发展跟不上重点客户需求的发展。

第三，重点客户的投诉和问题得不到解决等。渠道冲突、售后服务、产品质量等问题发生后，企业没有及时采取有效的方式给予解决，导致重点客户背离。①

必须认识到，并不是所有的重点客户背离都能制止。重点客户管理的重点是应对可控因素带来的客户背离。要正确分析重点客户背离的原因，针对问题的症结采取相应的措施。

3.维系重点客户关系

维系重点客户关系就是要提升重点客户的忠诚度。而客户忠诚的基础是客户通过企业长期的服务表现产生了信任感，以至于即使有多家供应商可以选择，客户仍然心甘情愿、一如既往地继续与该企业合作。维系重点客户关系需要做到以下几点：

(1) 实行重点客户经理制度。客户经理制是为实现经营目标所推行的组织制度。由客户经理负责对客户的市场营销和关系管理，为客户提供全方位、方便快捷的服务。重点客户只需面对客户经理，即可得到一揽子服务及解决方案。客户经理可以通过数据分析出某类重点客户是什么类型偏好的消费群，其消费热点是什么，然后派出销售代表在该客户群中开展有针对性的营销活动，这样会增加业务推介成功的机会，提高重点客户服务的工作绩效；客户经理还应为重点客户提供免费业务、技术咨询，向重点客户展示和推介新业务；客户经理要根据重点客户的实际需求向重点客户提供适宜的建设性方案，以为重点客户提供优质高效的服务，使重点客户最大限度地提高工作效率。②

(2) 建立重点客户管理系统。重点客户管理系统是在重点客户的整个生命周期中，为重点客户的市场开拓、信息管理、客户服务及营销决策提供的一个综合信息处理平台。要建立重点客户管理系统，企业必须了解重点客户构成与整个客户群体构成的差异，并按客户的自然属性进行分类，挖掘出影响重点客户的关键自然属性，使企业能准确地掌握市场动态，并根据市场需求及时调整营销策略。③要做好重点客户服务工作，首先，要在众多的客户群中找准目标，辨别出谁是重点客户，谁是潜在重点客户。其次，要摸清重点客户所处的行业、规模等情况，建立完善的重点客户基础资料。同时，要依据资料提供的信息，对重点客户的消费量、消费模式等进行统计分析，对重点客户实行动态管理，对重点客户使用情况进行连续跟踪，为其提供预警服务和其他有益的建议，尽可能降低其风险。④

(3) 建立以重点客户为中心的组织流程。实施重点客户管理是一项系统工程，涉及企业经营理念、经营战略的转变，关系到企业的各个部门、企业流程的各个环节，要求企业拥有能及时进行信息交互与信息处理的技术手段。因此，企业应建立起以重点客户为中心的更为灵活的组织结构体系，将组织资源投入到最能满足重点客户需求的方面，并在考核制度、薪酬制度、激励制度等方面贯彻以重点客户为中心的思想。生产制造部门要把好质

---

① 孙家庆，冯茹梅，唐丽敏．航运与物流市场营销［M］．大连：大连海事大学出版社，2006：130.

② 经理人培训项目组．营销工具箱：营销工作者必备的80种专业工具［M］．北京：企业管理出版社，2006：193.

③ 经理人培训项目组．营销工具箱：营销工作者必备的80种专业工具［M］．北京：企业管理出版社，2006：193-194.

④ 杨锦威，张伟滨．全面服务战——108个成功策略及经典案例［M］．北京：中国经济出版社，2004：201-202.

量关，人力资源部门要培养高素质的员工完成高水平的服务，销售部门、财务部门、运输部门都应以重点客户为中心组织活动。要以重点客户需求作为流程的中心，重新整合企业流程和业务操作方法，使各部门的行动保持一致，彼此协调，积极投入到为重点客户提供最满意的服务中去，从而提高为重点客户服务的效率。[①]

（4）实施重点客户全面服务。重点客户管理需要管理人员掌握广泛的知识和技能，除了具备销售人员的基本知识与技能（如了解产品与市场、了解客户、处理人际关系、陈述与谈判、自我组织与时间管理、独立的自我激励等）外，必须能够进行战略策划、管理变革与创新、项目管理、精确分析和监控、帮助客户开发市场等。[②]企业可以建立专门的重点客户服务团队，团队成员彼此互补、相互促进，具备跨职能部门的执行能力，与重点客户之间建立方便和有效的联系，确保为重点客户提供及时而周到的服务。

在系统和程序方面，企业财务人员和信息技术人员应该全力支持重点客户服务团队。对企业而言，要实施全面的重点客户管理不是件容易的事。如果没有合适的运营程序和系统，那么交货时间的影响、对灵活性的要求以及一些定制产品的结果，都可能使一个企业从盈利走向亏损。企业应运用客户关系管理系统，为相关的部门和人员提供重点客户信息的实时共享，以保证部门间的工作衔接，搭建良好的交流平台，还应为重点客户反馈提供多种渠道，促进企业与重点客户持续双向沟通。

在制度规范方面，要解决前后台脱节的问题。企业与重点客户之间的关系，是由企业所属的各个部门和人员，通过不同的事件与方式，在不同的时间、地点，与重点客户的不同部门和人员的接触而形成、发展和维护的，是一种涉及全员的非常具体而又复杂的关系。在一个团结的企业里，客户服务并不只是某一部门的事，它是一种组织承诺，而且客户正是通过每一次的具体接触来验证企业的这种承诺的。[③]

7.3　客户信用管理

在现代市场经济中，信用无处不在。信用销售的比例和范围越来越大，给交易双方带来了更大的不确定性，这种不确定性就是信用风险。

信用销售又称赊销，是指厂家在与客户签订购销协议后，让客户将企业生产的成品先提走，客户则按照合同规定的付款日期付款或以分期付款形式逐渐付清货款。[④]

在市场交易中，并非所有的交易都涉及商业信用，在世界上的很多地区，赊销（open account，O/A）交易方式采用的比例并不高。比如，与一个由企业信用管理部门确定为风险比较大的客户做一笔销售业务，必须要求客户先付款然后发货，即以“先款后货（cash before delivery，CBD）”方式交易。与一些尚未建立信用的新客户做小量的零星业务，也可以要求客户发货即付款，即以“货到付款（cash on delivery，COD）”方式交易。[⑤]

“不赊销是等死，赊销是找死。”这是很多企业经理人说得最多的一句抱怨，真实地反

---

① 范云峰．客户管理营销［M］．北京：中国经济出版社，2003：156-157.
② 查维顿．大客户：识别、选择和管理［M］．李丽，主译．北京：中国劳动社会保障出版社，2003：119.
③ 胡泳．管理大客户即管理未来［J］．成功营销，2005（5）：36-37.
④ 张继焦．控制链管理　防范客户风险和应收账款风险［M］．北京：中国物价出版社，2003：6.
⑤ 林钧跃，谢旭．企业赊销与信用管理［M］．北京：中国经济出版社，1999：99.

映了企业参与市场竞争的两难状态。[①]因此，客户的资信情况应该成为企业信用政策的出发点，企业应针对不同的客户提供不同的信用政策，资信好的客户可以提供宽松的信用政策，这样就可以减少坏账的发生，改善企业自身的资金状况。[②]

7.3.1 确定客户资信

客户资信是指构成客户偿付能力的要素总和，反映客户的客观状况，是通过客户自身经营管理的相关信息资料表现出来的，如财务状况、经营状况等。凡是经营成功的企业，必是一个建立在资信状况优良基础上的企业，否则将遭受巨大的信用风险损失。因此，客户资信是任何一个企业都不应忽视的核心管理问题之一。[③]

1.客户资信调查

（1）客户资信调查的方式。客户资信调查一般包括通过金融机构（银行）调查、利用专业资信调查机构调查、通过客户或行业组织调查和内部调查4种方式（见表7-4）。[④]

表7-4 **客户资信调查方式**

调查方式	优 点	缺 点
金融机构（银行）	可信度比较高，所需费用少	很难掌握客户的全部资产情况及具体细节；调查时间可能会较长
专业资信调查机构	短期内完成	经费支出较大
客户或行业组织	可以进行深入具体的调查	地域性限制，难以把握整体信息，难辨真伪
内部调查	操作简单，了解全面	资信收集不够专业并受内部调查人员素质影响

（2）调查结果的处理。调查完成时，要出具调查报告。调查报告必须在指定的时间内提交给主管领导，按照企业统一规定的格式和要求编写。调查报告应力戒主观臆断，要用事实说话，调查项目应尽量保证准确全面。

调查报告的时间要求依不同类型的客户而有所区别。对于A类客户每半年一次即可，A类客户是指规模大、信誉高、资金雄厚、属超一流公司的客户。对于B类客户每3个月一次，B类客户是信用状况一般、信誉较好的客户。对于C类客户要求每月一次，这类客户主要包括一般的中小客户、新客户、口碑不佳的客户。[⑤]

2.客户信用要素5C分析[⑥]

1943年，美国银行家爱德华在4C学说的基础上提出5C学说，指出企业信用分析的5个要素：

（1）品质（character），是指企业在经营管理活动中表现出的信用行为特征。其具体可由如下几个方面的因素进行判断：企业基本情况、企业的历史、经营管理者个人情况、企业经营战略和方针、企业的组织管理状况、银行往来、信用评价。

企业信用管理部门应该从众多的客户信用申请中找出品质好的客户，向这些客户提供

① 谢旭．客户管理与账款回收——企业信用风险防范实例［M］．北京：企业管理出版社，2001：11.
② 钱增泉．市场营销学［M］．修订版．南京：东南大学出版社，2007：293.
③ 谢旭．客户管理与账款回收——企业信用风险防范实例［M］．北京：企业管理出版社，2001：3，8.
④ 张震．销售学全书（下册）［M］．北京：中国对外经济贸易出版社，1999：331-332.
⑤ 张震．销售学全书（下册）［M］．北京：中国对外经济贸易出版社，1999：334.
⑥ 张俊民．财务分析［M］．上海：复旦大学出版社，2006：255-257.

信用销售。有经验的信用管理经理人员普遍认为，客户的品质因素应该放在信用申请审批过程中的首位进行考虑。客户品质的好坏，主要根据客户过去的信用记录来确定。

（2）能力（capacity），是指企业在经营活动中表现出的信用能力特征，包括经营者能力、基础设施条件、企业规模与设备条件、员工能力、生产能力、销售能力等。

能力主要根据客户的经营状况和资产状况来判断。具有较好的经营业绩、较强资本实力和现金流量合理的客户，会表现出良好的偿付能力。在标准的企业资信调查报告中，被调查对象的经营状况变化和它的固定资产等情况可以说明其能力。

（3）资本（capital），是指企业在经营管理活动中的财务支付能力特征，可以由如下一些因素来衡量：资本构成、资本关系、增资能力、财务状况。

资本状况可以通过企业的财务报表和比率分析得出。标准的企业资信调查报告提供企业的上一期财务报表和重要的比率情况。

（4）担保品（collateral），是指企业在接受信用融资时，可以提供的足以偿还授予信用价值的担保品的情况，包含如下因素：授信状态、担保品状态。

对于有资产抵押的客户其信用条件可以适当放宽。对于没有信用记录和有不良信用记录的客户来说，以一定的合法资产作为抵押是必要的。

（5）环境（condition），是指影响企业经营管理状况的外部环境特征，包括政府鼓励与限制政策、行业发展状况、市场供需状况、被评估企业在行业中的地位、行业竞争状况。

对上述各个要素的分析，应当建立在对客户更为详细、具体的信息收集基础上，其中每个要素都应当从客户的实际经营管理活动中获得，并加以说明或测量。一般来说，一个在以往交易历史中有过拖欠行为的客户，其风险要比从来没有过拖欠行为的客户大得多。另外，客户的交易信用可从该客户与其他合作伙伴的交易中得到验证。这些方面的信息可以由行业间的交流和信息沟通、专业信用记录、银行记录、诉讼记录等各种渠道获得。

3.客户财务状况分析①

通过对客户的财务状况，特别是偿付能力和流动性的分析，可以对客户的资信有一个客观的评价。

信用分析人员在财务报表中寻找信息，必须表明客户能否有按时还款所需的足够现金。在分析客户财务状况时一般要关注以下几个方面：

（1）资产项目分析。现金——流动性最好的资产，反映客户的短期偿债能力。应收账款——代表最近的现金来源，可成为偿还短期债务的主要资金来源。应收账款数额、到期日、客户分布是重点考评项目。存货和短期投资——反映客户的短期偿债能力，但流动性相对较差。

（2）负债项目分析。对负债项目的分析旨在揭示客户已有负债及期限结构。如果客户已有大量的负债，而且偿还期限分布集中，借款人的偿债能力就值得怀疑了；同时应注意客户的或有负债，它有可能在没有任何预警的情况下突然转化为负债，极易影响客户的偿债能力。

（3）股东权益分析。该项目反映了客户的资本、留存收益等状况，不但显示客户的实

---

① ［1］胡冰星．商业银行信贷风险管理［M］．北京：生活·读书·新知三联书店，1995：16-17.［2］杨正东．基于神经网络的中小企业信用评价［D］//浙江财经学院教务处．2006届毕业生优秀论文选编．杭州：浙江财经学院教务处，2006：188-200.

力和未来经营策略，而且是显示客户偿债能力的一个重要标志。

（4）利润表分析。客户的利润表反映资产负债表报告的资产的质量以及经营的稳定程度和管理效率。客户申请销售货款的信用期限越长，利润表分析越重要。

（5）现金流量表分析。现金流量表是评估客户短期信用销售货款偿还能力的一个重要依据。客户的偿债能力会随现金来源的不同而发生变化。如果客户的现金来自净收入增加，这种净收入又是由投资规模的扩大、存货的增加以及管理效率的提高带来的，那么这种现金流动形式是可靠的，它能实实在在地增加客户的偿债能力。相反，如果其现金来自应付账款和应付票据，或来自短期贷款，信用分析人员就应该怀疑该客户现金流动的真实状况，在这种情况下，客户的偿债能力是不可靠的。

（6）财务比率分析。财务比率分析是根据财务报表提供的有关信息，计算出各种不同的比率，以揭示客户经营状况的一种分析方法，是信用分析中技术性最强的部分。正确的比率分析能够精确地揭示出客户的经营状况并借此预测其未来经营趋势。比率分析中最常用的比率有流动性比率、作业比率、财务杠杆比率以及盈利能力比率4种。流动性比率包括流动比率和速动比率；作业比率包括总资产周转率、固定资产周转率、应收账款周转率、存货周转率；财务杠杆比率包括资产负债率、债务对净资产比率、固定费用偿付能力比率；盈利能力比率包括营业收入利润率、净边际利润率、资产收益率、普通股产权收益率。

4.客户信用评价[①]

在对客户信用进行分析后，可以对客户信用进行评价。根据上述对客户5C分析和财务状况分析，可以将其量化，建立客户信用评价的指标体系。下面以中小企业为例说明(见表7-5)。

表7-5 **客户资信调查**

关键指标		分 值			权重（%）
		0 ~ 2.0	2.0 ~ 4.0	4.0 ~ 5.0	
定性指标	表面印象				3
	主要负责人简历				2
	市场竞争性				3
	组织管理				5
	厂房所有权				2
	供应商评价				3
	过往付款记录				8
	产品及市场				5
	发展前景				4
	地区信用状况				2
	付款担保				10
	可替代性				3
小 计					50

① 钱增泉．市场营销学［M］．修订版．南京：东南大学出版社，2007：305-306.

续表

关键指标		分　值			权重（%）
		0～2.0	2.0～4.0	4.0～5.0	
定量指标	经营时间（年）	<2	2～10	>10	3
	雇员人数（人）	<200	200～1 000	>1 000	3
	流动比率	<1.8	1.8～2.2	>2.2	8
	速动比率	<0.8	0.8～1.2	>1.2	8
	流动资金（万元）	<100	100～1 000	>1 000	5
	资产负债率	>1.3	1.3～0.7	<0.7	5
	净资产（万元）	<500	500～5 000	>5 000	5
	销售收入（万元）	<1 000	1 000～10 000	>10 000	2
	应收账款周转率	<6	6～12	>12	3
	存货周转率	<3	3～8	>8	2
	资产收益率（%）	<5	5～10	>10	3
	赚取利息次数（次）	<2	2～8	>8	3
	小　计				50
	合　计				100

资料来源　中国就业培训技术指导中心．营销师国家职业资格培训教程（高级营销师）：国家职业资格一级［M］．北京：中央广播电视大学出版社，2006：231.

在不同行业中，这个信用评价指标体系的某些指标及其权重需要做出调整，也可在实践中不断完善。需要特别指出的是，在评价客户信用时，要关注客户某些重要信息的披露、突发事件、法律纠纷等，注意分析客户的潜在危机，及时调整客户的风险评级。

5.客户风险分类及对策①

在对客户信用评价后，应依据客户不同的风险程度采取不同的信用对策（见表7-6）。

表7-6　**客户风险分类及对策**

风险等级	加权分值	风险程度	信用对策
CA1	4.1～5.0	很低	进行信用交易，放宽付款条件
CA2	3.1～4.0	较低	进行信用交易
CA3	2.1～3.0	中等	进行信用交易，加强监管
CA4	1.1～2.0	较高	进行信用交易，严格控制额度
CA5	0.0～1.0	很高	现金交易

（1）CA1、CA2级客户。

特点：这两个级别的客户一般实力雄厚、规模较大，可能占本公司业务相当大的一部

① 宋智勇．信用销售管理实务［M］．广州：广东经济出版社，2002：187-189.

分。这两类客户的长期交易前景都非常好，而且信誉优良，可以放心地与之交易，信用额度不必受太大的限制。

对策：企业对这两类客户在信用上应采取较为宽松的政策，并努力使这两类客户不流失；建立经常性的联系和沟通，是维护与这两类客户良好业务关系的必要手段；同时，企业应当定期地了解这些客户的情况，作为一种正常的信息沟通。

（2）CA3级客户。

特点：这个级别的客户具有较大的交易价值，没有太大的缺点，也不存在破产征兆，可以长期与之交易，也可以适当地超过信用额度进行交易。

对策：企业对这类客户在信用上应做适当的控制，基本上应以信用额度为准；这类客户往往数量比较大，企业应努力争取与其建立良好的客户关系并不断增加了解；对这类客户定期地进行信息收集是必要的，尤其应当注意其经营状况和产品市场状况的变化。

（3）CA4级客户。

特点：这类客户一般对企业吸引力较低；其交易价值带有偶然性，一般是新客户或交易时间不长的客户，企业占有的信息不全面。通常企业不会与这类客户交易，一旦需要与其交易，应严格控制信用额度，而且可能会寻求一些额外的担保。

对策：对这类客户，在信用管理上更加严格，应对其核定的信用额度打一些折扣；维护与这类客户的正常业务关系难度较大，但对新客户应当关注，争取发展长远的合作关系；对这类客户的调查了解应当更加仔细。在业务交往中除了要求其出具合法的文件外，应进行一些专门调查，如实地考察或委托专业机构调查，增加了解。

（4）CA5级客户。

特点：这类客户信用较差，或者很多信息难以得到，交易价值很小。企业与这类客户交易的可能性很小。

对策：对这类客户，企业应当尽量避免与之进行交易，即使进行交易，也应以现金结算方式为主，不应采用信用方式；这类客户不应成为企业客户资源的重点，有些甚至可以放弃；企业可以保留这些客户的资料，但不应投入过多的人力和财力来收集这些客户的信息，在急需了解的情况下，可以委托一家专业服务机构进行调查。

7.3.2 制定信用政策①

企业的信用政策应包括信用条件（信用期限和现金折扣）、信用标准和信用额度等方面的内容。信用条件是企业要求客户支付信用销售货款的条件，由信用期限和现金折扣两个要素组成。

1.信用期限

信用期限是企业允许符合信用标准的客户赊欠账款的最长期限，又称付款期限。信用期限一般有15天、30天、60天、90天、180天等。确定适宜的信用期限是企业制定信用政策时首先需要解决的问题，它是通过对不同信用销售方案进行分析和计算所得出的结果。信用期限对应收账款发生和管理的影响是非常明显的。较长的信用期限，意味着给客户以更优厚的信用条件和使销售变现天数（days sales outstanding，DSO）变长，自然会刺

① 李先国. 销售管理［M］. 北京：首都经济贸易大学出版社，2006：318-320.

激客户的购货热情，吸引更多的客户，实现更高的销售额。在应收账款水平增高的同时，既给企业带来扩大市场份额和增加销售额的好处，也给企业带来风险，即产生更高的与应收账款持有相关的管理成本、机会成本和坏账风险，特别是可能导致机会成本的增加。相反，较短的信用期限，虽然减少了持有应收账款相关的成本，但直接影响到企业的销售规模，增加了库存压力。长此以往，如果竞争对手的信用期限比较灵活而且信用管理水平较高，可能会使本企业在市场竞争中失败。合理的信用期限应当着眼于使企业的总收益达到最大，理论上的信用期限最低点应该是损益平衡点。

信用期限与企业的经营战略密切相关，主要受以下因素影响：企业的市场营销战略；行业普遍的信用期限；客户的资信水平和信用等级；企业本身的资金状况。

在实际操作中，企业可根据行业平均DSO，结合企业本身的市场竞争态势设定自己的DSO目标，然后根据客户的信用等级授予客户信用期限，可以利用以下公式进行计算：

客户信用期限=行业平均DSO×企业修正系数×客户信用等级系数

例如，行业平均DSO为80天，A企业在行业竞争中处于强势状态，决定采用较紧的信用政策，企业修正系数定为0.8，而客户信用等级系数可用表7-7作为参考。

表7-7　**客户信用等级系数**

风险等级	加权分值	风险程度	客户信用等级系数
CA1	4.1 ~ 5.0	很低	1.6 ~ 2.0
CA2	3.1 ~ 4.0	较低	1.1 ~ 1.5
CA3	2.1 ~ 3.0	中等	0.5 ~ 1.0
CA4	1.1 ~ 2.0	较高	0.1 ~ 0.4
CA5	0.0 ~ 1.0	很高	0

2. 现金折扣

现金折扣是指在信用销售方式下，企业对于客户在规定的短时间内付款所给予客户发票金额的折扣，以鼓励客户及早付清货款。现金折扣是企业信用条件中的另一个重要组成部分。企业信用管理部门给予客户的现金折扣中包含两个要素：折扣期限和折扣率。折扣期限指的是在多长时间区间内给予客户折扣优惠。折扣率指的是在折扣期限内给予客户多少折扣。例如“5/20，N/60”的现金折扣政策表明：如果客户能够在20天之内付清全部货款，将从厂家获得销售总额的5%的折扣优惠；客户必须在60天以内付清全部货款，如果在第60天还没有付清货款，客户就违约了。

企业信用管理部门除可以给予客户单一折扣期限的现金折扣政策外，可以制定包含两种折扣方式的现金折扣政策。例如，作为卖方的厂家在信用条件中做出“6/10，3/20，N/45”的现金折扣规定。该规定表明，客户履约的最迟付款期为45天；如果客户能够在10天内付清货款，可享受6%的现金折扣；如果客户能够在20天内付清货款，则可享受3%的现金折扣。给予客户的现金折扣率大小应该与折扣期长短成反比例关系，即折扣期越短，折扣率越大；反之，折扣期越长，折扣率越小。

实践证明，客户普遍对现金折扣比较看重，面对较高的收益，正常的客户都会积极争取。然而，推行一定的现金折扣政策，需要销货企业付出一定的代价，即所减让的货款。归纳起来看，现金折扣手段使用得当，可以给销货企业带来有利的效果，但这需要一定的操作技巧。因此，企业信用管理部门必须进行认真测算，综合考虑有利因素和不利因素，在收益与损失合理权衡的基础上确定现金折扣方案。

3.信用标准

信用标准是指当企业给予客户信用时，对客户资信要求的最低标准，通常以预期的DSO和坏账损失率作为判别标准。因为信用标准的设置直接影响对客户信用申请的审批，所以根据本企业自身的资金情况和当时的市场环境确定适宜的信用标准，也是企业制定信用管理政策过程中的重要一环。

企业要制定符合自身情况的科学的信用标准。确定信用标准的主要因素应包括竞争对手情况、客户情况、市场战略、库存水平、历史经验。一个企业的信用标准应该是在对收入和成本进行认真权衡的基础上慎重确定的，过严或过松的信用标准都不是明智之举，而且企业信用标准也需要随企业、行业、市场情况的变化而不断修订。如果较为严格的信用标准会使损失的销售毛利大于企业所希望避免的应收账款持有成本，企业就应该适当放松信用标准；反之，如果较为宽松的信用标准会使应收账款持有成本高于取得的销售毛利，企业就应执行较为严格的信用标准。

4.信用额度

信用额度又称信用限额，也是企业信用政策的一个组成部分。信用额度包括企业发放给客户群的总体信用额度和发放给某一具体客户的信用额度。就企业总体来说，信用额度是指企业基于自身的资金实力、销售政策、最佳生产规模、库存量，以及受到的来自外部的竞争压力等因素而确定的可对客户发放的信用限额。企业应该通过认真的计算，并参考以往的经验，确定一个科学的总体信用额度，并以此指导与控制企业的信用销售和应收账款持有水平。

信用额度在一定程度上代表企业的实力，反映其资金能力，以及对客户承担的机会成本和坏账风险。信用额度过低将影响企业的销售规模，并相应增加与客户的交易次数而使企业增加交易费用，但是信用额度过高会加大企业的信用销售成本和风险。因此，企业信用管理部门应根据自身的情况和市场环境，合理地确定信用额度。

要科学地确定发放给客户的信用额度，可以采取多种方法，常用的方法是：

（1）根据收益与风险对等的原则确定发放给客户的信用额度。也就是说，根据客户的全年采购量测算全年在该客户处可获取的信用销售收益额，以该收益额为依据确定发放给该客户的信用额度。

（2）根据客户企业营运资金净额的一定比例确定发放给客户的信用额度。客户企业在一定的生产经营规模下，其流动资产扣除流动负债后的营运资金净额也是大致稳定的。由于客户企业的营运资金净额可看作快速偿债的保证，因此企业可以根据客户的营运资金净额的规模，考虑客户从本企业的采购在其购货总额中的比重，以客户企业营运资金净额的一定比例为依据确定客户的信用额度。

（3）根据客户清算价值的一定比例确定客户的信用额度。清算价值指的是客户因无力偿债或其他某种原因进行破产清算时的资产可变现价值。客户企业的清算价值可作为客户还款的最后保证。如果客户企业的清算价值减去销售货款负债后尚有剩余，企业可以批准客户的信用申请，信用额度可按照客户企业的清算价值的一定比例确定。

DSO通常在每个月月底按倒推法计算，即用总应收账款（当期的、过期的和未决算的）减去总的月销售额，逐月算回去，直到总应收账款数字减至零。

客户的信用额度不仅反映客户的偿付能力，而且应反映客户偿付的意愿，需要考虑的因素包括客户预期销售额、付款期限、盈利程度等。

客户信用额度一般可采用以下公式计算：

客户信用限额=客户年销售额×标准信用期限÷360

客户信用额度=客户信用限额×风险修正系数

风险修正系数根据客户的信用等级来确定，一般大于0，小于1。

客户最大风险额=客户信用额度×（1-销售毛利率）

设定客户信用额度还应满足以下条件：

① 信用额度不应超出客户净资产，以防客户无力偿还债务，而且在大多数情况下，信用额度应为客户净资产的一小部分。

② 信用额度不应超出客户的流动资金，如果客户流动资金不足，必须对客户的净资产进行分析评估。

7.4　客户投诉管理

企业经营常会碰到“客户投诉”，一旦处理不当，就会引起不满和纠纷。处理客户投诉是客户关系管理的重要内容。出现客户投诉并不可怕，而且可以说是不可避免的，问题的关键在于如何正确看待和处理客户的投诉。

7.4.1　客户投诉处理的目的和内容

1.客户投诉处理的目的①

（1）消除客户的不满、恢复信誉。从保护、重视消费者的立场来看，客户投诉处理是大事，企业应该真诚、及时地对客户投诉进行处理。

（2）建立企业的品质保证机制。客户投诉是促进企业改革的重要动力，同时处理客户投诉是改进企业产品质量和服务水平的过程。

（3）收集客户信息。客户投诉是客户对产品或服务最真实的检查结果，也是最可靠的市场调查结果。因此，企业要将客户投诉进行收集、整理和统计分析，以为客户更好地服务。

（4）挖掘潜在信息。投诉是客户对产品不满意的一个信号。但在现实工作中，一般都把注意力集中到追究产品缺陷的发生责任或对投诉的处理上，忽略了客户的真正需求。由于客户投诉是与市场紧密相关的，所以在研发新产品时如果考虑客户投诉的作用，那么新产品的开发成本会比较低，销量也会大些。

2.客户投诉的内容②

（1）产品质量投诉，主要包括产品在质量上的缺陷、规格不符、技术标准超出允许的

---

① 王亚男. 最新剧团创建与管理百科全书（第三卷）[M]. 长春：银声音像出版社，2004：1405.
② 张震. 销售学全书（下册）[M]. 北京：中国对外经济贸易出版社，1999：353.

误差、产品故障等。

（2）购销合同投诉，主要包括产品数量、等级、规格、交货时间、交货地点、结算方式、交易条件等。

（3）货物运输投诉，主要包括货物在运输中发生损坏、变质和丢失，以及因包装或装卸不当而造成损失等。

（4）服务投诉，主要包括对企业各类人员的服务质量、服务态度、服务方式、服务技巧等提出的批评和抱怨。

7.4.2 处理客户投诉的策略①

1.鼓励客户投诉

倾听客户的委屈和愤怒，或是给客户创造条件让客户抱怨，客户的感觉就会好很多。重要的是，销售人员让客户充分地诉说而不要随便打断，打断只会增加已有的愤怒和敌意，并且使问题变得更加复杂，更加难以处理。一旦客户的愤怒和敌意产生了，说服劝导更加艰难，几乎不可能找到让双方都接受的解决方案。因此，销售人员要学会倾听，倾听的时间越多，客户反映的问题就越充分，解决问题的方法就越恰当。

2.获得和判断事实真相

面对极力为自己索赔或讨说法的客户，销售人员必须谨慎地确定与投诉有关的事实信息。客户通常强调那些支持自己观点的情况，所以销售人员应在全面、客观地了解情况的基础上，找出令人满意的解决办法。

当事实不能解释问题的真相，或客户与企业反映出的信息都有错误时，需要让客户知道，从而获得一个公平解决困难的办法。无论如何，目标仍然是使客户投诉得到公平的处理。

3.提供解决方法

在倾听客户意见并从客户的立场出发考察每一种因素之后，销售人员有责任采取行动和提出公平合理的解决方法。所以一些企业规定，解决问题是销售人员的责任，理由是销售人员最接近客户，最适合以恰当的方式做出公平的、令客户满意的解决方案；也有一些企业规定，解决问题的方案应由总部的理赔部门做出，销售人员应调查问题并提出解决问题的参考方案，理由是如果解决方案来源于管理层而非销售人员，客户可能更容易接受。

4.公平解决索赔

为了帮助企业提出一个公平合理的解决方法，销售人员必须获得下列信息：客户索赔的金额和索赔的频率、客户的重要程度、企业所采取的行动对其他客户可能的影响程度等。在获取了以上信息后，企业可选择的解决方案一般有以下几种：

（1）产品完全免费退换；

（2）产品完全退换，由客户支付劳动力和运输费用；

（3）产品完全退换，由客户和企业共同承担相关费用；

（4）产品完全退换，支付客户折扣价格；

---

① 李先国．营销师［M］．北京：中国环境科学出版社，2003：239-241.

（5）产品负责维修，客户承担维修费用；

（6）产品返厂，再做处理；

（7）客户向第三方索赔。

5.建议销售

建议销售是指建议客户购买与主要产品相关的其他产品或服务。这种客户服务的形式在实际工作中经常被忽视，因为有的销售人员认为建议销售不是一种服务。然而，只要能恰当地运用，建议销售有助于发展与客户的关系。当销售人员感到附加产品项目能够提高客户的满意水平时，不失时机地进行建议销售，会增强客户的购买信心。

6.建立商誉

销售过程，尤其是售后服务，应该是以建立良好的商誉为导向的。商誉是客户对销售人员、企业及其产品的一种积极的情感和态度。良好的商誉不仅有助于企业达成与客户的初次交易，也有助于促进客户重复购买；良好的商誉不仅有助于客户在众多相似的竞争性产品中选择本企业的产品，也有助于吸引新客户；良好的商誉胜过其他任何促销手段，是企业最好的广告。

7.4.3 客户投诉处理的程序与要点①

1.客户投诉处理的程序

处理客户投诉，应填写“客户投诉处理表”，并注意该表的流向。此表的联数多少，视企业规模大小、组织结构而自行统筹规范。表格必须填写日期，而且各部门的处理情况应在其上注明日期；为防止工作漏失，应有流水编号的控制。

例如，可以规定客户投诉处理表的传递次序如下：

（1）第一联存根：客户管理中心或营业单位填妥后保存备查。

（2）第二联通知：由客户管理中心送质量部门。

（3）第三联通知副本：由客户管理中心呈送主管。

（4）第四联调查：由质量部门连同第五联交付发生单位（生产部门）。

（5）第五联调查报告：由发生单位（生产部门）调查后送质量部门。

（6）第六联答复：由质量部门接到发生单位（生产部门）之调查报告书后，连同报告书送至客户管理中心。

（7）第七联报核：同第六联的方法整理后，连同调查报告书呈报主管。

此外，在处理客户投诉处理表的流程中，也加以规定：

（1）客户管理中心一接到客户投诉，立即填写客户投诉处理表。

（2）生产部门接到客户管理中心的客户投诉处理表后，即编号并登记于客户投诉案件记录卡和异常调查报告表（见表7-8、表7-9），送质量部门追查、分析原因，判定责任归属后，送生产责任单位分析异常原因与处理对策，并送经理室。异常情况送研发部，再送回总经理室查核后，送回客户管理中心拟定处理意见，再送经理室综合意见，最后送回客户管理中心处理。

---

① 王亚男. 最新剧团创建与管理百科全书（第三卷）[M]. 长春：银声音像出版社，2004：1407-1409.

表 7-8 客户投诉案件记录卡

投诉客户名称		地址		电话	
受理日期	年 月 日		受理编号		
客户希望或要求					
受理单位意见	生产单位		发生单位	营业单位	

经办人：

表 7-9 异常调查报告表

受理案情		发生原因	经过情形	处理办法	
编号	内容			对策	改进

营业单位： 生产单位： 发生单位：

(3) 销售人员收到总经理室送回的客户投诉处理表时，应立即向客户说明、交涉，将处理结果填入表中，呈主管核阅后送回总经理室。

(4) 经处理结案的客户投诉处理表由各部门按规定分别留存。

客户投诉显示了企业的弱点所在，除了要随时解决问题外，要防止同样的错误再度发生。

销售视窗 7-1

2. 有效处理客户投诉的要点

当客户投诉时，应该如何处理呢？投诉的处理要注意以下六点：

(1) 虚心接受投诉。冷静地接受投诉并且抓住投诉的重点，同时明晰客户的要求到底是什么。

(2) 追究原因。仔细调查原因，掌握客户心理。诚恳地向客户道歉，并且找出让客户满意的解决方案。

(3) 采取适当的应急措施。应根据客户投诉的重要程度，采取不同的处理方法。为了不使同样的错误再度发生，应当断然地采取应变的措施。

(4) 改正缺点。以客户的不满为借鉴找出差距，甚至可以成立委员会追查投诉的原因，以期达到改善的目的。

(5) 建立客户投诉管理体系。要建立反应快速、处理得当的客户投诉管理体系，如一些公司的客户（投诉）管理中心。

(6) 后续动作的实施。为了恢复企业的信用与名誉，除了赔偿客户精神上和物质上的损害外，更要加强对客户的后续服务，使客户恢复对产品原有的信心。

7.5 客户服务管理[①]

客户服务是指在合适的时间、合适的场合，以合适的价格和合适的方式向合适的客户提供合适的产品或服务，使客户的需求得到满足，价值得到提高的活动过程。[②]

7.5.1　售前服务

售前服务是指企业通过广泛的市场调查，研究分析客户的需求和购买心理特点，在向客户销售之前，采用多种方法来引起客户的注意和兴趣，激发客户的购买欲望而提供的一系列服务。要使客户在纷繁复杂的产品中对自己企业的产品发生兴趣并产生购买欲望，售前服务无疑扮演着重要的角色，因而成为企业之间进行竞争的重要手段。尤其在企业推广新产品时，售前服务显得更为关键。

常见的售前服务主要有以下几种：

1.广告宣传

广告宣传实际上是一种售前服务的方式。它通过向客户传送有关产品的功能、用途、特点等方面的信息，使客户了解产品并诱发购买欲望，有利于提高企业的知名度，树立企业的良好形象，因此企业必须高度重视广告宣传。需要注意的是，企业在选择广告媒体时，应根据目标客户的特点来进行，实现最佳的广告媒体组合。

2.销售环境布置

客户在购买产品时不但重视产品本身和销售人员的服务，对销售环境的要求也不断提高，希望能在舒适、洁净的环境下购买产品。由销售场所的环境卫生、通道设计、铺面风格、招牌设计、内部装饰、标志设置、灯光色彩、产品摆放、营业设备等因素综合而构成的整体的销售环境会给客户留下不同的印象，由此引发客户不同的情绪感受，这种情绪感受将在很大程度上左右客户的购买决策。销售环境布置还对树立企业形象有着重要的作用，它最直接地体现出企业的经营管理状况，因而它作为售前服务的一种方式，应该得到企业的充分重视。

3.提供多种便利

客户购买产品不仅看重产品实体本身，而且非常重视由享受销售服务而获得的便利。为客户考虑得越周到，客户便越有可能购买你的产品。现在，销售主体所能提供的便利已经成为人们做出购买决策时要衡量的一个重要因素，因此销售主体应尽可能地为客户提供方便，如工厂为客户提供技术培训、免费咨询指导，商店设立问事处、服务台、试衣室、信息室、ATM机，为客户免费供应饮用水等。一方面让客户感到舒适方便；另一方面节约了客户的采购时间，提高了采购的效率。

4.开设培训班

随着新技术在产品中的广泛运用，出现了许多技术含量较高的新产品。这些产品结构复杂，操作方法相对较难掌握，对使用者的知识水平等方面要求较高。让客户拿着产品说明书和操作手册查找学习，一是未必能够学会，二是即便能够学会，也未必有足够的时间

① 刘北林．现代服务学概论［M］．北京：中国物资出版社，2008：280-283.
② 现代物流管理课题组．物流客户管理［M］．广州：广东经济出版社，2002：111-112.

和耐心去学习，从而很可能丧失购买信心。因此，企业应为客户举办各种培训班，提供技术咨询和技术指导。通过参加培训班，客户掌握了有关的技术，自然会对产品产生浓厚的兴趣，从而激发客户的购买欲望，促进产品的销售。另外，举办培训班能吸引较多数量的客户，还能够提高企业的知名度，树立企业的良好形象。

5.开通业务电话

企业能直接触及的市场领域毕竟是非常有限的。企业只能在有限的地区设立分销处或派遣销售人员，对其他地区则鞭长莫及，由此丧失了许多销售机会。开通业务电话，提供电话订货等服务，可以使企业的触角深入原来未进入或难以进入的市场，挖掘潜在客户，扩大企业占据的市场范围，并增加产品的销量，抓住更多的销售机会。

6.提供咨询

客户在购买产品之前一般都要收集尽可能多的有关产品的信息和资料，在此基础上权衡得失，从而做出购买决策。一般来说，客户不会购买不甚了解的产品。为了向客户宣传介绍产品的性能、质量、用途，必须耐心回答客户提出的疑难问题。企业应派有专业知识的人员在销售场所设立咨询服务台，或在外出销售时为客户提供各种咨询服务，以加深客户对产品的了解，并增强客户对产品和销售人员的信任。

售前服务的方式可以说不拘一格，并且发展和创新的空间是无限的。企业应不断创新，以适应整个市场的变化和消费者的需求。当然，企业在求新求奇的同时要注意“度”。总之，有效地运用售前服务这一手段，有利于消除客户的心理顾虑，增强客户的购买信心，从而达到促进产品销售的目的。

7.5.2 售中服务

售中服务是指在买卖过程中直接或间接地为销售活动提供的各种销售服务。销售人员在销售过程中所提供的服务方式、内容及质量，不仅关系到成交与否，而且会影响整个企业的信誉，因此企业和销售人员都必须给予相当的重视。一般来说，售中服务主要包括以下几项内容：

1.向客户传授知识

销售人员在向客户销售产品的同时，必须向客户介绍有关产品的性能、质量、用途、造型、品种、规格等方面的知识。一方面，这是客户做出购买决策的客观要求，即客户在做决策时，必须了解相关知识，以此作为权衡和考虑的依据；另一方面，销售人员详细向客户介绍，有利于培养良好的销售气氛，形成和谐的人际关系，也可起到促进销售的作用。

2.帮助客户挑选产品

客户在购买产品时的心态不仅受自身因素（如客户的需求、社会地位、文化程度、购买习惯、消费知识和经验等）的影响，而且受外部因素刺激的影响。外部因素包括产品的价格、质量、用途、广告、购物环境等。其中，客户对产品知识的了解，绝大部分来自销售人员的现场服务。

当客户向销售人员询问产品的价格、质量、性能、用途及产品的优点和缺点等时，销售人员如能根据客户的需求心理加以介绍，正确地引导客户，做好参谋，就能使客户按理想的方式来权衡利弊，从而有利于促成交易。

销售人员在帮助客户选购产品时，一定要设身处地为客户着想，放弃自身的习惯和爱好，依据客户的特点和想法，因势利导。

3.满足客户的合理要求

在销售过程中，客户必然会提出许多要求，其中大多是比较合理的。销售人员应尽最大努力满足客户的合理要求，提高客户的满意度，增强客户对销售人员的信任，从而促成交易。这样做还能提高客户的重复购买率，并提高企业的声誉。

4.提供代办服务

售中服务不仅对普通消费者非常重要，而且受到批发零售商和生产企业类客户的重视。向这类客户提供的售中服务主要包括代办托运、代购零配件、代为包装、代办邮寄等服务。

这些服务为客户带来了更大的便利，不仅可以吸引更多的客户，促成交易，密切产需关系，而且能增强客户的信任感，提高企业的竞争能力，甚至与客户达成长期合作。

5.操作示范表演

操作示范表演能让产品现身说法，真实地体现出产品在质量、性能、用途等方面的特色，引发客户的兴趣，并激起客户的购买欲望。这种方式还会使销售人员的说法得到证实，更有说服力，增加客户的信任。

7.5.3　售后服务

售后服务就是在产品销售之后提供的服务。它不仅是一种强有力的促销手段，而且充当着“无声”的宣传员。这种无声的宣传比那些夸夸其谈的有声宣传要高明得多，是客户最信赖的广告。

1.售后服务的内容

售后服务不限行业，也不拘于一种形式，有着广泛的内容和未被开拓的领域，主要包括以下几个方面：

（1）送货上门。对购买较笨重、体积庞大、不易搬运的产品或一次性购买量过多、携带不便或有特殊困难的客户，有必要提供送货上门的服务。其形式可以是自营送货，即由企业自己的设备送货，也可以是代管送货，即由企业代客户委托有固定联系的运输单位统一送货。送货上门服务对于企业来说并不是很困难的事，却为客户提供了极大的便利，提高了客户的重复购买率。

（2）安装服务。随着科学技术的发展，产品中的技术含量越来越高，一些产品的使用和安装也极其复杂，客户依靠自己的力量很难完成，因此就要求企业提供上门安装、调试的服务，保证出售产品的质量，使客户一旦购买就可以安心使用。这种方式解除了客户的后顾之忧，大大方便了客户。

（3）包装服务。产品包装不但使产品看起来美观，而且便于客户携带。许多企业在包装物上印有本企业的名称、地址、标志等，起到了广告宣传的作用。

（4）维修和检修服务。企业若能为客户提供良好的售后维修和检修服务，就可以使客户安心地购买、使用产品，减少客户的购买顾虑。有能力的企业应通过在各地设立维修网点或采取随叫随到的上门维修方式为客户提供维修服务。企业也可抽样巡回检修，及时发现隐患，并予以排除，让客户感到放心、满意。

（5）电话回访和人员回访。在客户购买产品以后，企业应按一定频率以打电话或派专人上门服务的形式进行回访服务，及时了解客户使用产品的情况，解答客户可能提出的问题。

（6）提供指导和咨询服务。客户在购买产品后，还不熟悉产品的操作方法，或不了解产品一旦出现简单故障应如何予以排除，因此企业要为客户提供指导和咨询服务，帮助客户掌握产品使用方法和简单的维修方法。

（7）建立客户档案。建立客户档案的目的是与客户保持长期的联系。通过这种方式，一方面可以跟踪客户所购买的产品使用和维修状况，及时主动地给予相应的指导，以确保产品的使用寿命；另一方面可以了解客户的喜好，在出现新产品后，及时地向可能感兴趣的客户推荐。除此之外，销售人员可以利用客户档案，以上门拜访、打电话、寄贺年卡等形式，与客户保持长期的联络，提高客户的重复购买率。

（8）妥善处理客户的投诉。无论企业和销售人员的售后服务做得多么尽善尽美，仍难免有一些客户投诉。企业和销售人员应尽可能地减少客户的投诉，但在遇到投诉时要运用技巧妥善处理，使客户由不满意转变为满意。

2.常见的售后问题

售后服务中的许多问题都是在某一企业中具体出现的，企业不同，采取的售后服务策略就不同。在实践中，常见的售后问题如下：

（1）价格变动。如果发生价格变动，尤其是提价，处理不当很可能产生问题。任何价格变动都应该立刻记录到企业的价格表上，再没有比产品或服务的价格不准确更容易让客户产生不信任和愤怒的情况了。每当发生价格变动，尤其是提价时，销售人员应及时通知客户，以便他们能采取合适的行动。

（2）交货延迟。因为一些不可抗拒的因素或者人为因素，发生延迟交货现象是在所难免的，但延迟交货确实是经常导致客户不满的售后问题。一项延迟的交货可能影响客户的计划，并且如果由于延迟导致了缺货，则在一段时间里可能减少客户的销量。一旦出现销售人员无法控制的延迟交货，销售人员应该使客户对按合同精确交货的预期最小化，并及时地让客户了解延迟及其原因。销售人员可以借助核实订单是否准确、是否包含了所有必要的信息、手续是否齐全等方式，帮助制止某些延迟的发生。

（3）安装服务不到位。一些产品是需要企业来帮助客户安装的，通常，产品的安装不是销售人员的责任，但尽其所能保证安装如期完成是提供良好服务的基础。组织优秀的安装人员或直接监督安装能达到这一目标。至少，销售人员应该与客户联系，确认在安装期间没有什么问题发生。

（4）促销信息缺乏。销售人员必须确保每一个客户清楚地了解任何可能得到的促销津贴。大部分企业按照金额和产品给客户促销津贴，这些津贴可以是合作广告、产品购买数量、促销展示或新产品试用等形式。无论采取何种形式，销售人员应该使每一个客户清楚促销津贴及其利用方式。

（5）培训不足。对于某些特殊的产品，客户接受良好的产品使用培训是很重要的。企业经营实践说明，培训是售后服务不可分割的部分，没有培训，客户的满意度就会大大降低；培训不足，客户可能无法适当地使用产品，也会产生不满。

3.售后服务的技巧

为了发展满意的客户，销售人员必须在交易之后继续提供服务。企业往往更青睐与其他客户做更多的生意，而忽略了售后服务环节。然而，假如企业无法提供恰当的售后服务，则很可能使原本满意的客户变得不满意。尽管售后服务的全部内容取决于特定的产品或市场状况，但仍然有一些让销售人员确保客户满意的普遍技巧。

首先，良好的售后服务是从交易成功之后发出一封表达诚挚谢意的信开始。大约在交易达成的两天后，一封写在企业信纸上的正式信函、一张非正式的便条或小小的明信片，都能用来清晰明确地表示对客户的谢意。

其次，要不断地检查送货情况。在送货当天，销售人员应电告客户，这不仅是为了确定货物已送出，更为表明销售人员对客户应该得到服务的重视。一旦发生了不能送货或送到时货物损失等问题，销售人员可以采取恰当、及时的行动。如果问题发生了，应该由销售人员而不是其他人告诉客户有关的信息。

再次，销售人员应该确保客户了解所购产品的功能和用途。买方要对卖方及其产品有恰当的认识，进行应有的培训常常能够使投诉防患于未然。

最后，如果产品要求安装，销售人员应该在送货后立即拜访买方，以确保产品恰当安装和不发生任何问题。即使没有发生问题，这一拜访也能向客户表明销售人员对建立长期业务关系的关心。这一拜访，也许比其他行动更能显示销售人员及其企业的诚意和可信度。

销售新视点7-1

当CRM加入大数据、AI技术，未来可期!

在计算机发明之前，CRM（客户关系管理）系统还不是一套软件，主要依靠手工纸张记录；20世纪末，互联网风起云涌，企业借助计算机升级了CRM系统，CRM系统正式成为我们现在所认知的客户关系管理软件；随后SaaS模式颠覆了传统CRM系统运用的高成本，降低了企业运用CRM系统的门槛；在今天，移动互联网时代，CRM系统的使用便捷性猛增。

目前，大数据、人工智能等技术已经被广泛应用于各个领域。比如：

1.CRM+大数据

接入大数据的CRM系统可以利用大数据分析，自动生成销售线索。企业的产品特性生成产品属性关键字等，配合大数据分析，CRM系统就能在互联网上不间断搜索与之匹配的信息，将搜索到的潜在销售线索推荐给销售人员。

2.CRM+AI

当CRM系统加入AI后，可以将其打造为企业的智能助手，实现真正意义上的销售自动化、营销自动化、服务自动化等。比如可以大大降低企业销售人员的日常工作量，还可以随时为销售人员制定拜访路线、价格策略等。

事实上，加入大数据、AI的CRM系统已经深入社会经济生活的各个方面。技术的进步将以惊人的方式对销售实践和所需的销售能力等产生深刻的影响。

资料来源　八骏科技．当CRM加入大数据、AI技术，未来可期！[EB/OL]．(2018-07-08)[2022-07-11]．http://www.mymos.cn/news/op/540.html.

思考：分析CRM系统中加入大数据、AI等新技术对企业销售管理活动的影响。

学思践悟

合理合法管理客户信息

2019年4月，网上有传言“京东泄露五千万用户数据”。4月26日中午，“京东发言人”官方微博发布声明：经过示例数据查验，确认这些数据并不是京东的账号数据，请勿造谣传谣！另外提醒：买卖公民个人隐私数据涉嫌触犯刑法！

此外，为保护公民个人信息合法权益，《中华人民共和国个人信息保护法》自2021年11月1日起施行，企业及个人都应该遵守该法，切实保护好客户信息。

党的二十大报告指出：“我们要坚持走中国特色社会主义法治道路，建设中国特色社会主义法治体系、建设社会主义法治国家，围绕保障和促进社会公平正义，坚持依法治国、依法执政、依法行政共同推进，坚持法治国家、法治政府、法治社会一体建设，全面推进科学立法、严格执法、公正司法、全民守法，全面推进国家各方面工作法治化。”

资料来源　快科技．京东泄露五千万用户数据？官方紧急回应：谣言！［EB/OL］．(2019-04-26)［2022-06-29］．https://baijiahao.baidu.com/s?id=1631848402499605602&wfr=spider&for=pc.

【思政元素解析】客户信息是企业的一项重要资源。企业要通过各种途径收集客户信息，以为客户提供更好的个性化服务；与此同时，企业要牢固树立法治观念，自觉恪守商业伦理道德，合理合法管理客户信息，防止客户信息泄露。

基本训练

第7章即测即评

- **简答题**

1. 客户关系管理包含哪些内容？
2. 企业应如何进行客户分级与筛选？
3. 企业应如何发展与重点客户的关系？
4. 客户投诉处理的原则和要点是什么？
5. 客户信用额度如何确定？

- **自我测试题**

你对顾客服务是什么态度？

提供优质的客户服务通常需要特殊的人——那些即使在沮丧时也能心情平静地与人交往的人。为了帮助你更好地了解自己，请回答下列问题，把最能代表你回答的数字写在另一张纸上。

1——从不　2——几乎不　3——有时　4——通常　5——经常

1. 不经判断我就接受别人。

2.我对别人表现出耐心、礼貌和尊重，不管他们对我如何。

3.在与生气或发怒的人接触时我保持镇静，不生气也不感到气馁。

4.我待别人就像希望别人如何待我那样。

5.我帮助别人保持自尊，即使当情况需要否定的或批评性的反馈时也是这样。

6.在与别人交往时，即使他们的评论是针对我的，我也不进行回击。

7.在任一既定情况下，我对自己和别人的态度影响我回答问题的方式。

8.我认识到每个人都相信他或她的问题是此时世界上最重要、最紧迫的事情，我努力帮助每个人立刻解决问题。

9.我对待每个人都是积极乐观的，不管他们的表现如何、穿着怎样、说话方式如何。

10.我把每一次与他人交往的机会都看作一个黄金时刻，我尽自己所能使之成为让我们两个人都满意的双赢情形。

合计总分：如果你的得分超过40分，你具备优秀的服务态度；如果你的得分在30~40分之间，你可以采取改进措施；如果你的得分在30分以下，那么需要转变态度了。

资料来源　富特雷尔. 销售学基础：顾客就是生命［M］. 苏丽文，主译. 6版. 北京：机械工业出版社，2000：519-520.

• **案例分析题**

“给朕打入冷宫”

2016年1月，故宫淘宝的粉丝提意见说：“你们能不能出一款冰箱叫‘冷宫’，这样我吃的剩饭剩菜都可以说‘给朕打入冷宫’。”实际上，这只是一个情趣化的建议。故宫淘宝转发了之后说：“这都是一些什么人啊！”结果没想到这条微博火了。很多网友都觉得这个创意不错，因为前两年的宫斗剧特别火，年轻人说话都“阴阳怪气”的。其中有一位粉丝@海尔，说：“海尔，你们可以出一款这样的‘冷宫’冰箱吗？”海尔官方微博在第一时间转发了他的这条微博，并且说：“容我考虑考虑。”很多网友觉得不可思议，印象中一个冷冰冰的官方微博，竟然做出回复，还真考虑了！实际上，海尔经常跟粉丝如此互动。

这些热情的粉丝@美的、格力、西门子等，它们都没有回复。大企业很难回复，主要有下面一些原因：

第一，企业新媒体基本隶属于企业的公关、品牌或营销部门，很少有企业新媒体敢真正地自主决策。

第二，在工业制造企业里，研发一款新产品需要经过一个非常规范的流程。一般来说，要立项，然后评估这个产品，提出一些功能点，看看有没有竞品，以及制定定价策略，预估大概能卖多少台，超过10万台才敢开模生产。

在产品研发过程中，很多公司还习惯通过第三方做用户调查。但是实际上，现在用户互动和反馈的渠道很多，而且处于自发的状态，通过微博、微信或者论坛的牢骚反馈才最真实，也最应该得到重视。所以，海尔新媒体认为，像用户对“冷宫”冰箱这样的需求是非常宝贵的，要保护这种主动性。

当天晚上这条微博就爆了，有7万多条私信、回复、点赞等。海尔新媒体的工作人员提炼出了5 000多条非常有价值的产品改良意见。同时，他们联合了一些数据机构，整理出了整体用户的大数据，包括年龄段、用户层次、大致的购买力以及用户对这个产品的预期，有半本书那么厚。当天晚上，他们就给海尔冰箱制造部门的总经理打电话：“开发这个产品的开模费用可能要数百万元，但它是用户的真实需求。如果你们能做，我们尽快回复用户我们可以做；如果你们不能做，我们就去找别的厂家做。”1个小时后，总经理回话说：“请新媒体的同事放心，立刻回复用户我们可以做。”于是在24小时之内，这款冰箱的工业设计图就被晒到了网上。

7天之内，海尔新媒体收到了1 000多位网友的反馈意见，其中，冰箱的设计结构真像“冷宫”一样——窗户是宫廷样式的，是可以被点亮的，是可以显示温度的……这些海尔的工程师都没有想到。

7天之内，海尔通过3D打印技术把冰箱送到了用户面前。

资料来源　沙建军. 我知道他想看什么——用内容营销打造品牌影响力［M］. 北京：中信出版集团，2018.

问题：

1.海尔新媒体如何挖掘客户的潜在需求并做出快速反应？

2.海尔冷宫冰箱的问世在客户管理中最值得借鉴的是什么？还需要注意哪些方面？

• 实训题

实训项目：客户服务的情景游戏。

实训目标：

1.掌握处理客户投诉的流程。

2.掌握处理客户投诉的技巧。

实训内容与要求：

1.进行一个客户服务的情景游戏。

2.此游戏共分5个步骤，请大家每看完一个步骤就停下来不要往下看，然后根据你的经验来判断当前形势，考虑并记录遇到这种情况你会如何处理。

(1) 有一个客户购买了一部手机。大概过了7个月，客户找来，说手机坏了，屏幕没有显示。拿到维修部，维修部发现是电池漏液导致电路板腐蚀，只能更换电路板。但是更换电路板需要返回厂家，可是恰恰这款产品厂家已经停产了。于是客户提出索赔，要求退货。

【讨论】如果你是维修部的服务人员，你此时需要如何处理？

(2) 这个维修部的员工说：“我们给你调换一个，你可以选另外一款同等价格的手机。”客户说：“不行，一定要退钱。”

【讨论】如果你是维修部的服务人员，你此时需要如何处理？

(3) 后来发现，电池漏液造成电路板腐蚀不完全是产品的原因，和客户有一定的关系。

【讨论】如果你是维修部的经理，你此时需要如何处理？

(4) 经理仍然没有答应，没想到这个客户特别难缠，没事就跑到维修部，影响维修部的正常工作。

【讨论】如果你是维修部的经理，你此时需要如何处理？

(5) 维修部没办法了，就跟客户签了一个保密协议。你可以退货，但你不能把处理结果告诉其他客户。

【讨论】如果你是维修部经理，说明你这样做的原因？还有什么后续事宜需要处理？

［第8章］

中间商管理

学习目标

◆ 重点掌握中间商的概念及类型，经销商选择应考虑的因素以及经销商的激励；掌握经销商和代理商的区别与联系；了解特许经营加盟者的选择和管理沟通。

引　例

直播带货需加强质控

2020年11月28日，罗永浩抖音账号“交个朋友直播间”销售了“皮尔卡丹”品牌羊毛衫，其后有消费者反馈怀疑收到的衣服不是纯羊毛，是假货。对此，“交个朋友直播间”从该产品的多名实际消费者（含几位公司内部员工）手中回收了5件，分别送到两家专业机构检测，12月15日下午得到一家的检测结果是，该送检产品为非羊毛制品。12月15日，罗永浩发布《关于11月28日交个朋友直播间所销售“皮尔卡丹”品牌羊毛衫为假货的声明》，称该羊毛衫的供货商为成都淘立播网络科技有限公司，在与对方达成合作前，按照正规流程签署了完备的法律协议及合同，也检查了各种证书。“尽管手续齐全、流程合规，但产品还是出了问题，这让我们感到万分抱歉和愧疚”，并对所有购买该产品的消费者代为进行3倍赔付。

12月21日，罗永浩在个人微信公众号发布消息称，在经历“羊毛衫事件”之后，“交个朋友直播间”进了全面反思，决定全方位整改升级。整改升级的措施包括：第一，成立“质控实验室”；第二，已与国际知名的第三方专业检测机构SGS开展更为紧密的合作；第三，直播间安排“神秘顾客”+公司内部成立“客户卓越体验委员会”；第四，积极参与权威机构主导制定的直播电商商品质量检测和控制相关行业标准及规范；第五，邀请行业大牛和质控专家担任质控顾问。

资料来源　澎湃新闻．罗永浩再就“羊毛衫事件”致歉：全面反思，全方位整改［EB/OL］.（2020-12-21）［2022-06-22］. https://baijiahao.baidu.com/s?id=1686685509327899617&wfr=spider&for=pc.

企业的分销系统是由生产商、中间商、辅助商以及消费者或用户构成的，众多市场主体的参与，将大大提高产品的分销能力，使一个生产企业的产品销售得更多，送达更远的顾客。绝大多数生产企业生产的产品需要经过中间商的买卖活动或参与才能进入流通领域，才能最后销售给消费者。因此，中间商职能的发挥关系到企业销售目标的实现。

8.1 中间商的概念及主要类别

中间商是指处于生产者与消费者之间的、参与商品流通业务、促进买卖行为发生和实现的集体或个人。在商品由生产领域到消费领域的转移过程中，中间商起着桥梁和纽带的作用，不仅简化了销售手续、节约了销售费用，还扩大了销售范围、提高了销售效率。①

中间商可以按照不同的标准进行分类：按其服务的市场类型，可划分为工业品市场中间商和消费品市场中间商；按其直接销售对象，可划分为批发商和零售商；按其在交易过程中是否拥有产品所有权，可划分为经销商和代理商。此外，可按行业或产品类型（如化工、机械、房地产，或钢铁、农产品等）来划分中间商。②在此，主要介绍经销商、代理商、批发商和零售商的概念及类型。

8.1.1 经销商

经销商是指在从事商品交易活动中拥有商品所有权的中间商。根据经销商销售对象的不同可以分为批发商和零售商；根据经销商经销权限和顾客服务范围的不同又可以分为普通经销商和特约经销商。普通经销商又称非独家经销，是指由几家经销商共同经销生产商的某一特定产品，而且在经销条件方面没有特殊的规定与限制；特约经销商又称独家经销商，是指中间商以买方的身份从厂家购买产品，并在一定区域内享有独家购买和销售权，而且厂商之间在销售额、产品价格、广告等方面有特别的约定。

8.1.2 代理商③

所谓代理商，是指受生产商委托销售商品但并不拥有商品所有权的中间商。

代理商按其是否具有独家代理权分为独家代理和一般代理；按其是否有权授予代理权分为总代理和分代理；按其与厂家的交易方式分为佣金代理和买断代理。

1.独家代理和一般代理

独家代理是指生产商授予代理商在某一市场（可能以地域、产品、客户群等区分）的独家代理销售权，生产商、其他代理商及其他贸易商都不得在该市场上销售该厂家的产品。

一般代理是指生产商不授予代理商在某一地区、产品上的独家代理权，代理商之间也无代理区域划分。也就是说，生产商可以在某一市场范围内选择多家中间商同时代理，代理商可以同时为多家生产商进行代理销售。

2.总代理和分代理

总代理是指代理商统一代理某厂家某产品在某地区的销售事务，同时有权指定分代理

① 张景顺．市场营销［M］．南京：东南大学出版社，2003：123.
② 卜妙金．分销渠道管理［M］．北京：高等教育出版社，2001：25.
③ 孙天福．现代营销方式［M］．北京：中国财政经济出版社，2000：47-48.

商，有权代表厂家处理其他事务。由此可见，总代理一定是独家代理，但独家代理不一定是总代理。一般地，总代理商通常会选择并统一管理二级或三级分代理商，并报请厂家批准备案。有时也会由厂家来直接指定分代理商。

3.佣金代理和买断代理

这是按代理商是否承担货物买卖风险，以及其与原厂的业务关系来划分代理的形式。

佣金代理商的收入主要是佣金收入，代理商的价格决策权受到一定限制。

买断代理是一种特殊的代理形式。买断代理商与厂家是一种完全的“买断”关系，其对产品的销售价格拥有完全决定权，其收入来自买卖的差价，而不是佣金。买断代理要承担货物销不出去的风险。从买断代理与厂家的关系来看，与前面说的经销商有相似之处，但买断代理一般常被要求有广告宣传义务，而经销商没有这种义务。

8.1.3 批发商①

批发商是指把商品销售给零售商、其他中间商或机构用户的中间商。批发商处于商品流通的起点或中间环节，其销售对象不是最终消费者；当商业交易职能结束时商品应处于流通领域。

批发商种类繁多，从目前通用的分类方法看，一般可以分为两大类：

1.完全服务批发商

完全服务批发商是指向生产者和零售商提供储存、运输、推销、广告、信贷等各种服务的批发商。这类批发商包括一般商品批发商、单一种类或整类产品批发商、专业批发商、货架批发商、石油批发商、农产品采购商等。

2.有限服务批发商

有限服务批发商是指向生产者和零售商提供有限服务的批发商，主要包括：

（1）现购自运批发商。其特点是不赊销、不送货，客户自备运输工具将货物运回，当面货款两清，主要经营新鲜食品、杂货、鲜花等，客户多为小商品杂货店、酒店等。

（2）车运批发商。其经营方式是用卡车从供应商处进货并直接将商品运送给零售商、宾馆、酒店等客户，承担类似购销员、送货员的职能，以及时、频繁、快速送货为经营特点。

（3）直运批发商，是指先从零售商或工业用户处得到订单，然后从生产者那里订货并直接运送到用户的批发商，一般经营的是大宗商品。与其他批发商相同的是，商品一旦离开生产者，批发商就取得商品所有权；与其他批发商不同的是，直运批发商不固定经营某种商品。

（4）零售商合作批发商，是指由一些零售商共同组织起来从事批发业务，共同进行商品仓储，然后向零售商销售的批发商，常见于食品类的批发。

（5）生产者合作批发商，是指由生产者合作，将产品统一组织起来，然后向零售商销售的批发商，如一些农产品的批发商。

（6）邮购批发商，是指将商品目录寄给零售商、社会团体或工业用户，根据它们返回的订单邮寄或送货的批发商。其客户多为边远地区的零售商和小型专业用户。其经营的商

① 吴健安. 市场学［M］. 昆明：云南人民出版社，1985：245-246.

品主要是食品、杂货、小五金和一些特色商品。

8.1.4 零售商[①]

零售是指将商品或服务直接销售给最终消费者，从而实现商品或服务价值的一种商业活动，是分销过程的最终环节。零售商是指以零售为其主营业务的机构或个人。

按销售方式分，零售商分如下三种类型：

1.店铺零售商

店铺零售商是指设店经营的零售商。其特点是设有摆放商品和顾客购物的店面，其商品（服务）购销活动主要是在店内完成的。根据其经营的产品线、规模、价格和服务方式的差异，可以进一步将零售商店划分为不同的类型，如百货商店、专业商店、专卖店、超级市场、大型综合超市、便利店、折扣商店、仓储商店、购物中心等。

2.非店铺零售商

非店铺零售商是指不设店面的零售经营者，又称非商店零售商。这类零售商可分为直销、自动售货等几种经营类型。

3.零售组织

当今时代，市场竞争日益激烈，消费者的需求更加多样化和个性化，零售业需要通过新的零售组织优化其经营管理方式，确保各自的竞争优势。目前零售组织主要有公司连锁、自愿连锁店、零售商合作社、特许经营、消费者合作社以及销售联合大企业等形式。

8.2 经销商管理

经销商是销售渠道中最普遍和最重要的成员，生产商需要从经销商选择、分销方式分类及选择以及经销商激励等几个方面对经销商进行有效管理。

8.2.1 经销商的选择

1.选择经销商的原则[②]

选择经销商的原则是指导经销商选择工作的纲领，一般来说，应遵循的原则包括以下几个方面：

（1）目标市场原则。把分销渠道延伸至目标市场是建立分销渠道的基本目标，也是选择经销商的基本原则。企业选择经销商、建立分销渠道，就是要把自己的产品打入目标市场，让那些需要企业产品的最终用户或消费者能够就近、方便地购买，随意消费。根据这个原则，分销管理人员应当注意所选择的经销商是否在目标市场拥有其分销渠道（如是否有分店、子公司、会员单位或忠诚的二级经销商），是否在那里拥有销售场所（如店铺、营业机构）。

（2）分工合作原则。分工合作原则即所选择的经销商应当在经营方向和专业能力方面符合所建立的分销渠道功能的要求，尤其在建立短分销渠道时，需要对经销商的经营特点

① 兰苓．现代市场营销学［M］．北京：中国财政经济出版社，1996：312-316.
② 胡娟．销售渠道管理［M］．北京：北京工业大学出版社，2004：79-80.

及能够承担的分销功能严格掌握。一般来说，专业性的连锁销售公司对于那些价值高、技术性强、品牌吸引力大、售后服务较多的商品，具有较强的分销能力。各种中小百货商店、杂货商店在经营便利品、中低档次的选购品方面力量很强。只有那些在经营方向和专业能力方面符合所建分销渠道要求的经销商，才能承担相应的分销功能，组成一条完整的分销渠道。

（3）树立形象原则。在一个具体的局部市场上，显然应当选择那些既能代表本企业形象又能全力销售公司产品的经销商，尤其是那些目标消费者或二级经销商愿意光顾甚至愿意在那里出较高价格购买商品的经销商。这样的经销商在消费者的心目中具有较好的形象，能够烘托并帮助建立品牌形象。

（4）共同愿望和共同抱负原则。联合经销商进行商品分销，不单是对生产商、对消费者有利，对经销商也有利。分销渠道作为一个整体，每个成员的利益来自成员之间的彼此合作和共同的利益创造活动：从这个角度上讲，联合经销商进行商品销售就是把彼此之间的利益“捆绑”在一起。只有所有成员具有共同愿望、共同抱负，具有合作精神，才有可能真正建立一个有效运转的分销渠道。在选择经销商时，要注意分析有关经销商分销合作的意愿、与其他渠道成员的合作关系，以便选择到良好的合作者。①

2.选择经销商应考虑的因素②

一般来说，对经销商选择一定要：仔细研究应召者所提供的资料，看是否符合企业开出的条件，调查资料是否属实；实地调研观察其分销能力；根据重要性排序；坚决剔除某些不合格者。

在选择经销商时，企业要对经销商的状况有足够充分的了解，采用科学的方法，客观评价经销商的销售能力，以决定是否由其经销产品、具体如何开展合作。

（1）市场覆盖范围。选择经销商首先要考虑其经营范围涵盖的区域与企业的预期销售地区是否一致。例如，企业的目标市场是沿海地区，在选择经销商的时候，就要了解其经营范围是否主要集中在此区域，以便在最短的时间里用最小的成本将产品打入目标市场。另外，潜在消费者是一个重要的考虑因素。所有企业都希望利用经销商的销售网络打入选定的目标市场并最终说服消费者选择自己的产品，因此经销商的销售对象是否为企业期望的潜在消费者是选择此经销商的基本条件。

（2）销售经验。一般来说，企业选择经销商，评估其能否承担销售重任，往往需要考评其一段时间的销售表现和盈利状况。若经销商以往的销售业绩不佳，则将其纳入企业销售网络的风险就会大大增加。

在评价经销商的销售经验时，首先看其经营某种商品的时间。长期从事某种商品经营的经销商，通常会在此领域积累比较丰富的专业知识和经验，可以为企业节约很多培训和管理成本。同时，这类经销商在行情变动时，比较能够掌握其经营主动权，确保商品销量稳定甚至能利用历史经验借机扩大销量。

（3）声誉。经销商的声誉不仅会关系到销售网络的稳定，还直接影响到企业自身的管理。如果选择的经销商声誉不佳，从长远来看，它得不到市场认可的风险就会显著增加，有可能被市场排斥，从而影响企业产品的销售。另外，若经销商不重信誉，有可能给企业

① 张传忠．分销管理［M］．武汉：武汉大学出版社，2000：164.
② 皮菊云．市场营销［M］．银川：宁夏人民出版社，2006：194-195.

本身回款带来很大压力，或因不良服务造成额外的客户投诉，这无疑会给企业增加很大的管理成本。因此，在选择经销商时，企业一定要通过媒体搜索、实地走访、业内了解等途径，调查目标经销商的声誉。

（4）促销能力。企业利用经销商的主要目的就是最大限度地扩大销售，因此推销产品的方式及运用促销手段的能力，是企业选择经销商时必须考虑的因素。企业通常根据产品情况和营销策略会有自身侧重的促销策略，为了达到良好的销售目的，应关注目标经销商在此促销策略下是否具有足够的协作能力。例如，有些产品比较适合广告促销，有些产品比较适合人员推销，还有些产品需要组织大型的公益活动以提升产品知名度和美誉度。于是，在选择经销商时就要看其是否具有必要的物质基础及相应的人才基础，是否能够承担一定的促销费用。

（5）信用及财务状况。了解经销商的信用及财务状况是一个必需环节。企业应在综合考虑其他因素的前提下尽量选择资金雄厚、财务状况良好的经销商。这不仅能够保证其按时结算企业的货款，还可能对企业有更多的帮助，如承担一定的销售费用和客户服务费用，从而有助于扩大产品的销路。

（6）产品组合。在考评产品状况时，通常认为如果经销商现有的产品与企业自身的产品是竞争产品，应避免选用此类经销商；应选用经营兼容性产品和互补性产品的经销商，既不会对企业自身产品造成威胁，又可以为顾客提供更好、更全面的服务。但如果在实际情况中，经销商的产品组合出现适合企业产品的空档，或企业产品的竞争优势很明显，也可以考虑选用此经销商。

（7）合作意愿。合作意愿是企业选择经销商时最应考虑的因素。有强烈合作欲望的经销商，往往会积极主动地推销企业的产品，甚至会力邀企业参与促销，扩大市场需求。与这样的经销商合作，企业通常能很好地实现销售目标甚至更高飞跃，达到双方共赢的目的。因此，企业应根据产品销售的需要和对备选经销商进行深入的了解后，确定具体合作方式，考评其对销售的重视程度与合作态度，比较选择最理想的经销商进行合作。

3.经销商的评估[①]

销量通常是重要的指标，但若把它作为唯一指标则并不全面和可靠，因此对经销商的评估应从多个角度来考虑。

（1）对销售额的贡献。这是指经销商在一年内销量目标的完成情况、实际商店数和区域内的分销情况。

（2）对利润的贡献。这是指公司对经销商的投入花费与经销商销量之比是否合理。

（3）客户满意度。这主要是指经销商为客户提供的服务质量，包括走单、送货、付款、理货、促销、走访等。

（4）对市场稳定的贡献。这是指经销商对价格和销售区域规定的遵守程度。

（5）综合营销能力。这主要是指经销商是否有精通业务的骨干人员，并熟悉公司及竞争对手的产品或服务情况；经销商对市场长期趋势和竞争变化是否有灵敏的适应能力。

---

① 上官万平．医药营销地区经理实务［M］．上海：上海交通大学出版社，2004：205.

经销商绩效评估内容参见表8-1。

表8-1　经销商绩效评估内容

项　目	内　容
对销售额的贡献	上一年度，经销商是否已成功地为厂家实现新的销售量、经济增长率，以及确定其市场领域的竞争地位？ 与该领域内的竞争对手相比，此经销商是否已经为厂家争取了一个较高的市场渗透率？ 上一年度，经销商从厂家获得的收益是否比其他竞争性经销商在同领域获取的收益高？
对利润的贡献	厂家为经销商服务的成本花费是否合理，以及经销商从厂家获取的业务总量为多少？ 经销商的持续要求是否已经导致厂家的利润不充足？ 为支持经销商投入的时间、精力、人力数量等是否使厂家从经销商处获取的利润减少？
经销商的能力	经销商是否具备成功经营业务的经营才干？ 经销商是否对厂家的产品或服务特色有充分的了解？ 经销商与其下游成员是否对竞争者的产品或服务有充分的了解？
经销商的顺从度	经销商在参与厂家各项计划及活动方面是否经常遇到困难？ 经销商是否频繁地违反与厂家达成的协议条款？ 经销商是否总是服从厂家的各种安排？
经销商的适应能力	经销商能否把握其经营范围内的发展趋势，并及时调整其经营活动？ 经销商是否有较强的创新能力？ 经销商是否积极参与其经营范围内的各种竞争活动？
对增长的贡献	经销商是否已经成为或将成为厂家的主要收益来源？ 下一年，经销商能否为厂家提供比其竞争性经销商更多的收益？ 厂家与经销商的业务是否一直平稳增长？
客户满意度	厂家是否经常收到客户对该经销商的投诉？ 经销商是否争取尽可能地让其客户满意？ 经销商能否代表厂家向客户提供良好的产品或服务的支持？

资料来源　吴建武．渠道营销经理手册［M］．北京：企业管理出版社，2001：270-271.

8.2.2　分销方式的分类及选择①

在销售渠道中，产品的分销方式一般分为以下三种：

①［1］张忆．工商企业市场经营［M］．北京：中国展望出版社，1985：190.［2］科特勒．营销管理：分析、计划、执行和控制［M］．梅汝和，梅清豪，张桁，译．8版．上海：上海人民出版社，1997：778.

1.密集分销

密集分销的特点是尽可能多地使用经销商销售产品或服务，经销商数量越多越好。当消费者要求在当地能大量、方便地购买时，实行密集分销至关重要。密集分销一般用于日用消费品，如香烟、肥皂、牛奶、饮料等。在这种经销方式下，生产商与经销商之间具有比较简单的买卖关系，无须签订复杂的经销协议。密集分销能够在短时间快速实现市场覆盖和销量最大化，但对企业的渠道控制能力是一个巨大的挑战。因此，采用密集分销必然要设计好相应的市场治理方案。

2.独家分销

这种经销方式严格限制经销商的数目，生产商在某一区域仅选择某一家经销商销售其产品，与经销商签订独家经销合同。它强调的是与经销商之间紧密的合伙关系，规定经销商享有独家经销产品的权利，同时履行不经营相关竞争性产品的义务。

对于生产商来说，如果想对经销商实行大规模的服务水平和服务售点的控制，这种经销方式比较适用。一般情况下，由于独家分销商不再经营其他品牌的同类产品，也被允许自行提高售价，能够达到提高产品形象的目的，因此通常适用于销售一些技术性强、价值高的商品，如汽车、某些品牌电器、大型机械和某些品牌服装等。

3.选择分销

选择分销是介于密集分销和独家分销之间的一种分销方式，其特点是生产商选择一家以上但不是让所有愿意经销的经销商经营其产品。这种方式有利于生产商与挑选出来的经销商建立良好的合作关系，并获得足够的市场覆盖面，因此所需成本低于密集分销。一些已建立信誉的公司都采用选择分销方式。一般来讲，企业既要实现目标市场销量和市场份额的最大化，又想兼顾市场稳定和渠道管理，采用选择分销是一个不错的选择。选择分销的一个重要指导思想就是：选择的经销商要实现错位经营、优势互补，避免选择同一类型同样特点的经销商而引发恶性竞争。

以上三种分销方式的优劣势分析见表8-2。

表8-2 **三种分销方式的优劣势分析**

分销方式	优 势	劣 势
密集分销	能够快速实现市场覆盖 迅速扩大销量和影响力 利用经销商资源以节省费用	容易出现恶性竞争 容易出现乱价、窜货 渠道控制难度大
独家分销	能够保证市场秩序 分销层次和价格层次稳定 业务管理相对简单	渠道无竞争、无活力 渠道价格偏高、难控制 能力有局限、风险大
选择分销	能够实现市场覆盖最大化 能够保证销量、兼顾利润 合理组合，能够防范风险 优势互补，便于渠道控制	需要协调、组合 考验整体运筹能力

占热销先机。

（3）开展促销活动。一般而言，生产者促销措施会很受经销商的欢迎。促销费用一般可由生产者负担，亦可要求经销商合理分担。生产者还应经常派人前往一些主要的经销商那里，协助安排产品陈列，举办产品展览和操作表演，训练销售人员，或根据经销商的推销业绩给予相应的激励。

2.间接激励

所谓间接激励，就是指通过帮助经销商进行销售管理，以提高销售效率、达到更好的销售效果、激发渠道成员的积极性和销售热情的一种激励方法。这一方法有利于加深合作双方的感情联系，从而达到维持长时间销量稳定的目的。间接激励的方法很多，通常来说，企业可以对经销商进行人员支持和管理支持。

（1）向经销商提供人员支持。企业可以帮助经销商培养其需要的专业人才，提高其内部管理水平、销售推广能力和在商务、宣传、服务方面的水平，使经销商与企业共同成长。同时，可以派专门人员指导并协助经销商做好市场调研、市场分析、促销活动安排、客户服务等管理工作。利用这种方式不仅可以使经销商在实际经营中获得直接帮助，还能令其感受到企业的重视，从而实现企业的激励作用。

（2）向经销商提供管理支持。厂商可以利用自身管理经验帮助经销商建立进销存报表，做安全库存数和先进先出库存管理。进销存报表的建立，可以帮助经销商了解某一周期产品的实际销售数量和利润；安全库存数的建立，可以帮助经销商合理安排进货；先进先出的库存管理，可以减少即期品（即将过期的产品）的出现。

8.3 代理商管理

同经销商一样，代理商也是销售渠道中最普遍和最重要的成员之一，对于代理商的选择可以从经营理念一致性、资金充足程度、销售网络匹配和售后服务体系完善程度四个方面考虑，同时，要注意区分经销商与代理商之间的差异。

8.3.1 代理商的特点①

通常情况下，代理商具有以下特点：

（1）代理商是独立的法人组织，并与委托企业有长期稳定的关系。代理商的独立性是指其不等同于厂家的直营销售机构，也不是厂家的子公司或控股公司，它有独立的利益，并独立核算。代理商与委托企业的关系是长期稳定的，一般在一年以上，有的长达数十年，这是代理与代销的区别之一，也是代理制优于我国目前的买断制的特点之一。

（2）代理商只拥有销售代理权，而不拥有对代理商品的所有权。这是代理商与买断商的主要区别。在买断制下，商业企业从生产企业购入商品后再销售，因而拥有商品所有权，并承受全部买卖风险。

（3）代理商按代理权限行事。代理权限中规定了代理商品的种类和数量、代理区域的

① 国内贸易部职称改革工作办公室．物资经济专业考试指南（中级）[M]．北京：中国财政经济出版社，1996：78.

大小、是否有独家销售代理权、商品售价的高低及浮动幅度等；同时，代理合同中规定了代理商的义务，如独家销售代理时，代理商要达到最低代理额，再如代理商负有广告、售后服务、仓储、商情报告、保护委托方的财产等义务。代理商必须在代理权限内履行相应的义务。

（4）代理商行为的法律后果应由委托方承担。由于代理商行为体现的是委托方的意志，销售代理产生的权益与义务都通过代理合同转移给委托方。代理商不能占有代理行为产生的权益，从而不能占有销售后的货款；同时不承担代理行为产生的义务，从而客户若不能及时收到商品或发生货损与商品质量等问题，只能要求委托方赔偿损失。

（5）代理商的收入是佣金而不是购销差价。代理商只是一种中间商，其主要功能是提供销售机会，因而要等商品售出、货款汇回委托方后，从委托企业处取得佣金收入，而且佣金收入随代理额的浮动而浮动。

8.3.2 代理商的选择

衡量优秀代理商的标准有很多，但总的标准只有一条：在特定的时期内适合与企业通力合作的代理商就是优秀代理商，具体可以从以下四个方面进行考核：

1.经营理念一致性

企业应该考评代理商的经营理念是否能够和自身高度统一；是否能够充分认识和理解企业文化、产品定位、中长期发展战略、区域市场销售目标及市场运作方案；是否能够切实执行企业的各项销售政策等。

2.资金充足程度

代理商只有拥有较为充足的资金，才能够满足企业的市场开发需求，进行市场投入，按照企业的合理要求配备相关的人力资源、车辆、仓库等，以便进入区域市场内各类渠道，进行品牌推广，保证货源充足。因此，在选择代理商时，其资金状况是一个必须考虑的因素。

3.销售网络匹配

选择代理商时，还应考虑其是否具备和企业目标市场相匹配的销售网络。代理商的销售网络应该能够覆盖整个区域市场，各类渠道横向和纵向有机结合，拥有强大的批发渠道和零售渠道，渠道的宽度和深度能够充分满足企业的要求，减少企业的销售网络建设费用；同时能够迅速渗透整个区域市场，提高市场占有率和铺货率，实现对整个区域市场的深耕细作。

4.售后服务体系完善

售后服务的质量直接影响到品牌的生命力，而现在的大多数企业把售后服务交给代理商来做，因此优秀的代理商应具有良好的售后服务意识，把售后服务当成一项长期的战略，组建一支专业的售后服务队伍，以解决区域内的售后服务问题。

8.3.3 经销商与代理商的区别

经销商和代理商的区别主要在于是否需要从厂家购买产品，取得产品所有权。经销商从厂家购得产品，取得产品所有权，然后销售；代理商是代理厂家进行销售，本身并不购买厂家的产品，也不享有该产品的所有权。除此之外，二者在取酬方式、机构性质、经营自主性等方面有所区别（见表8-3）。

表8-3 经销商与代理商的区别

比较内容	经销商	代理商
法律关系	买卖	代理
与第三者责任	自己承担	委托厂商承担
机构性质	拥有合法经营资格的企业	企业/个人
取酬方式	赚取进销差价（经营利润）	佣金/提成
产品价格	加价销售	规定价格
经营品种	多品种、多品牌经营	一般不经营竞争品牌
所有权	拥有产品所有权（买断产品/服务）	不拥有产品所有权（代理产品/服务）
经营自主性	自主经营（很少受委托厂商控制）	受委托厂商指导或限制
付款方式	货款两清、赊销等	售后汇款
付款性质	货款或保证金	保证金
广告投入	按比例分担	由委托厂商负担
品牌责任	对品牌责任心较小	承担梳理和维护品牌的责任
考核指标	销售量	市场占有率和销售量
权责	与委托厂商权责对等	委托厂商权力较大
主体	以自己的名义	以委托厂商的名义
风险	有	无

资料来源 周帆．当代医药保健品营销图表大全［M］．广州：广东经济出版社，2003：454．

8.4 特许经营商管理

特许经营对社会经济发展有很多益处，如对技术的发展、文化的延伸、产品的销售、管理的完善均有相当大的有益影响，也是企业拓展市场、开发销售渠道惯用的策略。同时，特许经营通过品牌统一运作和管理，积聚各方资源，最大限度满足了消费者需求，因此特许经营已在当前市场条件下成为一种广受关注的经营模式。

8.4.1 特许经营的含义与特点

1.特许经营的含义

特许经营是企业构建销售渠道时可以利用的一种有效的分销方式。国际连锁加盟协会（IFA）对特许经营做出如下解释：特许经营是一种存在于总公司和加盟者之间的持续关系。总公司赋予对方一项执照、特权，使其能经营生意，同时对其进行组织、训练、采购和管理的协助，建立特许经营关系，同时要求加盟者付出相当的代价，作为对总公司的报偿。

我国《商业特许经营管理条例》也对特许经营做出了明确说明：是指拥有注册商标、企业标志、专利、专有技术等经营资源的企业（以下称特许人），以合同形式将其拥有的经营资源许可其他经营者（以下称被特许人）使用，被特许人按照合同约定在统一的经营模式下开展经营，并向特许人支付特许经营费用的经营活动。

2.特许经营的特点①

（1）特许经营的核心是特许权的转让。特许权的转让方是拥有成果的总部或总公司，接受方是加盟店。转让的特许权一般包括专利、商标和经营模式等无形资产。

（2）特许经营是特许人与被特许人之间的合同关系。特许经营模式一般都是由总部要求加盟店按照自己的模式经营，在加盟之前签订合同。这种合同是一种既定格式的合同，而非经由双方商议而订立的合同，即特许人事先将合同的内容拟妥、印妥，然后将相同格式的合同交众多的加盟申请人，在双方同意后签订的一种合同。为维护连锁的统一性，加盟申请者一般对合同条款没有修改的余地，必须服从特许合同的约定，根据总部提出的销售或技术上的计划来经营加盟店。

（3）在特许经营关系中，特许人和加盟者承担其各自义务。特许人的义务：允许加盟者使用其商号、商标、商誉、CIS等企业的无形资产；提供相关的产品、专利和专有技术等；向加盟者提供各种相关的培训等。

一般来说，当加盟者提出加盟申请后，特许人为谨慎起见往往会对其进行严格周密的调研。例如店铺的具体位置、店主或投资者的财务状况、销售能力和合作诚意等。在全面考察上述诸多因素后，特许人才会决定是否对其申请予以批准。

一旦接受加盟者，特许人必须按照合同约定允许加盟者使用总部特有的商标、店名和总部开发的生产、加工、销售、服务及其他经营方面的技术等。同时要在合同期内对加盟者提供各种指导、帮助和相应培训以帮助其在开始营业后尽快步入正轨，获得收益。

加盟者的义务：在特许人统一的业务模式下，从事经营活动；接受特许人的培训和指导；向特许人支付加盟金和权益金等费用。

加盟者在取得特许人赋予权利的同时需要付出相应的代价。一般来说，在加盟者签订特许合约的时候要一次性交纳一定数额的加盟费，每月还需向总部交纳特许权使用费和广告费等，这些费用依据合同规定不同而具体决定。

8.4.2　加盟者的选择

1.了解加盟者是否具有经营信心

选择对经营项目充满信心的加盟者，无疑会降低特许经营风险。有的加盟者对特许经营项目缺乏了解，投资比较盲目，一旦短期目标未能实现，便丧失信心并很快放弃。加盟店的关闭会对特许人的商誉产生重大不良影响，会阻碍或限制其他经营者的加盟，并动摇

① 屈云波，牛海鹏．特许经营［M］．北京：企业管理出版社，1996：52.

其他加盟店的经营信心。这种结果是特许人不愿看到的，因为特许人最终希望该特许经营项目可持续发展并期待自身和加盟者获得持续不断的投资回报。

2.作为加盟者应具备强有力的资金支撑

目前好的特许经营项目，一般需要几十万元（包括加盟费、使用费、保证金、房租费、设备材料费、装修费、广告费、培训费等）作为加盟投资费用，这就要求加盟者具有相当的经济实力，以保证在充分提供投资费用后还有足够的资金保证加盟店的日常运营。

3.加盟者要具备一定的管理能力

一旦加盟者获得加盟批准后开始正式运营，它对加盟店的管理能力便显得尤为重要。人们常说管理出效益，好的管理会给加盟者和特许人带来更大的收获，因此在进行加盟者的选择阶段，特许人必须确保选择的加盟者适合经营该项特许业务，有能力承担经营管理加盟店业务的责任，否则加盟店管理不善，会给特许人带来很大负担。

4.保证产品或服务质量的统一性

如果特许人难以保证加盟者产品或服务质量达到统一标准，其自身商业形象将受到经营不善、产品或服务质量差的加盟者的影响。因此，在选择加盟者的时候，特许人必须保证加盟者有能力按照产品或服务的质量标准经营，并在整个特许经营过程中予以保持，以维护加盟者整体在客户面前的统一性。

销售视窗 8-1

8.4.3 加盟管理与沟通

由于特许经营模式的特点是规定加盟者按照特许人要求的模式统一经营，因此特许人应对特许经营加盟店进行全面的管理，随时保持沟通，以保证整个加盟体系以统一、高质的良好形象面对市场和消费者。

1.加盟管理①

特许经营之所以能在激烈的竞争中迅速发展，主要是因为它适应社会化大生产的要求，实现了商业活动的简单化、专业化和标准化，从而获得其他商业形式无可比拟的经济效益，因此企业对特许经营加盟店的管理，也要遵从这三方面标准，即特许经营管理的“3S”。

（1）简单化（simplification），是指将作业流程尽可能地“化繁为简”，减少经验因素对经营的影响。特许经营强调的是复制，不能因为门店数量的增加而出现混乱。特许系统整体庞大而复杂，必须将财务、货源供求、物流、信息管理等各个子系统简明化，以提高效率，做到“店店会做、店店能做”。为此，要制定出简明扼要的操作手册，各加盟店按手册严格操作，各司其职，各尽其责。

---

① 杨立安，张昊民．现代连锁经营——理论·策划·运作［M］．北京：石油工业出版社，1999：33-36.

在麦当劳公司的操作手册中，加盟店可以查到麦当劳公司要求的所有工作细节。例如通过操作手册，麦当劳公司指导加盟店进行公式化作业：如何追踪存货、如何准备现金报表、如何准备其他财务报告、如何预测营业额及如何制定工作进度表等，甚至可以在操作手册中查到如何判断店面盈亏情况，了解营业额中有多少用于雇用人员、有多少用于进货、又有多少是办公费用。每个加盟店根据操作手册计算出自己的结果后，可以与其他加盟店的结果比较，这样便于发现问题。麦当劳公司操作手册的撰写者不厌其烦，尽可能对每一个细节加以规定，这正是操作手册的精华所在，也正因为如此，麦当劳公司经营理念能够快速全盘复制，使其公司的全世界几万家分店多而不乱。

（2）专业化（specialization），是指一切工作都尽可能地细分，在商品方面突出差异化。这种专业化既表现在特许人与各加盟店及配送中心的专业分工，也表现在各个环节、岗位和人员的专业分工，使得采购、销售、送货、仓储、商品陈列、橱窗装潢、财务、促销、公共关系、经营决策等各个领域都有专人负责。

（3）标准化（standardization），是指将一切工作都按规定的标准去做。特许经营的标准化主要表现在两个方面：一是作业标准化。特许人、各加盟店及配送中心对商品的订货、采购、配送、销售等各司其职，并且制定规范化规章制度，整个程序严格按照特许人所拟定的流程来完成。二是特许人整体形象标准化。加盟店的开发、设备购置、广告设计、技术管理等都应集中在特许人。特许人提供选址、开办前的培训、经营过程中的监督指导和交流等服务，从而保证了各加盟店整体形象的一致性。

麦当劳全世界餐厅都有一个金黄色“M”形的双拱门，都以红色为主背景。根据统计，最适合人们从口袋里掏出钱的高度是92厘米，因此麦当劳柜台设计以92厘米为标准；店铺内的布局也基本一致；橱柜全部离地，装有屋顶空调系统；厨房用具全部是标准的，如用来装袋用的“V”形薯条铲，可以大大加快薯条的装袋速度，用来煎肉的贝壳式双面煎炉可以将煎肉时间减少一半；所有薯条采用“芝加哥式”炸法，即预先炸3分钟，临时再炸2分钟，从而令薯条更香更脆；与汉堡包一起卖出的可口可乐，据测在4℃时的味道最好，于是全世界在麦当劳出售的可口可乐温度统一规定保持在4℃；面包厚度在17厘米时，入口最方便，于是所有的面包被做成17厘米厚……总之，麦当劳靠严格的标准化保证了世界各地的餐厅都提供同样品质的美味食品。

2.沟通

特许人和加盟店本身存在距离，这很容易导致许多信息不能由上至下及时传递，从而造成双方在经营方面存在分歧，并且许多特许人往往不重视这种信息传递的不及时现象，从而最终导致特许经营失败。

从特许经营的特点来看，为了经营成功，一个重要条件就是加盟店要真正及时掌握特许人的经营方针及变化，随时按照总部要求经营，这就需要特许人和加盟店进行有效和及时的沟通。一般来说，总部需要委派专门人员负责与加盟店沟通的问题，帮助其理解加盟条款，发现问题予以及时解决；若此人员解决不了，还需提请特许人予以协助。通过与加盟店顺畅的沟通，可以规范其经营，最终达到和总部步调一致的结果，创造良好效益。同时，有必要对加盟店建立畅通的意见反馈机制，设立专职的部门负责信息的收集、反馈，使特许人了解加盟店在经营中存在的问题和提出的合理建议，有利于特许人不断调整总体战略、改善经营管理，获得长远发展。

销售新视点 8-1

互联网时代还有渠道红利吗？

自深度分销体系基本终结后，我曾经悲观地认为，中国的渠道红利也终结了。现在看来，不是我悲观了，而是认识出了问题。

红利有两个源头：一是创新；二是落后。落后，就有巨大的进步空间，改造落后，就有红利源泉。

中国的渠道落后吗？当然落后，并且非常落后，所以还有很大的渠道红利。

中国企业的第一轮渠道红利是市场重心下沉，开启于1997年的亚洲金融危机之后。从省代、市代直至县代，每轮重心下沉，能够支撑企业连续3年以20%的自然速度增长。

中国企业的第二轮渠道红利是深度分销，开启于2003年左右，以中国人民大学包政教授提出深度分销为标志，特点是厂家协助代理商做终端。

两轮渠道红利一脉相承，都是渠道的深化，解决的是中国幅员辽阔、人口居住分散造成的渠道长而宽，并且高度碎片化的问题。

电商出现后，渠道好像被边缘化了。因为电商最初打着“去中间化”的旗号，这确实击中了渠道的软肋。如果说第一轮“去中间化”既是技术手段使然，也是被迫的话，那么在目前的互联网态势下，渠道商是乐于整合和被整合的。

第三轮渠道红利，应该是互联网与渠道的整合。过去电商以颠覆的姿态出现，而新电商可能将以整合的姿态出现，比如流通电商。

流通电商是分布式的，以城市为单元，是跨行业的整合，所以将是平台统一、渠道商独立经营的分布式电商。

鉴于渠道仍然有二批商，所以第三轮渠道红利，在纵向将压缩二批商，释放出大约10%的毛利空间。

鉴于渠道总费用中，物流配送约占70%，流通电商如果建立统一的配送平台，将节省配送费用。

鉴于集中式电商以销售高价值商品为主，快速消费品所占比重较小，流通电商将适用于所有商品。流通电商有可能把更多的商品纳入体系。

鉴于集中式电商一旦做大，就一定会出现流通费高企的现象，流通电商作为分布式电商将在一定程度上缓解流通费超渠道费的现象。

互联网把碎片化的渠道整合在一个平台上，平台的统一有助于提高效率，节省费用。经营单元的独立，有助于发挥经营的灵活性。

以互联网整合渠道，将释放渠道的第三轮红利。

渠道还会有第四轮红利吗？这取决于互联网整合渠道后，渠道是否还落后，只要落后，就有红利的释放空间。

资料来源 刘春雄. 互联网时代还有渠道红利吗？[J]. 销售与市场（管理版），2015（12）：14.

思考：

1. 举例说明什么是集中式电商、什么是流通电商。为什么说流通电商是分布式电商？

2. 深度分销体系基本终结了吗？你是否赞同作者的观点？为什么？

学思践悟

直播带货依法纳税要警钟长鸣

2022年3月30日，国家互联网信息办公室、国家税务总局、国家市场监督管理总局联合发文，规范网络直播营利行为促进行业健康发展。《关于进一步规范网络直播营利行为促进行业健康发展的意见》中提出，平台每半年上报主播营利信息，严禁借助第三方企业等方式转嫁或者逃避个税缴纳义务，打击涉税违法犯罪。

去年，薇娅、雪梨与林珊珊3名直播带货主播的偷逃税案件引发全社会关注。其中带货女王薇娅，更是因为涉税金额高、市场影响力大成为焦点。头部主播的天价罚单背后暴露的直播乱象，让行业涉税问题的隐形冰山公之于众。

主播的综合收入来源向来复杂。除了大众熟悉的坑位费、佣金、打赏、广告代言，性质各异的收入之间互相转换让监管难上加难。3名主播虚构业务均有将劳务报酬所得转换为经营所得，以偷逃个人所得税的情况。根据媒体披露，除了被查的头部主播，有大量主播主动自查补缴税款。

可见，对直播行业的税收监管，不仅需要阶段性的立行立改，更需要长期性的治本之策。直播带货税务问题的综合治理，是一道关于整个行业综合治理的考题。党的二十大报告指出："加大税收、社会保障、转移支付等的调节力度。完善个人所得税制度，规范收入分配秩序，规范财富积累机制，保护合法收入，调节过高收入，取缔非法收入。"

资料来源　陶凤. 直播带货依法纳税要警钟长鸣 [N]. 北京商报，2022-03-31.

【思政元素解析】网络直播等新的商业模式给新冠肺炎后疫情时代的企业带来商机的同时，暴露出许多问题。为进一步营造健康有序的商业环境，一方面政府要加大监管力度，规范相关行业从业人员的商业行为，另一方面企业及个人要增强依法纳税意识，规范自身行为，自觉履行纳税义务。

基本训练

第8章即测即评

- **简答题**

1. 中间商客户有哪些形式？各自的职能是什么？
2. 选择经销商应考虑哪些因素？
3. 经销商和代理商有什么区别？
4. 什么是特许经营？其优点是什么？

- **案例分析题**

京东继阿里巴巴之后也要跨过经销商直供零售店

2015年年末，阿里巴巴旗下1688开始布局"百城万店"的线上+线下模式，通过和全球优质供货商合作进行终端门店开拓，直接将商品从DC（品牌网店）经过其菜鸟物流配送到零售门店。此外，阿里巴巴B2B事业群启动城市合伙人计划，计划为城市零售店提供货源、配送等一系列服务。上述两项谋划使阿里巴巴的意图昭然若揭——以跨过经销商直供零售店的“互联网+传统零售”方式杀入传统（快速消费品）供销领域，打造下沉到城市社区的互联网服务体系。

无独有偶，刘强东在京东集团的年会上提出，2016年京东将推出由他亲自把关的“新通路事业部”。作为2016年全集团的火车头一号项目，“新通路事业部”可以说是京东在继京东到家之后主力面向农村的一个创新。

在传统分销模式中，商品从出厂到消费者手中的搬运最少要5次，多则8～10次。

其中的物流成本还不包含渠道经销商的利润要求，如果都去掉，则减少30%以上的商品成本。

可以理解的是，阿里巴巴、京东这类模式的最大效益就在于压缩商品从工厂到消费者之间层级，通过线上订货，商品流通跨过了经销商，直达终端。因而搬运次数有效减少，渠道更加扁平化，商品物流效率得到大幅度提升。在阿里巴巴对经销商的强势打压下，中国的商品零售分销体系或将彻底被打破，而存在于中国市场30多年的经销商，也可能被这种模式彻底消灭。

然而，传统经销商们在这种突袭之下意识到了向互联网方向转型的紧迫性和重要性。但在薄弱的转型基础背后，他们只能根据自己掌握的知识去构建一个互联网转型的模式，缺乏全局性。

资料来源　析文. 京东继阿里巴巴之后也要跨过经销商直供零售店［J］. 互联网周刊，2016（3）：56-57.

问题：

1. 阿里巴巴、京东的这种商业运作模式代表了企业未来渠道变革的趋势吗？为什么？

2. 传统中间商应如何面对并寻找新的发展契机？

- **实训题**

实训项目：加盟连锁店实地调查。

实训目标：

1. 加强对加盟连锁店的感性认识。

2. 学会团队合作。

3. 掌握加盟连锁“3S”标准。

实训内容与要求：

1. 老师给出实际的区域地图，同学在给定的区域中寻找1～2家加盟连锁店，对其进行观察和调研，同时结合“3S”（简单化、专业化、标准化）对连锁店进行分析，并配合实景照片进行说明。

2. 实训形式以小组为单位完成作业。

3. 提交作业要求：16开纸，图文并茂，文字部分写明加盟连锁店所在具体位置，结合“3S”进行说明。

第5篇 销售人员管理

[第9章]
销售人员的招聘与培训

学习目标

◆ 重点掌握销售人员培训的内容；掌握销售人员招聘的途径以及销售人员甄选的一般方式；了解培训的程序和选聘优秀销售人员的重要性。

引　例

字节跳动公司的校园招聘

成立快9年的字节跳动公司，俨然已成为国内互联网公司的"新贵"，是当代年轻人比较喜欢的公司之一。

字节跳动公司于2020年8月拉开了2021校招大幕，为全国的应届毕业生提供6 000个工作岗位，校招人数共计超过1.2万人。这个规模在国内互联网公司罕见，可见字节跳动公司是打算来年"撸起袖子大干一场了"。

校招的具体岗位涉及研发、产品、运营、设计、市场、销售、人力资源等多个类别，涉及北京、上海、深圳、杭州、成都、广州、武汉、南京等多座城市，持续的时间从8月初到10月31日结束。

如此大规模、持续时间比较长的招聘活动，字节跳动公司是如何做的呢？

一、精心设计校招主题

字节跳动公司这届校招的主题是"和优秀的人，做有挑战的事情"。这无疑有两个暗示：一是来公司的都是优秀人才，既能证明自己，同时在这样一个优秀的团队里，个人能得到更好的发展；二是公司的发展目标是有挑战性的，加入公司就要承担压力，不惧挑战。这样的主题不仅能吸引年轻人，而且对他们充满着激励。

不仅是字节跳动公司，其他公司也非常注重校招主题的设计。如腾讯2021的主题是

"让世界看到你的影响力"，小米则是"趁年轻，做点更酷的事儿"等。

主题确定好了，后面的排期、设计、方案、实施、面试、入职等环节都有了明确的指向性内容。

二、校招前的准备

字节跳动公司在2019年11月底就开始提前准备。根据HRGO的透露，字节跳动公司为此做足了功夫：首先，要求HR管理人员写出岗位的卖点，每个岗位一共3组卖点，每组卖点控制在4个字以内；其次，要求HR管理人员做好面试官培训，主题只有一个即做好"反面霸策略"，优化选人效率；最后，让公司老总亲自面试候选人中的一部分，让其保持一线"手感"，也感受HR工作的不容易。

三、科学的校招流程

根据字节跳动公司校招官网的介绍，其校招流程是网申/内推→笔试→面试→offer发放。在网申这一步，如果公司觉得你不符合该岗位要求，会通知本人改投公司建议的其他岗位。另外，公司首次面向应届毕业生开放2次投递机会，应聘者可以选择一次性投递2个岗位，也可以分2次各投递1个岗位，每个岗位可选择服从调剂3个城市。这样就能增加大学生获取心仪岗位的机会，提升入职概率。

由于受新冠肺炎疫情的影响，笔试/面试统统在线上进行。

虽然不知道在面试环节，字节跳动公司的面试官和HR管理人员具体会问些什么问题，但根据某乎上透露出的信息，第一轮是约10分钟的电话面试，主要询问应聘者的基本情况以及对公司、岗位的了解；第二轮是半个小时左右的视频面试，询问内容涉及个人未来发展、对工作的看法等；第三轮面对的是高阶面试官，耗时更长，询问内容更有深度和压力。

字节跳动公司这次大面积校招，就是想为不断扩展的新业务提供人才并淘汰公司中一些薪酬高、贡献差、不让位的平庸人才，所以字节跳动公司在校招之前，一定会做一次大面积的人才盘点，列出需要替换的员工、急需招募的人才、需要储备的人才等。

资料来源　HRsee. 学习字节跳动是如何做校园招聘的［EB/OL］.（2021-02-08）［2022-07-11］. http://www.hrsee.com/?id=1949.

在建设一支成功的销售队伍过程中，人是最重要的因素。企业一切产品与服务的销售要通过销售人员来完成。在销售活动中，销售人员既代表公司又联系顾客，既要取得销售利润又要为顾客尽责。要完成如此艰巨的任务，销售人员就必须有较高的素质。因此，如何吸收高素质的人才并加以训练，以符合企业的要求，是一项重要的工作。

9.1 销售人员的招聘

招聘是企业获得合格人才的渠道，招聘工作的好坏直接决定着企业市场营销战略的成败。销售人员的招聘工作必须与企业的市场营销战略保持一致。因为，企业市场营销战略是由企业的销售人员实施的，销售人员的素质直接影响公司的形象和利润，所以招聘和选拔优秀的销售人员对公司是至关重要的。

9.1.1 销售人员招聘的途径①

销售人员招聘的途径很多，总体来说，根据招聘来源的不同，主要有内部招聘和外部招聘。两种方式各有优点和不足，在实际招聘工作中应当灵活运用。

1.内部招聘

内部招聘就是由公司内部员工自行申请相应职位，或者由员工推荐企业内部其他候选人应聘。这种方式主要是挖掘企业内部其他具有销售人员特质的人才，发挥他们的最大作用。通常，很多大公司会采用这种方法，因为这些公司的规模较大，人才较多。

采用这种方式的优点：

(1) 相对于外部员工来说，公司更了解应聘者，可以很容易、很全面地从其所在部门获得应聘者的相关信息，从而提高招聘工作的成功率。

(2) 内部招聘成本低。内部招聘可以使企业节省诸如广告费、会务费、代理费等直接费用，如果把一些间接成本考虑进去，节省的费用更多。

(3) 有利于被聘者迅速开展工作。来自企业内部的新销售人员已经熟悉了公司的产品、政策和业务，因此所需要的培训和指导较少，不但可以节省大量培训费用，而且能够较快地融入新的团队并适应新的工作。

(4) 内部选拔可以鼓舞员工士气。很多公司优秀的销售人员和主管都是通过内部培养与选拔脱颖而出的，这种招聘方式向员工传达了一个信息：只要努力工作，同样可以获得机会。

当然，内部招聘也可能带来一些弊端。例如，在销售部门和其他部门间形成争夺人才的矛盾；内部员工的引荐可能形成小团体现象，不利于销售工作的开展和企业文化的融合；组织内部选拔的员工往往沿袭过去的工作方法和风格，不利于组织的管理创新和组织目标的实现。

2.外部招聘

外部招聘是根据企业需要，以公开的形式通过全面考核来选用销售人员。外部招聘可以给企业带来很多好处。外部人员的录用犹如给企业注入新鲜血液，可以为企业带来更加开阔的视野、丰富的经验和方法，带来活力，也可以避免“近亲繁殖”的负面影响。常用的外部招聘途径主要有以下几种：

(1) 广告招聘。这是利用各种宣传媒介发布企业招聘信息的一种方法。常用的媒介主要有电视、报纸、电台、杂志、互联网等，每种方式都有各自的优缺点。广告最明显的优势是传播范围广。当使用广告招聘时，应考虑三个问题：

第一，公司采用哪种形式的媒介，是在报纸、杂志还是在电视、互联网等上做广告。

第二，具体选择哪种专门的公众媒体。

第三，是采用显性广告还是采用隐性广告。显性广告是那些直接表明公司正在招聘的广告；隐性广告只是提供邮政地址或电子信箱以供应聘者投递个人简历。

广告通常会吸引许多应聘者，但他们的平均素质值得质疑。吸引这些应聘者的成本很低，需要额外地选拔以剔除那些明显不符合要求的应聘者。为了保证有效性，招聘广告必

① [1] 吕峰. 人力资源管理 [M]. 太原：山西经济出版社，1999：87-90. [2] 李文新. 推销技巧 [M]. 武汉：华中师范大学出版社，2012：223-224.

须具备吸引力和可信度。

（2）校园招聘。高等院校或中等职业技术学校往往是招聘销售人员的一个常用途径，这种方式可以为企业的长期发展提供人才储备。校园招聘方式有招聘张贴、召开招聘会、毕业实习、学校推荐等。

大中专毕业生受过系统的教育，知识面较广，具备良好的逻辑思维、计划协调和理性沟通能力，为今后的发展奠定了基础；同时，大中专毕业生刚刚步入社会，对工作充满热情，一般积极主动，善于学习。但是，大中专毕业生存在没有推销经验、容易“跳槽”等缺陷。因此，从校园招聘销售人员，往往需要花费大量时间和精力去吸引兴趣较大的毕业生。

（3）中介机构。中介机构包括人才服务中心、职业介绍所等。它们既是帮助公司招聘员工，又是帮助个人寻求工作的专门机构，一般有政府主办的就业服务机构、非营利性组织开办的服务机构、私营的营利性服务机构。企业利用这些机构时，要注意做到：为中介机构提供一份精确、完整的工作说明书；说明/限定销售人员选拔过程中必须使用的程序、方法、工具；定期审阅那些被接受或被否决的申请者的材料，以发现问题；修改招聘方法、程序等。企业应尽可能与一两家信誉良好的中介机构建立长期合作关系。

（4）猎头公司。猎头公司又称“经理搜寻公司”，是专门为企业招聘高级人才提供渠道的机构，掌握着高素质人才信息并且与他们有着密切的联系。由这类公司推荐的人才一般是具有丰富经验和优异业绩的销售人员或是销售管理人员。这种招聘方式比较隐蔽，但是成本较高。

（5）员工举荐。员工举荐又称熟人介绍，这是一种常用的招聘方式，很有效率。许多规模较大、员工众多的企业定期让内部员工动员自己的亲属、朋友、同学、熟人加入企业销售职位的应聘行列。许多公司还制定了相应的政策来奖励那些引进人才的内部员工。内部员工了解工作的性质并与其他企业人员接触机会较多，如公司客户的雇员就是内部人员推荐的一大来源，他们对本公司情况又非常了解。又如，中间商或者零售商的雇员对其供应商的产品、政策等情况非常了解，他们就可能成为供应商争取吸引的对象。

（6）网上招聘。由于信息技术和互联网的发展，越来越多的人才招聘网应运而生，例如，智联招聘网、南方人才招聘网、上海人才招聘网、北京人才网等。企业通过网站招聘销售人员不失为一种可取的途径。

销售视窗 9-1

9.1.2 不同类型销售人员招聘的条件①

实战派销售专家秦毅在总结企业销售实战经验的基础上提出，企业在招聘销售人员时，应考虑不同类型的销售模式对销售人员的具体要求。

① 李宜杭. 让销售变简单——销售团队管理五项修炼［M］. 广州：广东经济出版社，2011：18-20.

1.效能型销售对销售人员的要求

销售模式不同，对销售人员的个性、社会背景、专业等要求不同。从事以效能为导向的销售模式的销售人员，应当具备如下特点：

（1）聪明，社会化程度高。这里所谓的聪明，是指销售人员应该具有一种潜质。其表现就是销售人员在接触客户的过程中，他的第一反应是对方的感受。首先想到对方在这种情况下是怎么想的，这就是聪明人的表现，而"不太聪明"的人，他只知道自己该怎么想，从对方角度考虑问题的意愿要少得多。

作为销售人员，你可能只关注产品本身，但是客户可能要考虑许多相关问题。比如你去卖一套自动化设备，告知客户这种设备能够大幅度提高工作效率，使对方现有的工作人员从8人减少到4人，从而大大降低费用和劳动强度。客户并不怀疑你说的是事实，但是客户不仅关心产品本身，他还要考虑缩编下来的人员怎么安排、如何说服等一系列问题。

所以说，销售人员的聪明就体现在他能够从对方的立场来考虑问题，随时在选择该说的和不该说的话。在聪明的同时，要求效能型销售人员的社会化程度比较高。换句话说，他应该对社会上的事情了解得比较清楚，并且理解度比较高。聪明的人很清楚世界上的事物绝对不是"非黑即白"，一定有"灰色"的东西存在。社会化程度高的人，对事物对人的理解度很高，能够没有心理障碍地与各种各样的人打交道，疾恶如仇的人，是很难做好效能型销售的。

（2）有现成的客户关系或相关社会背景。在介入很多行业时，进行大的设备销售或提供解决方案时，如果与现有的一些客户有连带关系或相近的社会背景，会对销售工作产生相当大的推动力。

销售人员打开一个行业的客户，把重要并且高价值的产品卖出去，有三种途径：第一种是销售人员本身与客户有连带关系或有相关的社会背景，直接就可以见到关键客户的决策人；第二种是依靠公司强有力的品牌拉力，可以把目标客户拉过来；第三种是凭借自己的社会活动能力，通过持续不断的努力挤进去。显然，有连带关系和相关社会背景的销售人员，是最容易成功并且对公司资源依赖度最低的。

（3）人际关系能力强。判断一个销售人员人际关系能力的强弱，可以从三个方面考虑：

一是看这个人是不是很细心。一个人际关系能力强的人，他会记住很多点点滴滴的细节，能够记住客户，尤其是关键客户的偏好和特点，能够从各种细节上很快判断各类客户的采购角色和分量。

二是看他是否善于沟通。特别是在不同的场合，是否能够在不损害对方利益的前提下阐述自己的观点，而且说得非常到位。

三是看他做小事是否很到位。人际关系强的人，不仅能记住对方细节性的东西，而且对小事的处理很到位，哪怕是对他人很小的一个承诺，也能认真履行，自然而然在目标客户群中就会拥有一个很好的可信赖的关系网。

（4）专业基础要求高。以效能为导向的销售所涉及的产品或服务，对专业的要求都很高，因此在招聘销售人员时应该对专业有基础要求。实践证明，由于专业基础知识严重匮乏，导致对产品的理解很肤浅，缺乏结构性，并且容易走偏，对新产品的熟悉过程也很慢，公司培养成本太高。

（5）有较长时间的销售经历。对于所谓较长，这里提供一个参考意见：建议在构建效能型销售队伍的时候，选择那些有一年半以上销售经历的人员。

如果招来的销售人员只有一年甚至半年的销售经历，那么他还处在一个成长的阶段，肯定要经历许多挫折，对公司或销售部来讲，承受不必要损失的概率就会大大增加。

2.效率型销售对销售人员的要求

依据效率型销售的特点，在对销售人员的基础素质要求方面与效能型有所不同，因此在甄选效率型销售人员时，要着重从以下几个方面进行考察：

（1）吃苦耐劳，团结自律。有人做过相应的调查，首先请来队伍（是以效率为导向的销售队伍）中20个比较成功的销售人员，然后让他们填写一份调查表。表上有一条是“你对军队式的管理方式感觉如何”，选项有3个，分别是“讨厌”“一般”“崇拜”，结果超过80%的人选择了第三项。在随后的闲谈中，调查人员发现这些人大多很赞同部队那种整齐划一、步调一致的行为方式。

分析这个调查结果，我们可以发现，这些成功的销售人员普遍认同部队那种行事风格，普遍认同服从指挥、吃苦耐劳、团结自律的精神。试想，如果一个效率型的销售人员，没有“双脚踏出亿万金”的思想和相应行为的话，是很难做好效率型销售工作的。

（2）服从管理，团队归属感强。效率型销售团队所要求的管理风格，是一种强势激励氛围下的管理风格，要求个体绝对适应团队的激励氛围，因此效率型的销售团队要求销售人员做到一点：在平时的工作中可以有想法，但是当个人想法与团队要求不一致时，个人必须服从集体。个人与团队保持方向一致，才能形成最大合力，最终对个人和团队都有利。

（3）爱学习，可塑性强。对于以效率为导向的销售模式，销售人员脑子里固有的东西越少越好。“一张白纸”的状态是最好管理的，进入角色比较快，也容易出业绩。相反，固有框架越多，所受的束缚就越大，自己的精神压力也就越大，反而不利于在这种销售模式下取得成功。

（4）不用要求太高太专的技术背景。一般而言，以效率为导向的销售模式，其承载的产品或服务，都是大众化的东西，技术含量不是很高，相对来说比较简单，所以对专业的要求不是特别高，只要销售人员有一定的基础就可以了。

（5）销售经历不宜过长。对于效率型销售，建议招聘具有一年半以内销售经历的人员。因为进入一个行业的时间长了，自然就会“挑肥拣瘦”——专挑好的产品做而不太愿意做“油水”少的产品。反之，进入行业时间不长的销售人员，还处在一个摸索成长阶段，只要有新奇的环境和成长的空间，就愿意去做。

所以说，招聘的效率型销售人员的销售经历以不超过一年半为宜，甚至很多出成绩的效率型销售人员，都是从学校大门直接进入企业的，因为这批人思想包袱最少、冲劲最足、最容易服从管理，而这些都是效率型销售人员所要具备的。

9.1.3 销售人员的招聘流程①

销售人员的招聘流程因企业的规模而异。大型企业的招聘流程通常较为复杂，一般可

① 余凯成，程文文，陈维政．人力资源管理［M］．2版．大连：大连理工大学出版社，1999：84.

分为招募、选拔、录用、评估四大步骤（如图9-1所示）。在较小的企业中，招聘流程一般很简单，甚至只需要销售经理核准即可。

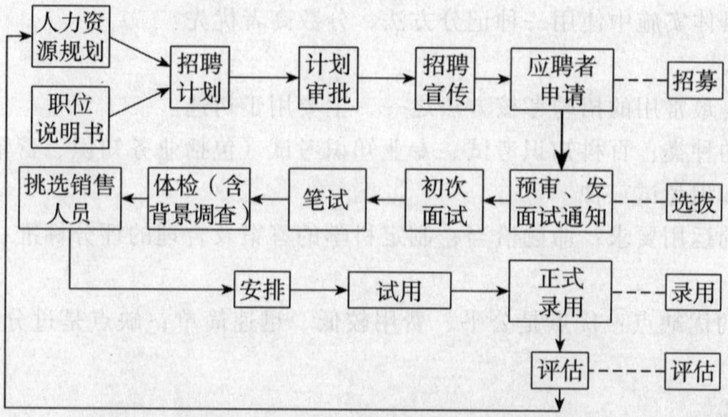

图9-1　销售人员招聘流程图

9.2　销售人员的甄选

招募是为了吸引人才、发现人才并鼓励应聘者应聘的一种程序，而甄选则是从应聘者中选择优秀者的一种程序，甄选销售人员的程序因企业的规模而异。大型企业的程序通常较为复杂，一般可分为投递简历、申请、面试、测验、调查、体检、安置等步骤。在小企业中往往只需要销售经理核准即可。下面就几个重要的步骤进行详细的介绍。

9.2.1　销售人员的甄选程序①

销售人员的甄选一般要经历初步筛选、专业笔试、心理测试、人事和部门面试、背景调查、身体检查和结果评价等环节，具体程序如图9-2所示。

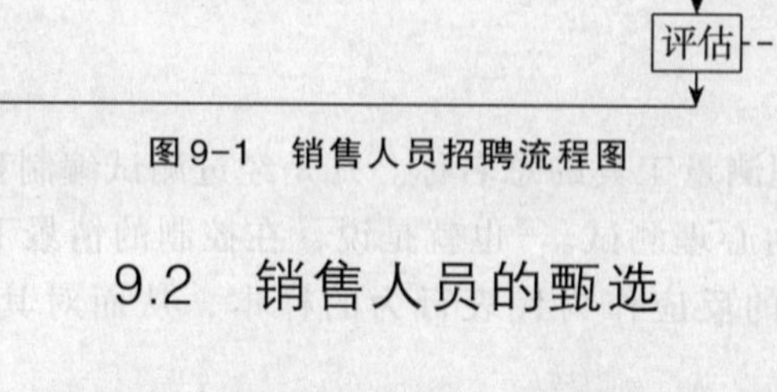

图9-2　销售人员的甄选程序

1.初步筛选

初步筛选包括先行接见和填申请表两个阶段，其目的是防止明显不合格的申请人继续参加以后各阶段的选拔，以节省甄选的时间及费用，提高工作效率。

先行接见由负责派发申请表的职员主持，该职员凭对申请人的初步印象如年龄、性别、外貌、体格等，决定是否给予申请表。当申请人的上述特点明显不适合做销售工作时，便不应给予申请表。先行接见淘汰的人通常很少。

① ［1］李先国．销售管理［M］．北京：企业管理出版社，1996：230-232.［2］李爱因．销售经理实战宝典［M］．哈尔滨：哈尔滨出版社，2005：200-204.

申请人填写申请表后，负责招聘的人可根据申请表的资料进行初步淘汰。可用一些必备条件如年龄、学历、工作经验等进行衡量，必备条件缺乏者给予淘汰，必备条件具备者再综合考虑。具体实施中使用一种记分方法，分数高者优先。

2.专业笔试[①]

专业笔试是最常用的招聘考核方法之一，主要用于初选。

（1）笔试的种类：百科知识考试、专业知识考试（包括业务知识、营销知识、推销知识等）和相关知识考试三种。

（2）笔试的运用要求：命题恰当；制定科学的答案及合理的评分标准；客观公正地进行评阅。

（3）笔试的优缺点：优点是公平、费用较低、迅速简单；缺点是过分强调记忆能力，忽视实际能力。

3.心理测试[②]

心理测试是各类心理测量工具的总名称。凡是经过测试编制程序完成标准化用以测量心理特质的工具，均称为心理测试。[③]也就是说，在控制的情景下，向应试者提供一组标准化的刺激，以所引起的反应作为代表行为的样本，从而对其个人的行为做出定量的评价。

心理测试在鉴别能力、人才选拔、就业指导、临床诊断等方面具有作为咨询和预测工具的效能。

4.人事和部门面试[④]

面试的程序并非千篇一律，招聘主管应针对不同的招聘活动设计不同的面试程序，这就需要分析一下人员选拔的一般过程。人员选拔的过程一般分为初选和精选两个阶段，初选一般由人力资源管理部门负责选拔，精选主要由主管部门负责选拔。初选通常包括背景或资格审查和初次面试。背景或资格审查主要是审查申请表或应聘信，或向有关证明人进行核实和调查。初次面试是用人单位和应聘者双方增进了解的过程。精选面试是在几轮筛选的基础上，由用人单位的主管部门负责人和人力资源管理部门负责人协同进行；若是选拔高级人员，则用人单位的高层管理者也需参加，以便更充分地了解应聘者的各方面情况，补充前几轮选拔中的不足，并进一步确定应聘者的范围。

5.背景调查[⑤]

在测验环节通过之后，下一步就是对应聘者所提供的材料进行审核，以确认资料的真实性。

（1）调查的主要内容。

一是工作经历。通过咨询应聘者以前的工作单位或客户，来获取应聘者过去工作的真实情况。

二是品格。通过咨询应聘者的教师、同学及过去的同事来查证应聘者的品格。

三是信用。通过咨询当地的信用调查机构或其他企业的同类人员，考核应聘者的信用

---

① 左昌鸿．现代企业管理概论［M］．北京：中国商业出版社，1997：139.
② 刘沂，赵同文，等．公共部门人力资源管理概论［M］．上海：华东理工大学出版社，2002：181-182.
③ 张春兴．现代心理学［M］．上海：上海人民出版社，1994.
④ 石金涛．现代人力资源开发与管理［M］．上海：上海交通大学出版社，1999：141-142.
⑤ 张启杰，田玉来．销售管理实务［M］．北京：中国电力出版社，2009：74.

8.2.3 经销商的激励①

1.直接激励

所谓直接激励，就是指通过给予渠道成员物质或金钱的奖励来激发其积极性，从而实现公司的销售目标。在销售实践中，厂商多采用返利、价格折扣、开展促销活动等形式激励经销商。

（1）返利。其一般有如下两种形式：

① 过程返利。这是一种直接管理销售过程的激励方式，其目的是通过考评市场运作的规范性以确保市场的健康发展。通常情况下，过程激励包括铺货率、售点气氛（即商品陈列生动化）、安全库存、指定区域销售、规范价格、专销（即不销售竞品）、守约付款等。

② 销量返利。这是为直接刺激经销商的进货力度而设立的一种奖励，其目的在于提高销售量和利润。在销售实践中，有三种形式的销量返利：

第一种，销售竞赛，对在规定的区域和时段内销量第一的经销商给予的奖励；

第二种，等级进货奖励，对进货达到一定数量的经销商给予的奖励；

第三种，定额返利，对经销商达到一定数量的进货金额给予的奖励。

销量返利的优点是可以抢占市场，为竞品厂商的市场开发设下路障；但缺点是若处理不好，可能造成经销商跨区销售，导致窜货情况的发生，扰乱市场。因此，要谨慎使用此种返利方式。销量返利的实质就是一种变相降价，可以提高经销商的利润，无疑能促进其销售热情。但事实上，销量返利大多只能创造即时销售，从某种意义上来说，这种销量是对未来市场需求的提前支取，是一种库存的转移。因此，在企业实际经营过程中，销量返利是基础，但不能完全或者仅仅使用销量返利，必须与过程返利相结合，才能保证市场的稳定和企业的持续发展。

在制定返利政策时，一定要考虑以下因素：

① 返利的标准。一定要分清品种、数量、级次和返利额度。

② 返利的形式。一定要注明是采取现金返、货物返，还是二者的结合。

③ 返利的时间。是月返、季返还是年返，应根据产品特性和货物的流转周期而定；同时要在返利兑现的时间内完成返利的结算，以避免因时间过长而造成双方内部账目混乱。

④ 返利的附属条件。为了能使返利这种形式促进销售而不是达到相反的效果，一定要加上附属条件，如严禁跨区域销售、严禁擅自打破价格体系降价、严禁拖欠货款等。

（2）价格折扣。其具体有以下几种形式：

① 数量折扣。经销数量越多、金额越大，折扣越丰厚。

② 功能折扣。经销商根据自已在渠道中承担不同的功能，享受相应的折扣。

③ 现金折扣。回款时间越早，折扣力度越大。

④ 季节折扣。在旺季转入淡季之际，可鼓励经销商多进货，减少厂家仓储和保管压力；进入旺季之前，加快折扣的递增速度，促使渠道进货，达到一定的市场铺货率，以抢

---

① ［1］张平淡．销售管理［M］．2版．北京：企业管理出版社，2002：284-285．［2］李先国．分销［M］．北京：企业管理出版社，2003：347-351．

及经济状况。

（2）调查的主要方式。

一是拜访被咨询者。派专人拜访知情者，可以迅速有效地对各种有关资料进行审核。

二是电话联系。这种方式既便利又快捷，但对方可能怀疑访问者的身份，不愿在电话中告诉详情。

三是信函查核。这种方式获取资料的速度相对较慢，对方可能因对信函的调查内容不感兴趣而不予反馈。

（3）调查时要注意的问题。

一是不要只听信一个被调查者或者一个渠道来源的信息，应该从各个不同的信息渠道来验证信息。

二是必要时可委托专业调查机构进行调查，因为这些机构会有更加广泛的渠道与证明人联系，并且在询问的技巧方面更加专业。

三是如果应聘者还没有离开原有的工作单位，那么在背景调查时，应特别注意技巧，不要留下应聘者将要跳槽的印象，这样对应聘者将非常不利。

四是在调查时，应仅调查与应聘者未来工作有关的信息，不要将时间浪费在无价值的信息上。

6.身体检查①

正式录用时，一般要经过身体检查。体检可以用来确定应聘者的身体状况是否符合职位要求。应聘者的身体状况良好，可以降低缺勤率和事故，减少员工的医疗赔偿等。体检相对比较简单，一般企业会指定一个有信誉的或有长期往来的医疗机构，要求员工在一定时期内进行体检。体检的费用由招聘单位支付。

7.结果评价②

招聘结果评价是招聘过程不可少的一个环节。结果评价通过成本与效益的核算能够使招聘人员清楚地知道费用的支出情况，区分出哪些是应支出项目，哪些是不应支出项目。这有利于降低今后招聘的费用，也有利于为组织节省开支。结果评价通过对录用人员的绩效、实际能力、工作潜能的评价及通过对录用人员质量的评价，检验招聘工作成果与方法的有效性，有利于招聘方法的改进。

9.2.2　销售人员测试方法

1.笔试③

近年来，随着人才市场的日益完善，越来越多的企业会对应聘者进行笔试，以作为应聘者的个性、品格、能力的证明。笔试主要采用向应聘者提出各种问题或把各种相互冲突的问题摆在应聘者面前，让其给出答案，以便进一步考评应聘者。

笔试按内容来分，主要有：

（1）智商测试——用来衡量应聘者的智力程度，如记忆、思考、理解、判断、分析、综合能力等。

---

① 朱舟．人力资源管理教程［M］．上海：上海财经大学出版社，2001：219.
② 杨倩．员工招聘［M］．西安：西安交通大学出版社，2006：240-241.
③ 崔明．销售管理［M］．上海：格致出版社，2009：119-120.

（2）能力测试——用来衡量应聘者是否具有某些重要的能力，如操作能力、组织能力、语言与文字表达能力等。

（3）兴趣测试——用来衡量应聘者对事物的兴趣、爱好，如兴趣是否广泛，爱好是否专一，对全新工作的兴致等。

（4）性格测试——用来了解应聘者属于何种性格的人，如是内向型还是外向型，是主导型还是他导型，是情绪型还是稳定型等。测试的目的是了解应聘者的工作作风。

（5）环境测试——用来测试应聘者在不同的市场销售环境下的识别判断能力与应变能力。这种测试一般使用模拟各种市场环境的办法，观察应聘者的反应。

这些测试构成既相互区别又相互联系的整体。上述第一、二项主要测试应聘者的知识与能力，第三、四项主要是测试应聘者的心理素质，第五项主要是测试应聘者的市场能力。这些对考查应聘者的行为质量是缺一不可的。

2.面试

（1）面试的含义。面试是指在规定的时间和地点，主试者通过围绕某一个中心向一个被试者提出一系列问题，要求该被试者当场以口头语言回答，来了解被试者心理素质及潜在能力的一种测评方法。①

（2）面试的目的。面试主要用来确定应聘者是否适合某一工作。此外，面试能发现其他程序不能发现的应聘者的性格特点。面试是了解应聘者的口才、音质和社交技巧等的最佳工具。通常面试考官可以评价应聘者的身体特征，如整体外貌及穿着等特点，还有某些个性特征能通过面试来进行观察。

面试的另一个目的，是分析并进一步了解由申请表所获得的信息。例如，应聘者或许会宣称他以前的职位是地区经理，那么未来的雇主可以询问他的职责，以及管理多少员工等。

一般来说，询问的目的在于了解应聘者过去的行为、经历、背景及动机。另一类典型的面试问题则是专门针对应聘者的目标、个人未来发展的战略和策略的。在这么多的询问类型中，每个公司都必须从中挑选出那些与自己的销售形势密切相关的问题。

最后，面试不仅是公司决定应聘者是否适合某项工作的一种方法，而且给雇主提供了一种向应聘者“推销”职位和公司的机会。面试能帮助应聘者了解工作的性质、报酬，提供的训练、监督管理的类型，以及将来的发展机会，以使他们对工作更感兴趣。②

（3）面试步骤包括：③

① 在正式面试之前人事部门要负责提前通知相关工作人员和应聘者面试的时间、地点。

② 拟定面试问题。提高面试信度和效度的一种方法是使用具体的、与工作相关的面试问题，即如果能够从应聘者那里获得更多的有关工作知识或工作业绩方面的信息，面试考官预测的准确性将由此提高。

③ 准备好面试表格。企业进行招聘，必须对面试结果做出明确的评估，以便决定是否淘汰或继续甄选。评估方法一般是制定简明扼要的表格，每位面试考官一份，就表格内

---

① 俞明南，王东华，易学东．现代企业管理［M］．大连：大连理工大学出版社，1991：376.
② 樊丽丽．发掘销售人才［M］．北京：中国经济出版社，2009：76-77.
③ 谌新民，熊烨．员工招聘方略［M］．广州：广东经济出版社，2002：198-203.

容加以评分，最后做出全面评定。

④ 培训面试考官。考官是面试过程中至关重要的一个因素，考官的观念、经验、知识结构等都直接影响着面试成功与否。因此，对考官的培训不容忽视，否则，公司在面试上投入的时间和资金可能起不到什么效果。要让考官明确面试的目的是为公司选拔优秀的人才，是要考评应聘者相应的能力结构，考官应该从公司的利益出发，公正、客观地对应聘者做出评价，不要只凭自己的好恶做决定。

⑤ 面试结果汇总。每位考官对每位应聘者在面试评价表中都有独立的评价结果，汇总结果就是将多位考官的评价结果综合，形成对应聘者的统一认识。这项工作可以在综合评价表上完成。综合评价表是将多位考官的评价结果汇总得出，并根据需要对应聘者的评价结果排序。

下一步便是根据评审结果决定是否录用应聘者。这是至关重要的，必须着眼于应聘者长期发展的潜力，看是否符合公司的需要和利益。一般最后的决定权在应聘职位的部门经理或高层经理手里，并及时通知所有应聘者面试结果，对以后有可能录用的留下余地和档案。

（4）面试的结构包括：[①]

①引导型面试。引导型面试的程序是高度标准化的。公司的所有面试考官都使用列有一系列问题的相同的表格。面试考官询问这些问题并记录应聘者的回答。这种面试使面试考官容易对应聘者进行比较，并给他们排序。此外，不同的面试考官在同组或不同组对应聘者进行面试时，也有一个比较好的依据来比较评估结果。有些人批评说，引导型面试缺乏弹性。然而，并不都是这样，因为训练有素的面试考官能做出自己的判断，并在不降低引导型面试整体价值的条件下进行微调。

②间接型面试。面试结构化分类尺度的另一端，是不规范的间接型面试。通常，面试考官会问一些问题，让应聘者谈谈某些话题，如他或她的商业经验、家庭生活或是学校活动。这种面试方法的理论依据是如果应聘者被鼓励自由谈话，一些明显的个性特征就会暴露出来。

间接型面试存在的主要问题是浪费很多时间，而只获得了极少的信息。应聘者的一些谈话可能与面试无关或根本不能评价。与引导型面试相比，要求面试考官具有更强的分析能力。面试中没有任何书面记录可供其他人评估。同时，间接型面试丧失了标准化的价值。

③半结构化面试。这是介于引导型和间接型之间的一种面试形式。现如今很多公司采用这种面试形式。其主要形式有：

随机问答——由面试考官事先编制若干试题，分别写在不同的纸卡上，使每张纸卡上的试题难度相近，通过随机抽取的方法让应聘者回答问题。面试考官可以根据需要向其另外提一些有关问题，以了解应聘者的心理素质与潜力。

答辩——面试考官当场提出论题，要求应聘者快速、系统地予以论证性回答。面试考官可以选取有关问题进行深层次询问。

压力面试——面试考官可以提出一系列直率（通常是不礼貌或集中攻击应聘者回答中

---

① 王先玉，王建业，邓少华．现代企业人力资源管理学［M］．北京：经济科学出版社，2003：143-145.

的破绽）的问题，有意制造紧张氛围，置应聘者于防御境地，看其是否失去镇定、表示愤怒等，以观察其在压力环境下的承受力大小。

情景面试或称行为描述面试——通过设计，提一些在实际工作中可能出现的与特定情景有关的问题，根据回答了解、判断其在特定情况下可能的行为表现。

（5）面试的重点内容包括：①

① 仪表风度。这是指应聘者的体格外貌、穿着举止以及精神状态等。

② 求职动机与工作期望。了解应聘者为何希望来本单位工作、对哪种职位最感兴趣、在工作中追求什么，判断本单位所能提供的职位或工作条件能否满足其工作要求和期望。

③ 专业知识与特长。了解应聘者掌握专业知识的深度和广度，其专业知识与特长是否符合所要录用职位的专业要求，作为对专业知识笔试的补充。

④ 工作经验。这是面试过程中所要考察的重点内容。此项内容是通过了解应聘者的工作经历，来查询其过去工作的相关情况，以考察其所具有的实践经验。通过考察工作经验，面试考官还可考察出应聘者的责任感、主动精神、思维能力以及遇到紧急情况的理智状况。

⑤ 工作态度。这里面有两层含义：一是了解应聘者过去对工作、学习的态度；二是对要应聘的职位的态度。

⑥ 事业进取心。事业心、进取心强烈的人，一般都确立了事业上的行动目标，并为之而积极努力，表现在工作上兢兢业业、刻意追求、不安于现状、努力把工作做好，工作中常有创新；进取心不强或没有什么进取心的人，必然是无所事事、安于现状，不求有功，但求无过，因此对什么事都不十分热心，这样的人是难以做好本职工作的。

⑦ 语言表达力。了解面试中应聘者是否能对面试考官所提的问题通过分析抓住事物本质，并且说理透彻、分析全面、条理清晰。

⑧ 反应能力，即头脑的机敏程度。了解应聘者对面试考官所提问题能否迅速、准确地理解并尽快做出相应的回答，而且答案简练、贴切，反映其头脑的机敏程度。

⑨ 自我控制能力。在面试中，对管理层人才的自我控制能力的考察是一项重要内容。一方面，在遇到上级批评指责、工作压力或是个人利益受到冲击时，能够克制、容忍、理智地对待，不会因情绪的波动而影响工作；另一方面，干工作有耐心和韧劲。

⑩ 人际交往倾向及与人相处的技巧。在面试中，通过询问应聘者经常参加哪些社团活动、喜欢和什么样的人打交道、在各种社交场所所扮演的角色等，可以了解其人际交往倾向及与人相处的技巧情况。

精力与活力。在面试中，通过了解应聘者喜欢什么运动、每天的运动量等，可以考察其精力与活力。

兴趣与爱好。通过询问应聘者休闲时间喜欢参加哪些活动、喜欢阅读哪些书籍、喜欢什么样的电视节目以及有什么样的爱好等，可以了解一个人的兴趣与爱好，这对录用后的职位安排也是有益的。

（6）面试中要注意克服的不良影响包括：②

① 自我陶醉。这种情况比较常见。很多销售经理不经意就把招聘看作一个表现自我

---

① 于文远．干部录用考试理论与方法［M］．沈阳：辽宁大学出版社，1990：181-182.
② 孙久征．现代房地产企业管理解决全案（第4卷）［M］．北京：中国广播电视出版社，2005：1691-1692.

的机会，于是容易陷入自我陶醉的误区。假设面试3个销售人员用了一个半小时，很可能自我陶醉的销售经理自己就说了一个小时，而旁边的3个应聘者总共才说了半个小时，那么这个销售经理所了解的信息肯定不多，最后只好凭印象来下结论——谁经常点头、身体前倾、总是面带微笑就把谁招过来。

② 强势扭转。所谓强势扭转，是指应聘者本来期望的是马上见效的“钱途”，但是销售经理总是强调未来的“前途”。假设说服了对方，让其加入了销售队伍，看起来似乎大功告成了，其实只是表面现象，等到过了一段时间，当其发现自己的选择并没有实现初衷时，就会走人，最后销售经理还是“竹篮打水一场空”。

③ 依赖培训。这个误区主要出现在销售风格与销售人员的匹配阶段。比如说，销售经理明明知道自己的销售模式是以效能为导向，对专业的要求很高，而应聘者并不具备这些条件，但发现应聘者的冲劲特别足，学习的欲望也非常强烈，销售经理就觉得能通过培训让应聘者成长起来，于是就招了过来。不过事实并非如此，尽管进行了培训，但该应聘者无法适应岗位要求，最终只好走人。所以说，在招聘阶段就要严格要求，不能盲目指望后期的培训。

④ 以貌取人。以貌取人也是销售经理进行招聘时的一大误区。相貌当然是很重要的一个方面，但绝不是全部。对于以貌取人，有一种夸张的说法——面试过程中的前5秒钟就已经确定应聘者是否被录用了。这样的决定非常危险。仪表堂堂远远不够，还要通过之后的问答和一些相关测试来综合判断。

⑤ 光环效应。所谓光环效应，是指销售经理在面试时被应聘者的某项突出优点打动，从而忽略了对方的其他缺点，那么这时候做出的判断是不客观的。当应聘者的某个亮点——“光环”出现时，销售经理应该提醒自己要适当淡化它，刻意地挖掘它背后的其他信息。

3. 心理测试①

心理测试的内容包括：

（1）智力测试。

它主要是测试一个人的思维能力、学习能力和适应环境的能力。智力包括观察能力、记忆能力、想象能力、思维能力等。智力的高低直接影响一个人在社会上是否会成功。智力的高低以智商IQ来表示，正常人的IQ在90～109分之间；110～119分是中上水平；120～139分是优秀水平；140分以上是非常优秀水平；80～89分是中下水平；70～79分是临界状态水平；69分以下是智力缺陷。一般来说，智商比较高的人，学习能力比较强，但这两者之间不一定完全呈正相关。因为智商还包括适应环境的能力，有些人学习能力强，但其适应环境的能力并不强。

（2）特殊能力测试。

特殊能力测试是指某些人具有他人所不具备的能力。有时，由于工种的需要，在企业招聘中需要测试一些特殊能力。例如，为测试其想象力、创造力而进行的“一物多用”测试；为测试其双手协调动作的准确性与速度而进行的“钉板”测试；为测试其注意力的集中、分配与转移能力而进行的“划字”测试；为测试其记忆广度而进行的“顺背数字”和

① 郑绍濂，陈万华，胡君辰，等．人力资源开发与管理［M］．上海：复旦大学出版社，1995：84-85.

“倒背数字”测试；为考察应聘者记忆与动作的协调能力而进行的“数字配符号”测试等。

特殊能力测试在员工招聘中并不常用，而且有时需要一些心理测试仪器的配合运用，才能了解得比较准确。它适合于选拔须掌握机械操作技能的人员，如机械师、修理工、裁剪师、绘图员、牙科医生等。

（3）一般能力测试。

它最初是由美国劳工部自1934年起用了10多年的时间研究制定的，是对许多职业群同时检查各自的不适合者的一种成套测试。

（4）个性测试。

个性测试是指一个人比较稳定的心理活动特点的总和。个性是一个人能否施展才能、有效完成工作的基础。个性可以包括性格、兴趣、爱好、气质、价值观等。个性是由多方面内容组成的，因此我们不能希望通过一次测试或一种测试，就把一个人的所有个性都了解清楚，而是分别进行测试，从而准确、全面地了解一个人的整体个性。

个性测试的方法主要有问卷调查量表法、投射技术法、情景模拟法等。其中著名的有卡特尔16种人格因素量表（16PF）、艾森克人格问卷（EPQ）、明尼苏达多项人格调查表（MMPI）、罗夏克墨迹测验（RIBT）、主题统觉测验（TAT）；此外，还有加利福尼亚心理系列（CPI）、伯勒特人格系列（BPI）、哥登个人性向分析（GPP）、舍斯托性情调查（TTS）、吉尔福德-齐默尔曼气质调查表（GZTS）等。

（5）职业兴趣测试（vocational interest test）。

这是心理测试的一种方法，是用于了解一个人的兴趣方向以及兴趣序列的一种测试。著名的测试方法有斯特朗职业兴趣问卷（SCII）、库德职业兴趣调查表（KOIS）、霍兰德职业兴趣测试（SDS）等。

（6）笔迹测试（TAE）。[①]

这是欧洲大陆国家使用最多的一种人才测评方法，主要用于人才招聘和选拔。笔迹不是字迹，而是人工书写字迹时动作习惯的反映，是一种习惯的风格。换言之，笔迹是人们书写行为留下的具有个人书写动作特点并能反映书写者内在素质的字迹和线条。一般认为笔迹分析就是笔迹分析专家对人们书写后留下的字迹，通过对其形状、力度、速度、结构等诸多因素的分析和研究，推断出书写者的年龄、性别、健康、性格、品质、能力、智力、思维方式、文化水平等，为个人指导或组织决策提供鉴定意见。

9.3 销售人员培训管理

销售视窗9-2

销售人员的销售技能不是天生就有的，而是通过后天培训和实践获得的。在招聘结束

① 马国防．大学生就业指南［M］．福州：海风出版社，2005：95.

后，需要组织必要的销售培训，以进一步培养销售人员的销售素质、能力和技巧。这可以直接为公司带来销售额和利润增长等现实利益。

9.3.1　销售人员培训概述

1.销售培训的意义[①]

（1）增强销售技能，提高业绩水平。对销售人员进行培训的目标之一，就是向受训人员传授销售技能，以提高他们的销售业绩。再好的产品，经过不同的销售人员的推销也会产生不同的效果，这就反映出不同人之间的技能差异。培训正是要把好的销售技能在组织内进行合理的传授。通过销售培训，新的销售人员可以在很短的时间内掌握经验丰富的销售人员的技能，从而缩短新销售人员“成长”的时间，使销售经验成为大家共享的资源。同时，随着环境的不断变化，科学的方法和手段不断融入销售技能之中，销售人员要保持自己的销售技能不落伍，培训是十分有效的。

（2）提高销售人员素质，维护企业形象。销售人员接触顾客，推销产品，其代表的是整个企业的形象，顾客会从销售人员的知识、素质以及言谈举止等中，去判断他所代表的企业及其产品。优秀的销售人员具备较高的素质，能使顾客产生良好的印象；反之，素质低劣的销售人员，有可能会做出一些损害企业利益的事，如不适当的承诺、缺乏诚信、贿赂顾客等，这必然会损害企业的形象。因此通过培训提高销售人员的素质，对树立企业形象、获取更大利益的作用是十分明显的。

（3）提高销售人员的自信心和独立工作的能力。销售工作面对各种不同类型的顾客，出现挫折甚至遭到羞辱是可能发生的，销售人员必须具备坚强的意志和非凡的耐心，能够忍受孤独的压力，用超乎寻常的自信和独当一面的工作能力去克服困难取得成功。有些销售人员面对各种困难和挑战，可能会缺乏自信，感到自卑和恐惧，特别是那些刚走出校门没有工作经验的新人，甚至会对自己的职业选择产生怀疑。因此，企业对这些人员的培训是不可缺少的，通过培训让他们充分了解销售工作的特点，正确地对待经常会出现的挫折以及克服这些挫折可能带来的孤独感和屈辱感，提高他们的自信心和独立工作的能力。

（4）稳定销售队伍。培训可以使销售队伍提高素质、自信心和独立工作的能力，这必然会提高销售业绩，增加个人收入并产生成就感。这将大大提高销售队伍成员对企业的归属感，降低离职率，保持企业销售队伍的相对稳定。

（5）培养创造力，改善与顾客的关系。企业的产品能否最大限度地给顾客带来效用，使顾客满意，有赖于销售人员是否具有服务顾客的创造力，是否具备现代营销知识，是否掌握销售理论、技术、方法以及各种必要的新知识。

如果销售人员能够充分发挥创造力为顾客服务，使顾客满意，他与顾客的关系就能长久稳定。特别是当销售人员能熟练、迅速地排除异议，帮助顾客解决问题时，顾客的忠诚感就会很快形成。

2.销售培训的原则[②]

（1）激励原则。现代管理把培训看作一种激励手段。销售人员通过培训能提高自身素质和各种技能，从而使其提高业绩，创造新的发展空间，这样他们就会乐意参与和支持组

① 欧阳小珍. 销售管理［M］. 武汉：武汉大学出版社，2003：274.
② 张永强，等. 第一次做销售经理［M］. 北京：中国经济出版社，2005：109-110.

织的培训计划。

（2）长远发展原则。要正确认识智力投资和人才开发的长期性与持续性。要以人力资本的经营管理理念来搞好销售人员的培训。企业及其各级管理人员必须确立从长远发展和企业根本来考虑问题的思想，摒弃急功近利的意识，坚持长期发展的原则。

（3）因人施教原则。由于学历水平和身份背景的不同，销售人员的学识水平有高有低，参差不齐，培训者必须根据受训者的智力、经验、职务等方面的不同来安排、调整培训内容、方法和进度，从而使受训者各有所取，均能提高。

（4）理论联系实际，学用一致原则。销售人员的培训与普通教育、学历教育的根本区别在于它特别强调针对性、时间性，并特别讲求实效与收益或潜在的收益。企业发展需要什么，销售人员缺少什么理论和技能，销售人员发展需要什么，培训就要及时准确地予以体现和实施。也就是说，培训必须强调理论联系实际的原则和学用一致的原则。销售人员所学的知识与现实工作联系紧密，销售人员就会认真学，并把其应用到自己的实际工作中去，这种学习对销售工作会有帮助，易于产生积极效果。

（5）效益原则。销售人员培训不仅考虑投入或产出多少，更重要的是考虑投入产出平衡的问题。因为这有一个效益原则，即投资效益问题，总的来说，产出应高于投入。

（6）持续培训原则。销售培训必须持续进行，因为公司的产品、技术、市场和顾客都在不断变化，一次培训并不能满足变化的要求。终身培训已经逐步成为员工培训的新趋势。

3.销售培训中常见的问题①

现在企业越来越重视培训，销售部门作为企业的关键部门，自然成了培训的重中之重，但对销售队伍来讲，虽投入了时间、精力和费用，可效果并不理想。企业销售培训中存在的常见问题主要表现为：

（1）无培训体系作为依托。企业本身没有形成系统的培训体系，当销售人员进来以后，当然就无法进行系统培训，销售人员也只好在本身技能、对产品的理解等都半生不熟的状况下“放单飞”。在这方面许多公司普遍做得不理想。绝大部分企业都是今天报到，明天开始为期两周的强化训练，然后销售人员在业绩的压力下就仓促上了战场。在他们奔赴一线的时候，往往还认不全同事，甚至连公司的产品型号都不能背全。当然，这些仓促上阵的销售人员不会全部“阵亡”，其中一部分灵性好或者是与销售模式相匹配的，也能够很好地成长。但是就总体而言，都是不得要领地在黑暗中不断摸索成长。

（2）经理忙于事务，被动应付。销售队伍培训常见的第二个问题就是经理忙于事务，对于培训只能被动应付。

（3）采用“师傅带徒弟”的单一模式。“师傅带徒弟”有两种情况：一种情况是由销售经理直接带新来的销售人员，一点一滴告诉他、指导他；还有一种情况是销售经理没有时间，将新来的销售人员交给某个老销售人员。

“师傅带徒弟”的方式，虽然有一个人带着，不至于找不着方向，但是有很多弊端。因为销售人员不仅会受到正面的影响，也会受到负面的影响。大家都有体会，就是学坏比学好快得多。诸如坚持每天写工作记录、该打电话时就打电话、每天按计划进行拜访、仔

---

① 肖勇．赢在新媒体 谁动了传统媒体的奶酪［M］．北京：东方出版社，2007：126.

细琢磨研究客户的心理等，这些都是比较好的习惯，但是好习惯往往因为需要付出很多，所以学习起来比较难。而一些不太好的习惯，如大吃大喝、捞偏门儿、虚开票据、靠歪门邪道来搞定某些客户等，新来的销售人员往往很容易效仿，极易受到“感染”。

（4）忽视案例和文本化的积累。这种现象在国有企业比较普遍。其实销售过程中的一些好的操作方法和相关的一些经典案例，都在有经验的销售人员脑子里边，他们也愿意把这些事情说出来，但是公司没有一个机制，不能使其沉淀下来，于是从公司到个人都缺乏案例和文本化的积累。

随着人员的流动、时间的流逝，这些好的操作方法和案例都渐渐流失了。如果能很好地梳理这些方法，沉淀这些案例，形成固定文本的话，会使新来的销售人员在培养速度和培训质量上迅速提升。在案例和文本化积累方面，国内企业与跨国公司还是存在差距的。

（5）无视理念与行为的差距。这也是很普遍的一种现象，销售经理觉得我在课堂培训中已经强调过的事情，你们就应当能够做到。殊不知，“知道”和“做到”，还是有距离的，这个距离是需要销售经理反复检查，督促销售人员练习才能跨越的。

9.3.2　销售培训的方法[①]

培训讲师在掌握了科学的培训规律之后，要选择适当的培训方法。培训的方法有很多，每一种方法都有其局限性，培训讲师应根据不同的培训目标来选择合适的培训方法。

1.讲授法

讲授法是指培训讲师以讲述的方式传授课程内容的培训方法。这是应用最广的培训方法之一。其优点是可以同时培训多位员工，培训成本比较低，在短时间内可以传授较多信息；缺点是学员被动地接收信息，缺乏练习与反馈的机会。针对这种不足，培训讲师可以用讨论或问答的方式予以弥补。

2.个案研讨法

个案研讨法是指培训讲师提供真实的或假设的案例让学员研读，并从个案中发掘问题、分析原因、提出解决问题的方案，选择一个最合适的解决方案的培训方法。这种方法的优点是可以增进学员分析与判断的能力，并从案例中归纳出原理，使学员在面临工作上的难题时，能独立解决问题。

3.示范法

示范法是指运用投影、幻灯片或录像等展示销售活动的具体细节的培训方法。这种方法很少单独使用，通常与讲授法或其他方法一同搭配进行，且只限于中小型场地的小规模培训。采用这种方法的优点是：可集中学员注意力，提高其学习兴趣；设备重复使用，成本低；训练时间较易控制。其缺点与讲授法类似，而且视听技术状况对培训效果影响很大。

4.角色扮演法

角色扮演法是指给学员一个故事情节让其演练的培训方法。此法让学员有机会从对方的角度看事情，体会不同的感受，并从中修正自己的态度及行为。角色扮演法的优点是学员参与度较高，可立即演练培训中所学到的技能。其缺点是这种方法可能对较内向的学员

---

① 国家旅游局人教司．饭店人事培训部的运行与管理［M］．北京：旅游教育出版社，1991：164-168.

造成情绪上的紧张与不安。

5.销售会议法

销售会议法是一种培训讲师与受训人员双向沟通的培训方法。它可使受训人员有表达意见及交流思想、学识、经验的机会，培训讲师也容易鉴别受训人员对于所讲授内容的掌握程度。采用这种培训方法一定要注意做好会议的相关准备工作，尤其是对讨论的议题、主要内容要加以引导和掌控。

6.户外活动训练法

户外活动训练法是利用户外活动来提高团体协作水平，以增进团体有效配合的培训方法。这些团体活动可增进学员解决问题的能力，加强团队合作。一般而言，户外训练课程比起在室内上课进行培训对学员更具吸引力，也能增加学员的学习兴趣。这种方法的优点是可以吸引学员的注意力，并且打破原有的思考方式，从而提高团队协作水平。其不足是某些课程的安全问题令人担忧，培训费用高，也不易将所学技能应用到工作中。

9.3.3 销售培训的内容

销售培训是一个系统工作，涉及的内容较广。在培训的实际工作中，培训内容的确定应该根据工作需要和销售人员素质的高低而定。实战派销售专家秦毅认为，销售人员从入职到成熟，关键要做好如下几个方面的培训：[①]

1.入职强化训练

第一个就是针对新来的销售人员所进行的入职强化训练，目的在于培养新销售人员的团队意识，灌输公司的理念和文化。

入职强化训练一般由公司级的培训部门负责。对于每年招聘几十个甚至上百个销售人员的大企业来讲，这个培训项目是必不可少的。对于不定期进行销售人员招聘的中小企业，也要进行相关的培训，只是在时间和内容上要进行必要的压缩与调整。针对销售人员的入职强化训练，应当突出以下六个重点：

（1）导入企业文化。企业文化对销售队伍的影响是不容忽视的，良好的企业文化在未来应当是销售队伍文化的基础。在新销售人员入职培训的过程中，通过企业大事记、企业模范、企业典型事例、领导创业回顾等与企业文化塑造相关的主题培训，能够很好地向新销售人员展示企业的价值观，灌输企业的文化精髓，使他们在进入岗位之前就能对企业倡导的理念、价值和未来愿景等有一个初步的认识。

（2）介绍基本的公司制度。如员工守则、基本薪酬及考核等，是入职培训的重要内容。但此项培训在进入具体的销售岗位之后，还要进行细化说明。

（3）激发进取心与凝聚力。在针对销售人员的入职强化培训过程中，一般要设计至少八个团队项目或活动，目的就是激发这些新销售人员的进取心并增强销售队伍的凝聚力，因为销售是一个需要不断应对挑战的工作，这样在一入职的时候，就给他们灌输了“团结一致、迎接挑战”的思维习惯，这对他们未来的市场工作会大有裨益。

（4）职业化的意识和基本行为。在入职强化培训的过程中，应当把做“职业化销售人”的五个基本的思想和能力培训穿插其中进行，这样很多思想诸如效率意识、费用意

---

① 秦毅．金牌销售经理Ⅲ——打造一流的销售团队［M］．北京：北京大学出版社，2008：41-42.

识、时间观念等，因为已经在入职培训中有所阐述，在新销售人员进入工作岗位后，与他们沟通起来就比较容易。

塑造“职业化销售人”过程中的五个基本培训：

① 团队意识培训，包括认知团队、团队角色、团队配合、团队决策等；

② 有效沟通培训，包括沟通原则、内部沟通技巧、陈述异议、人际关系等；

③ 目标计划培训，包括理解目标、制订计划、效率意识、时间管理等；

④ 问题解决技巧，包括问题的产生与界定、解决过程、配合解决技巧等；

⑤ 商务礼仪培训，包括着装、出行、拜访、谈话、用餐等。

（5）初步介绍市场与产品。这里仅仅是初步的介绍，但必不可少。具体可以通过各部门经理的讲座、各种参观、问题研讨等，使大家先对未来要销售的产品和市场有一个初步的了解，为未来进入岗位以后的专项培训打下基础。

（6）近距离的双向选择。一个完整的入职强化训练过程，对于大企业来讲，至少要经历两周的时间，并且绝大多数都采用全封闭的模式，甚至与适度的军训和必要的测评相结合。在这种全方位、全封闭、高强度的环境中，对企业的基本状况、人员、文化和管理风格等，新人会比面试的时候了解得更透彻、更全面；与此同时，企业等于对这些新人进行了一个完整的“情景考察”。

一个入职强化训练的周期下来，无论是新销售人员还是企业，哪一方觉得对未来共同的发展不合适，都可以尽快发现，重新进行选择，从未来发展的角度讲，对双方都是有益的。

2.销售专项训练

销售专项训练是指在销售部办公室、会议室或其他工作场合里进行的、不少于三周的，在销售人员“放单飞（独立面对客户）”之前要进行并达标的，以公司、市场、产品、销售过程为主的一系列培训的总称。训练内容主要有以下八个方面：

（1）关键业务流程。详细介绍公司有哪些关键业务，各关键业务是怎么做的，部门之间是如何完成这些关键业务活动的，哪些事情必须请示，哪些事情可以自己做主，做主到什么程度等。很多公司在这一点上并没有做好，导致很多销售人员进入岗位一年多了，还在问公司流程中早已经规定好了的东西。

（2）内部资源介绍。详细介绍公司及与业务相关的部门，包括部门的负责人和未来可能互相配合的员工，以及各部门对业务活动所应承担的职责。目的是让销售人员明白，他可以在什么情况下，提请公司其他部门和资源的支持，以利于业务的拓展。关键业务流程和内部资源相辅相成，构成了公司对一个销售人员的静态支持体系，有些公司这两个方面做得不够好，结果导致了大量时间的浪费甚至是客户机会的丢失。

（3）销售管理制度。要向销售人员明确说明，你在我们公司做销售，要承担什么样的责任，在什么情况下接受考核，考核的方式是什么，达到标准会怎么样，达不到标准会怎样，超过标准又会如何等。这样可以明确企业的要求或是铲除其后顾之忧。有的销售人员到公司已经半年多，早就转正了，但是对于整个薪酬的构成仍然是模糊的。自己又不好意思直接问，因为心里的疙瘩解不开，工作的时候就不踏实。

（4）客户类型与决策。详细介绍公司的目标客户有哪些典型的需求，他们典型的决策过程是什么，由谁提出需求，哪一个部门负责选择供应方，哪一个部门最终拍板，哪一个部门最终会使用该产品，哪一个部门最终对整个采购进行评价等。这些都是客户需求及决策过程里的内容，新销售人员只有对这些客户的基础信息了然于胸，才能在未来的实际工作中按部就班、有条不紊。

（5）准客户的寻找和接近。要与这些新到岗的销售人员进行交流，如何寻找准客户，准客户的模型是什么，如何接近和预约客户，如何应对客户的面谈拒绝，如何利用各种资源和方法实现客户面谈等，这些都是准客户寻找和接近中的重要内容。

（6）公司与产品知识问答。这项培训实际上就是向销售人员宣讲公司及其产品的知识；而要掌握公司及其产品知识，必须不断练习。例如，列出十几个甚至几十个题目，要求销售人员互相提问，从不断的问答中仔细检查，直到能够熟练地背下来。这样，见客户时，就能很顺畅地去解答一些常见问题，从而增加打动客户的概率。

（7）典型异议的处理。任何推销都不可能一帆风顺，尤其是新销售人员，一般跟客户都不熟悉，客户的反对意见就尤其多而尖锐。此项培训就是通过归纳总结客户的常见反对意见，在家里先把如何处理这些反对意见练熟了，为未来与客户面谈打基础。

（8）训练销售流程。最后一项就是让销售人员掌握整个销售流程，一般是在最后一周进行。这是销售人员“放单飞”前的最后一项专项训练，也是销售人员能否“放单飞”的最后检验。这个时候一般会模拟一个订单机会，由经理或老销售人员扮演客户采购过程中的各种典型角色，让受训的销售人员“打通关”。销售经理通过辅助他这次“打通关”，使他对整个销售环节融会贯通。如果他能达到相应的标准，就算通过，也只有通过了这最后一关，才能“放单飞”。

3.随岗辅导（CSP培训体系）

CSP（coach on selling process）培训体系是指以销售过程为导向的培训，是销售队伍培训中“随岗辅导”的核心内容，是针对效能型销售人员平时工作中最常用到的二十个核心技能所进行的一系列培训的总称。[①]

（1）了解客户类技能。这个阶段的技能，主要应用在与客户的初步接洽过程中，目的是尽量多地了解客户的背景情况，包括公司规模、运营、内部关系、需求情况等。辅导销售人员了解客户类技能，主要是从以下四个方面着手：

① 访前准备。使销售人员掌握客户访前准备的基本步骤，学会使用相关的自检表格，掌握背景准备、客户准备、目标准备、行程准备和必要的销售道具准备等要点。

② 有效约见。因为客户正处在没有需求、自我感觉良好的状态当中，因此这时的销售人员经常遇到的问题就是：客户根本不愿意见面。有效约见的重点是如何有效地组合使用电话、信件、宣传品、活动等手段，实现与客户的面谈，为未来的销售活动打下基础。

③ 拜访步骤。此部分的重点放在第一次或与不太熟的客户见面时。关键技巧包括：如何给客户留下好印象；如何通过观察，在客户还没有自我开放的情况下，尽量掌握更多信息的方法等。

④ 提问聆听。此部分包含：应当了解客户的哪些信息，应当如何提问，应当如何有效地聆听客户谈话以及应当如何有效而适时地插话等，以使自己获得更多的客户背景信息。

---

① 秦毅．金牌销售经理Ⅲ——打造一流的销售团队［M］．北京：北京大学出版社，2008：56.

（2）产品展示引导类技能。一般客户不会无缘无故地从“自我感觉良好”阶段，跨越到“确定需求”阶段，而从“自我感觉良好”向“确定需求”的跨越，就需要销售人员具备良好的产品展示引导类技能。

①梅花分配。要想进行有效的产品说明，就需要事前了解对什么样的客户决策者，应该进行怎样的引导。因此，一名合格的销售人员对客户中各个典型职位的人对最终购买所能起到的作用，应该做到心中有数。

“梅花分配”实际就是一种对客户中各个职位的人，在最终购买时所能起到作用大小的一种分析方法。它可以帮助销售人员迅速找到拜访攻关的最佳途径，迅速了解典型职位人员所感兴趣的话题，以便进行有针对性的产品展示。

②需求倾向。客户企业中的个体，每个人年龄不同、背景不同、职位不同，自然对自己、对企业的想法就不同。需求倾向是一种对组织客户中的典型人自我期望的分类方法，掌握了它，就可以比较快地将客户企业中具体每个人的典型需求分类，以进一步使销售人员下一步的销售话语切中要害，起到引导展示的作用。

③SPIN问题技术。它是一种成熟的“以问带推”的销售话术，通过背景性问题、困难性问题、暗示性问题和价值性问题，一步步引导客户发现自己的潜在需求，提高其对新产品或新供应商的兴趣。

④FABE推荐句式。FABE推荐句式是最经典的推销介绍产品卖点的话术。它通过对产品的“特性（feature）描述、优势（advantage）强调、给客户带来的利益（benefit）说明和成功证明（evidence）”四个部分描述，使客户对产品的认知更加深刻。

（3）建立信任类技能。与客户建立“对公与对私”的双向信任，是销售成功的关键。曾几何时，“只要跟客户彼此成哥们了，关系处好了，东西好坏不重要”的说法，在销售队伍中广为流传，虽然此话说得有些过火，但可以看出与客户建立信任的重要性。

① 有效沟通。这项技能实际是训练销售人员察言观色，迅速把握客户的沟通类型，然后调整自己的沟通风格，与客户的沟通风格迅速对接的能力。具备此项能力的销售人员，能够比较快地与各种类型的客户谈得热火朝天或是让客户滔滔不绝，从而能够比较快地赢得客户的认可。

② 外围印证。效率高的销售人员，都能够有效地运用展览、参观活动、现场测试等常用外围印证手段，迅速赢得客户对公司、对产品的绝对信任。

③ 人际交往。与客户建立私交，是中国特色销售的重要一环。合格的大客户销售人员，应当掌握打开与客户私交之门的“钥匙”，如此才能够有效而迅速地建立与客户之间的私人信任。

④ 异议处理。客户处在评估比较这一阶段时，往往会有许多的疑虑和反对意见，这都需要我们的销售人员去处理。如果处理得当，就会进一步赢得客户的信任，使客户走向最终购买；如果处理不当，销售人员前期所做的工作就会前功尽弃。

（4）超越对手类技能。客户决定选择供应商的时候，往往是竞争最为激烈的时候，这时的竞标已进入白刃战阶段，要想在最后的一百米保持优势或是后来居上，要通过以下几种方法：

① 对手分析。从哪里可以获得竞争对手的信息，应当特别关注竞争对手的哪些动作，如何应用竞争对手分析表等，这些都是战胜竞争对手的基础，也是“对手分析”这一技巧

中的关键。

② 竞争策略。如何根据我们与竞争对手的竞争态势，结合客户采购进程，制定自己的竞争策略，是“保持优势”或是能够“后来居上”的关键。在竞标过程中常用的竞争策略，同样是一个高级销售人员应具备的核心技能，也是销售经理训练下属的重点。

③ 商务谈判。在最后一刻，很多客户会讨价还价，如何在保住订单的前提下守住底价，如何既维护了公司的利益，又满足了客户的成就感，是商务谈判的关键，谈判技巧灵活运用得当，就能够使公司和客户实现“双赢”。

④ 促单签约。客户倾向已经很明显，如何有效地促成客户签约，促单水平的高低，决定了一个销售人员的绩效水平。

(5) 服务跟进类技能。企业针对大客户的销售行为，肯定不能是一次性行为，因为许多企业面对的都是行业性的客户，需要目标客户的持续采购，即便目标客户不能持续地采购某个企业的产品，该企业也需要这个客户的良好口碑，为该企业在同类客户中的销售行为打开便利之门。而达成客户持续采购也好，希望客户给予转介绍也好，都要求销售人员的跟进服务技能要过关。

① 目标计划。许多销售人员都有这样的体会，平时零散的工作非常多，如何有效地安排自己的工作，就成了颇为挠头的问题。经常出现的情况是，新客户倒是非常受重视，产品也推出去了，但是老客户被冷落了，相反倒有可能被竞争对手钻了空子。出现这种现象的原因，就是在明确阶段性目标、制订相应的工作计划方面，做得不够。

② 客户管理。销售人员的客户数量越来越多，也越来越复杂，有的项目处于销售跟进阶段、有的处于刚刚接洽阶段、有的则到了后期服务跟进的阶段等，并且各个客户的订单大小和重要程度不同，这时就非常需要对这些客户进行分类管理。通过客户的价值、贡献能级、订单率和漏斗位置四个要素来归类每一个项目信息，使销售人员面对多个客户能够游刃有余，做到“既不忘老朋友又能发展新朋友”。

③ 服务关怀。虽然后期的服务并不都是销售人员的职责，但是如果销售人员能够在此阶段继续关心客户，肯定会收到事半功倍的效果。相反，如果给客户造成“用人朝前，不用人朝后”的感觉，那么说不定什么时候，这个客户就成了一堵墙，就会挡住销售人员前进的脚步。

④ 跟进推动。挖掘客户新的需求，或是推动客户进行必要的转介绍，如果销售人员此项技能掌握得好，会在客户群中逐渐形成一张互相推动的人际网，从而使自己的业务越做越大，越做越轻松。

4.集训轮训

从培训管理的角度讲，所谓集训轮训，就是指在相对封闭的一个环境里，企业中的具有类似岗位属性的员工，学习探讨相对独立的一个或有连带关系的几个主题的培训模式。

实施集训轮训的关键步骤是：

(1) 培训需求调查。这是整个集训轮训的龙头，也可以说是整个培训的灵魂，需求调查的质量决定了整个集训轮训的水平。

① 需求调查的对象。针对销售队伍实施集训轮训前的需求调查，至少要征求三个方面的意见：首先，是销售经理。销售经理作为销售队伍的管理者，是集训轮训的需求主体，对整体培训所要达到的目标、所要突出的内容重点等培训中的关键点，其意见是决定

性的。其次，是公司培训部。培训部是公司整体培训的策划和设计部门，对集训轮训的意见至关重要。在许多公司，因为其培训体系建设得非常完善，即公司内各个岗位的技能标准和技能培养体系非常清晰，那么培训部对于某次集训轮训的意见权重，甚至会超过销售经理。最后，是一线销售人员。一线销售人员是培训的接受者，他们的意见同样重要。他们更多的是提供基础素材，是对销售经理和培训部所提培训需求的印证和深化分析。一线销售人员的培训需求往往是分散的、个性化的或是局部的需求，需要从中提炼加工，并结合销售经理和培训部的要求才能形成最终的培训执行大纲。

② 需求调查表。针对销售经理或培训部的调查，一般是以面谈的方式为主，但是针对一线销售人员的调查，因为人数较多，所以经常要用到培训需求调查表。表的样式和内容根据各个企业拟培训的项目不同而不同。

（2）选择培训机构与讲师。从企业的角度看，在选择培训机构与讲师的时候，离不开本次集训轮训的目标，一般集训轮训请的都是外部培训机构的专门培训人员或高校的专家。对于销售队伍的集训轮训来讲，相对封闭式的环境，相对独立成体系的内容，如果由本公司内部的人来讲，或是由销售经理亲自担任，听众也就是下边的销售人员就会带有一定的“结构性对立情绪”，即会有相当一部分销售人员一边听课一边想：“你是部门经理，你所说的都是为了管理控制我们。你说的那些东西平时早就说过了，基本都是老调重弹。公司的情况你也不是不知道，并不是我们不努力，而是公司的问题。再说了，你不是十全十美，那天，你不是也犯了一个可笑的错误吗?”如此林林总总的想法，都会大大影响集训轮训的效果，并且本公司内部的经理要搞好一次培训，需要大量的时间成本，还不一定能够达到效果。

（3）培训前准备。培训前准备，一般是指确定培训内容、选择培训时间、落实培训地点、人员通知到位等工作。这些工作内容缺一不可，哪一项疏忽了，都会影响最终的培训效果。在培训前准备的工作中，确定培训内容是工作量最大也是对效果影响最直接的工作。

（4）培训实施。前期的调查、外部机构和讲师审核工作以及培训前准备等如果做得充分，培训开始后，企业的工作量就大大减少了，这时培训讲师和销售人员自然就成了集训轮训的主体。此时的销售经理，要做三项辅助性的工作：

① 利用课间休息时间了解大家的感受、掌握情况并听取对培训在内容、进程和方式上的建议；

② 利用中午或晚上休息的时间，与讲师沟通学员的反应和自己的看法；

③ 如果有必要，帮助讲师对课程内容进行适当调整，以进一步加强培训效果。

（5）培训后跟踪。这是集训轮训过程中最容易被忽视但非常重要的环节，主要有两方面的工作：

① 销售经理或公司方面。如果是以技能为主要目标的集训轮训，在培训结束之后，应当在日常的团队管理工作中利用例会、随访等方式进行反复强调，督促大家使用这些在课堂上强调过的新技能，必要时还要利用例会进行专门的演练或研讨，以加深印象并强化大家对新技能的掌握。

② 培训机构或讲师方面。根据合作协定，在培训后跟踪方面应当承担两项职责：

第一，主持专项研讨会，时间一般安排在集训轮训结束后的二到四周之间，研讨的主题首先是听取大家通过学习所掌握的新技能在实际的运用过程中发现的新问题，然后进行针对性的必要指导。

第二，进行必要的跟访辅导，由讲师亲自陪同销售人员进行客户拜访，或是通过现场的工作观察，发现应用中的问题，然后给予针对性的指导或行为调整。

(6) 培训评估。目前对培训要做评估的呼声日渐高涨，但是企业想对某次集训轮训做好评估，想实际看一看某次集训轮训到底给销售队伍带来了什么或是留下了什么，其实并不是一件简单的事情。

针对培训实施严格的评估，确实很有必要，但是需要额外地投入人力物力，并且要想做到“成熟阶段”，对企业的基础数据也有相当高的要求。因此并不建议每个企业在集训轮训的评估方面，都要在短期内达到最佳，但起码应该做到起步阶段，即培训完后，要进行必要的考试，考查学员对培训内容的记忆情况，因为连记忆中都没有的东西，是很难在实际工作中得到应用的。

9.3.4 销售培训管理

1.制订销售培训计划[①]

在进行培训之前，企业应制订销售培训计划。一个目标明确、系统有序、全面周密的计划将使企业培训减少盲目性，不但能够提升培训效果，还能节省成本。

中国台湾学者黄宪仁曾提出，企业制订销售培训计划时应使用5W1H法，即培训计划应包括5W与1H：为何（why）、何人（who）、何时（when）、何处（where）、什么（what）、如何进行（how）。

(1) 为何（why）。培训的目的有很多，每次培训都要确定至少一个目的。培训目的包括：新招募销售人员的入职培训；改善销售人员工作态度的培训；提高销售人员工作技能的培训；改善销售人员沟通技能的培训；传授产品知识的培训等。明确的培训目的是销售培训工作成功的开始。

(2) 何人（who）。公司必须确定接受培训的人员有哪些，他们是新员工还是老员工，多少人需要接受培训，专家认为一般销售培训不超过15人效果最佳。另外，需要确定培训师。是内聘还是外聘，是业务部门主管还是优秀的销售人员，是大学教授还是管理咨询公司的专家等。

(3) 何时（when）。培训时机一般根据接受培训的人员来确定。一般新员工在报到后即参加培训，而老员工培训则往往在公司业务的淡季进行。培训时间长短的确定需要考虑以下几方面：市场情况、产品性质、人员素质、要求的销售技能和管理要求。

(4) 何处（where）。培训的地点是在公司内还是在公司外，培训场合需要哪些特殊的设施。公司内部培训一般在公司的会议室或培训室。公司外部培训一般在高等院校或专门的服务机构。

(5) 什么（what）。培训的内容是什么，如何确定培训内容，一般根据销售人员的构成、行业类型和公司情况确定。

(6) 如何进行（how）。销售人员的培训基本上分为内部培训与外部培训，培训方式

---

① 孙在国. 销售管理［M］. 重庆：重庆大学出版社，2002：193-194.

有课题培训、现场培训、会议培训、上岗培训和模拟培训等。

2.培训工具及资料的准备[①]

培训工具及资料主要有教材和教具等，要在培训之前准备好。教材包括讲义、参考书、课程表、授课评议表、案例讨论、教师自我评价表、角色扮演分析评价表等；教具包括黑板、粉笔、挂图、扩音器、投影机、放映机、幻灯片、音频文件、视频文件等。

3.培训教师的选择[②]

培训教师有3个来源：直线制人员、专职培训者和外部培训专家。一种和几种的组合使用，都能取得成功。公司同时运用3种培训人员以适应不同的培训目的，是很平常的事。

（1）直线制人员。

直线制人员实施的培训包括对高级销售人员、销售督导、地区销售经理的培训，或对直接管理销售队伍的销售经理等的指导。一些公司有效地利用同事进行培训，他们让销售队伍中的有经验人员来培训无经验人员。如果销售队伍具有娴熟的技能，且有很大的兴趣，这种培训会很有效。

① 优点：直线制人员的讲授比职能部门的其他人员和外部专家的讲授更具有权威性，因为受训者知道他们都有成功的销售经验。如果由直线上司进行培训，将会取得一致的行动，因为对上司的要求受训者不会产生误解，而且可以让新雇员按其希望的方法来销售。亲自培训销售人员的直线制销售经理比没有参与培训的其他管理者能更好地评估受训者的能力。培训还可以使销售经理与销售队伍建立更和谐的关系，因为培训提供了双方熟悉的绝佳机会。

② 缺点：直线制人员培训的弊端是缺乏时间和教学能力，其他工作的压力使培训者最多只能部分关注培训，这将损害受训者士气。如果直线制人员进行培训，就必须有充足的时间。

（2）专职培训者。

专职培训者可以是专门聘请的人员，也可以从人事、生产或行政管理等部门抽调。人事部门的成员可能参与培训设计的某些工作，如收集公司信息或培训的具体安排，但是让他们做培训计划的技术细节通常不合适。

① 优点：为培训计划专门聘用的培训者能够参与细节工作，准备必需的材料，并给予受训者必要的关注。

② 缺点：专职培训者对受训者缺乏控制，而且没有直线制人员的权威。

（3）外部培训专家。

实际上，各大城市都有专业销售培训公司，其培训范围很广。有些公司设计和管理整个培训计划，有些公司则专注于销售技术培训，有些公司只专注于很狭小的领域（如只培训房地产经纪人、保险业代理人或零售店店员等）。

4.培训效果考评[③]

培训效果主要是学员将培训所获得的知识、技能和其他特性应用于工作的程度。培训

---

① 屈云波，俞卓立．企划人实战手册［M］．北京：中国商业出版社，1994：236-237.
② 崔明．销售管理［M］．上海：格致出版社，2009：134.
③ 欧阳小珍．销售管理［M］．武汉：武汉大学出版社，2003：287.

效果的考评是培训工作必不可少的环节。通过对销售人员培训效果的考评，一方面可以对参加培训的销售人员的表现做出一个综合性的评价，另一方面可以发现培训工作中存在的问题，以便在以后的工作中加以纠正。

培训效果的考评主要从4个方面进行：

(1) 反应，指的是接受培训的学员对培训课程的喜爱和满意程度，可以通过课程意见表来了解学员对课程内容、教学方法、语言表达等方面的感受。

(2) 学习效果，指接受培训的学员通过培训学到新知识、新技能的程度，可以通过测验或实际操作来衡量学员的学习效果。

(3) 行为，指的是接受培训的学员将所学的知识和技能应用到工作上的程度，一般通过绩效评估表或观察法进行测试。

(4) 结果。结果评价主要是检查销售培训之后个人或组织销售业绩的改善情况。结果评价最能综合性地反映培训效果。这种评价可以依据个人或组织的销售量、生产率或业绩变化情况加以衡量，具体可以采用成本–利润分析法。

销售新视点9-1

杜邦公司高效销售培训体系

杜邦公司通过七步法搭建了高效的销售培训体系。

第一步：销售培训总流程。首先打破原有的思维模式——培训不只是执行式、协同型、以授课为核心的，更应是主动的、顾问式、战略结合式、以改变销售行为为核心的绩效变革。

销售培训的起点是销售团队、销售部门、战略事业部的工作策略和重点。如果培训活动与此脱离，培训工作的价值就无从谈起。如何把工作策略和重点要求转化成技能、胜任力，变成培训课直接作用的具体内容是评估步骤的重点。此外培训是否能实际转化成销售行为，跟进及提供个性化的强化与调整是教练环节的重点。流程中的各个环节能否从计划变成现实，公司的文化、制度、管理层、利害相关人的承诺配合至关重要，因此协调是执行整个培训策略的纽带。

第二步：战略。战略培训的第一步是从了解销售队伍的工作策略和重点开始的。

通常业务部门集体谈论的形式是富有成效的。一般利用业务会议时间，由培训经理作为主持，辅导讨论流程。讨论依据以下的线索：首先明确本年度的销售目标，其次明确实现本年度销售目标的具体策略，然后针对每个具体策略讨论销售队伍所需要的重要技能，最后应明确这些重要技能具体体现的行为是什么。最后一步是非常重要的内容，否则技能的描述就会非常笼统。杜邦公司制定了全球统一的十一项销售成功关键技能。每一项下具体描述了三项具体行为。每一业务部门据此结合各自的销售实际，进行微调和必要的增减。

第三步：评估。评估的目的和意义就是要明确销售队伍的销售实际水平与期望水平间的差距。首先通过对销售成功要素的分析，建立销售胜任力模型即明确胜任销售工作的核心技能有哪些。胜任力模型建立后，杜邦公司会以统一的方法一次或多次对销售队伍进行销售实际水平与期望水平间差距的分析，尤其是对新进的员工比较多的部门或企业。

第四步：培训。通过对销售胜任力的分析，培训部门、销售管理层可以简便又准确地确定培训的重点，以此确定培训的科目与课程。

根据培训的形式、讲师、定制程度，杜邦公司的销售培训通常分为常规培训、定制培训和温故培训。

第五步：转化。转化是指培训从理论部分转化成销售工作/实际操作的一部分。

第六步：销售辅导，即由销售经理协同销售代表一道进行销售拜访。拜访中以销售代表为核心，销售经理更多地对销售代表的销售表现进行观察。拜访结束后一起回顾整个销售表现，探讨成功与不足。必要时，销售经理可以示范正确的方法来加深销售代表的印象。

第七步：协调。协调是指建立辅助实施的文化、机制，包括各级领导层的支持参与和重视程度，另外更重要的是沟通的过程与方式。在诸多的做法中，搭建核心委员会被证明是一种有效的方式。核心委员会由销售部、销售经理、高层经理组成。人员培训发展的各个阶段由核心委员会协商决定，同时就项目进展即时沟通。此外销售管理人员在多大程度上参与到销售培训的过程中将决定培训发展的效果。

资料来源　于文涛．杜邦高效销售的“七步诗”体系［J］．经营管理者，2015（20）：72-75.

思考：

1.杜邦公司销售培训体系的核心内容是什么？为什么？

2.结合某一销售技能（如谈判技能或沟通技能）设计其所需要的具体销售行为指标体系。

学思践悟

揭秘“出圈”：最大的优势是人才

“不知道为啥突然火了。”开播约半年后，东方甄选在近期突然“出圈”。先是一抖音大V关注到东方甄选，并把主播董宇辉的一段直播视频传到网上。一石激起千层浪。新东方此后数次登上热搜，直播间也在很短时间内增粉至千万个。

主播们的直播风格一如从前，突然火爆也只是偶然。非说有什么秘诀，那便是：有志者，事竟成。

东方甄选最大的优势是主播，是新东方老师在知识储备、语言表达、感知客户需求、换位思考等方面的出众能力。由新东方老师担任主播的东方甄选直播间，开创了“知识性带货”的新模式，成为直播界的一股清流。卖碧螺春，主播从康熙皇帝下江南在苏州喝茶讲起；卖大米，主播说“浪漫不止星空花海，还有烟火人间”。天文地理、古今中外、诗词歌赋、星辰大海……直播间内段子与金句频出，知识点高度密集，中英文自由切换。这样的直播带货，全国没有几个。

东方甄选“出圈”后，新东方教育集团董事长对主播团队给予了欣然赞赏。直播间火爆可能是一时热闹，但的确希望东方甄选能从此打开局面，为新东方的发展开辟一条全新的道路。

如何让直播业务平稳运行，并在此基础上不断升级和发展？具体来讲，是如何挖掘和培养出更多既具人文情怀，又有强大知识体系的主播；拓展更多直播平台和带货品类。

东方甄选“出圈”后，有很多商家来寻求合作。新东方还在打造另一个直播平台——新东方直播间。这个直播平台创建的初衷是为新东方的自营产品带货，未来将回归初心，将更多出售新东方出版的书、实体商品（如卡片、拼图、学习机等）；平台也考虑为更多的教育企业带货。

有好的主播和好的产品，直播带货就能做成长久生意。但从长远来看，如何让市场更冷静地看待直播带货，让平台更有序发展，是新东方的社会责任所在。如果真要引领这个行业，新东方可能需要进行一些商业模式的变革。

资料来源　田佳玮. 新东方直播“出圈”，参与者独家揭秘背后的故事［EB/OL］.（2022-06-23）［2022-07-11］. https://www.thepaper.cn/newsDetail_forward_187035752022-06-23.

【思政元素解析】“双减”政策下，新东方教育集团的自我救赎不止一次引发社会话题，如在集团陷入困境时拿出200亿元给学员退学费、给员工发工资；捐出8万套书桌给贫困山区学校等。直至2022年6月9日以来的东方甄选直播间爆火，让社会看到了企业的坚守、知识的魅力、人才的可贵。

基本训练

第9章即测即评

- **简答题**

1. 销售人员招聘的途径有几种？各有什么特点？
2. 销售培训中常见的问题是什么？
3. 简述入职培训的内容。
4. 销售专项训练的含义是什么？其内容有哪些？
5. 什么是随岗辅导？包括哪五大类技能？

- **自我测试题**

你是否有自信心？

也许你认为自己对销售抱有积极的态度，但是如果你没有信心与你不认识的顾客和潜在顾客结识，那么一切都会丧失掉。这个练习能够帮助你测量一下自信心。

1. 我能很快而且很容易地使陌生人成为我的朋友。
2. 即使不认识的人我也能够吸引并留住他们的注意力。
3. 我喜欢新情况。
4. 我对与我不相识的人的结识并建立良好关系的心理非常感兴趣。
5. 我喜欢对一群销售经理进行销售展示。
6. 如果穿着得体，我对自己充满信心。
7. 我不在乎用电话与陌生人沟通。

8.别人吓不住我。

9.我喜欢解决问题。

10.大多数时候我都感到安全。

按照你认为与自己情况最相符的数字5、4、3、2、1（从高到低）进行记分。如果得分超过40分，证明你很自信，完全可以考虑从事销售工作；如果得分在25~40分之间，表明你需要更多与人相处的经验；如果得分在25分以下，表明你需要建立自信心，别的工作也许更适合你。

资料来源：富特雷尔．销售学基础：顾客就是生命［M］．苏丽文，主译．6版．北京：机械工业出版社，2000：245.

• **案例分析题**

培训效果分析

现代企业越来越重视培训，销售部门作为企业的关键部门，自然是培训的重中之重，但对销售队伍来讲，时间投进去了、精力投进去了、费用也投进去了，到底效果如何呢？我们来看一个企业在销售队伍培训方面的真实事例。

某公司的主营产品是供银行、电信、海关等机构使用的专用办公设备。该公司在2000年夏天针对当年新聘销售人员进行了销售技巧的培训。到了2001年春天，培训小组在针对该公司销售队伍进行素质状况调查时，看到了以下场景：

场景1：小王1999年毕业，来长沙办事处也快两年了，他负责海关客户，跑了几趟之后，他和这个海关负责硬件采购的科长也混得比较熟了。

下雨的一天，他匆匆忙忙赶往该科长的办公室。他觉得双方都很熟了，于是没敲门就进去了，可进门一看，他愣住了，因为里面坐着的不是他想见的那个科长，而是另外一个陌生人。这时候他也知道自己太唐突了，变得有些不知所措，聊了几句之后才知道，原来对方是主管处长，这一下小王更紧张了，之后的谈话基本上是前言不搭后语。

问题：小王的问题出在哪里？此案例说明了什么？你有何建议？

场景2：小刘的主推产品是高端大功率的UPS（不间断电源，给电信、银行等机构的电脑系统做配套，以保证电力的持续供应），他半年前被调到石家庄地区做销售。

这半年来，小刘对这个区域市场进行了地毯式推销：一个企业一个企业地上门推销。半年下来，小刘非常疲劳，手头的信息很少，能有确切采购意向的就更少，销售业绩为零。眼看半年考核就要到了，小刘急得直上火。

问题：小刘问题的根源是什么？你有何建议？

场景3：小李大学毕业后，与几个同学一起加入这家公司，他的客户群集中在保险行业。

小李冲劲很足，希望能成为他们那一届毕业生中最好的一个，于是他总想拿到第一笔单子，好一鸣惊人。本来公司有技术支持部门和相应的产品部门可以为他的销售工作提供支持，但是为了一鸣惊人，他并没有申请支持，所有的工作环节都是自己一个人干。

起早贪黑的半年过去了，好几个同期来的同事都出单了，可他还在黑暗中苦苦摸索，直到有一天，小李花了近半年心血跟的一个太平洋保险的单子也飞掉了，开标会结束后，小李垂头丧气地回到宿舍，彻底崩溃了。

问题：小李的问题出在哪里？根源是什么？你有何建议？

场景4：小赵是个新手，一次经理为了锻炼他，以他为主去见一个客户。为了便于辅导，经理也跟着去了。

到了客户那里，正好客户的采购处长在，但小赵说话吞吞吐吐，向客户解释公司的产品词不达意，客户听得一头雾水，拜访效果很差。回来后，经理把小赵批评了一顿，主要是两点：一个是批评他的产品知识掌握得太差，另一个是批评他口齿不清。经理还说："你搞砸了一次，我得去好几次才能挽回影响。"

问题：分析小赵出现问题的深层次原因，并提出建设性意见。

资料来源 秦毅. 如何培训与激励销售队伍——打造金牌销售团队Ⅲ [M]. 北京：北京大学出版社，2004：27-29.

• 实训题

实训项目：招聘实务。

实训目标：

1.熟悉销售人员招聘的程序和方法。

2.训练应聘面试的基本能力与技巧。

实训内容与要求：

1.联系你所在社区内的一位或多位销售经理，询问其在招聘过程中所采用的步骤，设计并演练一次招聘面试。

2.每位同学设计一份面试方案，包括面试的目的和要求、面试问题、打分表等，要求以小组的形式组织一次企业招聘面试。

3.每位学生设计一份求职履历表。

[第10章]
销售人员的激励管理

学习目标

◆ 重点掌握销售人员不同成长阶段工作状态变化的规律以及影响销售人员工作状态的因素；掌握激励的基本原理、原则和形式。

引　例

海底捞的员工激励措施

四川海底捞餐饮股份有限公司（以下简称海底捞）成立于1994年，是一家以经营川味火锅为主，融合各地火锅特色于一体的大型直营餐饮民营企业。海底捞的快速发展，服务是其取胜的关键，但是如何做到将服务差异化理念成功灌输给所有员工，激励每一个员工共同努力才是至关重要的，海底捞的员工激励措施主要有：

1.良好的晋升通道

海底捞为员工设计好在本企业的职业发展路径，并清晰地向他们表明该发展的途径及待遇。每个员工入职前都会得到这样的承诺："海底捞现有的管理人员全部是从服务员、传菜员等最基层的岗位做起来的，公司会为每一个员工提供公平公正的发展空间。如果你诚实与勤奋，并且相信双手可以改变命运，那么海底捞将成就你的未来！"

2.独特的考核制度

海底捞对管理人员的考核非常严格，除业务方面的内容外，还有创新、员工激情、顾客满意度、后备干部的培养等，每项内容都必须达到规定的标准。例如，"员工激情"，总部不定期对各个分店进行检查，观察员工的注意力是不是放在客人的身上，观察员工的工作热情和服务效率。如有员工没达到要求，就要追究店长的责任。

3.尊重与关爱，创造和谐大家庭

在海底捞，尊重与关爱员工始终被放在首位。海底捞实行"员工奖励计划"，给优秀员工配股。此外，海底捞的管理人员与员工都住在统一的员工宿舍内，并且规定：必须给所有员工租住正式小区或者公寓中的两或三居室，不能是地下室；所有房间配备空调、电视、电脑；宿舍有专门人员管理、保洁；员工的工作服、被罩等统一清洗。同时，海底捞的所有岗位，除了基本工资外，都有浮动工资与奖金，作为对员工良好工作表现的鼓励。

在尊重与关爱员工方面，海底捞还有许多创意。例如，将发给先进员工的奖金直接寄给其父母。关于员工的夫妻生活、子女教育等问题，许多企业规定服务员不能和厨师谈恋爱，高级管理人员与配偶不能在同一个地区或同一座城市。海底捞的做法正相反，尽量安排员工一起工作，一起生活。公司还会发给他们补贴，并且可把孩子带到身边，照顾和教育孩子。不仅如此，海底捞店长以上的干部，公司还会帮助他们联系其子女入学，并交入学赞助费。

上述激励措施极大地激发了员工的主人翁意识，在将员工的主观能动性和创造性发挥到极致的情况下，"海底捞特色"日益丰富，促使企业在激烈的市场竞争中站稳了脚跟，并得到了快速发展。

资料来源 黄伟文. 海底捞之成功一定有道理［EB/OL］.（2011-09-02）［2021-05-15］. http://www.chinamsr.com/2011/0902/35896.shtml.

海底捞的激励措施其实质是回归了管理的基本出发点，即"以人为本"的管理理念。企业把自己的员工当作一个个具体的、活生生的有着基本需求和欲望的人。他们不但要生存还要生活，有着和普通人一样的多样化需求。海底捞的激励措施不但恰到好处地满足了员工的基本需求，而且尽其所能地满足了他们爱与归属、尊重以及自我实现的需求。由海底捞的案例我们可以看出，企业要做到顾客满意，提高顾客的忠诚度，首先必须让自己的员工满意，提升员工对所属企业的忠诚度；企业应当充分意识到在激励机制的各个阶段都应该根据员工的特点采取适当有效的激励措施，最大限度地调动员工的积极性和创造性，消除员工在工作中的各种消极情绪，增强他们在企业中的成就感和归属感，并形成工作动力，进而提升员工的满意度，满意的员工就会带来高效、优质的服务。

10.1 激励的基本原理

激励在管理学中被解释为一种精神力量或状态，起加强、激发和推动作用，并指导和引导行为指向目标。①一般来说，组织中的任何成员都需要激励，销售人员更是如此。

销售人员需要更多的激励是由其工作性质决定的。销售是一项艰苦而富有挑战性的工作，销售人员不仅需要在超强的自我激励中勤奋耕耘，而且需要组织通过各种形式给予物质回报和精神奖励等外部激励。企业的管理者要想做好销售人员的激励工作，首先要了解、掌握有关激励的基本理论。

10.1.1 马斯洛的需要层次理论

需要层次理论是马斯洛（A. H. Maslow）于1954年在他的代表作《动机与个性》中提出来的。他将人的各种需要归纳为五大类。这五大类需要相互关联，按照其重要性和发生的先后顺序，可以排列成一个需要等级。

1.需要的五个等级

（1）生理的需要。这是人类维持自身生存的最基本需要，包括饥、渴、衣、住、行等

① 林菊英，梅祖懿. 护理管理学［Z］. 北京：中华护理学会，1989：116.

方面的需要。如果这些需要得不到满足，人类的生存就成了问题。在这个意义上说，生理需要是推动人们行动的最强大动力。马斯洛认为，只有这些最基本的需要满足到维持生存所必需的程度后，其他的需要才能成为新的激励因素，而到了此时，这些已相对满足的需要就不再成为激励因素了。

（2）安全的需要。这是人类要求保障自身安全、摆脱事业和丧失财产威胁、避免职业病的侵袭等方面的需要。马斯洛认为，整个有机体是一个追求安全的机制，人的感觉器官、效应器官、智能和其他能量主要是寻求安全的工具。当然，当这种需要一旦相对满足后，就不再成为激励因素了。

（3）社交的需要。这一层次的需要包括两个方面的内容：一是友爱的需要，即人人都需要伙伴之间、同事之间的关系融洽或保持友谊和忠诚；人人都希望得到爱情，希望爱别人，也渴望得到别人的爱。二是归属的需要，即人都有一种归属于一个群体的需要，希望成为群体中的一员，并相互关心和照顾。社交上的需要比生理上的需要更细致，和一个人的生理特性、经历、教育、宗教信仰等都有关系。

（4）尊重的需要。人人都希望自己有稳定的社会地位，要求个人的能力和成就得到社会的认可。尊重的需要又可分为内部尊重和外部尊重。内部尊重是指一个人希望在各种不同情境中有实力、能胜任、充满信心、能独立自主。换言之，内部尊重就是人的自尊。外部尊重是指一个人希望有地位、有威信，受到别人的尊重、信赖和高度评价。马斯洛认为，尊重需要得到满足，能使人对自己充满信心，对社会满腔热情，体验到自己活着的意义和价值。

（5）自我实现的需要。这是最高层次的需要，是指实现个人理想、抱负，发挥个人的能力到最大限度，完成与自己的能力相称的一切事情的需要。也就是说，人必须做称职的工作，这样才会使他们感到最大的快乐。马斯洛提出，为满足自我实现需要所采取的途径是因人而异的。自我实现的需要是在努力实现自己的潜力，使自己越来越成为自己所期望的人物。

2.马斯洛需要层次理论的基本假设

（1）已经满足的需要，不再是激励因素。人们总是在力图满足某种需要，一旦一种需要得到满足，就会有另一种需要取而代之。

（2）大多数人的需要结构很复杂，无论何时都有许多需要影响行为。

（3）一般来说，只有在较低层次的需要得到满足之后，较高层次的需要才会有足够的活力驱动行为。

（4）满足较高层次需要的途径多于满足较低层次需要的途径。

3.马斯洛需要层次理论的基本观点

（1）五种需要像阶梯一样从低到高，按层次逐级递升，但这样的次序不是完全固定的，可以变化，也有种种例外情况。

（2）一般来说，某一层次的需要相对满足了，就会向高一层次发展，追求更高一层次的需要就成为驱使行为的动力。相应地，获得基本满足的需要就不再是一种激励力量。

（3）五种需要可以分为两级，其中生理的需要、安全的需要和社交的需要都属于低一级的需要，这些需要通过外部条件就可以满足；而尊重的需要和自我实现的需要是高级需要，它们主要是通过内部因素才能满足的，而且一个人对尊重和自我实现的需要是无止境的。同一时期，一个人可能有几种需要，但每一时期总有一种需要占支配地位，对行为起决定作用。任何一种需要都不会因为更高层次需要的发展而消失，各层次的需要相互依赖和重叠。高层次的需要发展后，低层次的需要仍然存在，只是对行为影响的程度大大减少。

(4) 马斯洛和其他行为科学家都认为，一个国家多数人的需要层次结构，是同这个国家的经济发展水平、科技发展水平、文化和人民受教育的程度直接相关的。在发展中国家，生理需要和安全需要占主导的人数比例较大，而高级需要占主导的人数比例较小；在发达国家，则刚好相反。

10.1.2 赫茨伯格的双因素理论

双因素理论又叫激励-保健理论，是美国行为科学家弗雷德里克·赫茨伯格（Frederick Herzberg）提出来的。双因素理论是他最主要的成就，在工作丰富化方面，他也进行了开创性的研究。

1.双因素理论的提出

20世纪50年代末期，赫茨伯格和他的助手们在美国匹兹堡市对200名工程师、会计师进行了调查访问。访问主要围绕两个问题：在工作中，哪些事情是让他们感到满意的，并估计这种积极情绪会持续多长时间；又有哪些事情是让他们感到不满意的，并估计这种消极情绪会持续多长时间。赫茨伯格以对这些问题的回答为材料，着手去研究哪些事情使人们在工作中感到快乐和满足，哪些事情会造成不愉快和不满足。结果发现，使员工感到满意的都是属于工作本身或工作内容方面的；使员工感到不满的，都是属于工作环境或工作关系方面的。他将前者叫作激励因素，将后者叫作保健因素。

2.双因素理论的基本观点

赫茨伯格等人认为，能带来积极态度、满意和激励作用的因素就叫作激励因素，它是那些能满足个人自我实现需要的因素，包括成就、赏识、挑战性的工作、增加的工作责任以及成长和发展的机会。如果这些因素具备了，就能对人们产生更大的激励作用。从这个意义出发，赫茨伯格认为传统的激励假设，如工资刺激、人际关系的改善、提供良好的工作条件等，都不会产生更大的激励；它们能消除不满意，防止产生问题，但这些传统的保健因素即使达到最佳限度，也不会产生积极的激励。按照赫茨伯格的意见，管理当局应该认识到保健因素是必需的，不过它一旦使不满意中止以后，就不能产生更积极的效果。只有激励因素才能使人们有更好的工作成绩。

保健因素的满足对员工产生的效果类似于卫生保健对身体健康所起的作用。保健因素从人的环境中消除有害健康的事物，它不能直接提高健康水平，但有预防疾病的效果；它不是治疗性的，而是预防性的。保健因素包括公司政策、管理措施、监督、人际关系、物质工作条件、工资、福利等。当保健因素恶化到人们认为可以接受的水平以下时，就会产生对工作的不满意。但是，当人们认为保健因素很好时，它只是消除了不满意，并不会导致积极的态度，这就形成了某种既不是满意，又不是不满意的中性状态。

赫茨伯格及其同事又对各种专业性和非专业性的工业组织进行了多次调查，他们发现，由于调查对象和条件的不同，各种因素的归属有些差别，但总的来看，激励因素基本上都是属于工作本身或工作内容方面的，保健因素基本都是属于工作环境和工作关系方面的。但是，赫茨伯格注意到，激励因素和保健因素都有若干重叠现象。例如，赏识属于激励因素，基本上起积极作用，但当没有受到赏识时，又可能起消极作用，这时又表现为保健因素；工资是保健因素，但有时能产生使员工满意的结果。

3.双因素理论与需要层次理论的比较分析

赫茨伯格的双因素理论与马斯洛的需要层次理论有相似之处。他提出的保健因素相当于马斯洛提出的生理需要、安全需要、社交需要等较低级的需要；激励因素则相当于受人尊敬的需要、自我实现的需要等较高级的需要。当然，他们的具体分析和解释是不同的。但是，这两种理论都没有把“个人需要的满足”与“组织目标的达成”联系起来。有些西方行为科学家对赫茨伯格的双因素理论的正确性表示怀疑。有人做了许多试验，也未能证实这个理论。赫茨伯格及其同事所做的试验，被有的行为科学家批评为是他们所采用方法本身的产物：人们总是把好的结果归结于自己的努力，而把不好的结果归罪于客观条件或他人，问卷没有考虑这种一般的心理状态。另外，被调查对象的代表性不够，事实上，不同职业和不同阶层的人，对激励因素和保健因素的反应是不相同的。实践还证明，高度的工作满足不一定就产生高度的激励。许多行为科学家认为，不论是有关工作环境的因素还是有关工作内容的因素，都可能产生激励作用，而不仅是使员工感到满足，这取决于环境和员工心理方面的许多条件。

但是，双因素理论促使企业管理人员注意工作内容方面的重要性，特别是它与工作丰富化和工作满足的关系，因此是有积极意义的。赫茨伯格告诉我们，满足各种需要所引起的激励深度和效果是不一样的。物质需要的满足是必要的，没有它会导致不满，但是即使获得满足，它的作用往往是很有限的、不能持久的。要调动人的积极性，不仅要注意物质利益和工作条件等外部因素，更重要的是要注意工作的安排，量才录用、各得其所，注意对人进行精神鼓励，给予表扬和认可，注意给人以成长、发展、晋升的机会。随着温饱问题的解决，这种内在激励的重要性越来越明显。

10.1.3　麦克利兰的后天需要理论

后天需要理论是美国心理学家戴维·麦克利兰（David McClelland）经过长期研究提出的。他认为在生存需要基本得到满足的前提下，人最重要的需要有成就需要、权力需要和亲和需要三种。

1.成就需要

成就需要指追求优越感的驱动力，或者参照某种标准去追求成就感、寻求成功的欲望。成就需要高的人具有以下几个特点：

（1）有较强的责任感。他们不仅把工作看作对组织的贡献，而且希望从工作中实现和体现个人的价值，因此对工作有较高的投入。

（2）喜欢能够得到及时的反馈，看到自己工作的绩效和评价结果，因为这是产生成就感的重要方式。

（3）倾向于选择适度的风险。他们既不甘于去做那些过于轻松、简单而无价值的事，也不愿意冒太大的风险去做不太可能做到的事，因为如果失败就无法体验到成就感。

在现实中，高成就需要者是那些倾向于成为企业家的人，他们在创造性的活动中更容易获得成功。

2.权力需要

权力需要指促使别人顺从自己意志的欲望。权力需要较高的人喜欢支配、影响别人，喜欢对人"发号施令"，十分重视争取地位与影响力。这些人喜欢具有竞争性和能体现较高地位的场合或情境。

研究表明，杰出的经理往往都有较高的权力欲望，而且一个人在组织中的地位越高，其权力需要也越强，越希望得到更高的职位。高权力需要是高管理效能的一个条件，甚至是必要的条件。如果权力需要强的人获得权力是为了组织的发展而去影响他人行为的，他会成为优秀的组织领导者。具有这种需要的人如果是通过正常手段获得权力，通过成功的表现被提升到领导岗位，那么他能够得到别人的认可。但是，如果其目的仅仅是为了获得个人权力，则难以成为成功的组织领导者。

3.亲和需要

亲和需要是指寻求与别人建立友善且亲近的人际关系的欲望。亲和需要强的人往往重视被别人接受、喜欢，追求友谊、合作。这样的人在组织中容易与他人形成良好的人际关系，易被别人影响，因而往往在组织中充当被管理的角色。

许多出色的经理亲和需要相对较弱，因为亲和需要强的管理者虽然可以建立和谐的工作环境，能使员工真诚、愉快地工作，但是在管理上过分强调良好关系的维持通常会干扰正常的工作程序。

在对员工实施激励时需要考虑这三种需要的强烈程度，以便提供能够满足这些需要的激励措施。例如，成就需要强的个人更希望工作能够提供个人的责任感、承担适度的风险并及时得到工作情况的反馈。

10.1.4 弗鲁姆的期望理论

1.期望理论的基本观点

期望理论是美国学者维克托·弗鲁姆（Victor Vroom）在1964年提出的。他认为，只有当人们预期到某种行为能给个人带来既定结果，并且这种结果对个人是非常重要的时候，才会被激励起来，去做此事。此理论的基本观点是：人的积极性被激发的程度，取决于他对目标价值估计的大小和判断实现此目标概率大小的乘积：

激发力量（M）=目标效价（V）×期望值（E）

式中：激发力量（M）表示个人受到激励的程度；目标效价（V）表示个人对其从事的工作将要达到的目标的效用价值的估计；期望值（E）表示个人根据过去的经验对自己达到某种目标、取得报酬的可能性大小的估计。

由于每个人对某一目标的效价和期望值不尽相同，因此目标效价和期望值之间就可能有各种不同的组合形式，并由此产生不同的激励力量。一般来说，目标效价和期望值都很高时，才会有较高的激励力量；只要目标效价和期望值中有一项不高，则目标的激励力量就会削弱。例如，对企业开展安全技能考核工作，有的人认为这种考核对自己今后的工作很重要，同时经过努力取得好成绩的可能性很大，就会认真进行准备，积极参与；而有的人认为这种考核对自己今后的工作或报酬无多大关系，或者觉得再怎样努力也无法取得好成绩，就会影响其参加这项工作的积极性。

这个公式实际上指出了进行激励时要处理好以下三个方面的关系：

（1）努力-绩效的关系。一般情况下，人们总希望通过一定的努力能够达到预期的目标。当人们主观上认为达到目标的期望值很高时，就会有信心，就可能激发出很强的工作力量。但如果目标定得过高，难以实现，则人们会对目标失去信心；当然，如果目标定得过低，很容易达到，则人们会对目标失去兴趣。这两种情况都可能会使人们失去内在动力，导致工作消极。

（2）绩效-奖励的关系。一般情况下，人们总是希望在达到组织要求的预期绩效后得到相应的报酬，包括奖金、晋升等。如果销售人员认为取得绩效后能够获得合理的奖励，就有可能产生工作热情。

（3）奖励-个人需要的关系。一般情况下，人们总是希望自身所获得的奖励能满足自己多方面的需要，因而只有那些能够满足需要的奖励才具有激发人们持续努力的刺激作用。但对于不同的人而言，采用同一种奖励能满足的需要程度是不同的，能激发出来的工作动力也就不同。所以，应当根据人们的不同需要设置不同形式的奖励，采取不同的激励机制，提高奖励的激励作用。

2.期望理论的启迪作用

明确地提出员工的激励水平与企业设置的目标效价和可实现的概率有关，这对企业采取措施调动销售人员的积极性具有现实的意义。

首先，企业应重视工作目标的结果及其奖酬对销售人员的激励作用，既充分考虑设置目标的合理性，增强大多数销售人员对实现目标的信心，又设立适当的奖金定额，使工作目标对其有真正的吸引力。

其次，要重视目标效价与个人需要的联系，将满足低层次需要（如发奖金、提高福利待遇等）与满足高层次需要（如加强工作的挑战性、给予某些称号等）结合运用；同时，要通过宣传教育引导销售人员认识工作目标与其切身利益的一致性，提高销售人员对工作目标及其奖酬效价的认识水平。

最后，企业应通过各种方式为销售人员提高个人能力创造条件，以增加他们对目标的期望值。

10.1.5　亚当斯的公平理论

1.公平理论的基本观点

公平理论是美国心理学家亚当斯（J. S. Adams）于20世纪60年代提出的。该理论的基本观点是：人的工作积极性不仅与个人获得的实际报酬多少有关，而且与人们对报酬的分配是否感到公平关系密切。人们总会自觉或不自觉地将自己付出的劳动代价及其所得到的报酬与他人进行比较，并对公平与否做出判断。人们进行比较的目的在于借此确定是否得到了公平的待遇，这种公平感直接影响员工的工作动机和行为。因此，从某种意义来讲，动机的激发过程实际上是人与人进行比较，做出公平与否的判断，并据以指导行为的过程。

亚当斯提出的公平理论可以用以下公平关系式来表示，假定当事人a和作为比较对象的人b，则当a感觉公平时有下式成立：

$$Q_a/I_a=Q_b/I_b$$

式中：Q_a表示自己对个人所获报酬的感觉；Q_b表示自己对他人所获报酬的感觉；I_a表

示自己对个人所做投入的感觉；I_b表示自己对他人所做投入的感觉。

当一个人的所得与其付出的比值同其比较对象的比值相等时，人们就会产生公平感。当上式为不等式时，人们就会感觉到不公平。当然，一般来说，不公平感大多属于以下情形：认为自己比别人付出得多，却和别人获得相同的报酬；或者是认为自己与别人付出得一样多，但收入比别人少。

2.公平理论给管理者带来了重要的启示

首先，影响激励效果的不仅有报酬的绝对值，还有报酬的相对值；

其次，管理者在激励时应力求公平，注意实际工作绩效与报酬之间的合理性，使等式在客观上成立，尽管有主观判断的误差，也不致造成严重的不公平感；

最后，在激励过程中应注意对销售人员公平心理的引导，使其树立正确的公平观，当销售人员因判断不准而产生不公平的错觉时，管理人员应及时做好必要的说明和引导工作。

为了避免销售人员产生不公平的感觉，企业往往采取各种手段，在企业中形成一种公平合理的气氛，使他们产生一种主观上的公平感。如有的企业采用保密工资的办法，使销售人员相互不了解彼此的收支比率，以免他们互相比较而产生不公平感。

10.2 激励的原则与形式

10.2.1 激励的原则①

1.外部激励与内部激励相结合原则

外部激励是指来自组织的外在驱动。例如，一些公司制定很多的“胡萝卜加大棒”措施来激励员工。事实上，这些措施只是从外部起作用，并非真正的内部激励。真正意义上的内部激励一定是来自员工强烈的自我寻求认可和获得社会接受及客户满意的内在驱动力。赫茨伯格等人的研究证明：真正提高效率的关键因素不是外部激励，而是从人们心里产生的内部激励。

2.按需激励原则

激励的起点是满足员工的需要，但员工的需要因人而异、因时而异，并且只有满足最迫切需要（主导需要）的措施，其效价才高，其激励强度才大。因此，领导者必须深入地进行调查研究，不断了解员工需要层次和需要结构的变化趋势，有针对性地采取激励措施，才能收到实效。

3.物质和精神激励相结合原则

物质激励是基础，精神激励是根本。在两者结合的基础上，逐步过渡到以精神激励为主。

4.合理性原则

激励的合理性原则包括两层含义：一是激励的措施要适度，要根据所实现目标本身的价值大小确定适当的激励量；二是奖惩要公平合理。

---

① 梁树良. 人力资源管理［M］. 济南：山东人民出版社，1997：223-224.

5.正、负激励相结合原则

所谓正激励，就是对员工符合组织目标所期望的行为进行奖励。所谓负激励，就是对员工违背组织目标非期望的行为进行惩罚。正负激励都是必要而有效的，不仅会作用于当事人，而且会间接地影响周围其他人。

10.2.2　激励的形式

企业要正确地实施激励除了必要的理论指导和遵循一定的激励原则外，必须选择和采用不同的激励形式。根据国内外许多学者的总结和企业的实践，对销售人员进行激励的方式主要有以下几种：

1.环境激励

环境激励是指企业创造良好的工作氛围，使销售人员能够心情愉快地开展工作。不同企业对于销售人员的重视程度有很大的不同。有的企业只是把销售人员看作临时工，很少考虑销售人员的工作环境；有的企业则认识到销售人员对于企业的意义所在，想方设法给销售人员创造有利的环境。企业可以通过以下方式实现环境对销售人员的激励作用：

① 美化工作环境，消除不利于健康的因素，给员工提供一个舒畅的、健康的环境；

② 给销售人员提供必要的物质条件，使销售人员更好地开展工作；

③ 在企业内部员工之间培养一种融洽的人际关系，尊重优秀的员工，使销售人员在一种和谐的氛围中工作；

④ 企业可以定期地召开销售会议和一些非正式会议，为销售人员提供一个社交的场所，增加他们与公司领导交谈的机会，提供给他们在更大范围内结交朋友、交流感情的机会；

⑤ 企业各级管理者重视对销售人员的激励，尊重、关心和信任他们，在精神方面经常给予鼓励。

通过以上方式，一方面可以满足销售人员社交、感情、自尊等方面的需要；另一方面，良好的环境可以形成一定的竞争压力和规范，推动销售人员努力工作，形成良性竞争的环境。良好的环境氛围不但有利于销售人员个人成长，而且有利于销售队伍建设，提高销售队伍的凝聚力。

2.目标激励

目标激励是指为销售人员确定一些拟达到的销售指标，以目标激励销售人员上进。企业应建立的主要目标有销售定额、毛利额、访问客户数、新客户数、访问费用和货款回收率等。其中，制定销售定额是企业的普遍做法，规定他们一年内应销售产品的数量，并按产品分类确定。

实践表明，销售人员对销售定额的反应并不完全一致。一些人受到激励，因而发挥出最大的潜能；也有一些人感到气馁，导致工作情绪低落。一般来讲，优秀的销售人员对精心制定的销售定额将会做出良好的反应，特别是当薪酬水平按工作业绩做适当调整时更是如此。

3.物质激励

物质激励是指对做出优异成绩的销售人员给予晋级、奖金、奖品和额外薪酬等实际利益的激励，以此来调动销售人员的积极性。物质激励往往与目标激励联系起来使用。研究人员在评估各种可行激励的价值大小时发现，物质激励对销售人员的激励作用最为有效。

4.精神激励

精神激励是指对做出优异成绩的销售人员给予表扬、颁发奖状、授予称号等，以此来激励销售人员上进。精神激励的方式多种多样，如榜样激励、感情激励、表扬激励、荣誉激励、兴趣激励、参与激励、文化激励、形象激励等。

对于多数销售人员来讲，精神激励是不可缺少的。精神激励是一种较高层次的激励，通常对那些接受高等教育的年轻销售人员更为有效。销售经理应深入了解销售人员的实际需要，他们不仅有物质生活上的需要，还有诸如理想、成就、荣誉、尊敬等方面的精神需要。

5.培训激励

培训是企业发展的新动力。有些管理者错误地认为培训是可有可无的事情。这种观念实在可怕，当前市场竞争的关键是人才竞争，而人才的价值在于其积极的态度、卓越的技能和广博的知识等。由于知识爆炸和科技高速发展，每个人的知识和技能都在快速老化，面对社会环境以及市场的快速变化，企业员工素质的提高也就尤为重要。目前，管理理论家和实践家一致认为培训是一种投资，高质量的培训是一种回报率很高的投资。

6.工作激励

日本著名企业家稻山嘉宽说："工作的报酬就是工作本身。"这句话深刻地道出了工作的完整性、丰富性，以及这种内在激励的无比重要性。当前企业员工在解决了温饱问题以后，他们更加关注的是工作本身是否具有吸引力——工作内容是否具有挑战性，是否能显示成就，是否能发挥个人潜能，是否能实现自我价值。因此，注重工作本身所具有的激励作用，并能卓有成效地在工作中运用，是尤为重要的。

首先，在进行工作激励时应该了解每个销售人员的兴趣、专长和工作能力，然后将任务合理地分配给他们。其次，在职务设计中，应该尽可能考虑工作的多样性、完整性和独立性，建立通畅的反馈机制，使销售人员及时了解工作的结果，不断完善自身的行为，形成高质量的工作绩效和高度的工作满足感，培养销售人员的职业忠诚度。

7.企业文化激励

狭义的观点认为企业文化属于意识范畴，仅仅包括企业的思想、意识、习惯和感情等领域。而广义的观点认为企业文化是企业在创业和发展过程中所形成的物质文明与精神文明的总和，把企业员工的构成状况、企业生产资料状况和物质成果特色等都看作企业文化的重要组成部分。[①]企业文化的激励作用是指企业文化本身所具有的通过各组成要素来激发员工动机与潜在能力的作用，属于精神激励的范畴。具体来说，企业文化能够满足员工的精神需要，调动员工的精神力量，使他们产生归属感、自尊感和成就感，从而充分发挥他们的巨大潜能。一旦员工对企业文化产生了强烈的共鸣，企业文化的激励功能就具有了持久性、整体性和全员性的特点与优势。

除了以上激励方式以外，企业可以由管理者向下属授权，让销售人员承担更多的任务，享有相应的权利，激发其责任心，更大地发挥销售人员的潜能，从而达到授权激励的目的。

---

① 郭瑞增．激励要讲方法［M］．天津：天津科学技术出版社，2008：242.

8. 销售竞赛激励[①]

竞赛是企业常用的激励销售人员的工具。它可采取多种形式，充分发挥销售人员的潜能，促进销售工作的完成。

（1）竞赛激励设置的原则。

竞争能激发销售人员的求胜欲，提高销售人员的士气。销售是一项极具挑战性的工作，每天都要从零开始，充满艰辛和困难，所以销售主管要不时地给销售人员加油或充电。开展业绩竞赛是一个充电的好办法。

在设置竞赛项目及奖励办法时，应注意以下原则：

① 设置奖励的面要宽。成功的奖励办法能鼓励大多数人。奖励面太窄，会使业绩处于中下水平的销售人员失去信心。

② 业绩竞赛要与年度销售计划相配合，有利于企业整体销售目标的完成。

③ 要建立具体的奖励颁发标准，奖励严格按实际成果颁发，杜绝不公正现象。

④ 竞赛的内容、规则、办法力求通俗易懂、简单明了。

⑤ 竞赛的目标不宜过高，应使大多数人通过努力都能达到。

⑥ 有专人负责宣传推动，并将竞赛情况适时公布。

⑦ 要召开推出竞赛的会议，并以快讯、海报等形式进行追踪报道，渲染竞赛的热烈气氛。

⑧ 奖品要精心选择，最好是大家都希望得到，但舍不得自已花钱买的东西。

⑨ 奖励的内容有时应把家属也考虑进去，如奖励带家属去旅游。

⑩ 竞赛完毕，马上组织评选，公布成绩结果，并立即颁发奖品，召开总结会。

（2）竞赛激励的方法。

首先是设定竞赛费用。竞赛费用是企业一般的常用开支。一次针对西方企业的调查表明，销售竞赛的费用一般占销售额的2.6%～3.2%。销售主管做计划时可以按销售业绩额的3%左右来提取竞赛费用。

有了竞赛费用，就可以设定相应的竞赛目标了。竞赛是利器，可以制胜也可以伤人，关键要看竞赛规则、办法、奖励方式与竞赛的目标是否一致。如果偏离了方向，竞赛就失去了意义，甚至会产生相反的效果。下面根据实际经验提供一些可行的竞赛目标及奖励方式：

① 提高销售业绩奖：达到目标、超过上次销售业绩、前5名获得者、团体销售名列前茅者等都可以利用一定的积分积点予以奖励。

② 特殊产品销售奖：对特殊产品，如新产品、库存滞销品的销售，业绩较好者给予积分或重点给予奖励。

③ 开发新客户奖：对开发新客户的数量及业绩量给予积分奖励。

④ 新人奖：对新入职的销售人员中业绩高者予以奖励。

⑤ 训练奖：训练新人绩效最高者得奖。

⑥ 回款奖：对坏账率最低者、即期结账比例最高或总额最高者给予奖励。

⑦ 淡季特别奖：在淡季、节假日可以举行特别定期定时竞赛，对优胜者给予奖励。

---

① 李先国．销售管理［M］．北京：企业管理出版社，1996：324-328.

⑧ 市场情报奖：对协助企业收集市场情报最多、最准确、最快速者给予奖励。

⑨ 降低退货奖：对退货量最低或占销售总额比例最低者给予奖励。

⑩ 最佳服务奖：根据客户反映及企业考察，对服务态度最好、服务质量最佳者给予奖励。

有些行业的营销目标是多元化的，在开展销售竞赛时则会有不同的目标。比如有的销售消费品的企业要经过企业的销售人员、批发商、零售商多个层次才能把产品送达消费者手中。这类企业应建立多对象、多目标的竞赛办法，只有这样，才能环环相扣，形成推动销售计划实施的连环力量，也才能切实实行制胜的营销策略。按行业和产品的不同，竞赛体系可以是多层次的。如家用电器产品可采用两层式的竞赛方式，即同时激励销售人员和零售商店。汽车零部件则可设立包括制造商的销售人员、经销店及汽车修理厂在内的三层式竞赛办法。无论选用何种方式，关键是把整个销售体系中的各有关人员同时列为竞赛的激励对象，调动大家的积极性。

（3）竞赛奖励的实施。

竞赛实施需要做深入细致的准备，包括竞赛主题、参赛对象、入围标准、奖励标准、竞赛办法、评审过程及奖品选择等。

① 竞赛主题。任何竞赛都必须设想出一个主题，如新星奖、突破奖，或南北对抗赛、周末大晋级等。

② 参赛对象。规定资格限制，是只限外勤销售人员参加、内外勤均可参加，还是经销商、销售网络成员都可以参加。

③ 入围标准。考虑是总额累计、个人业绩增长比率还是团体业绩总额；是否考虑特殊情况或问题。

④ 奖励标准。考虑是只取前几名还是凡达到标准都给予奖励。

⑤ 竞赛办法。考虑是否有需要加以解释及说明之处。

⑥ 评审过程。评审要及时、公平合理，看有无漏洞及虚假之处。

⑦ 奖品选择。主要看其能否吸引参赛人员，如是奖金、奖杯、奖章，还是抽奖券、购物券、汽车、电视机、手机、手表、皮包、化妆品等。

（4）竞赛激励活动的管理及评估。

① 专项管理。竞赛活动是一项重要的活动，在销售主管的指导下，自始至终要有专人负责管理，一旦出现问题能够及时发现和解决。

② 预算管理。竞赛是花钱的大事，绝不是把奖品宣布、把办法公开就算了事，而是要进行成本效益分析。

③ 时间管理。竞赛要注意时间的掌握及期限长短的安排，在时机或时段上，最好与全年度销售计划以及特殊季节、假日等因素相互配合。一般小型竞赛以2~6周为宜，大型竞赛以1~3个月为宜。时间太长，会使大家不愿太早冲刺或中途失去兴趣及热忱。

④ 组织管理。竞赛期间，为了引起大家的注意，应不断宣传，创造竞赛气氛。销售主管应亲自到各营业单位宣布竞赛办法及意义，以鼓舞士气。在竞赛中应不时记录并公布竞赛的结果，如每日快讯、每周报道、倒计时、冲刺日报等。其他环节如存货的准备、后勤作业、送货及其他相关作业的配合都要谨慎安排，以免出现疏漏，影响竞赛效果。

⑤ 活动评估。许多主管在竞赛后仅注重公布结果，成绩佳则风风光光颁奖表扬或吃

喝一顿，成绩不佳则草草收场结束。竞赛结束应及时做正式的评估与分析，看目标是否达到，经验何在，教训何在，发现有作弊行为（如开假订单、报假账、联合报账等）要严肃处理，树诚信之风，提倡公平竞争。

10.3 销售人员的成长过程与激励方式

科学的激励能够针对销售工作的特性、销售人员的不同个性采取不同的措施，给予销售人员物质上的奖励、精神上的安慰和社会地位上的承认，从而能够最大限度地挖掘销售人员的潜力。每个销售人员都有自己的目标、优点和缺点，以及工作中面临的问题。公司根据每个销售人员的情况制定一个既符合整体需要又适应于不同个体需要的、具有弹性的激励组合，这样才能达到“量体裁衣”的效果。

10.3.1 销售人员的职业动机类型①

一般来说，行为是由动机决定的，动机是人们行为产生的原因，它引起行为、维持行为并指引行为去满足某种需要。所以，动机又来自需要。人们的动机是多方面的，有强弱之分，不是所有需要都会产生动机。一般来说，只有最强烈的动机、占据优势的动机才引发行为，而这种动机又来自销售人员最强烈的需要。如果销售人员有强烈的自我价值实现的需要和建功立业的需要，形成强度大、占优势的动机，必然引发企业所要求的行为。

现代西方行为科学的学者还认为，个人的行为表现是三种因素作用的结果，即个人动机因素、组织动机因素、组织与个人动机因素相互作用（相称或相抵）因素。一个人对他的工作行为满意了，就会形成一股内在力量，继续影响他未来的行为。当然，每个人的优势动机是不同的，有的人认为事业的成功高于一切，有的人把报酬的价值看得很重，有的人两者兼之。动机良好，才能热爱销售工作，并能充分发挥自己的才能，创造性地从事推销业务。根据对众多销售人员的调查，销售人员的职业动机可以划分为以下四种类型：

1.经济型动机

具有这种动机的销售人员，把自身所从事的职业，主要看作谋取生存的手段，以取得理想的经济报酬为主要目的。所以，对金钱的追求和满足成了推动他们从事销售工作的主要动力。只要经济报酬合适，这种人对待工作一般都能认真负责，对待顾客的态度也比较好；经济报酬增加一些，干得会更好一点。但这种人雇用思想很浓，缺乏远大理想，只关心个人利益，经济报酬少了些，就会斤斤计较，工作消极被动，对待顾客不冷不热，甚至有时发牢骚。“多钱多干、少钱少干、无钱不干”“按酬付劳”就是他们销售工作观的主要表现。

2.兴趣型动机

具有这种动机的销售人员，从事销售工作不为名、不为利，把销售工作看作一种娱乐的活动，以满足个人的兴趣为目的。这种人以家庭经济情况较好，生活比较安定，具有一定文化知识，又喜欢交际、旅游的中青年为多。他们生性活泼，性格开朗，接待客户热情，对待工作认真肯干，特别是对到外地推销、到外省出差十分积极主动，不管领导在场

① 黄序生．销售心理学［M］．北京：机械工业出版社，1990：299-301．

不在场，工作态度和行为都一样热情、主动。但由于思想上缺乏远大目标和彻底为顾客服务的精神，未能把情趣与志趣结合起来，所以在工作中遇到一些困难或重复干着一些比较单调乏味的工作时，往往不够耐心，情绪也会明显低落。

3.个人奋斗型动机

具有这种动机的销售人员，把自身所从事的销售职业，主要看作自我发展和成就的阶梯，以谋求个人的前途和社会地位为主要目的。他们一般表现为：工作认真负责，热情积极，富有朝气，有比较强烈的上进心和事业心；对顾客主动热情，并能想办法帮助顾客解决一些困难或自觉当好顾客购买的参谋；平时喜欢独立思考，善于开动脑筋，爱学习，力求以个人的勤奋和聪明才智，掌握更多的文化知识和更高的专业技能，以赢得广大顾客的赞扬和领导、员工的好评，受到社会的尊重，实现个人奋斗的目的。但此类人由于是以个人奋斗为主要动机，事事计较个人荣誉地位的得失，自尊心和虚荣心都很强，不容易接受批评，听不得不同意见。当工作有成绩时骄傲自大，目中无人；当工作受到挫折时则悲观消极，自暴自弃。工作情绪不够稳定，波动较大，不愿意从事平凡、琐碎的工作，自觉位置不合适时，就容易见异思迁，不安于现状。

4.社会服务型动机

具有这种动机的销售人员把从事的销售工作，主要看作追求人类最高层次的自我实现需要的手段，以贡献社会、服务顾客为主要目的，希望能充分发挥自己的才能，干一番有益于人民、有利于国家的事业。有此类动机的人，是有理想、有觉悟、有道德、有情操的人。他们把社会的需要、人民的利益，摆在个人的需要之上，个人利益服从国家利益，能够正确认识和理解销售工作在整个社会中的地位与作用，从而更热爱这项平凡而伟大的工作，并树立了销售人员的光荣感、责任感和主人翁的自豪感。他们能够在任何时候、任何条件下，积极主动地做好销售工作，对待顾客热情、诚恳，主动介绍商品，积极当好顾客参谋，想顾客之所想，急顾客之所急，为顾客服务十分周到，常使顾客深受感动，往往经过几次的交易之后，就成了顾客的知心人、好朋友；在工作、生活上都能关心同事，并能和同事、领导团结一心，共同把销售工作做好。当然，这种类型的人并非没有缺点和失误，但由于他们有一颗全心全意为人民服务的心，一般能正视和改正自己的缺点与错误。

前三种类型的职业动机，都有不同程度的缺点和不足之处，只有第四种社会服务型动机才是我们所希望的，是最为理想、最为正确的职业心理动机。

10.3.2 销售人员的成长阶段及激励方式

销售视窗 10-1

销售人员进入职场后，面临实际销售活动，其工作状态会发生较大变化。企业管理者首先应了解销售人员的成长变化规律，掌握销售人员在不同阶段所表现的工作状态，然后根据其各阶段变化的具体情况，对症下药，采取富有针对性的激励手段。实战派销售专家秦毅认为，销售人员在其成长的道路上，其工作状态的变化，一般要经过以下四个阶段：

1.兴奋期：热忱的初始者

（1）阶段特点：工作意愿高，能力低。销售人员在从事销售工作的初期阶段，往往干劲冲天，对工作充满好奇，热心、积极；具有极强的学习意愿，常常表现出强烈的自信心。此时，销售人员一心要站稳脚跟，要向公司及其他同事证明自己的能力，并求得在公司的生存和发展。销售人员的动力性变化曲线很自然地出现第一次高峰，这个阶段叫作销售人员的"兴奋期"。我们可以把这个阶段的销售人员称为"热忱的初始者"。其存在的主要问题是不能实事求是地正视问题和困难，甚至言过其实。

（2）热忱的初始者的激励方法。销售经理宜采用"指挥型（告知式）领导方式"——高指挥，低支持，即对下属要有明确的工作指导，为其制订详细的工作计划；在明确目标的基础上，严格监督执行、高度控制。

2.黑暗期：梦醒的学习者

（1）阶段特点：工作意愿低，能力低。一般来讲，刚入职的兴奋状态不会维持很长的时间。当销售人员进入市场后，发现客户不像自己想象的那么简单，获得客户信任并非易事；市场中对手的一些不规范竞争也是层出不穷，更要命的是公司自身产品和内部配合也存在缺陷……这时销售人员的工作热情会急速下降，工作积极性跌到谷底，甚至对自己的专业能力没信心，产生了强烈的挫折感。这个阶段通常叫作销售人员的"黑暗期"。

（2）梦醒的学习者的激励方法。销售经理宜采用"教练型（推销式）领导方式"——高指挥，高支持，即销售经理要明确目标，为下属制订详细的工作计划，并告知5W1H原则；严格监督执行，高度控制下属销售行为；对下属要多鼓励，进行当面赞扬和正面激励，及时倾听下属意见和建议，引导其思路；鼓励下属参与决策，提升意愿；给下属提供建议并及时指导、示范。

3.成长期：勤奋的耕耘者

（1）阶段特点：工作意愿高，能力高。销售人员出现低迷的工作情绪后，销售经理会马上采取措施，设法辅导特别是激励下属，激励他们鼓起勇气，继续拼搏。经过销售经理的辅导和激励，销售人员逐渐适应了新环境，接受并面对现实。此时销售人员能够及时处理在工作中遇到的一些问题，也能够辩证地看待各种各样的问题，客户工作逐渐出现了转机，直到签订了里程碑般的"第一单"。

进入新公司的第一单，往往是一个新销售人员心理状态的转折点。销售人员重新看到了希望，重新找回了自信心和进取心，于是工作热情又持续高涨起来，动力性变化曲线出现第二次爬坡，并迅速达到第二个高峰，于是开始了销售人员的"成长期"。此阶段的销售人员能自主管理，可独立工作，渴望被认同和鼓励。

（2）勤奋的耕耘者的激励方法。销售经理宜采用"授权型领导方式"——低指挥，低支持，即销售经理要及时合理授权；适当地表示感谢和认同并赋予销售人员更大的荣誉、责任与机会；让销售人员自己发现和解决问题，制定目标，并独立实现目标。

4.徘徊期：勉强的贡献者

（1）阶段特点：能力高，意愿低。签订了第一单后开始的成长期，一般最少能够维持半年，但此后销售人员就会进入一个相对长的"徘徊期"。这个阶段销售人员的表现是：如果销售经理或是管理环境的激励方式得力，就会出现工作动力的持续高峰；但如果激励水平不佳，则会出现低谷，由此出现销售骨干流失。此阶段的销售人员能力大致成熟，但心态不稳，业绩不稳或难以提升，逐渐信心减低。无论是高峰还是低谷，从工作表现看，都较为平缓，震荡不大；但此时销售人员高峰或低谷的心理状态是深刻的，是不太会受小的激励措施影响的，这是区别于“兴奋期”或“黑暗期”的高潮与低谷阶段的最大特点。

（2）勉强的贡献者的激励方法。销售经理宜采用“支持型（参与式）的领导方式”——低指挥，高支持，即销售经理要加强沟通和支持，进行当面赞扬和正面激励；要注重提升销售人员的意愿，对下属的努力予以鼓励、支持，引导下属拓展思路，找到解决问题的方法，让下属参与到做决策的过程中。

10.3.3 影响销售人员工作状态的八大因素

秦毅认为销售人员在职业发展的不同阶段其心态也会随之发生变化。他对影响销售人员工作状态的心理症状进行了如下分析总结：

1.恐惧感

恐惧感容易发生在销售人员职业初期。销售人员在内心对客户有一种恐惧感，最核心的是害怕拒绝。此阶段的典型表象是：销售人员总在准备，打电话准备、拜访准备、对着镜子照了半天，可就是不出门行动，见客户的时候总是草草收场，甚至盼着客户拒绝，自己好赶紧走人。

处在恐惧感阶段的业务员无论是在接触客户的数量上，还是在接触客户的质量上，都存在严重不足。

2.挫折感

挫折感来自志大才疏，原本对自己期望很高，希望能够在同事面前自我展示一下，可到市场上一跑，才发现自己的不足，而内心无法接受。

挫折感的表现是人在走访客户，可根本就是形式上的走访，心里根本没有关注客户，只是想着拜访赶紧结束，自己好继续自怜自艾。

3.不自信

在前两种心态的冲击下，此时处在“黑暗期”的销售人员，其自信心已经相当脆弱了，经理如果激励不当，再打击一下，或是同批来的其他销售人员出了单子，那么这个内心压力极大的销售人员可能彻底崩溃，就会从内心深处怀疑自己的选择，怀疑自己是否应该来这家公司或是自己是否适合做销售。经理此时若不及时发现并积极调整，那么结果只有一个：这个销售人员就会从销售战线上彻底“阵亡”。

4.急躁、不耐烦

此种情绪一般出现在成长期，这时销售人员一般已经掌握了一些销售的技巧，他们希望能力超速成长，具体表现为急躁、不愿做基础工作、总想孤注一掷地抓大单等。在这种情绪的引导下，表面上看其客户工作是积极努力的，但实际上如果不进行必要的调整控制的话，销售人员就很可能从急躁又走向挫折和不自信。

5.得过且过

这是进入到徘徊期的销售人员非常容易出现的毛病，其表象是：迟到早退家常便饭，平时拜访松松垮垮应付了事，表单例会能混就混等。销售经理如不对其进行调整，此类人会成为“懒散队长”式的人物，最终带坏一批人。

6.不满、抱怨

爱说怪话、爱传播负面东西，喜欢当反派领袖，自身业绩也还可以，但多一点事情都不做，以上这些都是不满、抱怨的表象。如果这种不满、抱怨的情绪出现在销售精英身上时，就更令销售经理感到棘手了。

7.疲惫、茫然

几乎所有的销售人员，在经历徘徊期的时候，都会有这样的体会，好像自己没有了奔头，失去了方向，即便做到最好也并不令人兴奋……在这种情绪的影响下，干起活来丝毫没有了创造力，见到客户觉得无话可说，甚至想着：想买就买，不想买算了。

8.飘飘然

与疲惫和茫然不同，飘飘然的销售代表，经常自我标榜，工作中只对那些能体现自我成就的环节感兴趣。他们喜欢当众发表意见，有时也会抨击公司或经理。飘飘然也是一种不良的思想倾向，同样需要销售经理进行必要的激励调整，否则对方会出现过度膨胀，最终会离开这个销售职位。

10.3.4　不同类型销售人员的激励方式①

任何一个销售群体都是由各种类型的销售人员组成的，他们中的一部分人会有各种各样的问题。销售主管应密切注意下属人员的动向，及时了解销售人员的问题，这样可以在心理上有所准备，并在实际行动中有正确的应对措施。

1.对问题销售人员的激励

一个销售队伍中总会出现一些问题销售人员，这些销售人员会有较为明显的缺点或遇到较大的困难，常常需要销售主管予以协助和监督，才能改掉缺点、克服困难。问题销售人员的特征主要有恐惧退缩、缺乏干劲、虎头蛇尾、浪费时间、强迫销售、惹是生非、怨愤不平、狂妄自大等。

（1）对恐惧退缩型销售人员的激励。恐惧退缩型的销售人员多是因为自信心受到打击而缺乏自信。销售主管对恐惧退缩型销售人员的激励方法是：培养其信心，消除恐惧；肯定他的长处，也指出问题所在，并提供解决办法；陪同销售和训练，使其从容行事，由易到难，再渐入佳境；培训其产品知识与销售技巧。

（2）对缺乏干劲型销售人员的激励。缺乏干劲型的销售人员多是因为企业对其缺乏有效的激励。解决的办法就是强化对他的激励，对他的工作任务提出挑战。比如更换业务销售区域、提高业务配额、提供加薪晋升的机会及短期休假的奖励等。

（3）对虎头蛇尾型销售人员的激励。虎头蛇尾型的销售人员主要是其销售缺乏计划性，或计划执行过程缺乏有效监督和控制。解决的办法是要求其参加销售计划的制订或销售资料的收集整理工作，对其进行阶段式考核并规定各阶段明确的销售目标。

（4）对浪费时间型销售人员的激励。在销售活动中浪费时间，主要是销售人员的客户拜访计划不周密或销售技能运用不当造成的。激励的方法是：帮助其制定拜访客户的时间表及路线图，分析拜访客户的次数及对客户解说的最低时间；对其严格要求，制定工作时间表及时间分配计划书。

---

① 李先国. 销售管理［M］. 北京：首都经济贸易大学出版社，2006：193-194.

（5）对强迫销售型销售人员的引导。强迫销售型显示了销售人员的急功近利，也容易导致客户不满，需对销售人员加以引导。采取的具体方法是：给销售人员指出强迫销售的危害及渐进式销售的好处，对其加强服务观念的教育，教授更多的销售技巧，开展多层次的销售竞赛。

（6）对惹是生非型销售人员的管理。惹是生非型的销售人员，不论是无心，还是有意，都会给团队制造不稳定因素，影响团队的合作。对这种人和事要善于管理与引导，采取的具体方法是：指出谣言对个人及团体的危害，追查谣言的起源并孤立造谣者，对造谣者予以教育，无效则辞退。

（7）对怨愤不平型销售人员的引导。怨愤不平型的销售人员，大多是心里感到不平衡，或对某人某事有意见。引导的方法：给予劝导及安慰，使他们换个角度看问题；引导他们多参加团体活动并充分发表意见；用事实说话，在销售绩效上比高低，使其心悦诚服；检查公司制度有无不合理之处，有则改之，无则加勉。若完全是销售人员无理取闹，则必须予以制止，尽量化冲突为理解，维系双方的关系。

（8）对狂妄自大型销售人员的引导。狂妄自大型销售人员往往是团队中销售业绩优秀者，需对其加以引导，否则会对组织的发展造成不利影响。采取的具体方法是：告之山外有山，天外有天，强中更有强中手，不可学井底之蛙，夜郎自大，以具体事例说明骄兵必败；提高销售配额，健全管理制度；肯定其成绩，多劳多得，不搞特殊化。

2.对明星销售人员的激励

难以驾驭销售高手是销售主管所普遍遇到的问题，但只要用心去做，还是有规律可循的。明星销售人员一般都有些特长，或善于处理与客户的关系，或精通销售技巧，使之能取得优秀的销售业绩。对明星销售人员激励的措施有以下几种：

（1）树立形象。明星销售人员通常追求地位，希望给予肯定与表扬；很注意自己的形象，并希望得到他人的认可，热衷于影响他人。

（2）给予尊重。因为他们需要别人的尊重，特别是销售主管的重视，希望别人把他们当作事事做得好又做得对的专家，并且他们乐于指导别人。

（3）赋予成就感。明星销售人员物质上的满足一旦实现，他们更需要精神上的满足，此时，对他们赋予成就感能起到更重要的作用。

（4）提出新挑战。明星销售人员一般有充沛的精力，他们会不断地迎接新的挑战，创造销售纪录。因此，不断提出新的目标，会激发他们的斗志。

（5）健全制度。明星销售人员大都希望有章可循，不喜欢被别人干预或中途放弃。制度要保证他们能够充分发挥自己的潜能。

（6）完善产品。巧妇难为无米之炊，再能干的销售人员也要以优质的产品作为后盾。明星销售人员一般对自己的产品具有高度的信心，如果公司的产品品质失去信誉等，他们就可能跳槽。因此，应不断完善和发展企业的产品。

3.对老化销售人员的激励

销售人员业绩停顿、心态老化，是销售主管经常遇到的又一难题。有些销售人员工作了一段时间后，突然业绩停顿甚至不断下滑。在竞争激烈、企业环境动荡的时候尤其如此，这种现象严重困扰着企业的发展。不断提升销售业绩，防止销售人员心态老化是在销售人员激励中必须面对的问题。要防止销售人员的老化，就必须及早发现老化的迹象。销售人员老化最常见的迹象主要有以下几点：

（1）提交业务报表或报告常常忽略、延误，内容不完整或没有深度。老化的销售人员认为报告、报表这些东西不值得花时间去写，没有什么有价值的内容。

（2）业绩平平或大幅下降。导致销售人员业绩平平或下降的因素有很多，要多加分析。有些老化销售人员经常找出许多借口作为理由。

（3）拜访客户的次数减少，尤其拜访新客户的次数更少，如有的销售主管发现同一客户的名字每周都出现在拜访表上。

（4）没有创新意识。经常处理一些与销售无关的事，把更多的时间花在办公室而不是出门找客户做生意，有时甚至连企业的新产品都忘了介绍给老客户。

（5）热情不足，懒散有余。开始缺勤、迟到、早退，吃顿午餐耗半天，对什么事都缺乏兴趣。

（6）客户抱怨增加。如过去服务态度好、服务水平高的销售人员，现在遭到客户不断抱怨，则可能是该销售人员老化的表现。

（7）计划准备不周。辅助销售工具、产品介绍、价目表未整理妥当，与客户约会迟到或失约，反应迟钝。

（8）不修边幅，抱怨增加。由原来的注重外表和形象到不修边幅，经常抱怨企业、产品、后勤、其他同事，甚至对客户也抱怨。

以上是最常见的销售人员老化的迹象，销售主管要随时观察，发现问题及早防治。

任何一支销售队伍在任何时候都有可能由于某种原因出现老化现象，关键在于注意预防和及时治疗。下面介绍一些对老化销售人员的激励方法：

（1）经常运用奖金、奖杯、内部刊物报道等物质与精神上的奖励。

（2）对已经努力但不成功的销售人员多予以指导和鼓励。

（3）对表现好的成功销售人员用肯定积极的方式予以赞扬。

（4）在企业的长期计划和目标上多与销售人员沟通，多征求他们的意见与看法，这样能激发他们的团队参与意识。

（5）提升成熟且有成就的销售人员作为领导者或给予高级别的薪金待遇。

（6）提倡团队精神。为接近老化或正在老化的资深销售人员成立资深销售人员俱乐部，或进行其他类似性质的激励活动是一个好办法。

（7）指导销售人员制订未来事业的发展计划，帮助他们根据企业目标来制定个人发展目标。

（8）尽量给予一定的底薪，但底薪、佣金的高低必须与销售业绩及工作表现一致。

（9）对销售人员定期培训，提高他们的销售技巧，增强他们对企业及对本人的信心，不断地予以刺激，提高士气。

（10）不断给予销售人员以新的工作或任务，使之具有挑战性，创造竞争的工作氛围。

（11）与销售人员同甘共苦，打成一片，不断和他们一起追求更高的业绩，追求更高的目标。

（12）培训应尽量针对个人需要，并要求每个销售人员在某些方面的知识与技巧均需达到相当的水准。不要重复使用大家已有的教材，要准备一些新的教材。

（13）多举办产品知识培训，并配上一些富有趣味性的产品使用方面的课程。

（14）每年至少举行3次分区的销售会议，以表扬先进、推广经验，并为老化销售人员举办一次销售研习会，以引起他们的注意。

（15）可在企业设立正式的事业前途计划部门，成立测定及评估中心，对所有销售人员的表现加以测定，作为奖赏升迁的参考。

（16）允许销售人员在企业内部调换工作。比如可将有的资深销售人员调到培训或研究发展部门，通过调换工作使老化销售人员焕发出新的活力。

销售新视点10-1

华为的员工激励

华为在2017年首次进入《财富》世界500强前100名，以年营业收入785亿美元名列第83位。华为的崛起固然与国家经济社会发展的形势有关，但与华为自身的人力资源管理，特别是员工激励的作用密不可分。

一、卓有成效的物质激励

华为对于员工的物质激励在全国已经非常出名了，说白了就是愿意给钱，敢于给钱。当时哪怕负债累累、资金捉襟见肘，华为也敢于提供优于行业的薪酬待遇，并且执行每年平均超过10%的工资薪酬提升。特别值得一提的就是华为大胆地实施股权激励，华为的任正非仅仅持有公司1.4%的股权，其余股权由8.4万名华为员工持有。员工持股是对员工长期激励的有效办法，员工与华为之间的关系由雇佣关系变为合作伙伴关系，华为的效益与每一名员工的薪酬都密切相关。据报道，2015年华为用于支付员工工资和奖金的数额高达148.5亿美元，占华为当年收入的23.6%，而同行业的平均水平仅为12%。

与此同时，华为采用同贡献、同报酬的薪酬分配体系，最大限度地激发员工潜能。该体系的核心在于按照员工对华为的贡献度大小，而不是职位等级划分薪酬。这一体系打破了工龄工资的限制，鼓励新员工多努力，多做贡献，这有利于保持华为员工工作的积极性。

二、鼓励创新的精神激励

技术研发工程师占华为1/2的员工比例，而企业研发是一项高投入、高风险的业务。为了最大化激励员工研发热情和研发创造力，华为坚持将不低于年收入10%的资金用于高精尖领域的研发，在今后30年内这一比例将继续增长到20%。同时为了避免因为研发失败的风险打压工程师研发热情和研发创造力，华为规定，拥有30%研发投入的基础科学研究，允许50%的失败率，也就是说，在研发项目论证中，只要有一半机会是可以成功的，这一项目就可以继续开展下去。这实际上是对员工自主性的保护。此外，在精神激励方面，华为的各种各样的奖励可谓琳琅满目，荣誉部专门对员工进行考核、评奖。

在华为，只要员工在某个方面取得了一定的进步就有机会获得相应的奖励和荣誉。华为专为此成立了荣誉部，专门负责对员工进行考核、评奖，目的是挑选创新榜样。金牌奖是奖励为公司持续商业成功做出重大与突出贡献的团队和个人，是公司授予员工的最高荣誉。华为的荣誉奖有两个特点：第一，获奖面广；第二，获奖人数多。因此，员工甚至会在毫无察觉的情况下得知自己获得了公司的某种奖励。只要有自己的特点，工作有自己的业绩，员工就能得到荣誉奖，新员工有进步奖，参与完成了一个项目有项目奖等。

华为借鉴了贝尔实验室的模式，依靠知识型员工对自由工作的本能渴望来发展科学研究工作，而这已成为华为事业成功的重要保障。事实证明，鼓励创新的员工激励制度，为华为吸引、培养和挽留了一大批优秀的科技、管理人才，形成了华为丰富的人力资源储备。

三、刚柔并济的文化激励

作为一家民族企业，华为很好地吸收了中国传统文化的精华，同时积极借鉴国外著名企业的现代管理经验，在结合华为企业家创业思维的基础上产生华为自身的管理理念、管理思想和管理文化。华为公司的核心文化有两种：一种是作为华为企业文化之魂的“狼”文化，其核心是互助、团结协作、集体奋斗，这是华为文化之魂。这一文化包含多方面内容，如对于专业领域敏锐的“嗅觉”，对于事业不屈不挠、永不疲倦的进取精神，对于企业群策群力的团队精神。实事求是地讲，华为的“狼”文化适合大部分年轻人，因为华为能够提供的不仅是高薪，而且是一个可以充分展现、发挥自我的大舞台。这种文化激励是对员工自我实现需要的满足，也是华为的目标与员工的个人目标达成一致的契合点，实际上是一种双赢的结果。

另一种是“家”的氛围，华为一直强调企业就是家的理念，让员工感觉在为家服务。华为成立了各种俱乐部，旨在丰富员工的生活，提升员工的生活品质。俱乐部为员工提供了互相交流的机会，有利于和谐同事关系的形成，满足了员工的社会需要和归属需要。

资料来源　HRsee. 华为公司的员工激励案例分享［EB/OL］.（2018-07-01）［2022-08-26］. http://www.hrsee.com/?id=715.

思考：如何理解华为公司的创新激励措施？

学思践悟

2021百度最高奖

2021年8月下旬，“2021百度最高奖”颁出，4支团队分别获得李彦宏颁发的价值100万美元的最高奖，奖金折合人民币总计近2 600万元。这是百度一年一度最高级别的奖项，亦是科技行业最具分量的荣誉之一。

早在2010年7月，李彦宏就提出设立“百度最高奖”。作为激励创造、鼓励创新的顶级奖项，“百度最高奖”评选始终秉持着3个原则：（1）项目足够重要；（2）结果要远超预期；（3）团队不能多于10个人，而且不能有总监级的人。

这也是迄今为止国内互联网企业中为普通员工提供的最高奖励。截至目前，百度最高奖颁发总金额近3亿元人民币。

截至目前，作为全球为数不多的拥有全栈AI技术的科技公司，百度全球AI专利申请量已超过1万件，其中中国专利9 000多件，位列中国第一，并在深度学习技术、智能语音、自然语言处理、自动驾驶、知识图谱、智能推荐等多个领域在国内名列前茅。

既有“星辰大海”的远方，又有临在当下的笃定，属于百度的科技征途刚刚开始。在云、AI、互联网融合发展的大趋势下，百度三大增长引擎持续发力，各项AI新业务加速落地，智能云业务继续强劲增长，智能驾驶、小度助手、昆仑芯片等业务取得阶段性突破进展。

党的二十大报告指出："推动战略性新兴产业融合集群发展，构建新一代信息技术、人工智能、生物技术、新能源、新材料、高端装备、绿色环保等一批新的增长引擎。"随着全球新一轮的创新红利浪潮席卷而来，凭借在AI技术领域的长期投入和积累，百度正在加快关键核心技术创新应用，不断帮助各个领域的企业加速数字化转型，加速中国经济智能化进程，持续用科技创新为社会创造价值，服务于时代，服务于每个人。

资料来源 百度营销．"2021百度最高奖"揭晓，4支团队共获2600万奖金［EB/OL］.（2021-08-21）［2022-06-30］. http://e.baidu.com/news/9.html.

【思政元素解析】当今时代，科技创新越来越重要，创新是引领发展的第一动力。"百度最高奖"的设立是尊重人才、激励科技创新的重要举措。百度凭借其对人才的重视及对技术创新的不懈追求，在一些前沿赛道上保持了领先优势，让百度具有了长期的竞争力。

基本训练

第10章即测即评

- **简答题**

1. 分析评价需要层次论和双因素理论的异同。
2. 简述亚当斯公平理论的内容。
3. 销售激励的形式有哪些？
4. 简述激励销售人员的基本原则。
5. 简述销售人员不同成长阶段的特点及其激励方式。

- **自我测试题**

团队激励能力测试

团队激励能力是指管理者通过合理选择与综合运用激励方式有效激励团队的能力。请通过下列问题对自己的该项能力进行测评。

1. 你如何认识团队激励？

A. 需要把团队看成一个整体 B. 离不开个体激励 C. 个体激励之和

2. 作为团队管理者，你是否清楚团队成员的需求？

A. 每个成员的需求都清楚 B. 清楚大部分成员的需求 C. 清楚小部分成员的需求

3. 你通常怎样对团队进行奖励？

A. 根据需要进行奖励 B. 对每个人分别奖励 C. 用统一的奖励方式

4. 你一般什么时候对团队成员进行奖励？

A. 及时 B. 定期 C. 下属有重大贡献时

5. 你如何才能在奖励团队时做到公平公正？

A.制定公开的奖励制度　B.根据他们的业绩　C.根据他们的工作量

6.当团队处于逆境时，你通常如何激励团队？

A.用目标和责任指引他们　B.置之死地而后生　C.重赏之下必有勇夫

7.你一般如何选择激励方式？

A.根据情况灵活决定　B.听取他人意见然后选择　C.我总是用惯用的激励方式

8.作为团队管理者，你如何对团队进行目标激励？

A.我协助成员设定目标　B.让成员自己设定目标　C.我为团队设定一个目标

9.你如何认识惩罚的作用？

A.对受罚者是一种激励　B.杀一儆百　C.让其记住这次经历

10.作为团队管理者，你如何认识自身的行为对成员的影响？

A.好的行为是一种示范激励　B.以身作则为成员树立榜样　C.影响有限

选A得3分，选B得2分，选C得1分。

24分及以上：说明你的团队激励能力很强，请继续保持和提升。

15～23分：说明你的团队激励能力一般，请努力提升。

14分及以下：说明你的团队激励能力很差，急需提升。

- **案例分析题**

兴趣各异的销售人员

一家提供DSL（数字用户线路）服务的地区电信公司的销售部门有6个销售人员。

第一个销售人员在大学里主修历史，没有孩子，丈夫有工作。她在艾奥瓦华州的一个小镇长大。工作中，她的主要兴趣是帮助已有的客户解决问题，即使公司对开发新客户给予经济上的奖励，但她对开发新客户没有什么兴趣。

第二个销售人员自小希望像他的父亲一样成为内科医生，但后来在大学里退了学。来自长岛的他在奢侈的环境中长大，他希望为自己、妻子和3个孩子维持原有的生活标准与社会地位。在工作中，他需要也想要成为最优秀的销售人员，并且多年来他在开发新业务和总业绩方面一直保持第一名。

第三个销售人员来自东欧，她在极度贫穷的环境中长大。每天她都工作很长时间且很努力，人也聪明。工作业绩方面，虽然不是第一名但总比上一年有进步。

第四个销售人员55岁左右，孩子已成人，拥有相当可观的积蓄，但墨守成规。他在公司里已工作了15年，做过各种不同的岗位，也干得很好，对工作很了解，感觉很自在。

第五个销售人员希望能晋升到管理层，他也具备了必要的工作经历和教育背景，但是公司没有空缺的职位，因而他总表现得自以为是。

第六个销售人员是一个刚毕业的年轻大学生，关于他的情况还有些拿不准。作为新聘用的员工，他的表现符合工作要求，但他不爱谈论自己的个人情况。

在现场拜访中，销售经理与销售人员们建立了个人关系，并了解到他们最想从工作中和生活中得到什么。在出差后的晚餐上或者在拜访缝隙的旅途中，他与销售人员们进行了一些坦诚的对话。他询问他们什么样的工作环境可以使他们工作满意度最高，哪些是他们在工作中最想要得到的：是安全感、高工资、被赏识、参与感、有趣的工作、令人愉快的环境、个人晋升、灵活的政策、同情，还是忠诚？每一个销售人员对这些因素重要程度的排序是不同的，这就让销售经理对每一个销售人员的需求、目标和问题有了更好的认识。

通常，这位销售经理对销售人员们工作满意度需求的理解与他们自己的陈述会有很大的不同。而通过这些有益的对话，他就可以为每一个销售人员制订每月的激励计划了。

资料来源 卡尔文．销售管理［M］．周洁如，译．北京：中国财政经济出版社，2003：184-186.

问题：

1.案例中涉及了什么激励理论？

2.销售经理如何针对不同的销售人员采取不同的激励方法？

• 实训题

实训项目：主管对下属的激励情景案例。

实训目标：

1.培养学生运用管理激励理论的意识与能力。

2.通过角色扮演完成对学生的行为调整和心理训练。

实训内容与要求：

1.以小组为单位排练一个主管对下属激励的情景。

2.根据所学相关知识，提出该激励情景中的问题，并找出解决方案。

[第 11 章]

销售人员考评及薪酬

学习目标

◆ 重点掌握销售人员业绩考评的程序；了解销售人员业绩考评的意义和原则；重点掌握销售薪酬制度的类型；理解建立销售人员薪酬制度的原则。

引　例

海尔的绩效考核模式："三工并存、动态转换"

企业在对员工进行绩效考核时，运用的评价标准主要可以分为两类：一类是绝对标准；另一类是相对标准。据此，绩效考核可分为绝对评价和相对评价。绝对评价是根据统一的标准尺度衡量相同职位的员工，即按绝对评价他们的绩效。相对评价法，又称比较法，即对评价对象进行相互比较，从而决定其绩效的相对水平。在常见的相对评价方法中，名气最大、使用最广的就是强制分布法了。

目前在国内成功实行强制分布法的案例比比皆是，其中比较独特的是海尔的"三工并存，动态转换"模式。"今天工作不努力，明天努力找工作"，这是海尔的流行语。员工之所以有如此大的紧迫感，并且能够化压力为动力，积极投入工作，与海尔的绩效考核模式是分不开的。

"三工并存，动态转换"，是指全体员工分为优秀员工、合格员工、试用员工三种，分别享受不同的三工待遇（工龄补贴、工种补贴、分房加分），并根据工作业绩和贡献大小进行动态转换，全厂公布。

海尔有一套完善的绩效考核制度，业绩突出者进行三工"上"转，试用员工转为合格员工，合格员工转为优秀员工；不符合条件的进行三工"下"转，甚至退到劳务市场，内部待岗。退到劳务市场的人员无论原先是何种工种，均下转为试用员工。试用员工必须在单位内部劳务市场培训三个月后方可重新上岗。同时，每月由各部门提报符合转换条件的员工到人力资源部门，填写"三工转换建议表"，然后由人力资源管理部门审核和最后公布。

对于刚毕业的大学生，其典型的转换历程往往是这样的。首先到生产一线、市场一线等部门锻炼，为期一年，在这一年中，他们都是试用员工。见习期满后，由人力资源管理部门公布各事业部所需人数及条件，本人根据实际情况选择岗位。如果经考核合格，则可正式定岗，同时转为合格员工。在合格员工的基础上，历时三个月，如果为企业做出很大贡献，则被评为标兵、获希望奖等。可以由部门填写“三工转换建议表”，并交到人力资源管理部门审核。审核合格后，发给当事人转换回音单，通知已转换为优秀员工，并在当月兑现待遇。

在海尔集团内部，三工的比例保持在4：5：1，整个转换过程全部实行公开招聘、公平竞争、择优聘用。通过三工转换，员工的工作表现被及时加以肯定，解决了员工在短时期内得不到升迁，积极性受到影响的问题；员工逐步培养起“今天工作不努力，明天努力找工作”的职业意识；调动了工作积极性，一部分员工向上转，成为优秀员工，在一定程度上实现了自我价值。

资料来源 HRsee.海尔的绩效考核模式：“三工并存，动态转换”[EB/OL].(2018-04-04)[2022-07-11]. http://www.hrsee.com/?id=667.

销售经理对销售人员进行管理的基本内容之一，就是对销售人员的工作绩效进行考评。绩效考评是通过系统的方法、原理来评定和测量员工的工作行为与工作效果。绩效考评在销售管理过程中发挥着重要的作用，企业必须对销售人员的工作业绩建立科学的评估、考核制度，并以此作为分配薪酬的依据。

11.1 销售人员的绩效考评

绩效考评是指组织中的各级管理者，通过某种手段对其下属的工作完成情况进行定性和定量的评价过程。

销售人员的绩效考评是销售管理的一个重要环节。通过绩效考评可以对员工的工作进行评价，同时绩效考评是给予销售人员报酬和提升的依据。绩效考评是一种正式的员工评估制度，是用既定的标准来衡量工作绩效以及将绩效结果反馈给员工的过程。绩效考评的有效实施，有助于激发销售人员的工作热情，提高其工作效率，通过不断地改善销售人员个人的业绩来提升企业的整体效益。

11.1.1 销售人员绩效考评的意义

绩效考评可以提高企业的效率和竞争力，通过将销售人员工作实绩与组织为其设置的目标和指标相比较，从而衡量管理计划的有效性及执行的效果，以便管理者能够及时采取必要的措施，使管理更富有效率，保障企业销售目标的完成。总体来说，绩效考评的意义体现在以下几个方面：

1.考评有助于实现企业的销售目标

销售管理工作开始于销售目标与销售计划的制订，实现企业的销售目标是其他工作环节的最终目的所在。销售经理通过定期收集和分析销售人员完成销售工作的情况来检验目标的实现程度。在对销售人员进行绩效考评的过程中，企业可以发现计划的不合理之处，从而进行修正；同时，企业可以发现实际情况与计划的差异，从而查找原因，给予销售人员针对性的指导，引导销售人员的行为朝着有利于实现销售目标的方向努力，从而实现组织目标。

2.考评有助于提高组织的生产效率和竞争力

销售人员个人工作效率的高低决定了组织的生产效率的高低和竞争力的强弱，个人业绩的集合反映了组织整体效益。绩效考评通过对销售人员工作业绩的记录、工作行为的分析、工作态度的衡量，有针对性地提出措施去改善销售人员的态度、提高销售技能，从而提高工作效率和业绩，最终实现整个组织的生产效率和竞争力。

3.考评是确定薪酬和奖惩的依据

有效的绩效考评方案是对销售人员的行为、态度、业绩等多方面进行全面而公正的考评，能够对销售人员的综合表现做出比较客观的评价，并将其与员工的薪酬、晋升、奖励、培训等挂钩。不同表现的销售人员最终得到不同的结果，有助于形成相互竞争、不断进取的组织氛围。

4.考评有助于发掘和培养人才

通过绩效考评，管理者可以有效地衡量销售人员的实际销售能力。绩效考评的结果能够对销售人员是否适合销售工作做出比较客观的判断；可以发现销售人员所缺乏的知识和技能，从而进行有针对性的培训和改进；也可以发现销售人员没能充分发挥的潜能，给予他们更多的机会施展其才华。

5.考评有利于加强对销售人员及其销售活动的管理

一般情况下，销售经理每个月都会对销售人员进行一次考评。定期的考评可以让销售人员及时了解自己的工作业绩情况，督促其不断地发现问题、改进工作技能、提高销售活动的效率，从而使各个销售区域的销售业务量不断增加。同时，考评会让销售经理随时监控销售人员的行动计划，及时发现偏差，帮助销售人员改正。

11.1.2　销售人员绩效考评的程序

销售人员的绩效考评工作应按照一定的程序进行，一般包括五个步骤：收集考评数据和资料、建立绩效考评标准、选择考评方法、实施绩效考评、反馈考评结果。

1.收集考评数据和资料

在进行销售人员业绩考评时，对销售人员的数据和资料收集一定要全面与充分。数据和资料的来源主要有销售人员的销售报告、企业的销售记录、客户意见、公司内部其他员工的意见等。其中，最重要的来源是销售报告，这是考评销售人员的主要依据。

(1) 销售人员的销售报告。销售报告可分为销售活动计划报告和销售活动业绩报告两类。销售活动计划报告包括地区年度市场营销计划和日常工作计划等。一般来说，销售人员制订的年度市场营销计划中会提出发展新客户和增加与现有客户交易的方案，有的公司要求对销售区域的发展提出一般性意见，有的公司则要求列出详细的预计销售量和利润估计。销售经理将对年度市场营销计划进行研究，提出建议，并以此作为制定销售定额的依据。

日常工作计划由销售人员提前一周或一个月提交，包括计划进行的访问和巡回路线。管理部门接到销售人员的行动计划后，有时会与他们接触，提出改进意见。日常工作计划可指导销售人员合理安排活动日程，为管理部门评估其制订和执行计划的能力提供依据。

销售活动业绩报告主要提供已完成的工作业绩，如销售情况报告、费用开支报告、新业务的报告、失去业务的报告、当地市场状况的报告等。

（2）企业的销售记录。企业内的有关销售记录如客户记录、区域的销售记录和销售费用的支出等，都是评估的宝贵资料。通过研究分析销售记录，可以得到许多关于销售人员的销售额、毛利、订单数及订单规模、销售费用等信息。

（3）客户意见。评估销售人员应该听取客户的意见。有些销售人员业绩虽然很好，但在客户服务方面做得并不理想，特别是在商品供不应求的时候。一般来说，收集客户意见的途径有两种：一种是客户的信件和投诉；另一种是定期进行客户调查，设计专门的征询客户意见的调查表格，设法获得销售人员工作情况的信息。

（4）企业内部其他员工的意见。这一资料的来源主要来自企业内部其他有关人员的意见，比如营销经理、销售经理、其他销售人员或其他人员的意见。这些资料可以提供一些有关销售人员的合作态度和人际关系技能方面的信息。

2.建立绩效考评标准①

对销售人员进行绩效考评，必须选择各种指标对其进行描述和检测。一般来说，人们更希望这些指标可以量化，但在实际操作中是无法将所有应当考评的指标进行量化的，这并非意味着可以对一些指标的评估予以放弃，因为对销售人员应当从不同的角度进行评估，不仅要考虑其工作成果，也要考虑其行为过程，这样的评估才不至于片面或不完整。

通常来说，绩效指标主要有4种类型：数量、质量、成本和时限。表11-1列举了4种类型绩效指标的实例。

表11-1 **绩效指标类型**

指标类型	项目	证据举例
数量	销售额	业绩记录
	销售利润	财务数据
质量	工作责任感	上级评估
	客户关系	客户评估
成本	销售费用	财务数据
	回款率	财务数据
时限	供货周期	客户评估

在建立绩效指标时，可以试图回答这样一些问题（如果这些问题得到回答，那么关键绩效指标也得出来了）：

① 通常在评估工作成果时，我们关心什么（数量、质量、成本、时限）？

② 我们怎样来衡量这些工作成果的数量、质量、成本和时限？

③ 是否存在我们可以追踪的数量或百分比指标？如果存在这样的数量或百分比指标，就把它列出来。

① ［1］武欣．绩效管理实务手册［M］．北京：机械工业出版社，2001：66-67．［2］欧阳小珍．销售管理［M］．武汉：武汉大学出版社，2003：331-334．

④ 如果没有量化的指标来评估工作成果，那么是否能描述一下工作成果完成得好是什么样的状态，有哪些可以衡量的因素？

要评估销售人员的绩效，一定要有科学合理的标准。所谓绩效标准，就是企业希望销售人员所能达到的绩效水平以及各项可衡量的工作指标。无论是销售人员的工作结果，还是他们实际的工作行为，都应该作为绩效标准的组成部分。绩效考评的标准包括定量考评标准和定性考评标准。定量考评标准能够最有效地用以考评销售人员的业绩，定性考评标准则主要用于考评销售人员的工作能力。在评估定性考评标准时，应当注意把考评者的个人偏见和主观性减少到最低限度。

指标指的是从哪些方面对工作成果进行衡量和评估，而标准指的是在各个指标上分别达到什么样的水平。指标解决的是我们需要评估"什么"的问题，标准解决的是要求被考评者做得"怎样"、完成"多少"的问题。

当界定了绩效指标之后，设定绩效的评估标准就成了一件比较容易的事情。对于数量化绩效指标，设定的绩效标准通常是一个范围。如果被考评者的绩效表现超出标准的上限，则说明被考评者的绩效超出期望水平；如果被考评者的绩效表现低于标准的下限，则说明被考评者的绩效存在不足，需要进行改进。对于非量化指标，在设定标准时往往从客户的角度出发，需要回答这样的问题——"客户期望被考评者做到什么程度？"表11-2列举了销售人员绩效标准实例。

表11-2　**绩效标准实例**

工作成果	指标类型	具体指标	绩效标准
销售收入	数量	年销售额 税前利润率	年销售额20万～25万元 税前利润率18%～22%
零售店销售额	数量	销售额比去年同期有所增长	销售额比去年同期增长5%～8%
竞争对手信息	质量 时限	上级评估 全面性 数据的价值 预定的时间表	覆盖了所有已知竞争对手的所有产品 提供的数据包括对产品的详细描述——产品的成本、广告费用、回头客的比率等 能在规定时限前提供关于竞争对手的信息数据
销售费用	成本	实际费用与预算费用的变化	实际费用与预算费用相差在5%之内

销售绩效指标所涵盖的内容比较广泛，包括了销售量分析、销售成本分析、盈利性分析和销售人员个人业绩的评估等多重指标。销售量分析、销售成本分析以及盈利性分析是从销售组织的总体投入和产出的角度分析与评估销售组织的业绩，借以衡量销售组织的努力对于完成企业营销目标的效用，并且可以帮助其发现差距和不足，为今后的努力明确方向。销售组织的总体业绩是销售人员业绩的集合，客观上反映出销售人员努力的差异和业绩差异，因此对每个销售人员的业绩进行专门评估是销售队伍绩效评估的重要内容之一。

一般用两种尺度来考评销售人员的个人业绩，即职务标准和职能条件。以这两种尺度进行的评估称为定量评估（客观评估）和定性评估（主观评估）。

（1）定量评估。定量评估指标包括：

① 销售量。这是绩效考评的重要指标，是销售工作重要的产出指标。考评销售量时不应该简单地以销售量的绝对数作为评价业绩好坏的标准。因为在实际工作中，不同地区、不同产品、不同客户群所具有的潜在销售量是不同的。因此，应根据不同地区、产品、客户群的具体情况确定销售人员的销售量定额，然后将销售人员的销售量进行比较，以此相对数来判断任务的完成情况。

② 毛利。这是一个更好地考评销售人员工作效率的指标，因为它在某种程度上显示了销售人员销售高利润产品的能力。个人对利润的直接贡献理所当然是考评销售人员绩效的重要指标。

③ 订单数量和规模。一般来说，订单数量的多少可以反映销售成功与否，订单规模的大小可以反映出销售人员的工作能力、销售技巧及效率。有的销售人员得到了太多的小批量、不赚钱的订单，也有的销售人员很难从某种类型的客户那里取得订单，只能从其他类型的客户那里取得订单来弥补。

④ 客户数量。客户数量可以用来反映销售人员驾驭自己销售区域的能力。现有客户数量反映了销售人员已控制市场的大小；新客户数量反映了销售人员开发新市场的力度和成效；客户流失数量可以用来考评销售人员在保持客户忠诚度方面所做的努力和效果；逾期不付款的客户数量可以反映销售人员对客户信用考评的程度；预期的潜在客户数量可以反映销售人员对潜在客户判断能力的高低。

⑤ 销售费用。销售费用反映的是销售人员进行销售工作时在财务上的耗费。这个指标可用于衡量每次访问的成本等。许多企业将销售费用细分为各种类型，如交通费、住宿费、招待费等。企业既可以根据这些费用的总额来进行考评，也可以根据费用占其完成销售额的百分比来进行考评。通过将发生的费用与实际完成的销售业绩进行对比得到一个相对数，会更有考评价值。

⑥ 比率指标。常用的比率指标主要有：

第一，销售目标完成率。销售目标完成率=实际销售额/销售定额×100%。

第二，销售费用比率。销售费用比率=实际销售费用/实际销售额×100%。

第三，日均拜访客户数。日均拜访客户数=拜访客户总数/工作总天数。

第四，货款回收率。货款回收率=已收货款/销售额×100%。

（2）定性评估。在建立定量评估指标时，也要建立定性评估指标，因为这类指标更能反映销售人员工作的主动性、销售技巧以及个性特征等。定性评估标准的关键在于降低考评者主观性。定性指标一般包括以下几个方面：

① 销售技巧指标，包括发现卖点、展示产品的技能、倾听技巧、处理客户异议、达成交易技巧等。

② 销售区域管理指标，包括销售访问计划、时间管理、费用控制、销售记录、客户服务、收集客户信息等。

③ 个人特点指标，包括合作精神、工作态度、人际关系、个性、能力等。

需要注意的是，在主观绩效考评中，考评者的主观因素得到了最大的发挥，考评者成了关键角色，因此在考评中使用行为等级表是非常必要的，通过对个体行为的详尽描述，从而指导考评者对被考评者做出尽可能客观的等级评价（见表11-3）。

表11-3　销售人员行为等级考评表

行为等级	等级分值	行为描述
出色	10	能够做到比一般所期望的更好，帮助团队更好地实现销售目标
比较出色	8	总是能够如期进行合作，并为团队目标做出贡献
一般	5	通常愿意合作，并参与团队销售的努力之中
比较差	2	只能在一定程度上参与团队努力，对团队活动没有主动性
很差	0	不愿参与，有时甚至与团队目标背道而驰

3.选择考评方法

根据考评内容的不同，考评方法也可以采用多种形式，从而有效地减少考评误差，提高考评的准确度。常用的考评方法主要有以下几种：

（1）横向考评法。①

它是指销售经理把所属部门全部销售人员的销售业绩进行比较和排队的方法。这里不仅要对销售人员完成的销售额进行对比，还应考虑销售人员的销售成本、销售利润、客户对其服务的满意程度等。

下面假定以销售额、订单平均批量和每周平均访问次数3个因素来分别对销售人员A、B、C进行业绩考核，见表11-4。

表11-4　销售人员业绩考评表（一）

考评指标 \ 销售人员		A	B	C
销售额	权　数	5	5	5
	目标（万元）	50	40	60
	完成（万元）	45	32	57
	达成率（%）	90	80	95
	绩效水平（权数×达成率）	4.5	4.0	4.75
订单平均批量	权　数	3	3	3
	目标（万元）	800	700	600
	完成（万元）	640	630	540
	达成率（%）	80	90	90
	绩效水平（权数×达成率）	2.4	2.7	2.7
每周平均访问次数	权　数	2	2	2
	目标（万元）	25	20	30
	完成（万元）	20	17	24
	达成率（%）	80	85	80
	绩效水平（权数×达成率）	1.6	1.7	1.6
绩效合计		8.5	8.4	9.05
综合绩效（绩效合计/总权数）（%）		85	84	90.5

① 薛春海，赵文学，韩荣久．销售学［M］．北京：中国经济出版社，1988：240-242.

由于销售额是最主要的因素，所以把权数定为5，另外订单平均批量和每周平均访问次数的权数分别定为3和2。用3个因素分别建立目标，由于存在地区差异，所以每个因素对不同地区的销售人员建立的目标是不一样的。如销售人员C的销售额核定为60万元，高于销售人员A的50万元和B的40万元，这是因考虑他所在地区的潜在客户较多，竞争对手较弱而决定的。由于销售人员A所在地区内有大批量的客户，所以其订单平均批量也相对较高。每个销售人员每项目标的达成率等于他所完成的工作量与目标的比率，将达成率与权数相乘，就得出了各个销售人员的绩效水平。可以看出，销售人员A、B、C的综合绩效分别为85%、84%和90.5%，销售人员C的综合绩效最好。

（2）纵向考评法。[①]

这是将同一销售人员现在和过去的工作业绩进行比较，包括对销售额、毛利、销售费用、新客户数、流失客户数、每个客户平均购买额、每个客户平均毛利等数量指标进行分析的方法。例如，对销售人员R的绩效考评，见表11-5。

表11-5 **销售人员绩效考评表（二）**

销售人员 R　　所在地区：×××　　金额单位：元

考评指标 \ 年份	2018	2019	2020	2021
产品A的销售额	376 000	378 000	410 000	395 000
产品B的销售额	635 000	660 000	802 000	825 000
销售总额	1 011 000	1 038 000	1 212 000	1 220 000
产品A的定额达成率（%）	96.0	92.6	88.7	85.2
产品B的定额达成率（%）	118.3	121.4	132.8	130.1
产品A的毛利	75 200	75 600	82 000	79 000
产品B的毛利	63 500	66 000	80 200	82 500
毛利总额	138 700	141 600	162 200	161 500
销售费用	16 378	18 476	18 665	21 276
销售费用率（%）	1.62	1.78	1.54	1.74
销售访问次数	1 650	1 720	1 690	1 630
每次访问成本	9.93	10.74	11.04	13.05
平均客户数	161	165	169	176
新客户数	16	18	22	27
流失客户数	12	14	15	17
每个客户平均购买额	6 280	6 291	7 172	6 932
每个客户平均毛利	861	858	960	918

① 金胜谟. 企业经营与计划［M］. 北京：北京工业学院出版社，1985：168-170.

销售经理可以从表11-5中了解到有关销售人员R的许多情况。R的总销售量每年都在增长，但并不一定说明R的工作有多出色。对不同产品的分析表明，R销售产品B的销售量大于销售产品A的销售量，对照A和B的定额达成率，R在销售产品B上所取得的成绩很可能是以减少产品A的销售量为代价的。根据毛利额可以看出，销售产品A的平均利润要高于产品B，R可能以牺牲毛利率较高的产品A为代价，销售了销量较大、毛利率较低的产品B。销售员R虽然在2021年比2020年增加了8 000元的总销售额，但其销售毛利总额实际减少了700元。

R的销售费用率基本得到了控制，但销售费用是不断增长的。销售费用上升的趋势无法以销售访问次数的增加予以说明，因为销售总访问次数呈下降的趋势，这可能与取得新客户的成果有关。但是，R在寻找新客户时，很可能忽略了现有客户，这可以从每年失去客户数的上升趋势得到说明。最后，每个客户平均购买额和每个客户平均毛利在与整个企业的数据进行对比时更有意义。如果R的这些数值低于企业的平均数据，也许是他的客户存在地区差异性，也许是他对客户的访问时间不够；也可用他的年访问次数与企业销售人员的年平均访问次数相比较，如果他的平均访问次数比较少，而他所在销售区域的距离与其他销售人员的平均距离并无多大差别，则说明他没有在整个工作日内工作，也许是他的访问路线计划不周。

（3）360度考评法。①

传统的绩效考评方法仅仅从一个角度对销售人员进行考评，这容易导致考评不够全面，甚至不够公平，在一定程度上失去了绩效考评原有的意义。如果由直接上级、其他部门上级、下级、同级和客户等对销售人员进行多层次、多维度的评价，则可以综合不同考评者的意见，得出一个全面、公正的评价结果，这就是360度考评法，也叫全视角考评法。360度考评法，除了传统的上级评价以外，包括自评、同事评价、委员会评价、客户评价和下级评价等。

4.实施绩效考评②

这一步是绩效考评的具体实施环节，即对销售人员在某一绩效周期内的销售业绩与工作表现进行考评，将前面几个步骤中所涉及的指标、方法运用到考评工作中，比较其实际绩效与考评指标所应达到的标准，得出销售人员绩效考评的结果。大多数企业按照固定的时间进行绩效考评。这一环节的成败主要取决于考评者，如果前面几个步骤的准备工作做得很充分，这一环节只需要执行。这一阶段存在的最大问题是考评者难以避免的个人主观情感与偏见，比如考评者难免出现晕轮效应误差、近因误差、偏见误差、暗示效应误差、感情效应误差等问题，而这些误差正是考评失真的常见原因。绩效考评毕竟是由人来执行和操作的，所以考评者的个人情感和主观偏见是无法完全避免的，只有对考评者不断进行规范化的专门培训，才能减少考评中因主观偏见所造成的误差。

5.反馈考评结果③

销售人员的绩效考评结束后，销售经理应就考评结果与销售人员进行绩效改进面谈和辅导，给予客观评价，并分析绩效优秀或不佳的原因、寻求解决方案、制订改进计划和下

① 罗碧华，李昱，谭谊．人力资源管理理论与实务［M］．长沙：湖南大学出版社，2008：190.
② 王极盛．人事心理学［M］．沈阳：辽宁人民出版社，1987：162-165.
③ 武欣．绩效管理实务手册［M］．北京：机械工业出版社，2001：182-183.

一个绩效周期的目标。

绩效反馈面谈应设法达到以下目的：

① 对被考评者的表现达成双方一致的看法；

② 使被考评者认识到自己的成就和优点；

③ 指出被考评者有待改进的方面；

④ 制订绩效改进计划；

⑤ 协商下一个绩效管理周期的目标与绩效标准。

11.1.3 销售人员绩效考评应注意的问题[①]

绩效考评的根本目的是充分发挥它的积极意义，对销售人员的过去进行总结和评价，激励销售人员不断提高自己的销售效率，并以加薪、升职的形式，对那些表现良好的销售人员予以奖励。在实际考评工作中，销售经理需要进行充分的思考和分析，以及书写大量的文字，清晰、明确和公正地组织实施考评，并把考评结果作为一种管理工具。这就需要在考评中注意诸多问题。

1.考评要客观公正

尽管在日常生活与工作中，人们会经常用个人观点去评价别人，但是在绩效考评中，销售经理不能用个人的观点取代客观标准。销售经理所说的每一件事情都必须围绕着销售人员的工作表现及与工作有关的情况，而对个人性格、宗教信仰和对工作风格所持有的个人观点，只要不影响到销售人员的工作表现，就不应该成为绩效考评的内容。对销售人员的考评要想做到客观、公正，就必须做到以下几点：

（1）以共同的利益、共同的理想与道德标准为基础，强调管理的科学性与人性化的结合，科学管理和全员管理的结合。

（2）业绩考评与素质考评相结合，既考评销售人员现有的工作业绩，又着眼于销售人员的发展，强调企业产出与人才造就的结合，销售业绩与企业文化的结合。

（3）在考评的环节上，实行长短结合，强调过程控制与目标控制的结合。如果只顾目标考评，比如说只是年终集中考评一次，考评就会流于形式，得不到应有的重视。

（4）在考评过程中实行上下结合，纵横结合，上级评议、下级评议、同级评议、内部评议、客户评议等多种评议方法相结合。

（5）在考评方法上，定性考评与定量考评相结合，并最大限度地量化各项考评指标，使之易于把握和衡量，从而使考评结果准确。

（6）考评结果与工资、奖金的分配及人员的任用挂钩，强调奖罚兑现；否则，考评就不会引起人们的重视，导致考评名存实亡。

2.科学设计绩效考评标准

在对销售人员进行考评前，销售经理必须给他们设定目标和期望，并制定标准来衡量他们的绩效。所以，绩效考评标准的设计在企业绩效考评中占有十分重要的位置。

（1）绩效考评标准必须具有战略导向性。绩效考评不坚持战略导向，就很难保证其能有效地支持公司战略。而绩效考评的导向是通过绩效指标来实现的，绩效考评坚持战略导

① 张启杰，田玉来．销售管理实务［M］．北京：中国电力出版社，2009：124-126.

向，实际上就是通过对战略导向的绩效指标的设计来实现的。使绩效指标具有战略导向性，就要抓住关键绩效指标（KPI）。每个销售人员都可能承担很多的工作目标与任务，有的重要，有的不重要，如果我们对销售人员所有的方面都进行考评，面面俱到，势必造成销售人员把握不住工作的重点与关键，从而就无法实现绩效指标对其工作行为的导向作用。绩效考评必须从销售人员的绩效特征中定性出关键成功因素，然后去发现哪些指标能有效监测这些定性因素，从而确立量化的关键绩效指标。

（2）绩效考评标准的水平要适度。考评标准应是大多数人经过努力可以达到的。这样的标准所形成的压力，会使销售人员更好地挖掘自己的潜力，更有效地完成任务。事实表明，在这样的绩效标准驱使下，他们比没有标准、没有压力的情况下做得更多、更好。考评标准不能定得太高，令人感到遥不可及，如果这样，销售人员很可能产生沮丧、自暴自弃的情绪；压力太大，精神始终处于过度紧张，结果导致工作变形，思维迟钝，效率下降。因此，考评标准的水平要适度，标准产生的压力以能提高工作绩效为限。

（3）绩效考评标准要有一定的稳定性。绩效标准是考评销售人员工作绩效的标尺，因此需要有相当的稳定性，以保证标准的权威性。当然，由于时代的变迁、技术的进步、知识的更新，会对销售人员的考评标准提出新的要求，在这种情况下，有必要对标准做一定的修订。

3.考评操作过程要规范化

绩效考评是企业对被考评者的工作行为和工作业绩做出的合理而正确的评价，并以此为依据，给予被考评者合理而公正的待遇。在绩效评价过程中，因为会受到许多因素的影响，加之操作过程不规范，使得考评结果与被考评者的实际工作绩效出现误差，如考评指标理解误差、首因效应误差、晕轮效应误差、近因效应误差、暗示误差、定势误差、压力误差、对照误差等。要避免绩效考评过程中的各种误差，将绩效考评误差减少到最小限度，就必须规范绩效考评的过程。

（1）要确保考评者对在业绩评价工作中容易出现的问题有清楚的了解，只有弄清楚问题才有助于考评者避免问题的出现。

（2）选择正确的绩效考评工具。每一种考评工具，不论是横向考评法，还是纵向考评法，不论是关键绩效指标法，还是360度考评法等，都有各自的优点和不足。例如，等级排序法能避免居中趋势，但是所有员工的业绩确实都应该被评定为“好”的情况下，这种评价法会引起销售人员的不满。

（3）对考评者进行如何避免绩效考评误差问题的培训。在培训中，为考评者设计一个关于销售人员实际工作情况的案例，要求他们对这些销售人员的工作业绩做出评价，并对不同考评者的考评结果进行分析，指出在绩效考评中容易出现的问题。

（4）减少外部因素对工作绩效考评所带来的限制。在实际绩效考评过程中，外部因素也会对考评结果产生影响，如绩效考评结果在多大程度上与工资联系在一起，工作压力的大小，员工流动率的高低，时间约束的强弱，以及对绩效考评公正性要求的高低等。因此，应尽量减少外部因素对绩效考评所带来的不利影响，力争使绩效考评工作客观、公正。

4.建立绩效考评档案

为了减少在进行绩效考评时的矛盾和摩擦，需要企业建立绩效考评档案，以记录销售人员在绩效管理过程中的表现，为绩效考评提供依据和参考。销售经理要为每一个销售人员建立一份有效的绩效考评档案，记录其绩效目标、绩效能力、绩效表现、绩效考评结果，以及需要改进的绩效缺陷等。

这个工作做起来可能会占用销售经理的一些时间，也会比较麻烦，但这个工作是必须要做的，在批评、处罚、解雇或提升某一个销售人员时，如果没有相应历史材料的记录，就无法令人信服。一旦所采取的措施涉及争议、纠纷的时候，这些记录和档案就成了有力的证据。没有完备的绩效考评档案或档案记录混乱不清，都有可能给企业带来麻烦。

综上所述，绩效考评是对销售人员的工作状态、工作能力以及工作业绩的全面考评，是对销售计划的有效性及执行的质量进行全面的评价；绩效考评也是确定销售人员薪酬等的依据，绩效考评的结果与销售人员的薪酬分配是紧密结合在一起的。

11.2 销售人员的薪酬制度

在激烈的市场竞争中，企业要生存并发展壮大，关键在于能否建立一支能征善战的销售队伍。作为企业综合实力的一个重要体现，销售队伍建设被看作大多数企业销售管理工作的首要问题，而对于销售薪酬制度的选择与确立，又是销售队伍建设中的关键。有人把销售薪酬制度视为销售管理工作之“纲”，只要善于抓住和利用这个“纲”，就能使复杂的管理问题易于解决。正因为如此，企业销售薪酬制度的确立，绝不是一个战术性的问题，而应该是一项长期性的战略方针。[①]

11.2.1 销售薪酬的含义及构成

1.薪酬的含义[②]

薪，薪水，又称薪金、薪资，即工资，包括奖金，偏重指货币因素。酬，报酬，报即报答，酬即酬谢；报答是指用实际行动表示感谢，酬谢是指用金钱、礼物等表示谢意，不仅包含货币因素，还包含非货币因素。

狭义薪酬是指企业销售人员获得的工资、奖金等以金钱或实物形式支付的劳动回报。

广义薪酬包括经济性薪酬和非经济性薪酬以及个人发展机会。经济性薪酬指以工资、奖金、福利待遇和带薪休假等物质形式给予销售人员的劳动回报，也叫货币薪酬；非经济性薪酬指企业根据销售人员的业绩表现给予的一种精神方面的鼓励；个人发展机会指企业为有潜力的或业绩突出的销售人员提供一些培训、职位晋升的机会和发展空间。

2.销售薪酬的构成[③]

销售薪酬是指销售人员通过在某组织中从事销售工作而获得的利益，一般包括以下几个部分：

（1）基本工资，是以销售人员的销售技能、工作的复杂程度、责任大小以及劳动强度为依据，按完成定额任务（或法定时间）的实际劳动消耗而计付的工资。它是相对稳定的薪酬部分，也是销售薪酬的基础，在销售人员的总薪酬中所占的比例根据企业、职位、时

① 李晏墅，高朴．销售管理启示录［M］．南京：南京师范大学出版社，1999：150.
② 王黎萤．新编人力资源管理教程［M］．北京：中国计量出版社，2005：98.
③ 黄津孚．人力资源管理与现代企业组织［M］．北京：人民日报出版社，1994：374.

期的不同而不同。

（2）津贴，是基本工资的政策性补充部分，也是为了补偿和鼓励销售人员在恶劣工作环境下的劳动而计付的薪资，或对交通、通信等付出的补偿。例如，给予高级销售职称人员的职称津贴、岗位津贴、地区补贴、出差补贴等。

（3）绩效工资，又被称作佣金或销售提成，是根据销售人员的销售业绩给予的薪酬，是销售人员销售薪酬的主体，它的作用在于鼓励销售人员不断提升工作效率和工作质量。

（4）福利，通常指销售人员均能享受的、与其贡献关系不大的利益，是作为基本工资补充的一系列措施或实物的总和，如企业的体育文化设施、医疗保健、优惠住房、带薪休假等。福利一般是根据国家政策给予的。

（5）奖金，是根据销售人员的工作业绩或企业经济效益的好坏发放的奖励，如超额奖、节约奖、销售竞赛奖、年终综合奖等。

（6）保险，是指企业在销售人员受到意外伤害或失去劳动能力以及失业时为其提供的一种补助，例如，工伤保险、医疗保险、失业保险等。

另外，销售人员的薪酬不仅限于经济方面的薪酬，还包括精神的、自我发展方面的回报，如参加培训、获得职位的晋升等。

11.2.2　销售薪酬的作用①

销售薪酬是一种激励，而受到激励的销售人员会更加积极、努力地做好销售工作，会促进销售业绩的提升，从而有利于企业目标的实现。因此，设计和实施一套科学、有效的销售薪酬制度是非常重要的。

1.激励销售人员，促进企业销售目标的顺利实现

销售薪酬不仅给销售人员提供了生活所需要的物质基础，也给予他们在精神方面的鼓励，全面地满足了他们在生理、安全、社交、尊重以及自我实现等方面的需要。薪酬是否公平合理对销售人员的工作积极性起着决定作用。科学、合理的薪酬能让销售人员以最大的热情投入到工作中，促使他们超额完成任务，最终实现企业的销售目标。从企业的角度看，薪酬是人力资源管理的一种重要工具，可以用来保护和激励销售人员的工作积极性。

2.保证销售人员利益的实现

从薪酬的内涵来看，薪酬实际上是企业和销售人员之间的一种公平交易，根据销售人员劳动付出的多少、工作业绩的好坏给予相应的补偿。这种补偿既有生活上的物质利益，又有精神层面的激励，如个人职业生涯的规划、职位的升迁以及个人价值的实现。因此，科学、合理、公平的薪酬制度是销售人员利益实现的保障。

3.协调关系、配置资源

薪酬管理是企业管理的一部分，企业可以从全局出发，把薪酬管理和其他管理环节结合起来，可以有效地配置人力资源，实现资源的效用最大化。另外，企业可以根据环境的变化或者企业的战略目标不断地调整薪酬制度，从而将管理者的意图有效地传达给销售人员，协调销售人员和企业之间的关系，促使个人目标与组织目标的一致化。

---

①　陈涛．销售管理［M］．武汉：华中科技大学出版社，2008：227.

11.2.3 建立销售薪酬制度的原则①

在销售薪酬方式的安排上，应该结合行业特点，建立具有特色化的薪酬制度。另外，随着市场环境的不断变化，企业现行的薪酬制度需要进行相应的改变。也就是说，目前情况下令人满意的薪酬制度，经过一段时间之后可能不再适应企业的发展，变得效率低下甚至有碍于企业目标的实现。但是如果企业经常调整薪酬制度，不但会增加运营成本，而且会让销售人员产生不安全的感觉，影响其工作情绪。因此，销售人员薪酬制度的建立应该遵循一定的原则。

1.公平性原则

常言道：不患不均，而患不公。销售人员薪酬制度应建立在比较客观现实的基础上，使销售人员感到他们所获得的薪酬公平合理，而企业的销售成本也不至于过大。也就是说，既不能让销售人员感到企业吝啬，又不能给企业造成浪费。只有这样，才能使销售费用保持在既现实又节省的程度上。销售人员薪酬制度要使其获得的薪酬与本人能力相称，并且能维持一种合理的生活水平。

2.目标一致性原则

销售人员薪酬制度的设计最终是为了企业销售目标的实现，因此要使销售薪酬制度的建立与销售目标保持一致性，符合实现销售目标的基本要求，必须能够最大限度地促进销售目标的完成。销售薪酬是激励销售人员的重要因素，是促使销售人员努力完成销售目标的保障。建立科学合理的销售薪酬制度是实现销售目标的措施和手段，这是在销售管理工作中必须遵守的原则。

3.激励性原则

企业的销售目标最终靠销售人员来完成，销售人员只有在有效激励的情况下才能以最大的热情和动力去开拓市场，完成企业下达的销售任务。而薪酬是企业对销售人员进行激励的重要手段。薪酬能否起到激励作用和薪酬的制度设计密切相关。在企业内部，不同职务、不同级别、不同销售业绩的销售人员之间的薪酬水平应该有一定的差距，从而不断地激励销售人员提高工作绩效。除此之外，适当拉开不同销售业绩的销售人员之间的薪酬差距，可以吸引其他企业，甚至是竞争对手中的优秀销售人员到本企业来工作，不仅增强了自身的实力，而且削弱了对方的竞争力，从而使本企业在竞争中处于有利地位，不断扩大市场份额，不断成长。

4.竞争性与经济性原则

竞争性是指在社会上和人才市场中，企业的薪酬水平要有吸引力，才足以战胜竞争对手，招到企业所需的销售人员，也能留住优秀的销售人员。企业薪酬的竞争力直接和企业的外部薪酬政策相联系，企业外部薪酬政策主要是处理企业与外部市场的关系。薪酬政策的制定，反映了企业决策层是否将薪酬作为提高企业竞争力的一个有效手段。在分析同行业的薪酬数据后，企业可以根据自身状况选用不同的薪酬水平。企业在制定薪酬制度时要综合考虑各种因素，使企业的薪酬相对竞争对手具有一定的竞争力。

提高销售人员的薪酬水平，可以提高薪酬的竞争性与激励性，但不可避免地导致企业

① [1] 俞明南，王东华，易学东．企业管理［M］．大连：大连理工大学出版社，1991：389．[2] 欧阳小珍．销售管理［M］．武汉：武汉大学出版社，2003：311-312．

销售费用的上升和销售利润的下降，这一点在销售类企业中非常明显。因此，销售人员薪酬水平的高低在一定程度上会受经济性的制约。这需要企业在销售业绩和薪酬水平之间找到一个合适的平衡点，原则上要保证薪酬增长水平低于销售利润的增长水平。总之，要设计出科学合理的薪酬制度，就必须认真研究各种薪酬影响因素，兼顾竞争性和经济性。

5.稳定性原则

稳定性原则具体表现在两个方面：

一是不论企业面临的市场环境如何变化，销售人员的业绩如何波动，销售人员都应该得到一笔维持基本生活的稳定收入，以此减少其不安全感。这笔稳定收入主要与销售人员所在的工作岗位有关，而与其销售业绩的好坏无关。

二是薪酬制度在时间上要相对稳定。虽然随着时间的推移和环境的变化，薪酬制度应该做出相应的调整，但是薪酬制度一旦确定，在一定时间内（至少一年）应当保持相对稳定；否则，经常变动的薪酬制度会影响销售人员的士气，使他们不能安心从事销售工作，甚至消极怠工，不能完成企业的销售目标。

6.灵活性原则

薪酬制度的建立应该既能满足各种销售工作的需要，又能比较灵活地加以运用，即科学的薪酬制度应该具有变通性，能适应和应用于不同的情况。不同的企业都有各自的组织文化、战略目标、经营情况，面临的市场环境也有很大的差异，导致不同的行业或同一行业内不同企业之间的薪酬制度有很大区别。即使在同一个企业也应该根据不同地区、产品、销售人员的需要确定不同的薪酬方式。因此，企业在制定薪酬制度时应综合考虑企业内外部多种因素而做出科学的决策。这样确定的薪酬制度具有灵活性，在执行中对销售人员的激励效果才能最佳。

7.控制性原则

销售人员的薪酬制度是一种激励手段，同时应该是企业的一种有效控制手段。也就是说，销售人员薪酬制度的建立应体现组织对销售人员工作的导向性。这样的薪酬制度是将销售人员的个人目标融入企业的大目标中，实现对销售人员的有效控制。企业制定具有激励性的薪酬制度可以最大限度地挖掘销售人员的潜力，但是不能以牺牲必要的控制能力为代价，这样才能保持销售队伍的稳定和促进销售人员的健康成长，最终保证企业占有市场。为了实现这一点，企业必须承担必要的投入风险，而不能把绝大部分的风险转嫁给销售人员。

11.2.4　确定销售薪酬水平应考虑的因素①

一般来说，企业在确定销售薪酬水平时应该考虑以下因素：

1.企业因素

企业因素是影响薪酬水平的主要因素，包括如下方面：

（1）支付能力。一些小企业在初创期受支付能力的制约，更加倾向于完全佣金制，将企业风险完全转嫁到销售人员身上；随着企业的不断发展壮大，其实力和支付能力都不断提高，销售人员的薪酬体系则朝“佣金+工资”方向发展，从而降低和规避销售人员离职

---

①　张启杰，田玉来．销售管理实务［M］．北京：中国电力出版社，2009：92-94.

的风险；直至企业的支付能力充裕后，薪酬体系就应根据自身的人事战略能够吸引和保留什么样素质的销售人员来进行确定。

（2）产品特性。企业的产品特性决定了企业面向的客户群和企业的交易模式，从而影响销售难度，并且在很大程度上影响着企业对销售人员素质的要求。比如，产品的技术含量较高，产品的单位价值也很高，这时企业的销售模式基本上要考虑为“团队销售”，分成售前、售中和售后，这就对行使这三部分职能的销售人员提出了不同的素质要求，而且对销售人员的素质要求相对较高。而如果产品的单位价值很低，产品的技术含量也比较低，不需要销售人员对客户仔细地讲解技术问题，企业普遍采用广泛分销模式，基本上面向广大批发商进行销售，相对来讲对销售人员的素质要求就会比较低。

（3）培训成本。培训成本是指一个刚刚入职的销售人员成长为一个成熟的销售人员，企业所必须花费的成本，如工资成本、差旅成本、销售损失风险等。我们知道，如果所销售的产品是低端产品，则对销售人员的技术、技巧等要求不高，销售人员的可替代性很强，那么企业付出的培训成本很低。

（4）销售管理。企业销售管理规范和成熟程度在很大程度上影响着企业对外部人才的吸引力，从而影响企业从外部招聘合适人员的难度。有证据表明，新毕业的大学生在选择销售为他们的职业时，更加关注的是企业销售管理的规范程度，而不是薪酬高低、升迁机会等其他因素。

（5）退出机制。在我们的传统国有企业中，企业员工缺乏退出机制的约束，也成为影响销售人员薪酬设计的一个因素。如果使用了一个较差的销售人员，在当前稳定的大局下，企业还没有很好的办法来令其退出，在这种情况下企业假如付出较高的基本工资，一方面对其他员工很不公平，另一方面企业付出了不必要的人工成本。

2.客户因素

（1）客户特征。它表现在许多方面。要对客户进行分类，找出其共性，如家电生产商，可以将客户分为商场、大客户和普通经销商，商场经理喜欢与性格上成熟、稳重的销售人员打交道，而大客户喜欢和谈判能力、管理经验比较高的销售人员打交道，普通经销商喜欢和耐心负责、认真仔细的销售人员打交道。

（2）交易行为。它对销售人员薪酬的影响主要体现在不同的交易行为要求不同素质、不同层次的销售人员，而不同素质、不同层次的销售人员的市场价格是不同的。

（3）管理水平。在很多情况下，客户选择厂商时，经常考虑厂商的管理水平，看厂商能否在销售管理上给予相应的支持。这时，客户的管理水平就成了衡量厂商管理水平和销售人员管理经验的标杆，客户不愿意与在管理能力方面比自己差的厂商交易，反映到销售人员薪酬体系中，就是具备一定管理能力的销售人员的价值问题。

（4）客户期望。与管理水平类似，客户对厂商及其销售人员会有所期望。销售人员是企业的窗口，销售人员的形象代表了企业的形象；销售人员的实际表现如何，以及通过销售人员的实际表现推断出厂商如何，这些都在影响着客户的满意度。

客户的各项因素均影响了企业对销售人员素质的选择，不同素质销售人员的价值不同，也对应了企业应该支付不同水平的薪酬。

3.市场因素

市场是影响企业薪酬水平的重要因素，具体包括以下几个方面：

（1）稀缺程度。它表明企业在人才市场上获取同类人才的难易程度。如果企业在市场上较难招聘到销售人员，企业就应该提高销售人员的固定工资；相反，如果企业很容易在市场上招聘到销售人员，企业就应该相应地提高销售人员的佣金比例。“招聘几个销售人员是一件十分简单的事情”，但是一定要注意，目前的销售人员是否能够达到企业要求，是否要招聘类同于目前销售人员水平的人员。

（2）市场薪酬水平。它基本上决定了企业该职位的薪酬水平，这是一个外部公平的问题。如果外部不公平，将导致的直接结果就是销售人员离职率高，或者他们会降低绩效来平衡他们所获得的薪酬。

（3）竞争对手行为。竞争对手销售人员的薪酬体系如何？他们是如何设定各部分的比率的？竞争对手有没有采取非正常的，诸如“挖墙脚”之类的措施？这个时候，设计具有竞争力的企业薪酬对于稳定销售队伍会起到相当重要的作用；否则，将以丧失销售队伍和市场机会为代价。

4.员工因素

（1）员工期望。销售人员对自己薪酬的期望值是多少？如果达不到自己的期望值，那么即使他在企业工作，也仅仅是权宜之计，而且在这种状态下，销售人员的积极性肯定欠缺，不利于企业的长远发展。

（2）员工绩效。员工的薪酬是一定要与其业绩结合起来的，也只有这样才会体现“多劳多得”的原则。但在有的企业或行业中，员工业绩其实是很难衡量的，因为大多数产品都有一个自然销量，也就是说在业绩中，难以衡量有多大比重是由销售人员的个人努力来实现的。

11.2.5　选择薪酬制度类型①

一般来说，在企业薪酬制度的实践中，根据行业及企业的实际，现行的销售人员薪酬制度大致有以下几种类型：

1.纯薪金制度

纯薪金制度是指无论销售人员的销售额是多少，他在一定的工作时间内都获得固定数额的薪酬。这种薪酬制度适用于销售人员从事例行销售工作，如销售文秘及内勤，驾驶车辆分送酒类、饮料、牛奶、面包和其他类似的产品；当企业生产的是大众化的产品而且容易推广时，企业也偏向于采用没有佣金的固定薪酬制度，或者当企业销售人员需要为客户提供技术或咨询，纯薪金制度也常常被企业采用。

纯薪金制度的优点是：易于了解，计算简单；销售人员收入有保障，易使其有安全感；当有的地区进行调整时，可以减少敌意。

纯薪金制度的缺点是：缺乏激励作用，不能持续扩大销售业绩；有失公平，有薄待工作优良者及厚待工作落后者之嫌。若不公平的情形长期存在，则销售人员流动率将提高，而工作效率最高的人将首先离去。

2.纯佣金制度

该薪酬制度是与一定期间的销售工作成果或销售数量直接关联的一种形式，即按一定

① 陈涛. 销售管理［M］. 武汉：华中科技大学出版社，2008：228-230.

比率给予佣金。这样做的目的是给销售人员以鼓励，其实质是奖金制度的一种。当企业的产品刚上市，需要迅速开拓市场，公司的销售重点是获得订单，而销售以外的任务不太重要时，佣金制度被广泛使用，如服装业、纺织业、制鞋业，以及医药品、五金材料的批发业等。有些没有实体产品的行业，如广告、保险和证券投资业，也可以采用纯佣金制度。

纯佣金制度的优点是：可以最大限度地激发销售人员的工作热情；销售人员的收入是其行为的直接结果；销售人员可以获得较高的薪酬；销售人员容易了解自己薪酬的计算方法；业绩差的销售人员通常会选择自动辞职；控制销售成本较容易，可减少公司的营销费用。

纯佣金制度的缺点是：销售人员的收入不稳定，在销售波动的情况下其收入不易保证，如季节性波动、循环性波动等；销售人员忠诚度很差，容易兼差以分散风险，或公司营运状况不佳时，会选择离职；销售人员只顾向客户销售更多的商品，而不关心客户的特定状态。

佣金的计算可根据销售额、销售量、毛利额或利润净额。其计算可以基于总销量，也可以基于超过配额的销售量或配额的若干百分比。具体来说，要注意以下几点：必须确定计量单位；必须确定每单位的提成比率；必须确定提成的初始点；确定提成的支付周期等。

3.混合薪酬制度

（1）薪金加佣金制度。纯薪金制度缺乏弹性，对销售人员的激励作用不够明显；纯佣金制度令销售人员的收入波动较大，销售人员缺乏安全感。而薪金加佣金制度则避免了前两种制度的不足，是一种混合薪酬制度。薪金加佣金制度是以单位销售额或总销售额的一定百分比做佣金，佣金每月连同薪金一起支付，或年终时累积支付。在企业的产品已进入成长期，销售较为稳定时，可考虑使用此种薪酬制度。

该制度的优点是既有稳定的收入，又可获得随销售额增加的佣金。其缺点是佣金太少，激励效果不大。

（2）薪金加奖金制度。薪金加奖金即销售人员除了可以按时得到一定的薪金外，如果销售业绩好还可获得奖金。奖金是按销售人员对企业做出贡献大小而发放的。当企业的产品已进入成熟期，市场需要维护和管理，企业所雇用的销售人员多为管理型人员时可以考虑采用这种薪酬制度。该制度的优点是可鼓励销售人员兼做若干涉及销售管理的工作，缺点是不重视销售额的多少。

（3）薪金加佣金再加奖金制度。该制度兼顾了上述几种方法，以薪金维持稳定，给销售人员以安全感，利用佣金及奖金激发其工作热情，增加工作成效。该制度融合了上述几种方法的优点，在企业产品进入成长期或成熟期，销售人员为"开拓型"或"管理型"时均可考虑采用这种薪酬制度。只是在具体实施时一定要考虑行政及管理上的因素。该制度的优点是：收入稳定，给销售人员提供了更多赚钱的机会，使其生活有保障；奖励的范围加大，使企业销售目标容易按照计划达成，管理方面也能有效地控制销售人员。其缺点是实行此制度需要较多有关记录及报告，计算方法过于复杂，因此提高了管理费用。

（4）特别奖励制度。该制度是规定基本薪酬以外的奖励，即额外给予的奖励。它可以和前面任意一种基本薪酬制度结合使用。

企业给予的额外奖励分为经济奖励及非经济奖励两种。经济奖励包括直接增加薪金、佣金或间接的福利，如假期加薪、增加新保险等。非经济奖励的方式也很多，如通过销售竞争给予销售人员一定的荣誉，如记功、颁发奖章及纪念品等。额外奖励可根据销售人员超出销售配额的程度、控制销售费用的效果或所获得新客户的数量等来决定，它一般有三种形式：

① 全面特别奖金，是指企业在特殊的时间里，如圣诞节、春节或年底，不计盈利发给所有销售人员的奖金。企业可以付给每个销售人员同样数额的奖金，也可以根据现在的工资和在本企业工作时间的长短来支付奖金。例如，美国普强公司向那些在公司工作了一到两年的销售人员发放一份相当于他们年薪的1.5%的圣诞红利，工作了两年到三年的人得到的圣诞红利则是年薪的2%。这种奖励是单独支付的，与雇员的业绩无关。

② 业绩特别奖励。这是一种与业绩相关的奖励，有很多种形式，按照奖励给个人还是奖励给集体，可以分为个人业绩特别奖和集体业绩特别奖两大类。奖金的发放不仅可以按总销售额或总销售数量来计算，还可以按毛利率、开发新客户数、公司或地区销售单位的收入或销售额，以及某种产品的销售额来计算。集体业绩特别奖的发放是为了培养团队销售精神，一般是按照销售区域来发放。发给一个销售区域的奖金数额，是把它的业绩同组织内其他销售区域的业绩相比较而确定的。然后，区域销售经理会按业绩再分给每个销售分区一定数额。分区经理则会把这份奖金平均分给全体销售人员，或是根据销售人员的个人业绩分发。

③ 销售竞赛奖。这是一种特别的销售激励，通过给销售人员提供奖励，促使他们实现短期销售目标。这些奖励包括证书、现金、物品或旅游等。销售竞赛是一种有效的激励方式，能够促使销售人员更加坚持不懈地去努力工作。管理部门可以指导销售人员去销售某些特殊商品（如滞销品）或从事某些有利于销售的非销售性活动，这些都是在平时没有竞赛刺激的情况下他们所不愿做的事情。竞赛还可以促使销售人员为达到竞赛目标、赢得额外奖励，工作更加勤奋，工作时间更长。销售竞赛对销售人员还产生了许多间接的影响，如许多销售经理认为，竞赛能增强团队精神及销售人员对工作的兴趣、工作的满足感，并降低缺勤率和人员流动率等。

特别奖励制度的优点是鼓励作用更为广泛有效，常常可以促进滞销品的销售；其缺点是奖励标准或基础不易确定，容易使销售人员感到不公平，带来管理方面的困扰。

上述几种薪酬制度可供销售经理参考选用，具体选用哪一种要视企业的实际情况而定。

11.2.6　销售人员薪酬制度的实施①

通常情况下，企业的薪酬制度一经确定，就应该向全体销售人员进行详细说明与宣传，确保他们了解和掌握公司的薪酬制度，避免产生误解。在实施销售薪酬制度过程中，要做好以下几方面的工作：

1.工作价值评估

工作价值评估是销售经理在对各个工作岗位进行工作描述和职责确认的基础上帮助企业确定不同工作的价值。在某些情况下，销售经理被邀请作为企业工作价值评估委员会的

---

① 克雷曼．人力资源管理：获取竞争优势的工具［M］．孙非，等译．北京：机械工业出版社，1999：235.

成员。

2.协商起始薪酬

在大多数情况下，企业在雇用销售人员时要协商起始薪酬。销售经理应该重视新进销售人员的起薪问题，坚持公平和同工同酬的原则，根据同行业的情况和企业自身的发展战略确定合适的起始薪酬。

3.建议加薪和提升

销售经理通常会对加薪和提升提出建议，此时，科学、公正的绩效评估非常重要。带有偏见和不准确的绩效评估将会导致不公平的薪酬决策，从而打击销售人员的积极性，导致销售业绩下降，甚至会引发跳槽和有关法律争端问题。

4.把销售人员工作变动情况及时通知人力资源管理部门

销售经理在调整销售人员工作的内容和职责时要及时地通知人力资源管理部门，人力资源管理部门根据最新的工作状况重新评价薪酬水平。

5.帮助销售人员获得应得津贴

销售经理应该对企业的津贴政策非常熟悉，并将这些政策规定传达给销售人员；销售经理有责任帮助销售人员得到应得的津贴，即使是对即将离职的销售人员。

销售新视点 11-1

新生代员工的薪酬观

智联招聘调查数据显示，在2015年新一波的“跳槽热”中，80后和90后依然是离职队伍的“主力军”。

从行业分布来看，IT、通信、电子等行业的白领中已经找到新工作或已经更新简历寻找跳槽机会的比例最高。从岗位分布来看，市场公关等职业成为离职率最高的人群。

90后作为职场新生的一代，将会给企业带来许多新元素。对薪酬几乎没什么概念的90后对企业软性要求变得更为苛刻，职业前景、培训发展、学习锻炼机会、福利和工作环境等是90后普遍关注的内容。这些都对企业薪酬体系的灵活性和多元化提出了更高的要求。

职场的新生力量并不热衷于追求薪酬的绝对数值，这在给企业提出了更高的管理要求的同时，给了企业一定的压缩人力成本的空间。众达朴信的调查结果显示，员工发展和学习机会比同等成本的薪酬更能吸引求职者的关注，而与其他优秀企业的交流机会和出国机会等项目都能在很大程度上补充企业薪酬的短板。与单纯的薪酬不同，这些福利项目往往带有很浓的企业文化色彩，这对加强员工与企业之间的交流和默契都是极有帮助的。

资料来源　[1] 刘善仕，王雁飞，等. 人力资源管理［M］. 北京：机械工业出版社，2015.
[2] 杨红英. 人力资源开发与管理［M］. 昆明：云南大学出版社，2014：240.

学思践悟

数字人民币代发工资薪酬 海南这些单位做到啦！

海南开展数字人民币试点工作以来，已从购物消费领域向薪酬发放等多领域深化。据中国银行海南省分行消息，人民银行三亚市中心支行、东方市支行等多家企事业单位已通过中国银行使用数字人民币代发工资薪酬，其中人民银行三亚市中心支行全员使用数字人民币发放了工资、补贴，实现了数字人民币代发薪全覆盖。

数字人民币是人民银行发行的数字形式的法定货币，与纸钞硬币等价，具有价值特性和法偿性。数字人民币代发薪是根据对公客户意愿，将需要发放给员工的工资、奖金、福利等款项，以数字人民币的形式批量支付到客户指定钱包。

中国银行数字人民币代发薪具备覆盖渠道全（线上线下全覆盖）、收款钱包全覆盖（收款钱包既可以是中国银行钱包，也可以是他行钱包）、完全免费、无须开立银行卡、信息安全（人民银行与运营机构统一管理，无信息泄露风险）五大优势。

目前海南全省40余家企事业单位已使用中国银行数字人民币代发薪产品，通过数字人民币代发薪解决了用户开卡繁琐、发薪流程长、费用支出大等痛点问题，员工足不出户即可高效完成全部流程，减少了过去企业收集员工资料开卡、分发卡片、激活等工作，提升职工薪资管理水平，降低企业经营成本，以金融力量服务实体经济发展。

资料来源　陈琼. 数字人民币代发工资薪酬　海南这些单位做到啦！[EB/OL].（2022-04-15）[2022-08-22]. http://www.hq.xinhuanet.com/news/2022-04/15/c_1128564387.htm/news/2022-04/15/c_1128564387.htm.

【思政元素解析】目前，国家正在积极推进人民币数字化试点工作，数字货币是未来货币的发展趋势。数字货币的启用既能极大地降低纸币印制发行的各种成本，又能为用户提供环保高效、安全便捷的服务，极大地满足客户多样化支付方式的需求。企业以数字货币代替纸币发放薪酬，符合数字经济发展的时代要求。同时，数字人民币替代纸币的薪酬发放极大地降低了企业运营成本，提升企业薪资管理水平。

基本训练

第11章即测即评

- **简答题**

1. 简述销售人员绩效考评的程序。
2. 销售人员薪酬制度的类型有哪几种？各有什么特点？
3. 销售人员薪酬制度设计应考虑哪些因素？
4. 解析销售薪酬制度的目标模式。

- **案例分析题**

公司食堂——技术公司的一种特殊logo

员工不会因为食堂选择一家公司，但对公司而言，食堂不再只是员工吃饭的地方那么简单。越来越多的公司发现，吃饭会影响员工的工作效率和积极性。在前程无忧发布的“2014中国最佳人力资源典范”十大单项奖中，“公司食堂”已经作为一种公司福利，成为影响雇主品牌的要素之一。

聪明的公司总是能想出新的办法改善员工福利，最热闹的要数硅谷，而美食作为一种福利已经成为很多技术公司的另一种特殊logo。Google总部拥有20多个食堂，涵盖了日料、中餐、印度菜等各种风味，厨师则都是从各个星级餐馆高薪聘请来的。Facebook的餐馆，除了一家外来餐馆，其他都由公司自营，并免费向员工提供食物，种类也不输给Google，甚至在早上能吃到油条、包子这样很典型的中式早餐。在中国，比如万达北京总部的食堂，有自己的菜园，每天3点有专门的人员前去采摘，并在9点将新鲜食材送到食堂。

除了改善饮食，让员工吃得更好外，用餐体验越来越被重视。万达通过与各部门前台的数据共享，可以准确预测用餐人数。当员工抵达食堂的时候，餐具就已经准备到位。奇虎360专门为食堂开发了一款App，员工能在上面提前看到中午的餐食，在去食堂前就想好自己的选择，节约了在食堂里选择的时间。

更多时候，食堂还被赋予“沟通”的功能。企业希望自己的员工不仅能在这个空间里快速吃完饭，还能留出一些时间与别人交流，这样的想法体现在空间设计上。比如，Twitter餐厅外那个著名的露天阳台，就是员工们一个重要的交流场所；西门子的食堂也将其空间设计成一个更适合社交的区域。

如今，很多公司已经将员工食堂作为体现公司福利和企业文化的途径。

资料来源 王水，江敏．瞧瞧别人家的员工食堂［J］．第一财经周刊，2015（24）．

问题：

1.为什么越来越多的公司重视食堂功能的开发与完善？

2.结合案例谈谈你所在学校食堂的现状并提出改进建议。

• 实训题

实训项目：绩效考核体系设计。

实训目标：

1.掌握绩效考核的方法和流程。

2.提升学生对KPI的提炼和设计能力。

实训内容与要求：

1.选择某销售公司的其中一类岗位，为该岗位设计考核指标。

2.作业内容包括：绩效考核指标设计的流程；指标的内容与权重，并撰写薪酬设计报告。

[第12章]
销售管理控制

学习目标

◆ 重点掌握四把“钢钩”管理控制模式的内容及步骤；掌握销售管理控制的方向和内容；了解销售队伍日常管理控制中常见的问题。

引　例

徐经理的痛苦

徐先生是某公司极具推销经验的推销员，因为业绩优异，被提升为公司天津市场部的销售经理。

上任伊始的他坐在宽敞的办公室里，体味着内心的喜悦，“手下的人都是自己的哥们儿，并且都经过专业技能培训，只要给他们一定的时间，天津市场部一定会在公司一举成名，到那时，我……”徐先生畅游在遐想中……

半年以后，同样宽大的办公室中，身心疲惫的徐先生正在给公司总部写一份辞职报告……

尊敬的刘总：

我在这里的工作已经开展半年了，半年以来，从销售人员表现到业绩都非常糟，甚至让我寒心，我没想到的问题简直是太多太多了……

刚到任的时候，下面的销售人员表现都还可以，精力旺盛，冲劲十足。我也在时间上尽可能地让他们自由支配，一个月下来，大家只是碰碰头，开了一次例会。可是情况并非如我所愿，在一段时间过后，大家的兴奋和冲劲消失了，取而代之的是慵懒，并且我原来很要好的朋友竟然跟我不齐心，甚至对我不服气，散布负面思想……

我下决心对销售队伍进行全面控制，可我自己不爱管人，于是委派了两名主管分别掌控，可是下面的销售人员对于我委派的主管引发了异议和不满，不良的气氛一天天加剧，甚至出现了哄抢客户的事件……

第一季度结束的时候，我去市场上看了看，结果令我出了一身冷汗，公司原有的市场份额正在流失，更糟糕的是，客户对公司的印象很差，怨声载道，甚至有的客户直接对我说：“买了你们公司的东西，简直就是上了贼船。”

没有别的选择，我只有加强对销售队伍的控制力度。那时候我几乎每天都要找人谈话，可是往往压住这个又起来那个，我想在他们当中安插内线的想法最终也落空了，销售队伍的混乱状况已经达到了有很多人想离开的程度……

正在无奈当中，听朋友介绍对销售队伍的控制要靠管理表格，我就像在汪洋大海中找到了救命稻草一样，找资料、借点子，终于设计出一整套的表格，把我所能想到的条目都列了进去，并且强行推行，谁不认真填写，谁就拿不到基本工资……在我的强力控制下，大家还真填了，写的东西还挺多。

回想那时候，我真欣慰了几天，以为自己终于抓住了控制销售队伍的"命脉"。可是直到一个月前，我再去走访客户的时候，面临的现实让我彻底崩溃了……表格中记录的对我们公司产品钟爱有加的客户，其实根本就没有见过我的销售人员，更没有见过我们的产品。

对这种明目张胆的欺骗行为，我也愤怒过，直到我了解到"敷衍"其实是一种普遍现象，大家早就这么干了。

在公司里，我的话已经没有任何力量了，我甚至觉得自己是办公室里最尴尬的一个人，名义上是经理，可实际上整个销售队伍已经完全失控，销售队伍中有混日子的、有自己干私活的，想挣钱发展的小黄已经跟我打招呼下个月要走了。

半年的奔忙中，我自己根本没时间和心情去处理更多事情，去设计未来的状况，自己离客户也远了。

我的确绝望了，最近我总怀念做业务的时候，只需考虑自己的客户，那时业绩好、收入好、大家关系也好。

资料来源 秦毅. 如何管理与控制销售队伍——打造金牌销售团队Ⅱ［M］. 北京：北京大学出版社，2004.

上述案例中徐经理的做法和经历，在有些企业的销售队伍里并不少见。对于销售队伍的日常管理与控制，徐经理并没少费心思，可为什么效果不理想？造成对销售队伍管理控制不力的原因是多方面的，抛开销售模式，最主要的原因是对销售队伍的管理控制缺乏系统化。

12.1 销售管理控制概述

销售管理控制是指销售经理为完成企业销售目标，通过某种手段而对销售队伍的日常销售活动进行指导、指挥、协调和控制的过程。每个销售队伍的目标都是实现近期及远期的业绩目标，要达到这个结果，就一定要控制过程。本章我们进入对销售队伍日常管理与控制部分，因为只有控制过程才能控制结果。

12.1.1 销售管理控制中的常见问题

1. 目标不正确

许多销售经理都知道，对销售队伍的日常管控非常重要，但是为什么重要？也就是为什么要对销售队伍进行日常管控？这个问题听起来很简单，但其实并非如此。针对"为什么管控”这个简单问题，许多销售经理都犯过两类低级错误：一是为管控而管控。在销售经理看来，管控下属每天都在干什么、干到了什么程度等，是自己履行职责的一项重要工作，因此每天的早例会和晚例会就成为管控销售人员的有效形式。销售人员每天的行踪当然要管控，至于管控的目的与意义何在反而被销售经理忽视了。二是仅为业绩而管控。有些销售经理走向了另外一个极端，认为销售管控的目标仅仅是完成业绩，凡是与业绩没有直接关联的事情就全部甩掉。管理表格全部废止，常规销售例会全部取消，在销售经理的心目中只有订单的信息，哪有了订单的信息，就一头扎进去，恨不得管控下属的一言一行。结果发现，有的项目严重束缚了下属的手脚，而有的项目因为下属没有报告而被忽略，整体管控的效果依然很差。

2.管控方式不够全面

如何对销售队伍的日常活动进行有效管控，销售经理在工作实践中运用了许多管控方式。例如，有的销售经理非常重视对早例会的管控，每天都要花费很长时间召开早例会，但效果并不理想。大家对市场上的很多情况以及内心真实想法，并不愿意在例会上谈，例会变成了走形式的简单汇报。因此很多一线的实际情况，通过例会的办法并没有被收集上来。此外，有一些销售经理很重视表单，把表单设计得非常详尽，恨不得让销售人员把一天的“行动流水账”都记录在表单上，可是后来发现，表单里居然有一半内容是充数，甚至是编造的，其结果令这些销售经理大失所望。

以上两种情况，都属于管控方式不够全面，从而导致信息收集不全，销售队伍管理还是处于失控状态。

3.管控分寸把握不当

管控的力度到底是紧一点还是松一点，这在日常管控销售队伍中是最难把握的。

销售模式不同，肯定有不同的管控程度。如果是效率型的销售，则对日常销售活动的管控程度要高，即强调业务员的拜访量，要求业务员拜访客户的数量足够多，尽量使一天的时间都被拜访的过程充满。

对效能型的销售来讲，对订单机会的管控程度要高，即强调发现销售机会、跟进销售机会和把握住销售机会。管控销售队伍都是以销售机会为基础的，销售经理绝大部分时间是在与销售人员共同探讨应当如何发掘某个订单、如何跟进某个订单以及如何拿下某个订单……

可见，有些经理所犯的错误，就是对效率型销售队伍的管控变成了主要跟进某个单子，而对效能型销售队伍的管控变成了主要督促每天必须拜访客户几次，也就是说，管控的分寸把握不当。

12.1.2　销售管理控制的方向和内容

市场变化莫测，组织中的团队成员各有特点，销售经理每天接收的信息也就五花八门。销售经理面对纷繁复杂的各种信息，注意力到底应放在哪里？重点管控哪些内容，才能达到理想的目标？一般而言，销售经理应针对不同的销售模式采取不同的管控方向。图12-1、图12-2分别是效能型和效率型销售队伍的日常管控示意图。

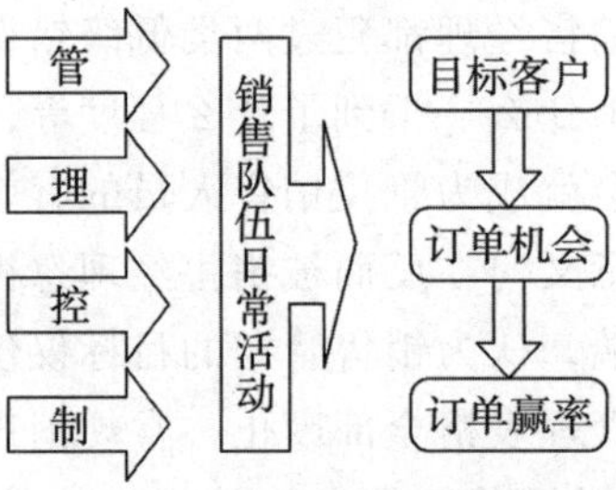

图12-1 效能型销售队伍日常管控示意图

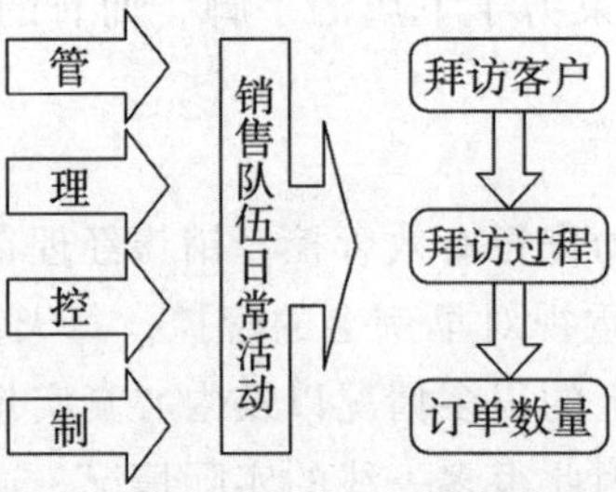

图12-2 效率型销售队伍日常管控示意图

提升业绩是销售队伍管控的核心目标。对于效能型销售队伍来讲，“提升获得订单的机会数、争取每个订单机会的获胜概率”，是销售队伍管控的核心目标。督促销售队伍去开拓更多的目标客户，其目的是争取更多的订单机会，面对某一个订单机会，大家齐心协力，在其他部门的配合下推进订单，提升该订单赢的概率，从而完成销售目标。

对于效率型销售队伍来讲，“通过提高拜访客户数量、提升每个拜访过程的效率”，是销售队伍管控的核心目标。督促销售队伍中的每一个成员每天尽量多去拜访客户、问候客户，同时，以尽量标准合理的动作完成每一次拜访，通过管控这两点，就能够很好地提高整体销售队伍的订单数量，从而完成销售目标。

12.1.3 四把“钢钩”的管理控制模式①

管控销售队伍有多种途径，包括表格、例会、平时沟通等。经过对近四百名来自各类销售模式企业销售经理的访谈，总结出以下四种管控模式，它们不仅应用面广，而且应用效果不错，彼此互补，比较好地管控了整个队伍的日常销售活动。②

（1）第一把“钢钩”——管理表格。在管控销售队伍过程中，销售经理通过分析销售部业务表格、销售人员的报表、客户管理表格等，实现对销售人员的有效管控。

（2）第二把“钢钩”——销售例会。销售例会在以效率为导向的销售模式中，运用得非常频繁并且有效。例如，早晨有晨会，晚上有夕会，每周有一个小结会，每个月有一个总结会等。而在以效能为导向的销售模式中，虽然使用这把“钢钩”的频率低，一般是双周、月度、半年度和年度，但针对性更强。

（3）第三把“钢钩”——随访观察。随访观察，顾名思义就是随同销售人员一起去拜访客户，对销售人员所从事的各个销售环节进行实地考察，并对其遇到的各种问题随时进行辅导。这是一种最具普遍性的管控模式，绝大部分销售经理都广泛采用过这种随访观察

① 李野新．新会议营销·一本正经［M］．深圳：海天出版社，2007：116-119.
② 秦毅．如何管理与控制销售队伍［M］．北京：北京大学出版社，2004.

的模式来了解和管控销售人员，这种模式对销售人员个体的管控针对性很强。

（4）第四把“钢钩”——述职谈话。这里特指“一对一”或“一对多”的交互式工作谈话，而不是一对多的工作汇报，也不是多对多的轮流汇报。

述职谈话运用得当，不仅可以了解销售人员的核心想法，还可以正式地给销售人员传递信息，明确告诉客户以及公司对其的评价和下一步的工作建议。

12.1.4　四把“钢钩”的控制要点①

四把“钢钩”相互配合，针对销售队伍的日常销售活动，最终应当起到以下几项作用：

1.工作方向控制

四把“钢钩”的第一个控制要点就是对工作方向进行控制。有些销售人员不能说没有去拜访客户，但是他所拜访的客户没有价值，或者因财务的原因根本不可能进行采购，也就是根本不是公司的“目标客户”。也许对方很热情，但是根本不可能购买产品，即使销售人员跟客户谈得很融洽，销售人员耗半天时间在客户那里，最终也只是聊天而并非拜访。通过运用四把“钢钩”，应当找出这样的现象，帮助销售人员改善。

2.销售进程控制

换句话说，就是掌控销售人员所处的销售阶段，即所处“订单赢率”的位置。比如有多少个客户是处于初步接洽阶段，有多少个客户已经进入方案展示阶段，有多少客户已经进入核心谈判阶段，有多少客户马上就要签约等。尤其是效能型销售队伍的销售经理，要了解并控制销售人员的工作进程，然后有针对性地帮助其分析客户，从而给其工作以有力的支持。

3.操作流程控制

每个公司都规定有核心业务流程，正常情况下，每次销售工作都应该遵循公司的规定来进行，越是大型的公司，越不允许“以不正当的方式达成阶段性的结果”。通过四把“钢钩”的控制，了解和规范销售人员的工作过程，也是非常有必要的。

4.工作状态控制

最后一个控制要点是工作状态的控制。比如销售人员的工作例会、培训和考勤的出席情况，日常工作表现以及与同事的配合状态等，也都是四把“钢钩”可以跟踪和督促的。

12.2　销售管理控制的基础表格

销售活动需要进行有效的管理和控制，为了能够方便有效地进行业务管控，需要利用一些表格把许多业务内容进行归纳整理。不同的业务内容利用不同的表格概述，不同的表格由不同的人员填写，同时由不同的管理层监控。一般来说，管控销售活动的管理表格主要有两大类：一类是管控销售队伍日常销售活动的基础表格；另一类是掌控客户以及竞争对手情况的基础表格。前者统称为工作过程类表格，后者统称为市场信息类表格。

① 周文，叶新平．经理加速度——MTP职业经理人素质提升手册［M］．长沙：湖南科学技术出版社，2005：142.

12.2.1 工作过程类表格[①]

1.销售业务表格

销售业务表格是销售活动中对企业销售人员的销售计划、销售进程、销售结果等进行控制的一种表现形式，这里只对一些最基本的表格进行说明。在实际工作中，不同产品阶段、不同产品类别的销售计划及销售过程等需要控制的内容都是有区别的，不同企业的销售部门需要根据自己的实际情况进行一些必要的修正。销售业务涉及很多表格，下面仅列举几种常见的表格类型：①销售部销售日报表（见表12-1）；②销售部销售月报表（见表12-2）；③销售代表日报表（见表12-3）；④销售代表月报表（见表12-4）。

表12-1 **销售部销售日报表**

销售部销售日报表说明	
该表格的作用	使销售部门和企业管理人员更准确地了解销售进展情况，以便及时进行执行策略、方法的修正，同时对有效完成周计划及月度计划提出建议
直接目的	准确地掌控公司销售进度 随时根据市场情况对销售政策进行调整 准确掌握每个销售区域的销售情况
填写人	销售部销管人员
填写及呈交时间	每天12点之前填写上一个工作日的报表
呈报对象	总经理、销售部经理、市场部经理以及各级销售主管
数据来源	销售代表日报表 销售代表每日订单 送货员日报表 每日送货单 财务部提供账款情况

制表人： 年 月 日

区域名称	销售量（箱）	目标销售量（箱）	目标达成（%）	拜访客户数（个）	交易客户数（个）	拜访成功率（%）	新开客户数（个）	账款回收率（%）	赊账金额（元）
合计									

① 刘永炬. 销售部［M］. 北京：京华出版社，2005：141-146.

表12-2　**销售部销售月报表**

销售部销售月报表说明	
该表格的作用	为了更清晰地了解一个月内的销售状况，为季度计划的完成提供修正依据，同时可以为企业了解市场变化，从而修正阶段性的策略提供参考
直接目的	清楚地掌握公司的月销售状况
填写人	销售部销管人员
填写及呈交时间	每个月月初第5个工作日填写上一个月的销售状况
呈报对象	总经理、销售部经理、市场部经理
数据来源	销售代表月报表 销售代表每月订单 送货员月报表 每月送货单 销售部销售日报表

制表人：　　　　年　　月　　日

区域名称	销售量（箱）	目标销售量（箱）	目标达成（%）	拜访客户数（个）	交易客户数（个）	拜访成功率（%）	新开客户数（个）	账款回收率（%）	赊账金额（元）
合计									

表12-3　**销售代表日报表**

销售代表日报表说明	
该表格的作用	是企业了解市场一线工作具体执行情况的依据之一，同时可以根据每个销售代表的工作情况对第二天的工作进行具体的调整，也是每天销售部门进行晨会时及时进行跟踪工作的主要参考材料。销售代表日报表的执行和检查可以让销售代表随时有一个推力，让销售代表被企业的管理制度推动着成长，企业的销售业绩也会随之增长
直接目的	准确、翔实地了解销售代表的每天工作量 为每个销售代表的月考核提供依据
填写人	销售代表

续表

填写及呈交时间	每天返回公司时填写
呈报对象	由直属领导进行审阅
如何填写	翔实 避免虚报、夸大等

制表人：　　年　　月　　日

序号	客户名称	拜访时间	拜访人	订货量	拜访主要内容	备注
1						
2						
3						
4						
小结	拜访客户数	拜访成功率	交易客户数	订货量	新开客户数	

表12-4　**销售代表月报表**

销售代表月报表说明	
该表格的作用	为总结销售部门的整体工作提供依据。每个销售代表的月报表整合起来可以完整地了解销售区域内的月销售情况，为销售部门整理出部门的月报提供数据，同时可以考核每个销售代表管辖区域的能力，并通过月报表了解各个区域的市场变化，从而为企业修正销售计划及区域市场支持策略提供具体数据
直接目的	真实地反映每个销售代表的工作状况 对每个销售代表的月工作进行小结
填写人	销售代表
填写及呈交时间	每个月月初第5个工作日之前
呈报对象	由直属领导审阅
如何填写	按照企业设计好的表格进行填写 计算机数据由企业的销售管理人员进行归纳整理

制表人：　　年　　月　　日

续表

区域名称	客户名称	目标销售量（箱）	实际达成率（%）	账款回收率（%）	投入的市场费用（元）	促销活动成功率（%）	客户年销售协议达成率（%）
小结	拜访客户数		交易客户数		订单数	订货量	新开客户数

2.销售计划表格

销售计划管理是有效控制企业销售进程的方法之一，每个企业都有3年规划，并在3年规划的基础上相应地制订一年期的计划。对于这些规划的完成情况需要在过程当中进行有效的控制，企业还需要制订半年或3个月的计划。这些计划要落实到每个销售代表，因此企业销售部门和销售代表都要制订与推行多种形式的销售计划表，主要有销售部年销售计划表、季度销售计划表、月销售计划表；销售部年销售任务分配表；销售部区域年销售计划表；销售代表年销售计划表、月销售计划表等。下面仅列举销售部年销售计划表（见表12-5）和销售部月销售计划表（见表12-6）。

表12-5 **销售部年销售计划表**

该表格的作用	销售部门的年度销售计划是根据企业的整体策略，为了更好地完成企业的年度经营目标而制订出来的。有了这个计划，销售部门可以根据区域的情况分解成区域季度计划，季度计划可以再分解成月计划，月计划可以再分解成每个销售代表的周计划及日计划等。总之，年度销售计划是先于其他计划而产生的，是以去年的完成情况为依据，结合市场的成长指数、企业推广资源的支持状况、产品阶段性需求、企业人员的自我评估及产品品质、品牌提升等多种因素综合比较设计出来的
直接目的	有计划地销售公司产品，以期完成公司下达的销售任务 寻找销售机会，提高公司产品的铺货率，扩大公司的品牌影响力
填写人	总经理、总经理助理、销售部经理、市场部经理
填写及呈交时间	每年10月制订下一年度的销售计划 计划必须与总经理、总经理助理、销售部经理、市场部经理共同完成
呈报对象	完成后呈交总经理、总经理助理、销售部经理、市场部经理
数据来源	销售部销售月报 3个月滚动预测
制表人： 年 月 日	

续表

项目＼月份		1	2	3	4	5	6	7	8	9	10	11	12	合计
销售量	年实际													
	年预测													
账款回收率（%）	年实际													
	年预测													
交易客户数	年实际													
	年预测													

表12-6 **销售部月销售计划表**

销售部月销售计划表说明					
该表格的作用	是为完成季度计划而有针对性地制订出的一个销售计划。可以通过它对业务进行分解，也可以通过月计划的执行对策略进行修正				
直接目的	有计划地销售公司产品，以期完成公司下达的销售任务 寻找销售机会，提高公司产品的铺货率，扩大公司的品牌影响力 制定每个区域的销售考核指标				
填写人	销售部销管人员				
填写及呈交时间	每个月月底填写下个月的销售计划 计划必须与总经理、总经理助理、销售部经理、市场部经理共同完成				
呈报对象	完成后呈交总经理、总经理助理、销售部经理、市场部经理				
数据来源	销售部销售日报表 销售代表月销售计划 销售部年销售计划				
制表人：　　　　年　　月　　日					
区域名称	目标销售量（箱）	账款回收（元）	促销活动时间	促销活动的主要内容	投入的市场费用（元）
总　计					

12.2.2　市场信息类表格①

1.竞争对手信息表

竞争对手的信息主要来源于身处第一线的销售代表。他们会了解客户选择谁的产品、竞争对手产品在店内的表现、竞争对手产品在客户那里的实际运行情况，也可以从客户那里或从其他途径了解竞争对手产品的最新信息。

从客户的角度来说，客户会有多种品牌的选择，而销售代表要做的是了解竞争对手的信息，以便更好地引导客户倾向于选择自己的产品，这点对于销售代表来说非常重要。从销售代表那里收集到的信息丰富而零散，如果不采用统一的形式记录、整理和存档，这些信息会很快流失掉。因此，公司要建立竞争对手信息表，记录竞争对手的基本情况。下面介绍几种常用的关于了解竞争对手信息的表格，见表12-7和表12-8。

表12-7　××地区竞争对手产品运行（或使用）情况记录表

信息源：	记录人：	记录时间：
竞争对手名称：		
产品A		
产品B		
产品C		

表12-8　××地区客户购买信息表

客户	信息源		填写人	日期
公司	产品品牌名称	购买数量	单位金额（元）	合计金额（元）
A公司				
B公司				
C公司				

客户购买信息表可以记录客户所购买的竞争对手的产品名称、数量，还可以加入客户购买原因分析。这种信息通常来自客户的反馈。

通过表格记录竞争对手产品在客户处的使用或表现情况，非常重要，往往会成为销售

① 刘永炬. 销售部［M］. 北京：京华出版社，2005：141-146，155-169.

人员销售的有力武器。

2.客户信息表

客户信息表用来记录重要客户中的相关人员、合作过程和特别事件等重要信息，主要有客户资料卡、客户销售记录表、客户月销售分析表、客户促销活动计划表、客户促销活动售后分析表、客户年销售分析表、客户年销售计划表、客户业绩统计表、客户投诉记录表等。下面仅列举客户资料卡（见表12-9）、客户年销售计划表（见表12-10）、客户业绩统计表（见表12-11）、客户投诉记录表（见表12-12）。

表12-9 **客户资料卡**

客户资料卡说明	
直接目的	提供客户的详细背景资料 帮助销售人员有效地制订销售计划及回款计划，提高公司效益 使销售代表能有效地帮助客户制订销售计划，提高公司效益
填写人	销售代表
填写及呈交时间	建立客户关系时或开发新客户时 客户进货记录在客户处填写
呈报对象	呈交上级主管审批
特别提示	客户资料卡中客户月销售分析表、客户促销活动计划表、客户促销活动售后分析表、客户年销售分析表、客户年销售计划表的内容可根据客户的重要程度选择填写，建议A类、B类客户填写全部内容

客户资料卡（例）填表日期： 年 月 日

客户编号：

客户等级：A□ B□ C□ D□

客户名称（开增值税发票全称）：______________________________

法定地址：__________ 邮编：__________ 电话：__________ 传真：__________

经营地址：__________ 邮编：__________ 电话：__________ 传真：__________

营业面积：

客户性质：合资□ 国有□ 股份□ 外资□ 私营□

市场编号：

请在相应的位置画“√”

售点地编号	售点类型编号	1	2	3	4	5	6	7
	售点类型 / 售点地	超市	便利店	餐饮	酒吧/咖啡厅	服务行业	批发	其他类型
1	商业街							
2	居民区							
3	综合性购物中心							

续表

售点地编号	售点类型编号 售点类型 \ 售点地	1 超市	2 便利店	3 餐饮	4 酒吧/咖啡厅	5 服务行业	6 批发	7 其他类型
4	旅游景点							
5	影剧院							
6	娱乐场所							
7	运动健身广场							
8	机场							
9	火车站							
10	地铁							
11	加油站							
12	汽车站							
13	星级饭店							
14	旅店							
15	学校							
16	写字楼							
17	工矿企业							
18	军队							
19	医院							
20	政府							
21	外埠							
22	批发市场							
23	其他							

资信度：良□　　中□　　差□

良：全年账款执行情况良好，严格按照公司销售合同执行。

中：全年账款执行情况一般，对公司的销售合同重视不够，严格按照售点内部的结账程序进行结账。

差：全年账款执行情况不好，对公司的销售合同不重视，经常借故延迟结账。

是否有分店：是□　　否□

如答“是”，请写明有________家分店，并填写每个分店的具体情况（表附后）。

是否为统配：是□　　否□

如答“是”，请填写清楚统配地址：____

售点的经营方针：____

售点的平均客流量：________人/周

分店的具体情况表略。

表 12-10 **客户年销售计划表**

项目＼月份	1	2	3	4	5	6	7	8	9	10	11	12	合计
计划销售量													
占公司销售量（%）													
销售额（元）													
账款回收（元）													
欠款率（%）													
促销活动成功率（%）													
促销活动内容													
投入的市场费用（元）													

表 12-11 **客户业绩统计表**

年份＼月份	1	2	3	4	5	6	7	8	9	10	11	12	合计
2017													
2018													
2019													
2020													
2021													

表 12-12 **客户投诉记录表**

记录人： 时间： 联系电话： 新拜访□/通过他人□

家庭地址		
单位		
投诉原因		
责任人		
要求		
处理人	姓名：	时间：
处理方式		
处理结果		
主管人签字		

12.3　管理表格的设计与实际应用

在管理表格的运用过程中，经常会出现各种各样的问题：有的企业表格设计得过于复杂，销售人员不愿意填写；有的企业表格成堆，填完后无人利用。凡此种种问题的出现，原因都是多方面的，要想尽量减少这些问题的发生，就要注意管理表格的设计及实际应用。

12.3.1　管理表格的设计要点①

设计管理表格的总体原则是删繁就简、急用先行、控制关键。具体来说，管理表格的设计包括如下要点：

1.简洁

管理表格的设计一定要简洁，不能设计得太复杂。一般来说，销售人员填写表格的时间，每天平均不应超过半小时，因为如果超过了半小时，就会太多地占用销售人员有效拜访客户的时间，从而对销售人员的整体效率产生负面影响。

销售人员的时间大致可以分为3部分：

(1) 客户拜访类时间，是指销售人员为客户帮忙、直接往返路途、与客户谈话、推荐产品和提供服务等接触客户花费的时间。

(2) 商务支持类时间，是指销售人员为了达到比较好的销售而进行计划、学习、内部沟通联系和调配资源等花费的时间。

(3) 零散调整类时间，是指销售人员在办公室闲谈、走神儿、休息等用在放松调整上的时间。

一般来说，销售人员的3部分时间分配比较好的结构应当是“532”结构。销售人员至少将50%的时间用于直接与客户打交道；30%的时间用于支持客户，或者做支持客户的相关工作，也包括参加例会、培训等工作；20%的时间进行放松和交流等。

销售人员填写管理表格的时间，应当算到商务支持类时间里。于是我们可以推算一下，上班时间是8小时，商务支持时间大约是两个半小时。在这两个半小时的时间里，有内部会议、领导谈话、给客户做方案和内部协调等诸多工作，因此如果设计的表格过于复杂，填写表格的时间过长，超过了半个小时，就不得不压缩客户拜访的时间，这会对绩效产生负面影响。

2.清晰

管理表格的栏目设计一定要清晰，不能模糊笼统。什么栏目是模糊笼统的呢？例如，在设计的表格栏目里，出现了“接洽过程”这样的栏目，则销售人员提笔就不知道该写什么了，只能填写诸如“与客户套近乎、探讨问题、闲聊”之类的话了，这样填写，无论是对销售经理的跟进管理，还是对销售人员自己的回顾分析，意义都不大。

什么栏目是清晰的呢？例如，“时间”“客户名称”“标准”“结果”等栏目的提法就比较清晰，填写要求也相对明确。

---

① ［1］秦毅．如何管理与控制销售队伍——打造金牌销售团队Ⅱ［M］．北京：北京大学出版社，2004.［2］莫测．10分钟打造完美销售团队［M］．北京：中国经济出版社，2005：60-63.

3.具有承上启下的延续性

管理表格的设计要尽量具有承上启下的延续性，即管理表格应当一环套一环。如工作计划表，应当是季度工作计划表、月工作计划表、周工作计划表和工作日志表，这样由远及近，滚动细化，每个表格之间都具有承上启下的延续性。

4.是否具有真实的可查性

真实可查，即管理表格填完后，销售人员填写的内容是否属实应当可以查证。例如，在工作日志表中设计的诸如“企业名称”“客户姓名”等内容，配合客户档案表，就比较容易查证，必要时销售经理可以通过电话或拜访对销售人员的填写情况进行核实。

5.可发现问题并进行指导和做修正

管理表格的设计应该可以发现问题并进行指导和做修正。销售经理通过分析管理表格的填写内容可以指导销售人员的具体工作。比如在拜访过程类管理表格上，一定要体现3个要点：

（1）针对某客户所花费的时间。因为从对客户的时间投放，可以看出这个销售人员所关注的客户群是否准确。

（2）针对客户是什么人。从此点可以看出这个销售人员接触的客户是哪个层次的，是执行层、管理层还是决策层，未来就可以帮助他进行分析。

（3）与客户探讨了哪些话题。去展示产品，还是去了解客户的需求背景。因为了解了这些信息，对这个销售人员的推单方式就有了一个初步的把握，未来就能够比较好地帮助他提高这个销售机会的“赢率”。

相反，如果在管理表格里，不设计这些对未来管理控制有益的栏目，就不能通过表格收集这些关键步骤的信息，管理表格的应用效果就会大打折扣。

12.3.2 管理表格的推行与督导①

管理表格的设计工作虽然复杂，但作为销售经理，推行和督导大家填表更难。在管理表格的推行过程中，一般会遇到3个问题：一是抵触不填写；二是填写时敷衍；三是填完后不利用。销售经理应该采取有效措施防止这些问题的发生。

1.销售经理如何面对“抵触”

抵触情况并不罕见，尤其是销售队伍以前缺乏规范的管理，突然增加管理表格的控制方式，大家都会不适应。当然，即便如此，当面跳出来抵触的，也仍然是少数。面对带有“抵触”情绪的个别销售人员或一个小群体，应采取以下方法予以纠正：

（1）当众表明立场和决心。首先，要求销售经理或是更高级经理，在正式的工作例会上，向整个销售队伍强调管理表格是公司规范化运作的标志。其次，强调管理表格对每个销售人员的业务活动具有很强的推动作用，国际知名公司也都是通过各种管理表格，来实现管理和业绩双丰收的。而且在正式会议上，公司领导要强调公司推广规范化管理的决心，并明确公司针对管理表格的奖惩措施。

（2）个别谈话说明利害。公开性的会议结束后，还会有个别销售人员明里或暗里“抵触”。这时，销售经理应当找他们进行个别谈话，谈话首先不是指责和教训，而是先

① ［1］秦毅. 如何管理与控制销售队伍——打造金牌销售团队Ⅱ［M］. 北京：北京大学出版社，2004. ［2］谢宗云. 销售业务与管理实训教程［M］. 成都：电子科技大学出版社，2007：131–133.

倾听他们的真实想法。因为有的销售人员是因为对管理表格有偏见才抵触的，这时应当再次强调管理表格对公司和个人的重要性。如果发现对方是因为自己懒散、做兼职等不可公开的原因而不愿填写表格的话，就要明确警告，表明这是公司的立场，使其不能存侥幸心理。

（3）配合考核鞭策。在管理表格推进的过程中，一般允许有两周到四周的过渡期，一旦过渡期结束，就一定要按公司规定落实奖惩。在管理表格的推行过程中，一定要做到执法必严、违法必究。

（4）奖励“老黄牛”。管理表格的推行不仅要落实到具体的奖惩上，而且对于那些积极配合、认真填写表格的销售人员，要不断鼓励，把他们树为榜样。这样做既可以表明公司的立场，销售经理也可以借此向大家表明自己的态度，此点对于效率型销售队伍尤其重要。

2.销售经理如何面对“敷衍”

在销售队伍中，“敷衍”比“抵触”出现的概率更高，对表格管理的伤害也更大，因为敷衍是隐性的，所以处理起来难度也更大一些。

（1）明确如何填写和填写要求。销售经理看过许多管理表格，其中存在大量的敷衍现象。扣除表格本身设计得不合理的因素之外，有些销售人员实在是不知道表格的某些项目应该怎么填、应该填什么，因为搞不清，又必须交，那就只有敷衍了事了。因此，面对敷衍的表格，作为销售经理，首先要问这个销售人员，是否不知道表格应当怎么填写，不知道应该填写到什么程度；如果答案是肯定的，就需要尽快辅导，手把手地教他如何填写。

（2）有“较真儿”精神。也有相当一部分的敷衍者，他们很清楚公司的要求，但是出于想省事儿或是不愿让销售经理知晓太多信息，就对填表敷衍了事。对待这样的人，最好的办法就是较真儿。如果填写不合格，一次不行填两次，两次不行填三次，而且要详细核查，从月到周、从周到日，逐项询问、逐项落实更改的原因。只要连续三次，对方就明白了，“敷衍”不如“认真”划算，销售经理这一关不是好敷衍的，以后表格的填写自然就会准确而充实了。

（3）诉求正确。例如，在某个企业的销售队伍里，有三个严重的敷衍者“屡教不改”，其填写的月计划寥寥几笔，而且笔走如飞，但进一步观察发现，原来问题出在销售经理那里。销售经理查看所有的表格，目的只有一个，就是要找出你是否有空闲时间。如果从日志上发现你有两个小时的空闲时间，就会对你今天的表现大加指责，甚至口出“公司不能养闲人”“想干就干，不想干明说”等恶语。

管理表格当然有监控销售人员工作的作用，但更重要的是为了提高销售人员的业绩水平，所以销售经理不能把表格视为批判销售人员的“利器”，若此，销售人员很快就会明白，谁填得越仔细，谁就会更容易被抓住“把柄”，因此很多销售人员就会视表格为“洪水猛兽”，其填写效果自然也就可想而知了。

3.销售经理如何面对“不利用”

填表的目的在于利用，如果没有了利用，仅仅起到销售经理对销售队伍的日常管控，表格管理的作用还是要打折扣。

面对“不利用”这个问题，销售经理有两个办法可以参考：

（1）经理引导。经理在与销售人员探讨表格的时候，要着力引导销售人员认真使用这些表格。比如，在辅导下属订立月计划时，第一次可能要帮助他进行每周分解，然后要帮助他进一步分析当前正在接触的客户，看一看根据客户订单赢率的情况，下个月哪几个客户可以签约等。

（2）样板分析。对表格利用充分且保存完好的销售人员，销售经理可以让他在销售例会上介绍经验，让他拿出自己的表格进行示范，这样会大大调动大家挖掘表格的潜力、利用表格指导销售活动的意愿。每个人翻看自己的表格，就像看自己的日记，只要当时是认真填写的，就肯定会有回忆、肯定会有宝藏。

12.4 销售例会①

在针对销售队伍的日常管控中，例会起到了非常重要的作用，并且这种作用绝不是表格和谈话能够替代的，因为在人的感知认识中，会议是“正式的、公开的”。所以，作为一名销售经理，如果能够把销售例会这种管理形式运用得很好，不仅可以通过这种“正式公开”的形式向销售队伍传递很多信息，还能够对销售队伍的整体氛围起到有效的引导、调控和推动作用。

12.4.1 常见的销售例会形式

1.早例会

早例会又称“早会”，是销售人员群体激励并且汇报一天工作安排的会议，是每个工作日都要召开的例会，对于以效率型为导向的公司，建议强力推行。

2.晚例会

晚例会又称“夕会”，是销售人员一天的拜访结束后，进行一天的总结，汇报明日安排的会议，是每个工作日都要召开的例会，适合于效率型的管控模式。

3.周例会

一般在每周五召开，主要讨论总结一周的情况，并对未来一周的销售活动做出计划与安排。

4.月度与季度例会

每月与每季度召开的例会，会议的时间更长，讨论的问题更深入，并且伴有培训、公司政策宣布等重大问题的讨论。

5.半年与年度例会

半年与年度召开的例会，一般会制定大周期的销售政策，还伴有培训活动，会议的主题更明确，包括销售指标、销售队伍建设、考核激励机制、产品线和客户趋势等。

6.专项例会

此种会议不一定是定期召开，其特点是会议的主题明确专一，讨论分析最为深入。可以是这样一些主题：应对竞争对手策略、产品卖点、目标计划和专题培训等。

① ［1］秦毅．如何管理与控制销售队伍——打造金牌销售团队Ⅱ［M］．北京：北京大学出版社，2004．［2］莫测．10分钟打造完美销售团队［M］．北京：中国经济出版社，2005：74-78．

上述六种常见例会，虽然周期不同，侧重点不同，但是销售经理如果能够把六种会议在时间和内容上互相配合，组合作为四把“钢钩”中的一把，对整体队伍氛围和方向的有效控制就会大有益处。

12.4.2　销售例会的常规目标

销售例会无论召开的频率是高还是低、时间是长还是短，目的都是加强对销售队伍的管理，那么销售例会都包含哪些常规目标呢？秦毅先生曾对近百次各种类型销售会议进行研究并归纳总结，认为销售例会的常规目标可以归为以下六类：

1.表彰先进

在公开的会议上，对表现优秀的员工给予表彰，是对该员工的最大鼓舞，同时为整个销售队伍树立榜样，使大家在榜样力量的引导下，按照队伍的规则和要求去做。

2.群体激励

通过现场的一些团队活动，如“爱的鼓励”“我不错”“沃尔玛的拍手”等游戏，调动大家的情绪，使大家能够积极地投身到一天的工作中去。

群体激励的模式在早会中运用得最为普遍，对一天的激情鼓动、控制一天的工作状态颇有成效。

3.收集信息

收集信息，也是例会的重要目标。私下单独交流，可以收集不少信息；但是在会议的状态下，大家的思维可以相互碰撞，在这种类似“头脑风暴”的环境下收集信息，信息量更大，更有效率。

4.警示强调

警示强调，从纯粹控制的角度来讲，作用最为直接。因为在公开会议的状态下，正式地表达自己对某些不良现象的不满，或者对某些关键环节的关注，比平日的旁敲侧击，效果要好得多。

5.解决问题

在管理活动和销售活动中，肯定会发生很多问题，诸如产品质量、内部配合、客户抱怨、市场环境和群体氛围等，把这些问题拿到会上进行必要的讨论，使大家对问题的认知相对统一，并且得出结论性的看法或者解决步骤，这是例会的重要目标之一。

6.培训研讨

通过例会的形式，见缝插针地实施专题研讨和培训，能起到非常好的效果。

当然，通过一个会议或一种类型的会议不可能达成上述所有目标，各种类型的会议达成目标的侧重点有所不同（如图12–3所示）。从图12–3中可以看出例会种类和达成目标之间关系的特点：短期的、频率高的会议，收集信息的功能较强，这里的信息包括客户、市场、工作安排和项目进展等。时间长、频率低的会议，解决问题是其主要职能，包括诸如分配业绩计划、梳理内部流程和客户抱怨解决等。当然很多问题如内部部门间的协调，也不可能用一次月例会或半年例会等就可以解决。专项会议解决专项问题，或者是进行专项研讨和培训，要避免涉及其他。

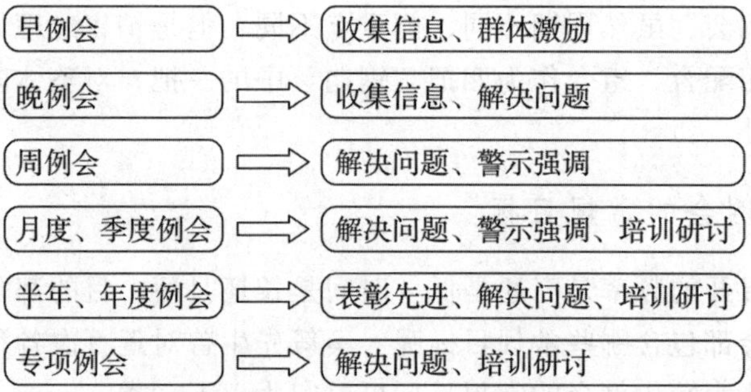

图12-3　例会种类与达成目标

12.4.3　主持销售例会的技巧

销售经理主持销售例会，用这把“钢钩”来管理控制销售队伍的时候，要注意以下几个问题：

1.开会前要充分准备

无论是早会、夕会还是周例会或月例会等，销售经理对于会议的内容，一定要事先梳理，至少要在工作记录本上按条目列好纲要。如果讨论的内容都是触景生情、有感而发，不仅不利于与会人员的领会，还会节外生枝，造成负面影响。

2.不可喧宾夺主

要明确召开销售例会的目的是管理队伍和提升业绩，会议的主体永远是与会的销售人员，而不是销售经理个人；销售例会绝对不应该成为销售经理发威的场所，如果销售经理把例会当作发威或者展示自己经验、学识的场所，这样的例会肯定不是帮助管理控制的“钢钩”，而是伤害自己与销售队伍的一把“刀”。

3.注意控制时间

无论何种形式的销售例会，有话则长，无话则短。每个销售人员都有自己的时间与空间，销售经理在主持例会的时候，一定要把握相应的分寸。对于表达能力好、表现欲也很强的销售经理，这一点尤其要注意。

4.避免批评个体

这一点非常重要，甚至可以上升到原则的高度，即所谓大堂上表扬，密室里批评。坚持这个原则非常有必要，尤其是对销售队伍，应该努力营造积极向上的氛围。在“大堂”上应该以表扬为主，这样可以避免引起各种恐慌情绪和负面的联想，否则不利于整个队伍的业务氛围。批评则应该在“密室”里进行，这样可以最大限度地使被批评者获得某种被尊严感，有利于开展工作。

5.不要展开提意见式的大讨论

主持会议的销售经理，如果随便说“大家有什么问题——产品上的、内部配合上的、运作上的、公司宣传支持上的等都提出来吧”，此言一出，可以想象会议会出现何等糟糕的局面。大家提完问题之后，就等于把问题甩给销售经理、甩给公司了，这显然不是个好现象，况且很多问题通过一次会议是很难解决的，有些问题甚至都不是销售部自己能够解决的。

当然，避免大讨论，并不是不提意见、不提问题，只是强调一个限度，因为任何事情都是过犹不及——毕竟这里所指的是一次销售例会而已。至于比较大的，并且牵扯众多部门和环节的问题，应该在述职谈话的时候探讨，或者由公司更高一级别的专项例会等来解决。

6.要形成会议纪要

需要强调的是，以解决问题为主的专项例会、月例会、半年例会等，在结束例会之后，应该形成一个会议纪要，让与会的人都了解这次会议发现、解决了哪些问题，还有哪些问题尚未解决；对于没有解决的问题，后期都有哪些跟进措施，这些跟进措施都由谁专门负责、跟踪落实等。此外，形成会议纪要，也便于下一次例会的准备和检查落实。

12.5　随访观察①

销售视窗 12-1

随访观察同其他三把“钢钩”一样，是管控销售活动非常重要的并且不可缺少的手段。

12.5.1　随访观察的意义

疏于对销售队伍实施随访观察，容易出现以下问题：

1.客户失控

由于长期没有与重要客户面对面接触，即使下面的销售人员再努力，接触客户的界面也是单一的，而单一的界面非常容易被竞争对手突破；况且，如果下属的努力程度不够，客户就更容易流失了。

2.被部分销售人员的表面现象所迷惑

这种状况是最常见的，很多人都犯过此类错误，过分相信下属在表格和例会上的表现，而轻信了其承诺，最后不仅损失了业绩，还对人判断失误，导致整个队伍的氛围都受到影响。

3.失去对客户和市场的判断力

市场是千变万化的，销售经理较长时间不接触客户，就只能凭借以前的经验对客户、对市场进行判断，这种判断一旦失误，就会以错误的思想指导销售队伍，使销售队伍的销售动作走偏。

现实中，有些公司的市场策略实在是“莫名其妙地糟糕”，究其原因，原来这些策略不是出自市场一线，而是出自“策划大王”或是公司高层的“闭门造车”。如果各个公司主管营销的一把手，能够每年抽出一定的时间走访公司的客户，那么其决策会更加切合市场，更加有助于销售。

---

①　［1］秦毅．如何管理与控制销售队伍——打造金牌销售团队Ⅱ［M］．北京：北京大学出版社，2004．［2］莫测．10分钟打造完美销售团队［M］．北京：中国经济出版社，2005：85-89.

4.被下属牵着鼻子走

问题走到另一个极端，销售经理因为不了解客户，只能下属怎么说就怎么做，在管理控制方面本末倒置：下属说“客户要求降价”，就去降价；下属说“应当加大销售费用”，就申请加费用；下属说“客户不满意我们的产品质量和服务”，就去找生产和服务部门协调……殊不知，某些销售人员是在为自己的业绩不佳找客观原因，有些则是客户方在漫天要价，如果销售经理长时间没有跟访，没有客户的第一手资料，也就只能任其摆布。

12.5.2 随访观察的要点

在销售管理过程中，销售经理一般都会运用随访观察，来了解客户和管理一线的销售人员。销售经理在实施随访观察的过程中，要注意以下几个关键点：

1.要有一定的单独出访量

这个关键点对以效率为导向的销售模式更加重要。作为一名销售经理，哪怕你对这个区域市场再熟悉，也不能脱离客户太久。因为客户随时在变化，竞争对手也随时在变化，其销售队伍也是一个很大的变数，只有完成了一定的单独出访量，才能真正了解和掌控市场。其实控制销售队伍的目的就是控制市场，如果能够先了解市场的情况，再反过来控制销售队伍就容易得多。

2.出访时要“居其侧”

销售经理跟销售人员一块儿出去拜访的时候，要注意把握一个分寸，即“居其侧”。古语有言，“智者居其侧”，就是说，跟着下属出去拜访客户，销售经理应该属于智者，而智者应该在旁边观察和指点。只要销售人员能应付的事情，就尽量让其做。

当然，客户会有这种心态：既然销售经理一块儿来了，有些事情直接向销售经理说、直接向销售经理要条件更省事。这时候，建议销售经理把话题接过来，但是不要马上就表态，而应该让直接负责这笔单子的销售人员来说相应的话，给客户最终的答复。

如果销售经理大包大揽，不“居其侧”，最终销售人员会退到后边，就很难观察到这个销售人员的潜力，很难判断销售人员前期工作的情况；如果这个销售人员本来就没有创造力，那么他会窃喜——“真爽，销售经理都帮我把事办妥了”，以后他凡事都会指望销售经理来帮忙。

3.不要急于指点

在随访观察过程中不要急于指点。有的销售经理脾气很暴躁，刚从客户的大门口出来，抬手就指着销售人员的鼻子大骂。客户的门还没有关上呢，一出来就教训起来。这种做法给销售人员造成的压力就会非常大。如果此销售经理下次再说“我跟你一块儿去客户那儿走走”，估计那时这个销售人员走路都哆嗦，到客户那儿连话也不会说了。

急于指点，并不一定能起到很好的指点和带动作用，当然也达不到管理控制的目的。所以，如果有问题，最好先记录下来，普遍性的问题例会时强调，个别的问题，在回来的途中，或单独述职时再谈也不迟。

4.多看、多问、多听、多记

首先注意看客户的每一个细节，把你觉得能反映客户一些“苗头”的细节记下来。其次在客户与销售人员对话时，应仔细倾听，并把疑点记下来。最后针对这些疑点提一两个问题，往往效果很好。总之，应该抓住一些小的细节，运用你自己比销售人员经验多这个优势，既分析业务推展过程中的问题，又更进一步地了解了客户。

此外，如果没有必要就尽量少说话，即便说话也应该“想着说”，避免“抢着说”。因为你是随访观察，你对客户的了解肯定比不上直接进行接触的一线销售人员，况且前期这个销售人员跟客户的接洽背景你也不可能完全了解，说不好，就有可能“穿帮”，给客户造成不良影响，也给销售人员的心理造成不必要的伤害。

12.6　述职谈话

12.6.1　述职谈话概述①

述职谈话即下级与上级按照特定的规程所进行的面对面的沟通过程，双方在充分准备的基础上，通过沟通确认工作职责或总结职责履行情况的一种正式的工作谈话。针对一线销售人员的述职谈话，至少应包括以下三个方面：

1.述职谈话的形式

在形式上应该是“一对一”或“一对多”，不能是“多对一”。“一对一”指的是销售人员与其直属销售经理所进行的单独的工作谈话；“一对多”指的是销售人员与其直属销售经理、销售经理的经理以及培训经理（在必要的情况下，还可以包括产品经理、财务经理和市场经理等）所进行的更广泛的针对业务工作的谈话。

述职谈话不能是“多对一”，即不能搞轮流汇报式的述职。例如，销售经理坐在桌子后面，销售人员轮流汇报这个月的工作总结，大家共同旁听提问，这样做根本达不到发现问题、探讨问题和制订改进方案的目的，绝大部分类似情况的述职，都会很快陷入乏味的走过场的状态。

2.述职谈话的内容

在内容上要针对销售绩效和销售业务活动而展开。销售绩效指的是对销售人员在目标时间段里的绩效进行评估分析，并制定出下一目标时间段的业绩指标和分解计划。销售业务活动指的是在目标时间段里，销售人员的销售活动安排，包括计划、拜访和辅助的商务活动等。针对销售人员所进行的销售业务活动，进行有针对性的分析和评估，并确定下一目标时间段里销售人员的销售业务活动安排。

3.述职谈话的频次

一般而言，在同一城市，销售队伍人数在五人以下的，每个销售人员按月定期进行述职；如果销售人员经常出差或销售队伍人数较多，可以采用不定期方式进行，在提前通知的情况下，进行“一对一”或“一对多”的述职谈话。

12.6.2　述职谈话的作用

“述职谈话”作为管控销售队伍的第四把“钢钩”，有着其他三把“钢钩”不可替代的作用。

---

①　[1] 秦毅．如何管理与控制销售队伍——打造金牌销售团队Ⅱ[M]．北京：北京大学出版社，2004．[2] 李宜杭．让销售变简单——销售团队管理五项修炼[M]．广州：广东经济出版社，2011：74-75.

1.挖掘销售活动中的细节

销售经理如发现销售人员最近拜访效果不佳，就很想了解其实质的拜访进程和所辖客户目前的跟进状态，可当开始深究细问其销售过程的时候，却发现对方有很大的顾虑，甚至会觉得是领导不认可他的工作。销售经理若想既能解除销售人员的顾虑，又能掌握其工作状态和销售活动进程，最好的办法就是有“述职谈话”的明确规定。这样，在述职谈话中，销售人员在被问到工作拜访情况和客户订单推进细节的时候，压力就会小很多；公司的管理者也就能在良性的氛围中，了解更多的销售活动细节，为进一步的管理控制、培训辅导提供依据。

2.了解对方的实质想法，发现更深层次的问题

虽然在组织的正式例会上，销售经理不断鼓励开诚布公的沟通方式，但是很难改变销售人员的沟通习惯。很多问题，在大庭广众之下，销售人员碍于自己或他人的面子，很难讲出来，销售经理在没有了解销售人员真实想法的时候，对其“苦口婆心”地劝谏，自然也就是“隔靴搔痒”。

其实，很多销售人员实际上对某些问题看得很清楚，甚至自己就有解决问题的思路，但苦于没有一个正式的渠道与直属销售经理或是更高管理层沟通。因此，如果有正式的述职谈话，而且是“一对一”的沟通模式，他对问题畅所欲言的程度就会高很多。例如，内部有人低价甩货的事儿，是否向销售经理汇报？如果在例会上说，大家会怎么想？如果写在表格里，又说不清楚，况且可能谁都能看到，为这事直接找一趟销售经理，销售经理会怎么看我呢？

3.正式地向销售人员传递信息

销售经理经常给销售人员安排计划、强调要求及对销售人员某一阶段的工作表现做出评价，与管理表格、销售例会和随访观察三把“钢钩”相比，述职谈话无论是在对销售人员的下一阶段工作提要求，还是对销售人员的前一阶段工作做评价等方面，其针对性和正式性都是最强的。比如某个销售人员，从工作日志看，拜访量明显不足，因此不仅业绩上不去，而且未来的客户结构会有问题，想要督促他增加拜访量：

如果通过管理表格批示，这个销售人员有可能认为：“千篇一律，每次都是这些话。”

如果通过销售例会强调，这个销售人员有可能认为：“噢！原来大家都有这个毛病，我不着急先改！”

如果通过随访观察点拨，这个销售人员有可能认为：“嘿，今天情况特殊，正赶上客户不在，提醒一下罢了！”

但是，如果某天你作为销售经理对这个销售人员说：“××，好好准备一下，明天上午咱们好好谈一谈。”随后，在述职谈话的过程中强调对其拜访量的要求，并且将要求明确写入述职记录表，下次述职待查的话，恐怕分量就不一样了。

12.6.3 述职谈话的过程①

与一般的工作谈话不同，述职谈话是一个程序，是连续的一系列动作，只有按照述职谈话的流程要求去准备，才能发挥第四把“钢钩”的管控作用。

---

① ［1］秦毅．如何管理与控制销售队伍——打造金牌销售团队Ⅱ［M］．北京：北京大学出版社，2004．［2］莫测．10分钟打造完美销售团队［M］．北京：中国经济出版社，2005：91-97．

1.平时积累

平时积累指的是平时对目标销售人员的观察、分析和记录等工作，具体来讲有两个方面：

（1）工作日志和周工作计划的分析。在平时，要注意分析目标销售人员的工作日志和周工作计划。如果团队状况允许采用定期述职谈话的方式，述职谈话的时间建议定在每月25日左右，因为此时月度工作计划表填完后，正好可以进行工作述职，在工作述职时，销售经理和销售人员也正好可以一起探讨下个月大事的填写。另外，在述职谈话前，销售经理要注意查看销售人员的工作日志和周工作计划，把发现的问题随时记录下来，为述职谈话做准备。

（2）工作观察。销售经理除了要注意查看销售人员的工作日志和周工作计划外，要把平时观察到的一些问题及时地记录下来，为每月的述职谈话做准备。例如，销售经理带销售人员出去拜访客户时发现，销售人员介绍产品时有些自我陶醉、对客户的表情变化注意不够、初始报价不太合理等，这些问题都应该记录下来。为了不打消销售人员的工作积极性，也许当时不宜当面指出这些问题，但在述职谈话的时候就必须要详谈。

2.述职准备

进行了平时的积累，并且已经与销售人员约好了述职谈话的时间，在实施述职谈话前，还要做些有针对性的准备：

（1）各种报表和资料。销售经理要事先准备各种报表，把销售人员填写的月度工作计划表、周工作计划表和工作日志准备好，尤其是有问题的报表要特别注意，甚至要有必要的辅助材料。

（2）要重点谈论的问题。各种报表和资料准备好后，还要特别地准备一下要重点谈论的问题。例如，销售经理平时发现，销售人员说话语速有点快，对客户有薄厚之分，“冲单”太急，这些问题都是述职谈话时应该重点谈论的，事先也要做好准备。

（3）对方可能存在的异议。没有人愿意被指责，只有少数人能做到“闻过则喜”，大多数人是“闻过则推”。面对这种情况，销售经理应当事前把少数销售人员可能出现的推诿、抱怨和装傻充愣等反应考虑清楚，组织好语言，这样才能做到心中有数。

（4）相关背景通报。如果针对某个销售人员，采用的是“一对多”的方式，述职谈话之前，还要把这个销售人员的相关资料和自己想要重点强调的问题向其他参与述职的同事通报，并协调保持相同的口径，以保证述职谈话的顺利进行。

3.面谈进程

（1）寒暄开场。开展述职谈话的第一个环节就是寒暄开场，也就是销售经理和销售人员见面后先说些客套话。寒暄是为了缩短双方的距离，创造一种轻松氛围。举例如下：

销售经理：你好！

销售人员：经理好！

销售经理：你这个月的业绩还不错嘛，工作辛苦啦！

销售人员：这个月的业绩一般，有点业绩也是经理您领导有方啊！

销售经理：好好干，公司很重视你的！

销售人员：感谢公司的栽培！

（2）邀请描述。寒暄开场后，言归正传，转入正题。应该注意的是，销售经理先不要急于发表对销售人员的看法或评价。

有的销售经理在转入正题后，就摊开自己的记事本，迫不及待地指出销售人员工作中存在的问题，这样做是不合适的。述职谈话是销售经理邀请销售人员来共同探讨工作中的问题，就应该首先由销售人员自己来谈本月的工作和对自己本阶段工作的评价。

在邀请描述的时候，一定要让销售人员按照回顾近期（或本月）关键工作、分析优点与不足、自我绩效分析、困扰问题或合理化建议、下一步计划要点这五个步骤和相关内容来谈。

销售经理对这五个步骤，不仅要求销售人员要“缺一不可”，而且对模糊的地方要“刨根问底”，这样才能更深入地了解情况、发现问题。

在销售人员自我描述过程中，销售经理应该迅速地再次整理思路，判断要强调的问题，发现新的推动对方的线索。例如，销售经理听完销售人员述职后，发现没有完成工作业绩的原因并不是不努力，而是因为一些不可抗力，这时就应当立即调整自己所要强调的问题，把原来诸如督促努力之类的话，改成如何寻找新的准客户和新的销售机会。

（3）交流探讨。销售人员描述完工作后，双方就开始交流看法。应该注意的是，交流探讨不是发号施令、不是训导，而是双向的沟通过程，销售经理要用征询的语气，尤其不能颐指气使。举例如下：

销售经理：我个人觉得你当时的报价有点唐突。

销售人员：哦……

销售经理：你明确对方到底需要什么型号的产品吗？

销售人员：他好像都挺感兴趣。

销售经理：那你知道这家公司的核心业务是什么，它最终是靠什么赚钱吗？

销售人员：它不就是靠承包项目赚钱吗？

销售经理：承包项目自然可以赚钱，但眼下对方最关心的是资金的周转问题，只要资金周转得快，它靠倒资金留下的现金，再去投资别的地方，赚钱更快呀！

销售人员：是吗？噢，对了，上次这个话题赵老板提到过，手里有很多项目，可就是苦于资金的周转，吃不过来……

销售经理：那你当时急于把所有的产品价格都报出去，是怎么想的呢？

销售人员：我当时觉得见这个客户已经是第二次了，我是个性急的人，看他有意要买，所以就把几种型号的产品全都报给他，让他挑选。嗨，我是有点急了，应向他重点推荐我们有银行按揭的那款型号的产品，这样对他来讲，不仅初期投入少，而且早买产品能加快施工进度，嗨，我真傻！

销售经理：算了，别自责啦，你对产品还是挺熟的，下次肯定还会有机会，不过下次注意把握点火候儿，想好了对方可能想要的产品型号，然后做重点推荐，这样效果会更好。

销售人员：经理，您说得对，您看我还有别的什么问题吗？

（4）总结评价。双方交流探讨后，接着就是销售经理开始对销售人员的工作述职进行总体评价，重申重点问题。总结评价时，既要指出本月工作中值得肯定的地方，又要指出工作中存在的问题，结尾时还要向销售人员指明下个月的工作重点。举例如下：

销售经理：好了，咱们聊了一个多小时，现在咱们一起回顾一下：

你本月的工作有两点确实做得很好：第一，你的销售业绩完成了；第二，工作费用也控制得很好。但有三点做得不够好：第一，报价有点唐突；第二，客户档案做得还不够详细，正如你自己刚才说的，你忽略了客户所关注的问题；第三，计划做得不太理想，第一周和第四周的计划制订得不太合理，导致你的产出还是有点前松后紧。

总的来说，你这个月的工作还是不错的，要继续保持。下个月在销售任务完成上，要进一步努力，因为你现在手头的几个准客户基本已经落单了，下个月新客户的挖掘就是你工作的重点。千万不能以为现在没事儿了，可以放松一下了，还要继续努力，因为半年的业绩压力还是不轻哟！

（5）填写工作述职记录表。工作述职结束后，由销售经理填写工作述职记录表。工作述职记录表基本上可以分成以下几个部分：表头、参与述职人、述职过程、销售人员述职要点和述职评价意见等。工作述职记录表一般是一式三份：销售经理、述职的销售人员，还有高级经理或人事培训部门各执一份留底（见表12-13）。

表12-13 工作述职记录表（样表）

时间： 经理： 述职人： 编号：

过程部分		
项　目	内容描述	事件说明
本期优点		
本期缺点		
问题与建议		
项　目	内容描述	跟进落实
困惑问题		
工作建议		
改进计划		
项　目	衡量标准	完成时间
改进点1		
改进点2		
本期综合评价		

（6）结束述职。最后一步是结束述职，销售经理鼓励销售人员努力工作，也可以对他的积极参与表示感谢。

4.跟进督促

面谈结束后，销售经理还要进行后期的跟踪督察，针对在述职过程中给对方提出的改进建议，督促对方落实，并根据进一步观察到的情况，必要时进行临时沟通、在岗辅导等，以提升对方的销售工作水平，把面谈的成果落实到位，避免下一次述职时老调重弹。

12.6.4 述职谈话的要点①

销售经理在使用述职谈话管控销售队伍的时候，要把握好述职谈话的重点问题。述职谈话的要点是销售人员在述职谈话时要重点讲述的地方，也是销售经理要特别注意倾听分析的地方。一般来说，在述职谈话过程中，销售经理不能轻易放过的地方有以下四个方面：

1.工作计划的完成情况和原因

在述职谈话时，销售经理应要求销售人员讲清楚自己工作计划的完成情况，并且说清楚原因。例如，工作业绩超额完成了，要分析清楚原来是一个漏斗表层的大单子敲定了；本月的工作业绩没有完成，主要是因为前一个月的准客户就很少。

2.现有客户群和订单机会的推进状况

在述职谈话时，销售经理要仔细倾听，并帮助销售人员重点分析现有客户群的整体状况。例如，可以利用销售赢率分析法，帮助销售人员分析清楚，现在手里的二十多个订单机会，处在了解背景阶段的有多少个、处在展示引导阶段的有多少个、处在建立信任阶段的有多少个等。通过此项分析，不仅能够帮助该销售人员掌握自己的客户漏斗现状，还能有针对性地指导其下一步的销售活动重点。

3.下一步的工作安排和改进计划

在述职谈话时，销售人员一定要重点讲清楚下个月的详细工作改进计划，要把工作改进计划的目标、关键动作、工作细节、预期达成结果以及它们之间的因果关系都讲清楚。

4.困扰销售人员的问题

对于在述职谈话过程中销售人员提出的困惑问题或工作建议，千万不能掉以轻心，销售人员能在述职谈话的时候提出来，足以证明对方的重视程度，如果销售经理忽视了销售人员正式提出的问题，就会给销售人员的积极性造成极大的打击。

如果确实遇到自己作为销售经理无法解决，公司也无法解决的问题，应及时向该销售人员反馈，使他能够辩证地看待这些问题。

无论如何，对于销售人员在述职谈话时所提出的问题，都不能最终“石沉大海、不了了之”，因为那是最令销售人员失望的结局。

12.6.5 有效述职谈话的特点

要成功地做好销售人员的述职谈话绝非易事，一次有效果的述职谈话往往具有如下特征：

1.准备充分

销售人员和销售经理都要充分准备，尤其是销售经理更应该积极准备，因为在述职谈话过程中，销售人员是被动的，销售经理是主动的，一次述职谈话效果的好坏，70%来自开始前的准备，只有30%来自现场的发挥。准备充分的销售经理，在述职谈话前就应该对销售人员述职谈话以后的行动做到心中有数了。

2.事先安排

述职谈话时间、述职谈话对象、其他参与人都要事先做好安排，并事先通知各方。最好的做法是使述职谈话工作常态化和规范化。

---

① [1] 秦毅. 如何管理与控制销售队伍——打造金牌销售团队Ⅱ [M]. 北京：北京大学出版社，2004. [2] 吴献金. 中小企业营销管理 [M]. 长沙：湖南科学技术出版社，2008：263.

3.创造平等的谈话氛围

述职谈话是平等的工作交流，不是发号施令。即使述职谈话的销售人员确实存在很大问题，销售经理也不宜过分指责，保持平等的态势有利于销售人员自由表达思想。

4.不能演变成“轮流汇报”

成功的述职谈话应该是“一对一”或“一对多”的独立述职，千万不能搞成“批处理”；否则，述职谈话很容易流于形式。例如，某经理手下有6个销售人员，本打算利用本周的前3天进行述职谈话，但后来觉得太麻烦，便决定利用周一集中述职谈话，让6个人一起来到会议室。在强调了述职谈话的程序后，6个人轮流开始述职谈话，结果不到半天就结束了……其实原因很简单，大家一看同事都在场，话说深说浅都不好，结果大家异口同声表示“前途光明、道路曲折”，整个述职谈话基本上没有实质性内容，根本发挥不了述职谈话的作用。

总之，定期或不定期的述职谈话是管控销售队伍的第四把“钢钩”。它运用起来，难度最大，但效果是最佳的。每次述职谈话对销售经理和销售人员都是一次挑战。对于销售经理来说，运用得好，不仅能了解、解决深层次的问题，还能鼓舞销售人员克服困难、提高业绩；但如果运用得不好，自己准备得不充分，也会很快被销售人员看穿，最后只得草草收场。

销售新视点12-1

销售管理要坚持“以人为本”

销售经理要善于利用各种销售工具如本章所涉及的四把“钢钩”对销售队伍进行有效管理。然而，销售队伍的管理最终还是要回归到管理的最基本出发点和归宿上，即树立“以人为本”的管理理念，真正把销售人员看成企业创造财富的人力资源。

与此同时，销售经理在管理过程中要把企业的制度与销售活动流程的标准化以及销售人员工作的主动性与创造性进行有效融合并形成合力，从而打造稳定高效的销售队伍。

首先，“以人为本”管理的最基本前提是了解并尊重员工。基于社会发展、家庭结构、个人成长背景等主客观条件的变化，现如今的员工既是一个独立的个体，又是浸染依附在互联网中的共生体。他们的职业意识与个人规划、工作认知、薪酬诉求以及其他各种心理需求等方面都发生了巨大变化。单纯的“经济人”已不复存在。销售经理只有关注、理解、尊重这种变化，才能与所属员工进行有效的对接与沟通。

其次，“以人为本”管理的关键点是尊重员工的创造性工作。企业要营造一种员工乐于参与创造性工作的氛围与环境，并为员工提供制度保障。例如，海底捞公司“以人为本”的经营理念及各种制度极大地激发了各个层级的员工以主人翁的心态与工作热情为客户提供全方位的优质服务。

最后，“以人为本”的管理需要销售经理主动融入互联网经济。在互联网经济时代，企业的发展战略、经营理念、商业运作模式、业务流程尤其是消费者的消费行为等都发生了翻天覆地的变化。近年来，新型销售模式层出不穷，如电商、微商、O2O、直播带货、社区团购等。这就要求销售经理与时俱进，不但要具有互联网思维，还要掌握新的管理工具与方法。仅就客户关系管理而言，销售经理要学会运用“云端上的CRM”“智能的CRM”“优化业务流程的CRM”“跨屏和体验为先的CRM”等。

资料来源 作者根据相关资料编写。

思考：

1.销售经理如何理解“以人为本”的经营理念？企业应如何实施？

2.基层销售人员如何做到“以人为本”地为客户服务？

学思践悟

阿里巴巴是怎样管理95后员工的？

目前95后员工已成为职场主力，他们有着鲜明的特点。比如重视工作的获得感、幸福感，宁愿工资低点也不愿无休无止加班，工作不是全部，喜欢有趣的工作等。针对这部分群体，企业如何管理好这批员工，就给HR和管理层提出了新的挑战。下面为大家分享一下阿里巴巴在管理95后员工方面的一些经验，希望能让企业管理者获得有益的启发。

一、尊重个体、尊重独立

95后员工有很大的独立自主性，不喜欢总是被人管着和约束，特别是工作这一块，自己对自己负责。阿里巴巴在管理时，就考虑这一特点，推出“我的级别我做主”。什么意思呢？员工晋升是自己的事情，公司不会强迫其去晋升，也不会把这个当成一种恩赐。因为在管理的实践中阿里的HR发现，有的“码农”不喜欢被别人管，也不喜欢管别人，晋升对其来说可能没那么重要。

因此，想进步是个人的事，年初，员工自己申请是否晋级。不仅可以申请晋一级，还可以申请晋两级。如果员工不申请，就算表现再好，公司也不会安排其晋升。

反过来，公司会告诉这些员工，比如，如果你现在是P4，要晋级P5或P6，请以P5或P6的标准来要求自己。如果有专业培训，应积极参加，但公司不会逼这些95后去参加。

对95后来说，他们爱这行，爱这个岗位，如果想晋升，也是会努力的。

二、让工作变得有趣

如何让工作变得有趣，实际上成了现在企业激励员工的一种手段。比如，95后聚在一起他们不会比谁拿的钱多，而是拼哪家企业的午饭好吃，哪家企业会有零食和下午茶，哪家企业会有旅游基金等。表面上他们好像拼的是企业福利，但细细一想这何尝不是在拼工作的“好玩”呢？

如何让工作变得有趣，对于像阿里巴巴这样的大企业是一个难题，因为企业组织规模庞大，人员众多，管理起来确实很费事。阿里巴巴针对工程师采取的是游戏积分化管理。每个项目设置一定的积分（金币），就像游戏闯关或打BOSS一样，只要完成了项目，就可以获得一定的积分或金币，积分或金币可以兑换电脑显示屏、休假，甚至是股权。这样就能激发95后工程师的兴趣和创造力，他们本身就是玩游戏长大的一代，对这样的工作设计安排驾轻就熟，而且工作中充满了趣味性，他们的工作动机就被调动起来了。

当然，公司也要进行风险管控。如果项目出现了BUG，是要扣积分或金币的，通过这样来进行质量保证。

三、展现自我

95后一般都有着比较强的展现自我的欲望，企业管理者要顺势而为对他们进行有效的管理。阿里巴巴曾经在淘宝项目推出“赛马会”，即用同样的资源，做同一个产品，可能不止一个团队在做，最后谁能跑出来，看这个团队的能力。“赛马会”在淘宝的成功，证明了这是一种比较有效的管理方式。现在的娱乐节目中，到处都是选秀，其实就是让选手们在同一个舞台上在暗暗较劲和比拼，“秀”出自己，如此企业在产品和业务上也能采取相应的机制，让员工们“秀”出来，特别是对这些95后来说，无疑是比较好的一种激励。

资料来源 HRsee. 阿里巴巴是怎样管理95后员工的？[EB/OL]. (2019-11-18) [2022-07-11]. http://www.hrsee.com/?id=1146.

【思政元素解析】企业管理者要了解年轻一代员工的新需求、新变化，尊重他们多元化的价值取向及工作诉求，倡导“以人为本”的管理理念，为员工营造轻松、愉悦、舒适、便捷的工作环境和氛围。

基本训练

第12章即测即评

- **简答题**

1. 管理表格的设计要点是什么？
2. 简述销售例会的常规目标。
3. 销售经理主持销售会议应注意哪些问题？
4. 销售经理随访观察应注意哪些问题？
5. 分析述职谈话的过程及要点。

- **自我测试题**

作为一名销售经理，请你根据自己平时随访观察的常规做法进行自我评估。表12-14中所列的这些观察项目中，有六项是随访观察的重点。如果你是从事解决方案、大型设备或工业品等效能型销售模式为主的销售工作，请试着从这些随访观察的项目中挑选出与之相配合的内容。

表12-14 **随访观察项目**

关注项目	得分（差→好）				
	1	2	3	4	5
客户对公司的了解程度					
客户对产品的了解程度					
客户对业务员的态度					
客户对自己的态度					

续表

关注项目	得分（差→好）				
	1	2	3	4	5
业务员与客户的关系					
客户对公司的看法					
客户对产品的评价					
客户的抱怨和意见					
业务员对这些抱怨和意见的态度					
客户给公司的建议					
业务员对这些建议的态度和回馈方式					
客户对产业发展方向的看法					
客户对竞争对手的看法					
业务员对客户及客户公司的了解程度					
业务员的销售行为方式和原因					
业务员销售技巧的熟练程度					
业务员对产品知识的了解程度					
业务员是否有灵敏的“订单嗅觉”					
业务员是否有较好的计划性					
拜访顺利或不顺利时业务员的“第一反应”及其原因					

评分说明：1——从未关注，也没有想过应当关注；2——知道应当关注，但是时常忘记；3——有时关注，有时遗忘；4——基本都能关注到；5——正是我出访的目的，因此每次都会全神贯注，并做记录、分析。

● 案例分析题

如此会议

以下是某国际公司元旦后的一次周例会的情况。

庄经理：“春节马上就要到了，咱们的业绩得冲一下。大家谈谈自己这周的进展和下周的计划。小李，你的情况最糟，你先说……”

小李：“经理，我这两周的业绩不好，但这是有原因的。我上周就跟您说了，我那个区的窜货问题，您得跟上边说一说；不然，价格上不放，人家下级代理商也是要赚钱的，您让我只管往下压货，那样行不通！”

庄经理：“窜货的事我早就向钱总反映了，可那是厂家的事，解决需要时间，我看你就会抱怨。小赵，你做得不错，跟大家谈谈经验。”

小赵：“这都是大家帮忙、领导支持的结果。这周我签了一个单子，也没什么经验。”

庄经理："小赵谦虚了啊！小赵为这个单子花了不少的心血，跑了很多次，动用了各方面的关系。大家要向小赵好好学习。小王，你的那个客户怎么样了？"

小王："合同里定的20台机器咱们只有一半能按期供货，弄得人家没法向行里交代。最后我就把库房里的10台先送过去了，我怕这个单子飞了。"

庄经理："没付钱你就送过去了？你不知道收账有多麻烦吗？宁可做一元钱的现金生意，也不做百元的欠账生意。发货是谁签的字？"

小王："是管产品的黄经理。那天您不在，我跟他说了情况，他就签字了，他说出货量最重要。"

庄经理："到我这儿考核的是应收账款。以后像'特价申请''特批出货'等非典型情况，都得从我这儿过。"

小陈："经理，我来公司一个月了，发现了一些问题，能在这儿说说吗？"

庄经理："好哇！说吧，把问题都摆出来，大家一块解决嘛！"

小陈："首先，我发现咱们公司代理的产品线有问题，好卖的产品咱们只是总代理之一，不太好卖的咱们倒是'包销户'。咱们销售部能不能跟钱总提议，向厂家申请成为好卖产品的'包销户'。其次，我觉得咱们公司的内部流程有问题，像刚才王哥说的就很典型，这是'出货流程有问题'。最后，公司的考核奖励制度有问题。大家很辛苦，但收入比其他部门高不了多少，这不合理呀！"

庄经理："太好了！大学生就是有眼光，刚来一个月就发现了这么多问题。这样吧，今天是周五，大家也没什么事儿，咱们把所有的问题都摆出来，然后逐一解决。"

原计划一个小时的会议，从下午5点开到晚上快9点。"我们先去吃饭，我做东，回来接着聊。今晚一定要把问题都解决掉，下周以全新的面貌开展业务！"庄经理此言一出，有两个业务员一下子就瘫倒在椅子上了……

资料来源　秦毅. 如何管理与控制销售队伍——打造金牌销售团队Ⅱ［M］. 北京：北京大学出版社，2004：81-83.

问题：庄经理主持的这次销售例会能否达到预期效果？为什么？

• 实训题

实训项目：情景模拟——主持一次销售会议。

实训目标：

1. 掌握销售会议的流程与内容。

2. 训练学生的组织能力、沟通能力与团队合作能力。

实训内容与要求：

1. 以学习小组为单位模拟某销售部销售年度例会或销售专项例会。

2. 拟定销售会议议程，确定销售会议主题及达到目标，预测销售会议费用。

3. 运用所学知识主持一次销售例会，形成会议纪要，并就此次例会的实施与效果进行自我点评。

↘主要参考文献

[1] 零售老板内参. 新零售时代 [M]. 北京：中国铁道出版社，2018.

[2] 沙建军. 我知道他想看什么——用内容营销打造品牌影响力 [M]. 北京：中信出版集团，2018.

[3] 熊银解，福特雷尔. 销售管理 [M]. 4版. 北京：高等教育出版社，2017.

[4] 李文新. 推销技巧 [M]. 武汉：华中师范大学出版社，2012.

[5] 李宜杭. 让销售变简单——销售团队管理五项修炼 [M]. 广州：广东经济出版社，2011.

[6] 刘永炬. 市场部 [M]. 北京：机械工业出版社，2011.

[7] 刘永炬. 销售部 [M]. 北京：机械工业出版社，2011.

[8] 赵凡禹，林墨叙. 销售经理实用全书 [M]. 上海：立信会计出版社，2011.

[9] 陈锐. 推销实务 [M]. 重庆：重庆大学出版社，2010.

[10] 李克芳，刘蓓蕾. 营销渠道管理 [M]. 北京：现代教育出版社，2010.

[11] 吴健安. 市场营销学 [M]. 4版. 北京：清华大学出版社，2010.

[12] 安贺新. 销售管理实务 [M]. 北京：清华大学出版社，2009.

[13] 崔明. 销售管理 [M]. 上海：格致出版社，上海人民出版社，2009.

[14] 樊丽丽. 发掘销售人才 [M]. 北京：中国经济出版社，2009.

[15] 付春雨. 推销技术 [M]. 西安：西北工业大学出版社，2009.

[16] 彭石普. 商品推销能力基础 [M]. 北京：北京邮电大学出版社，2009.

[17] 王宏. 销售部岗位绩效考核与实施细则 [M]. 北京：人民邮电出版社，2009.

[18] 张启杰，田玉来. 销售管理实务 [M]. 北京：中国电力出版社，2009.

[19] 朱华锋. 营销管理实务 [M]. 合肥：中国科学技术大学出版社，2009.

[20] 安予苏. 市场营销 [M]. 郑州：大象出版社，2008.

[21] 陈涛. 销售管理 [M]. 武汉：华中科技大学出版社，2008.

[22] 居长志，郭湘如. 分销渠道设计与管理 [M]. 北京：中国经济出版社，2008.

[23] 李本辉，邓德胜. 营销策划学 [M]. 北京：中国经济出版社，2008.

[24] 李野新. 新终端营销一本通 [M]. 北京：中国经济出版社，2008.

[25] 罗碧华，李昱，谭谊. 人力资源管理理论与实务 [M]. 长沙：湖南大学出版社，2008.

[26] 秦毅. 金牌销售经理Ⅲ——打造一流的销售团队 [M]. 北京：北京大学出版社，2008.

[27] 全洪臣. 市场调研原理与应用 [M]. 大连：东北财经大学出版社，2008.

［28］邬金涛．客户关系管理［M］．武汉：武汉大学出版社，2008.
［29］胡旺盛．销售管理［M］．合肥：合肥工业大学出版社，2007.
［30］李野新．新会议营销·一本正经［M］．深圳：海天出版社，2007.
［31］钱增泉．市场营销学［M］．修订版．南京：东南大学出版社，2007.
［32］钟金霞，等．管理学基础［M］．长沙：湖南大学出版社，2007.
［33］张汉林，孙乐增．现代推销实务［M］．海口：南海出版公司，2007.
［34］谢宗云．销售业务与管理实训教程［M］．成都：电子科技大学出版社，2007.
［35］昝欣．决策方法与客户分类［M］．北京：对外经济贸易大学出版社，2007.
［36］李先国．销售管理［M］．北京：首都经济贸易大学出版社，2006.
［37］王唤明，齐美东．区域市场营销［M］．合肥：合肥工业大学出版社，2006.
［38］陈新武，龚士林．推销实训教程［M］．武汉：华中科技大学出版社，2006.
［39］经理人培训项目组．营销工具箱：营销工作者必备的80种专业工具［M］．北京：企业管理出版社，2006.
［40］李春满．银行营销师必读［M］．长春：吉林人民出版社，2006.
［41］任锡源，等．销售经理360度全程序工作手册［M］．北京：中国经济出版社，2006.
［42］孙家庆，冯茹梅，唐丽敏．航运与物流市场营销［M］．大连：大连海事大学出版社，2006.
［43］杨倩．员工招聘［M］．西安：西安交通大学出版社，2006.
［44］李爱因．销售经理实战宝典［M］．哈尔滨：哈尔滨出版社，2005.
［45］麦肯思特营销顾问公司．区域市场开发与管理［M］．北京：经济科学出版社，2005.
［46］莫测．10分钟打造完美销售团队［M］．北京：中国经济出版社，2005.
［47］文大强．零售经营实务［M］．上海：复旦大学出版社，2005.
［48］吴洪刚，邹伟强．职业销售经理培训［M］．广州：广东经济出版社，2005.
［49］熊超群．如何挤占市场份额［M］．北京：企业管理出版社，2005.
［50］熊超群．如何做好区域经理［M］．北京：企业管理出版社，2005.
［51］张永强，等．第一次做销售经理［M］．北京：中国经济出版社，2005.
［52］赵一安．赢在终端［M］．北京：中国纺织出版社，2005.
［53］阿姆斯特朗，科特勒．科特勒市场营销教程［M］．俞利军，译．6版．北京：华夏出版社，2004.
［54］范云峰，姬爱国．推销每个人都要面对的［M］．北京：京华出版社，2004.
［55］哈里．大区经理完全手册［M］．乔杰，巩凡明，译．北京：东方出版社，2004.
［56］胡娟．销售渠道管理［M］．北京：北京工业大学出版社，2004.
［57］刘志超．现代推销学［M］．广州：广东高等教育出版社，2004.
［58］秦毅．如何管理与控制销售队伍——打造金牌销售团队Ⅱ［M］．北京：北京大学出版社，2004.
［59］秦毅．如何培训与激励销售队伍——打造金牌销售团队Ⅲ［M］．北京：北京大学出版社，2004.
［60］王亚男．最新剧团创建与管理百科全书（第三卷）［M］．长春：银声音像出版

社，2004.

［61］韦文. 销售管理［M］. 北京：华夏出版社，2004.

［62］杨锦威，张伟滨. 全面服务战——108个成功策略及经典案例［M］. 北京：中国经济出版社，2004.

［63］张声雄，叶佐良. 学习型组织“金典”测试［M］. 上海：上海三联书店，2004.

［64］查维顿. 大客户：识别、选择和管理［M］. 李丽，主译. 北京：中国劳动社会保障出版社，2003.

［65］范云峰. 客户管理营销［M］. 北京：中国经济出版社，2003.

［66］侯贵松. 超级业务主管胜经［M］. 北京：中国纺织出版社，2003.

［67］黄坤. 区域经理实战手册［M］. 北京：企业管理出版社，2003.

［68］蒋国萍，徐艟，兰洪元. 市场营销学［M］. 成都：电子科技大学出版社，2003.

［69］克罗夫特. 新商机的赢家［M］. 王树清，译. 汕头：汕头大学出版社，2003.

［70］李亚. 民营企业市场营销［M］. 北京：中国方正出版社，2003.

［71］李先国. 分销［M］. 北京：企业管理出版社，2003.

［72］李先国. 营销师［M］. 北京：中国环境科学出版社，2003.

［73］李先国，周伟. 营销实务与案例分析［M］. 4版. 北京：中国商业出版社，2003.

［74］欧阳小珍. 销售管理［M］. 武汉：武汉大学出版社，2003.

［75］王先玉，王建业，邓少华. 现代企业人力资源管理学［M］. 北京：经济科学出版社，2003.

［76］熊超群，潘其俊. 终端促销策划实务［M］. 广州：广东经济出版社，2003.

［77］阳林峰，杨义斌. 从专业到卓越——经销商的成长之路［M］. 北京：民主与建设出版社，2003.

［78］周文. 连锁超市经营管理师操作实务手册：店铺营运篇［M］. 长沙：湖南科学技术出版社，2003.

［79］张继焦. 控制链管理　防范客户风险和应收账款风险［M］. 北京：中国物价出版社，2003.

［80］张景顺. 市场营销［M］. 南京：东南大学出版社，2003.

［81］谌新民，熊烨. 员工招聘方略［M］. 广州：广东经济出版社，2002.

［82］李先国. 营销管理［M］. 大连：东北财经大学出版社，2002.

［83］刘沂，赵同文，等. 公共部门人力资源管理概论［M］. 上海：华东理工大学出版社，2002.

［84］宋智勇. 信用销售管理实务［M］. 广州：广东经济出版社，2002.

［85］孙在国. 销售管理［M］. 重庆：重庆大学出版社，2002.

［86］吴金法. 现代推销理论与实务［M］. 大连：东北财经大学出版社，2002.

［87］吴之为. 现代推销学［M］. 北京：首都经济贸易大学出版社，2002.

［88］张平淡. 销售管理［M］. 2版. 北京：企业管理出版社，2002.

[89] 高学军. 现代客户关系管理全书（上卷）[M]. 北京：中国统计出版社，2001.
[90] 韩光军. 销售管理手册 [M]. 北京：经济管理出版社，2001.
[91] 卜妙金. 分销渠道管理 [M]. 北京：高等教育出版社，2001.
[92] 王成. 私营公司销售管理与控制精要 [M]. 北京：中国致公出版社，2001.
[93] 吴建武. 渠道营销经理手册 [M]. 北京：企业管理出版社，2001.
[94] 武欣. 绩效管理实务手册 [M]. 北京：机械工业出版社，2001.
[95] 解统兴. 企业行为预算管理（预测版）[M]. 北京：中国商业出版社，2001.
[96] 谢旭. 客户管理与账款回收——企业信用风险防范实例 [M]. 北京：企业管理出版社，2001.
[97] 郑广华，范应仁. 市场营销学 [M]. 徐州：中国矿业大学出版社，2001.
[98] 朱舟. 人力资源管理教程 [M]. 上海：上海财经大学出版社，2001.
[99] 陈黎明. 经理人必备管理制度 [M]. 北京：石油工业出版社，2000.
[100] 冯夏红，赵哲. 中药市场营销学教程 [M]. 沈阳：辽宁大学出版社，2000.
[101] 富特雷尔. 销售学基础：顾客就是生命 [M]. 苏丽文，译. 大连：东北财经大学出版社，2000.
[102] 邹树彬. 分销渠道管理 [M]. 广州：广东经济出版社，2000.
[103] 欧阳中锋. 营业管理指南 [M]. 呼和浩特：内蒙古人民出版社，2000.
[104] 克雷曼. 人力资源管理：获取竞争优势的工具 [M]. 孙非，等译. 北京：机械工业出版社，1999.
[105] 李晏墅，高朴. 销售管理启示录 [M]. 南京：南京师范大学出版社，1999.
[106] 刘永炬，申炤宏，刘维忠. 销售经理实战指引 [M]. 北京：企业管理出版社，1999.
[107] 吕峰. 人力资源管理 [M]. 太原：山西经济出版社，1999.
[108] 石金涛. 现代人力资源开发与管理 [M]. 上海：上海交通大学出版社，1999.
[109] 余凯成，程文文，陈维政. 人力资源管理 [M]. 2版. 大连：大连理工大学出版社，1999.
[110] 张震. 销售学全书（下册）[M]. 北京：中国对外经济贸易出版社，1999.
[111] 科特勒. 营销管理：分析、计划、执行和控制 [M]. 梅汝和，梅清豪，张桁，译. 8版. 上海：上海人民出版社，1997.
[112] 闫忠元，牟红，左骏. 推销理论与技巧 [M]. 北京：国防工业出版社，1997.
[113] 国内贸易部职称改革工作办公室. 物资经济专业考试指南（中级）[M]. 北京：中国财政经济出版社，1996.
[114] 兰苓. 现代市场营销学 [M]. 北京：中国财政经济出版社，1996.
[115] 李先国. 销售管理 [M]. 北京：企业管理出版社，1996.
[116] 屈云波，牛海鹏. 特许经营 [M]. 北京：企业管理出版社，1996.
[117] 吴健安. 实用推销学 [M]. 北京：中国商业出版社，1996.
[118] 胡冰星. 商业银行信贷风险管理 [M]. 北京：生活·读书·新知三联书店，1995.
[119] 黄津孚. 人力资源管理与现代企业组织 [M]. 北京：人民日报出版社，1994.

［120］屈云波，俞卓立．企划人实战手册［M］．北京：中国商业出版社，1994.

［121］张春兴．现代心理学［M］．上海：上海人民出版社，1994.

［122］李桂荣．现代推销学［M］．广州：中山大学出版社，1993.

［123］曹厚昌，施秉丰．供销员实用谈判与推销技巧［M］．北京：兵器工业出版社，1992.

［124］黄运武．公共关系原理与实务［M］．北京：中国商业出版社，1991.

［125］国家旅游局人教司．饭店人事培训部的运行与管理［M］．北京：旅游教育出版社，1991.

［126］王志远，李华君，徐奎祥．流通企业营销艺术［M］．济南：山东大学出版社，1991.

［127］于文远．干部录用考试理论与方法［M］．沈阳：辽宁大学出版社，1990.

［128］薛春海，赵文学，韩荣久．销售学［M］．北京：中国经济出版社，1988.

［129］黄恒学．现代高级推销技术［M］．武汉：湖北科学技术出版社，1987.

［130］王极盛．人事心理学［M］．沈阳：辽宁人民出版社，1987.

［131］吴健安．市场学［M］．昆明：云南人民出版社，1985.

［132］张忆．工商企业市场经营［M］．北京：中国展望出版社，1985.

［133］童佳，刘小刚．销售漏斗原理的逆向思考［J］．中国市场，2012（40）：5-6.

［134］胡泳．管理大客户即管理未来［J］．成功营销，2005（5）：36-37.

［135］JAFFE J. Flip the funnel：How to use existing customers to gain new ones［M］. New Jersey：John Wiley & Sons Inc.，2010.

［136］WINER R S. A framework for customer relationship management［J］. California Management Review，2001，43（4）：89-105.